Cognition in Children
Usha Goswami

子どもの認知発達

ウーシャ・ゴスワミ［著］

岩男卓実・上淵寿・古池若葉・富山尚子・中島伸子［訳］

新曜社

エリザベス・アイリーン・ゴスワミ
に捧げる

COGNITION IN CHILDREN
by Usha Goswami

Copyright © 1998 by Psychology Press Ltd, a member of the Taylor & Francis group.
All Rights Reserved.
Authorised translation from the English edition
published by Psychology Press, a member of the Taylor & Francis Group,
in the series Developmental Psychology : a Modular Course
edited by Peter Bryant & George Butturworth.
Japanese translation rights arranged with
Taylor & Francis Group, London
through Tuttle-Mori Agency, Inc., Tokyo.

『子どもの認知発達』日本語版への序文

ロンドン大学　チャイルドヘルス研究所
ウーシャ・ゴスワミ

　本書では，最も学習の影響が大きい乳幼児期に，認知のさまざまな側面がどのようにして花開いていくのかを論じている。子どもの脳は可塑性が高いと言われることは多いが，認知発達は文化‐社会的文脈を越えて類似していることにも注目すべきである。本書では，このような類似性が見られるのは，どの文化においても認知発達を引き起こす基礎的な仕組みが同じだからだと考える。この基礎的な仕組みとは，因果についての情報を探索する子どもの傾向である。子どもには，身の回りの情報に因果的規則性を見出し，それを説明しようとする認知の仕組みが備わっているようである。注目すべきなのは，子どもは因果の点で首尾一貫した知識枠組みを構成しようとする強い傾向をもち，それによって，さまざまな自分の経験を理解し組織化することである。このような子どもの傾向は，（生まれたてのころから機能している）認知のすべての基礎的領域において見られる。

　本書では，生まれたばかりの赤ちゃんでも表象を形成でき，記憶でき，関係性についての推論を行うことができることを論じる。赤ちゃんは活発に学習するという特徴をもっている。また，身の回りの世界でどのようなことが起こりうるかについて，いくぶん粗いものではあるが，ある種の仮説めいたもの（expectation）を生まれつき備えている。それによって経験から多くを学ぶことができる。赤ちゃんは，物理的，社会的なモノゴトについての経験を重ねることによって，もって生まれた仮説をもっと詳しいものにしたり修正したりする。時には新たな理解へと入れ替えがなされることもある。実際，この理論的モデルは本書のすべての章に行き渡っている。いくつかの中核原理や理解は，経験によって絶え間なく詳しいものになり，修正され，新しい形になる。学習の仕組みは，主に因果情報に引き起こされ（causally driven），説明にもとづい

たものである（explanation-based）。その上，このような学習の仕組みは関係の対応づけを説明するという役割も担っている。たとえば，生物学的知識の発達についての研究では，幼児は動物と動物でないものを区別するための原理を使用して，新しい概念的知識を既存の概念的知識に統合するというように，説明にもとづいた，因果的に一貫したやり方で知識を獲得することが示されている。さらに，発達が進むと，見かけではなく，関係性を含んだメカニズムにもとづいて類似性の対応づけを行うようになることも示されている。植物と動物は見かけが非常に異なるにもかかわらず，幼児は再生・治癒するという点で類似していると考えている。他の領域の認知発達，たとえば因果推論の発達も，因果的先行原理などの中核原理の観点から描くことができるが，同時に説明にもとづいた学習と関係の対応づけという強力な学習メカニズムも組み合わさっている。

　さらに本書では，さまざまな領域の認知発達において時間をこえた連続性が見られることも強調した。たとえば次のような認知の基礎的メカニズムには連続性が見られる。因果情報に対して敏感であること，その上，因果的に首尾一貫した仕方で，新しい概念的知識を既存の知識に統合しようとする傾向をもつこと，モノゴトが作用する原因を理解することの重視，すなわち「説明にもとづいた」学習の重視である。しかしまた，さまざまな領域の発達は，記憶，因果推論，帰納推論，演繹推論といった，どちらかといえば領域一般的なメカニズムの発達に支えられて可能になることも示す。今日では認知発達は，領域一般的に進むのではなく，知識内容と関係しながら達成されることが，かなりよく知られるようになった。すでに子どもがもっている概念システムの状態によって決まるところが大きいと考えられているのである。子どもは新たな問題にかかわるとき，常に手持ちの知識を持ち込む。子どもをこのように捉えるようになったことで，次のような研究上の関心が高まった。子どもは因果的変化を引き起こすメカニズムをどのように理解しているか，これらのメカニズムが作用する原因について，子どもはどのような理論や説明を発達させつつあるかということである。あらゆる付随的な要因や能力をあらかじめ排除するために，子どもにまったくなじみのない状況で何らかの課題に取り組ませるという方法をとることがある。しかしそれによって純粋な「学習の法則」を明らかにできるとはもはや考えられない。このことは，発達心理学の中で見られるジャン・ピアジェの業績に対する数多くの批判でも示されてきた。ピアジェと共同研究

者たちは，物理的推論のさまざまな段階の基盤にある論理構造を明らかにすることにかなりのエネルギーを注いだ。その一方で，子どものもっている物理学的信念の一貫した影響については，無視しつづけた。このような信念は首尾一貫した理論をなしており，あらゆる状況で外的現実を非常にうまく説明できるので，かなり変化しにくい。しかしながら，十分に教育を受けたはずの多くの大人が，単純な現象について，ニュートン理論とはかなり矛盾する物理学的信念をもちつづける。首尾一貫した理論は変化しにくいことが知られるようになったということは，研究方法がすでに変化したことを意味する。さまざまな分野の研究は，ある領域を実際に支配する正式な法則や規則の発見として認知変化を描くことをやめた。そのかわり，おおざっぱにいうと「説明を重視（explanation-based）」する理論モデルに依拠するようになった。関心の焦点は法則そのものではなく，これらの法則によって成り立っている環境の中で，特定の変化を引き起こすメカニズムの理解にある。また，これらのメカニズムが作用する原因について，子どもがどのような理論や説明を発達させているかについても関心がもたれている。このように理論的な立場が変化していることを鑑みると，現在の認知発達心理学で使用されている研究方法を変更しなければならないだろうか。このことは，今後考えねばならない重要な問題である。

謝　辞

ロンドン大学　チャイルドヘルス研究所
ウーシャ・ゴスワミ

　本書の大部分は，チュービンゲンのビュルツブルグ大学心理学部およびエーバーハルト・カール大学心理学研究所で過ごしたサバティカル期間中に執筆したものである。これらの研究機関とウォルフガング・シュナイダー教授，フリッツ・ウィルケニング教授のお二人は，滞在期間中，必要な設備や支援を惜しみなく与えてくださった。記して感謝の意を表したい。またウォルフガング，フリッツ，サビーナ・ポーエン，ビート・ソディアン，クラウディア・ローバーズとは，本書を執筆中に討論の機会を幾度かもつことができ，大変有意義であった。感謝している。サビーナ・ポーエンとカレン・フリーマンは，何章にもわたる草案に忍耐強く目を通し貴重なコメントをくださった。また本書のレビュワーであるジョージ・バターワース，ピーター・ブライアント，アラン・スレーター，ヘンリィ・ウェルマンからも多くの貴重なコメントを頂いた。ルイーズ・ダルトンは英国にて資料収集というじつに貴重な仕事をしてくださった。また，筆者のドイツ滞在が可能になったのはアレキサンダー・フォン・フンボルト財団研究奨学金事業のおかげである。感謝したい。最後になったが，親愛なる夫マーク・トムソンの愛情と支援，そして筆者の研究に絶え間ない熱意を向けてくれることに感謝したい。

ウーシャ・ゴスワミ
1997年8月　ロンドン

目　次

『子どもの認知発達』日本語版への序文　i
謝辞　v

序　3
子どもの認知の「何が発達するのか」，そして「なぜそのように発達するのか」　3
子どもの認知についての領域一般説と領域固有説　4
因果に注目する傾向　5
子どもの認知についての先天説と後天説　7
発達的変化を質的に説明するか，量的に説明するか　8
ピアジェの段階理論　8
本書の構成　10

1　乳幼児の認知──基本的な認知プロセス　13

記憶と学習　14
新生児は母親の声を記憶している　14
新生児はなじみのある物語を記憶している　15
モノについての記憶　16
出来事についての記憶　18
因果で結びついた出来事についての記憶　19
手続き的記憶と宣言的記憶　23

知覚と注意　23

乳児期における注意　25
　　視覚的な好みと馴れ　27
　　初歩的なカテゴリ化　29
　　別々のモダリティを結びつける乳児　30
　　　【視覚と触覚を結びつける】　31
　　　【視覚と聴覚を結びつける】　31
　　　【模　倣】　32
　乳児期の学習，記憶，知覚，注意はそれ以後の知能とどう関連しているか　34
　　馴化速度と個人差　34
　　視覚的再認記憶と個人差　36
　まとめ　38

2　乳幼児の認知──高次の認知プロセス　41

認知に向けて──知覚にもとづく知識表象　42
　　モノの特性構造の表象──プロトタイプを抽出する　42
　　特性間の関係処理──プロトタイプを区別する　43
　　モノのあいだの関係を処理する　47
　　　【空間関係を表象する】　48
　　　【遮蔽関係を表象する】　52
　　　【数量関係を表象する】　58
　　　【因果関係を表象する】　63
　　　【因果関係の表象から動作主の理解へ】　67

さらなる認知へ──意味にもとづく知識表象　72
　　イメージスキーマ　73
　　脳には情報の種類ごとに別々の情報処理モジュールがあるか？　74

推論と問題解決　76
　　カップの中のクマ　76
　　布の下のイヌ　78
　　壁の後ろのウサギ　79

宙に浮かぶ箱　80
　学　習　81
　　　模倣による学習　81
　　　アナロジーによる学習　84
　赤ん坊には何ができないか？　87
　　　リーチングにおける探索エラー　87
　　　ハイハイにおける探索エラー　90
　まとめ　91

3　概念発達　95

　上位カテゴリ，下位カテゴリ，「基礎」カテゴリ　95
　　　発達における「基礎」カテゴリの重要な役割　96
　　　「基礎」レベルのカテゴリ化を示す証拠としての反復タッチング行動　98
　　　見本合わせ課題　100
　　　上位カテゴリも発達に重要な役割を果たすか？　101
　　　子どもの基礎カテゴリと大人の基礎カテゴリ　103
　　　カテゴリ化における知覚的類似性が果たす役割を越えて　104
　概念発達における言語の役割　108
　生き物と生きていないものの区別　110
　　　生き物の動きを理解する　111
　　　自分で動くということについての知識　112
　　　生物が共有する重要な特性を理解する　115
　　　知識は具体的か？　抽象的か？　116
　　　自然物と人工物のカテゴリ化に利用する知識は異なる——構造と機能　118
　　　成長について理解する　120
　　　生物学的な原理を理解するメカニズムとしてのアナロジー　122
　　　遺伝を理解する　123
　　　自然な原因と人為的な原因についての研究　126
　カテゴリ知識はどう表象されているか？　128

概念的な知識を組織化する際に主題の関連が果たす役割　128
　　　特徴的な特性によるカテゴリ表象と定義的な特性によるカテゴリ表象　130
　　　プロトタイプでカテゴリを表わす　132
　　　　【カテゴリ化課題におけるプロトタイプ効果】　132
　　　　【反復タッチング課題における典型効果】　134

概念発達，「本質」，素朴理論　136
　　　本質主義的傾向　137
　　　「変化の原因と結果」モデル　138

幼児期の概念変化　139

まとめ　141

4　因果推論の発達　145

原因と結果についての推論　147
　　　なじみのあるモノの因果的変化について推論する　147
　　　なじみのあるモノの因果的変化について可逆的に推論する　148
　　　幼児が因果推論を行うときに，普段と違う状態が目立ちやすいことの意味　151

因果原理にもとづく推論　153
　　　先行原理　153
　　　共変原理　156
　　　時間的近接原理　157
　　　原因と結果の類似性の原理　159

因果の連鎖を理解する　161
　　　媒介による伝達を理解する　161
　　　論理にもとづいて探索する　164

科学的推論——原因となる変数が複数含まれる状況についての理解　168

複数の物理特性について因果情報を統合する　173
　　　2つの特性についての知識を統合する　173
　　　　【天秤ばかり課題】　174
　　　　【力の効果について情報を統合する】　177

【力効果の推論で使われる，天秤ばかり問題の誤ったアナロジー】　180
　　３つの特性についての知識を統合する　182

直観物理学　183
　　直観物理学と放物運動　184
　　知識と行動を区別して考える　186
　　因果推論と因果の方向　188

まとめ　190

因果推論の発達は領域一般的か？　192

5　記憶の発達　　　　　　　　　　　　　　　　　　　　　　　　　　195

早期の記憶発達　197
　　幼児期健忘——本当の現象なのだろうか　197
　　記憶を助けるものとして，象徴的な表象について理解する　199

さまざまな記憶システムの発達　202
　　再認記憶　203
　　潜在記憶　204
　　　【知覚学習課題】　205
　　　【断片完成課題】　205
　　　【顔の記憶】　208
　　エピソード記憶　210
　　　【時間的順序——子どものエピソード記憶における体制化の原理】　210
　　　【因果関係——子どものエピソード記憶における体制化の原理】　211
　　　【エピソード記憶を体制化するためにスクリプトを使用する】　213
　　　【スクリプトと新奇な出来事との関係】　214
　　　【親とのやりとりのスタイルとエピソード記憶の発達】　216
　　目撃記憶　217
　　　【子どもの目撃証言の正確さ】　217
　　　【誘導的な質問の役割】　218
　　　【エピソード記憶の発達と目撃記憶の発達の結びつき】　221
　　作業記憶　223
　　　【視-空間スケッチパッド】　224

【音声ループ】 228
          【中央制御部】 231
     まとめ 236

6 記憶方略とメタ記憶   239

記憶方略の発達 239
     記憶方略使用の始まり 240
     リハーサル（復唱）の方略的な使用 241
     意味的なカテゴリを用いた体制化方略の使用 244

メタ記憶 246

記憶の発達と認知発達の関係 250
     素人と熟達者の違い 251
     処理容量の発達 254
     認知発達の理論としての表象の書き換え 256

まとめ 259

7 子ども期の論理的推論   263

論理推論における発達初期のモード 264
     アナロジーによる推論 264
          【子どもの関係推論の使用】 266
          【関係対応の同定】 269
     演繹論理と演繹的推論 271
          【三段論法】 271
          【許可スキーマと4枚カード問題】 274

その後の論理推論の発達モード 278
     推移律推論 279
     不変性の理解 285
          【保存課題】 286

【保存課題における説明の与え方の問題】　289
　　　【保存課題への現在の見方】　293
　　類包含性　294

ハルフォードの論理発達への構造写像理論　300

まとめ　302

8 論理的思考の発達についてのピアジェ理論　305

論理の概要　305

　認知的変化のメカニズム　305
　認知発達の段階　306

感覚‐運動段階　308

　感覚‐運動的な認知の6段階　309
　異なる領域における感覚‐運動的な認知　311
　　【モノの永続性】　311
　　【因果性】　312
　近年の研究から見たピアジェの感覚‐運動段階説の評価　314
　　【ピアジェ説を支持する証拠】　314
　　【ピアジェ説と矛盾する証拠】　316

前操作段階と具体的操作段階　318

　前操作的な思考　319
　具体的操作の思考　319
　具体的操作に関する近年の研究の評価　320

形式的操作による思考　323

　形式的操作の課題　324
　形式的操作に関する近年の研究の評価　326

まとめ　328

9 子どもの認知の「何が発達するのか」, そして「なぜそのように発達するのか」　331

何が発達するのか？　331
なぜ発達は観察されるような道筋をたどるのか？　333
　　子どもの認知についての領域一般説と領域固有説　334
　　子どもの認知についての先天説と後天説　336
　　発達的変化を質的に説明するか, 量的に説明するか　339
因果に注目する傾向　342

訳者あとがき　345

参考文献　351
人名索引①　372
人名索引②　376
事項索引　378
著者紹介／訳者紹介

装幀──加藤俊二

子どもの認知発達

序

　胎児はびっくりするほど活動的である。超音波検査を使った研究 (de Vries, Visser, & Prechtl, 1984) によると，妊娠15週までには，少なくとも15ものはっきりと異なるパターンの動きを行えるようになっている。たとえば，あくびをして伸びをすることができるし，歩くような動きをして2秒ほどで(回転して)子宮内での位置を完全に変えることができる。胎児はある種の認知活動をしていることもわかっている (Hepper, 1992)。赤ん坊は，子宮にいるあいだに母親の声を記憶することができるという研究結果や(第1章を参照)，胎児が特定の音楽(たとえば，テレビドラマのテーマ音楽。Hepper, 1988)を学習するという証拠もある。だが，学習と記憶は基本的な認知スキルであるが，胎児が推論や問題解決などの，より洗練された認知活動を行うという証拠はほとんどない。すべての認知スキルが十分に開花するのは，乳児が人間やモノに囲まれた日常世界に仲間入りし，見ることができるようになり，もはや羊水が介在することなしに聴覚の入力が行われるようになってからである。実際に，乳児の脳は生後1年のあいだに2倍の大きさになる。

子どもの認知の「何が発達するのか」，そして「なぜそのように発達するのか」

　子どもの認知についての研究では，伝統的に2つの主要な問題に焦点が当てられてきた。ひとつは，何が発達するのかという，大変単純明快な問題である。この問題は，時間の経過にともなう子どもの認知能力の変化を観察したり，論理的思考とはどのような思考であるのかについての原理を定義したうえで，実験によってそれらの原理がどのように獲得されるのかをたどることで調べるこ

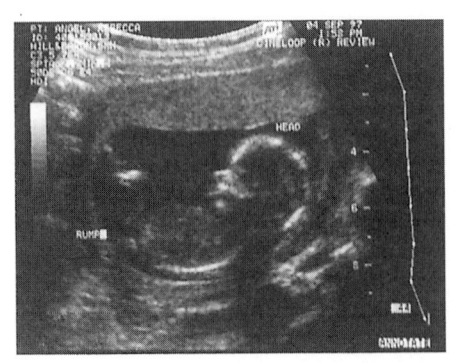

とができる。何が発達するのかについての情報は、認知発達心理学のもうひとつの主要な問題、すなわち、なぜ発達は、観察されたような道筋をたどるのかという問題に対するデータとなるが、この2つめの問題は、それほど単純ではない。この疑問に答えるには、観察された認知変化の原因や結果について説明しなければならない。

子どもの認知についての領域一般説と領域固有説

　子どもの認知の変化を説明するために、2つの相反する説明システム（相互に排他的ではない）が作られてきた。ひとつめの理論的説明は、基本となる論理の発達がすべての認知領域に適用されるという考えにもとづいている。これが、認知発達の「領域一般説」である。ここでいう領域とは、特定の範囲の知識を支えている表象のことだと考えてよい（Karmiloff-Smith, 1994）。なぜ他の子どもが泣き叫んでいるのか（心的状態についての因果の「領域」）、なぜ動物の赤ん坊はたいてい親に似ているのか（生物の「領域」）、しっかり支えられていない物体はなぜ落下するのか（物理的なモノゴトについての推論の「領域」）を子どもが理解しようとしているとしよう。領域一般説では、演繹推論能力のようなある特定の論理の発達が、こういったことすべてを理解するために適用されると仮定する。

　2つめの理論的説明では、論理的思考は、異なる領域で異なる時点で発達すると仮定する。この説明によると、論理的思考の発達は「領域固有的」である。たとえば演繹推論は、心理状態についての原因や結果の領域よりもかなり前に、物理的因果関係の領域でできるようになると思われる。なぜなら、おそらく心理的世界（しばしば「心の理論」と呼ばれるもの）よりも先に、物理的世界が、

原理にもとづいて十分に理解されると考えられるからだ。認知発達の領域固有
説は，子どもの認知における知識の重要性を示している。

　認知発達において知識が重要であると考えると，子どもの認知の変化を説明
する２つの説明システムが互いに排他的ではないことの説明がつく。つまり，
演繹推論を行う能力それ自体は領域一般的発達であるかもしれないが，こうい
った推論の使用については，領域固有的であると考えられる。なぜなら，子ど
もが各領域で演繹能力を用いるためには，十分な知識が必要だと考えられるか
らである。さらに，他にも認知発達のパターンに影響を及ぼす要因をあげるこ
とができる。たとえば，子どもの環境が豊かであることや，前頭皮質など特定
の認知組織の成熟，家庭や学校で子どもが受ける支援や教育の質などである。

　本書で示されるように，知識は乳幼児期に猛烈な勢いで獲得される。生後１
年間で物理的世界についての因果的に一貫した知識を，生後３年めには早くも
身近なカテゴリや種についての原理にもとづく豊かな知識を，といった具合に，
子どもが獲得する日常世界についての知識の量は，爆発的に増加する。いくつ
かの非常に基本的な認知メカニズムが，これらの豊富な知識を獲得する際に重
要な役割を果たしている。学習，記憶，知覚の機能は，新生児にしてすでに十
分にはたらいており，推論や問題解決のようなより「高次な」認知プロセスも
６ヵ月めまでにはたらいている。しかし，おそらく認知発達の最も基本的な
プロセスは，因果関係について学習し，因果についての説明を獲得するという，
人間の乳児が生まれながらにしてもっている傾向である。

因果に注目する傾向

　乳幼児が非常に多くの情報を得ることができるのは，この因果に注目する傾
向が備わっているためである。子どもや幼い兄弟がいる人ならよく知っている
だろうが，幼児はひっきりなしに因果情報についての質問を行う（「どうして
空は青いの？　電話はどうやってどの家で鳴ればいいか知っているの？　お月様
は今は大きくてオレンジ色だけど，どうして別のときは小さくて白いの？」
Callanan & Oakes, 1992やHood & Bloom, 1979の例を参照）。子どもはただ会話
を続けようとして，こういった質問をするわけではない。むしろ，このような
因果についての質問は，発達上，重要な機能をもっているのである。因果につ

いての情報を求めるという傾向があるからこそ，子どもは日常世界での出来事を説明し，予想し，そして最終的にはコントロールすることができるようになる。この因果に注目する傾向は，初期の記憶を組織づけ，概念が発達するための基礎となり，子どもが物理的世界を理解するのを助け，そして論理的思考を先導する。

　さらに，子どもが因果についての質問を頻繁に行うことから，演繹推論などの能力が幼いころからあることがわかる。日常的に行われる演繹推論の例として，就寝するときの母親と子どものやりとりを見てみよう（Callanan & Oakes, 1992, pp.221-2）。

　　子ども（4歳2ヵ月）：「どうしてパパとジェームズ（兄）と私は青い目で，ママは緑なの？」
　　母　親：（娘に自分の目はおじいちゃん譲りだと言う。そして，おやすみを言って部屋を出ていく。）
　　子ども：（5分後に母親を呼び戻して）「私はピー・ウィー・ハーマン（コメディアン）が好きで青い目なの。パパもピー・ウィー・ハーマンが好きで青い目なの。ジェームズもピー・ウィー・ハーマンが好きで青い目なの。ママもピー・ウィー・ハーマンが好きなら，青い目になるのに。」
　　母　親：（娘に，神様がママにこの色をくださったのだから，変えることはできないと言う。）
　　子ども：「ママの目が青くなるかどうか，ピー・ウィー・ハーマンを好きになってみてくれる？」

　ここでの論理的演繹は興味深い。この幼い少女は，3人が3人とも，X（ピー・ウィー・ハーマンが好き）ならばY（青い目である）であり，一人はX′（ピー・ウィー・ハーマンが好きではない）ならばY′（青い目ではない）であると推論している。この共変の情報は説得力がありそうなので，少女は因果についての仮説（ピー・ウィー・ハーマンを好きであるかどうかが，目の色を決める）を作り上げる。そして，少女は自分の仮説を検証するための方法（X′がXに変われば，Y′はYに変わるかどうかを調べる）を考え出している。この方法には，原因とその結果は規則的に共に変化するはずであるという知識が

具体的に表れており，幼児（わずか4歳！）でも，演繹論理や仮説検証を行えることが示されている。

　因果推論は，領域一般でもあり領域固有でもあると思われるメカニズムの一例である。子どもは，発達の異なる時点で異なる領域において因果推論を行う。たとえば，生物の領域よりも先に，物理的世界について学ぶために因果推論を用いる。物理的知識は生物についての知識よりもずっと早くから発達する。その理由のひとつは，モノゴトの世界は子どもにとって，植物や動物の世界よりもはるかに幼いときからなじみがあるからである。このように，因果推論を行う能力は領域一般的であり，領域固有の知識が増えるにしたがって，異なる時点，異なる領域で用いられるようになると思われる。

子どもの認知についての先天説と後天説

　認知発達を領域固有のものとして説明するか，領域一般のものとして説明するかに関連して，認知発達を遺伝の観点から説明するか，環境の観点から説明するかという理論的な問題がある。発達の根本要因は，複雑な行動能力が遺伝的に十分に与えられているとすることで説明できるのだろうか，それとも環境に関する経験を積むことにあるとすることで説明できるのだろうか？

　乳児の心は白紙だというメタファーが疑問視されるようになって久しい。「遺伝か環境か」の議論は，もはや発達心理学に適切ではないように思われる。しかし，乳児の認知が適切に洗練されていることを示す最近の研究から，強い生得主義的見方，つまりある種の「遺伝決定論」が復活している。だが，タルキヴィッツ（Turkewitz, 1995）が指摘するように，遺伝子は心理的特性を固定的に，あるいは配線によって決められるように「符号化」することはできない。遺伝子は，他の遺伝子の影響を受けてスイッチが入れられたり切られたりして，遺伝子の生成物を作り出すことに寄与するのである。つまり，特定の能力が，生まれたときに存在するかどうかがわかったとしても，発達の源を理解する助けにはならない。それは発達の原因や結果についての研究の出発点でしかないのである。発達するために，遺伝子と環境がどのように相互作用するのかということが，発達心理学の本質的な問題である。われわれは，乳児の運動，感覚，知覚，認知のそれぞれの機能の特徴と限界が，環境に対する反応のモードをど

のように生み出すのかを検討する必要がある。こういった反応モードが大人の認知機能の発達を形成する助けとなるのである。

発達的変化を質的に説明するか，量的に説明するか

　ピアジェは，その研究の中で，認知発達を特徴づけるさらに別の説明システムを示している。子どもの認知を説明するピアジェの理論的枠組みは，認知発達心理学の分野で広く普及している。ピアジェは認知発達を，質的プロセスであるとみなした。そしてそのプロセスの中で，思考の構造の中に新しい思考様式が突如出現するという変革が起こると考えた。このような認知発達の質的説明は，方略や知識が徐々に獲得されていくという，多くの発達的変化に見られる量的特性とは一見相容れない。しかし，発達的変化は質的なものなのか，量的なものなのかをめぐる論争は，遺伝か環境をめぐる論争や領域固有か領域一般かをめぐる論争と同様に，見かけだけの対立にすぎない。実際はまったく相容れないものではなく，どちらも認知発達を説明するうえで果たすべき役割をもっている。

ピアジェの段階理論

　ピアジェによる認知発達の説明は，本質的に質的なものであった。というのも，それが段階理論だったからである。ピアジェは認知発達には3つの大きな段階があるとした。感覚‐運動期では，認知は活動にもとづいており，具体的操作期では，認知は具体的なモノやそれらの関係についての象徴的な理解を基にしている。そして，形式的操作期では，認知は仮説検証や科学的思考によって特徴づけられる。しかし，ピアジェは量的な変化が生じることも認めている。新しい段階が始まるとき，基本的な認知の再構造化が生じるが，それを引き起こす主な因果メカニズムは，認知的均衡を求める傾向である。認知的均衡は，調節と同化の相補的なプロセスを基本としている。これらのプロセスは漸次的，漸増的である。調節とは，子どもの概念（「認知的シェマ」）を現実に適合するように徐々に変化させる作用であり，同化は，現在の認知的シェマにもとづい

て経験を説明する作用である。

　3つの段階における子どもの認知機能を理解するために，それぞれの段階で獲得される主要な認知の特徴を見てみよう。感覚‐運動期に獲得される重要な認知は，「モノの永続性」の概念である。つまり，モノは見えなくなっても存在しているということの理解である。ピアジェによると，モノの認知表象は，生後18ヵ月を過ぎてから徐々に獲得される。乳児はモノと乳児自身の運動の区別がつかず，12ヵ月児でさえ，モノの存在は動きと位置に結びついていると信じている。このモノの存在が位置と結びついているという信念は，8〜12ヵ月の乳児に見られる「A-not-B」エラーに現れている。このエラーは，探しているモノが，自分の目の前で新しい位置（B）に動かされたとしても，以前にあった位置（A）を探し続けるという失敗である。ピアジェは，乳児はAの位置を探すという行為によって，Aの位置にモノが再現されると信じていると指摘した。完全にモノの永続性が獲得されたといえるのは，たとえ乳児が見ていないところでモノが隠されたとしても，それを見つけることができるようになってからである。

　具体的操作期に獲得される重要な認知は，推移律を理解することである。これは，モノとモノの関係にもとづいて論理的推論を行い，順序立てる能力のことである。推移律は，論理的「操作」（もしくは概念）のまとまり（群性体）のひとつであり，論理的思考の具体的操作期の開始を示すものである。ほとんどの子どもは，6〜7歳ごろにこれらの論理的概念を獲得する。たとえば典型的な推移律の問題は，「トムがエドワードよりも大きくて，エドワードがジョンよりも大きいとしたら，トムとジョンのどちらが大きいか」という形式の問題であるが，具体的操作期より幼い子どもには解くことができない。幼い子どもは，少なくともピアジェの推移律課題のように前提が連続的に示された場合は，心的論理を用いて前提情報を組み合わせ，トムの方が大きいことを導き出すことはできないと考えられる。

　最後に，形式的操作期に獲得される重要な認知は，アナロジー（類推）によって推論する能力である。形式的操作期では，具体的操作の結果（たとえば，モノの関係の特徴）を得て，それらの論理的関係について推論することができる。そして，このような認知は11〜12歳ごろに獲得される。ピアジェの「自転車のハンドルは船の舵」という例のように，アナロジーでは関係の類似性を認識することが必要となる（この例での類似の関係は，「操縦のメカニズム」で

ある)。モノの関係のあいだにさらに関係を作り出すことは，推論のより高次な形であり，論理的思考の発達の最終段階の特徴だと考えられる。つまり，アナロジーは形式操作的思考を最もよく示す例である。

本書の構成

　これから見ていくように，モノの永続性と推移律に関するピアジェの主張は，子どもの認知の研究領域における論争の中心となってきた。もしも乳児にモノの永続性の概念がないとすると，乳児は瞬間瞬間，その場所その場所での「とぎれとぎれの断片的な世界」に生きなければならない。また，推移律を理解できなければ，順序関係や長さや大きさなどの基本的な数学概念を理解できないだろう。さらに，アナロジーによる推論の開始は，ピアジェが言うように本当に遅いのかということについても，疑問視されている。本書ではこれらの論争についての検討は最終章まで残しておくことにして，ピアジェ以降の新しい研究によって明らかにされてきた注目すべき認知スキルについて調べることから始めよう。

　本書の前半の章では，「なぜ」の問題よりも，子どもの認知の「何が発達するのか」の問題に注目する。学習，記憶，問題解決，推論，概念発達，因果推論といった分野で，「何が発達するのか」について検討しよう。最終章では「なぜ」子どもの認知は観察されるような道筋をたどるのかという問題に戻るが，何が発達するのかを説明するシステムや理論は非常に多様であり，ピアジェの理論を除いてそれほど詳しくは扱わない。この本では，子どもが獲得するさまざまな種類の知識に注目し，それがどのようにして獲得されるかに注目する。なぜなら，(「何が発達するのか」についての) 実験研究の結果は，一般に安定しているが，一方で特定の結果が何を意味するのかについてはさまざまな説明 (「なぜ」) ができるからである。このことは，研究を行ううえで，最も興味深い面のひとつである。発達の理論は，研究者が「何が発達するのか」についての研究で得た発達についての情報をまとめあげるものだと考えられる。これから論ずる研究の中には，複数の説明が可能なものもある。子どもの認知に興味をもつ読者は，(それらの研究の是非を判断する方法についてだけでなく) それぞれの研究が何を意味するかについても考えてみてほしい。知識が増えてい

く状況が明らかになればなるほど，認知発達の「なぜ」についての適切な説明の枠組みがより明確になるだろう。

　本書の目的は，認知発達についての最も興味深い最新の研究の中から，代表的なものを選び出し，その概観を提供することである。そしてそれらを，大人の認知についての議論でよく用いられるテーマに沿ってまとめている。

乳幼児の認知
基本的な認知プロセス 1

　認知とは，われわれが環境についての情報を得ることができるようにする一連のプロセスであると定義できる。学習，記憶，推論，問題解決などのプロセスである。しかしながら，情報を処理すること自体が目的なのではない。認知は環境を操るためにある。環境をある程度操ることができれば，環境にはたらきかけて必要や欲求を満たすことができる。そのためには理解することが必要である。すなわち環境を操るためには因果についての知識が必要なのである。したがって広い意味では，認知発達とは，因果についての知識獲得を可能にするプロセスが発達するということなのである。

　認知発達の基本的プロセスには，学習，記憶，知覚，注意がある。多くの理論が，乳児が何らかの記憶をもたないとすれば，乳児は瞬間瞬間の継続した「今，ここ」の世界に生きることになると指摘している。そして，記憶するために赤ん坊は，まずは何度も見聞きする事柄を学習しなくてはならない。記憶するとき，必ず同時に学習が生じている。またそのときに，もし乳児が適切な知覚スキルや注意メカニズムを欠いていたとしたら，乳児や新生児は学習したり記憶したりできないだろう。確かに誕生時の視覚システムには，見過ごすことのできない未熟な点もあるが（Atkinson & Braddick, 1989を参照），最近の研究によれば，赤ん坊の視覚能力と聴覚能力は以前考えられていたよりもかなり洗練されている。実際のところ，最近の研究は，生後間もない赤ん坊が，驚くほど活発な認知活動を行っていることを明らかにしている。

記憶と学習

　乳児の認知研究をスタートするのに，記憶は格好のテーマだろう。記憶はすでに子宮内で機能し始める認知プロセスである。つまり学習は，すでに誕生前から始まっているということである。赤ん坊が子宮内で記憶を蓄積し始めているという証拠は，デキャスパーとファイファー（DeCaspar & Fifer, 1980）の巧みな研究によって得られた。彼らは，生後約12時間の赤ん坊の記憶を検討した。

新生児は母親の声を記憶している

　少なくとも妊娠後期の６ヵ月〜９ヵ月のあいだに，胎児は子宮内で音を聴けるようになることが知られている。胎児がよく聴く音は母親の声である。母親は毎日他者に話しかけたり，電話で話したり，また，おなかの胎児に話しかけたりもする。もし乳児が母親の声を記憶しているとすれば，母親の声と，なじみのない女性の声を区別できるはずである。実際に乳児が区別できるかどうかを確かめるために，デキャスパーとファイファーは次のような実験を行った。まず最初に，乳児が聴覚刺激のない状況にあるとき，どれくらいのペースでおしゃぶりを吸うかを測定する（ベースライン）。そして，２つの録音テープを用意する。ひとつは乳児の母親が物語を読んでいるテープ，もうひとつはなじみのない女性が同じ物語を読んでいるテープである。何人かの乳児に対して，おしゃぶりを吸うペース，すなわち吸啜速度が先に測定したベースラインの速度より上がった場合に，報酬として母親の音声のテープを聴かせ，吸啜速度がベースラインより下がった場合に，なじみのない女性の音声のテープを聴かせる。残りの乳児には，この組み合わせ（随伴性）を逆にした手続きをとる。つまり，吸啜速度がベースラインより下がった場合に，報酬として母親の音声のテープを聴かせ，ベースラインより上がった場合に，なじみのない女性の音声を聴かせるのである。
　どちらのグループの乳児も，母親の音声を聴くことができるよう，適切なペースでおしゃぶりを吸うことをすばやく学習した。したがって，乳児が母親の

音声を記憶していること，さらに母親の音声は親しみのある快適な刺激であることがわかる。さらに印象的なのは，乳児は翌日になされた第2テストセッションでも，おしゃぶりを吸うペースと聞こえてくる音声に関連があることを記憶していたことである。母親の音声を聞くためにおしゃぶりを速く吸うことを学習した赤ん坊は，おしゃぶりを速く吸い始め，遅い速度で吸うことを学習した赤ん坊は，遅い速度で吸い始めた。ところがここで，実験者は随伴性を逆にした。母親の音声を聞くためにおしゃぶりを速く吸うことを学習した赤ん坊には今回は遅い速度で吸うと母親の音声が聞け，遅い速度で吸うことを学習した赤ん坊には速い速度で吸うと聞けるようにした。約80％の赤ん坊が，おしゃぶりを吸うペースを逆転させることを学習できた。これは生後間もない赤ん坊でも，記憶したり学習したりできることを示すよい証拠である。実際，一度学習したルールを逆転させる能力があるかどうかは，動物が認知能力をもっているかどうかの強力な基準だと考えられている。したがって，赤ん坊がこのようにすばやい学習能力を示したことから，生後数日の赤ん坊の認知は少なくともラットやハトと同じ程度にはあり，金魚よりも洗練されていることがわかる。というのは，金魚は，何千回試行を重ねてもルールの逆転を学習できないのである。

新生児はなじみのある物語を記憶している

デキャスパーとスペンス（DeCaspar & Spence, 1986）は，母親の声の記憶は生後数時間にすばやく学習されるのではなく，子宮内での学習によって生じる，ということを明確にするために，さらに研究を進めた。母親に3つの物語をテープに吹き込んでもらい，そのうちひとつの物語を，妊娠期の最後の6週間，毎日胎児に読み上げてもらった。乳児が誕生すると，あらかじめ吸啜速度のベースラインを測定しておく。そして吸啜速度がベースラインを上回る場合あるいは下回る場合に，子宮にいるときに聴いていた物語を読んでいる母親の声のテープを報酬として聴かせる。一方，吸啜速度がベースラインに近づくと，聴いたことのない物語を読んでいる母親のテープを聴かせる。実験の結果，乳児は子宮の中で聴いていた物語を聴き続けられるように，適切な吸啜速度を維持することが明らかになった。第2グループの乳児には，他人の母親が物語を読

み上げるテープを使ってテストを行った。興味深いことにこの場合も、乳児は同じような選好パターンを示したのである。デキャスパーとスペンスは、胎児のときに聴かせた物語が好まれるのは、生まれる前にそれを聴いた経験があるからだと主張した。胎内にいるときに、何らかの聴覚手がかりを学習することができ、それによって聴かされた話を特定することができることは確かなようである。そして、なじみのない女性が物語を読み上げた場合にも、やはりそれを認識することができたのである。

モノについての記憶

自分の母親の声は、乳児にとってとりわけ目立つ刺激ではないかという反論があるかもしれない。しかし、もっとありふれたモノや出来事についての乳児の記憶もまた、印象的である。たとえばブッシュネル、マッカチェオン、シンクレア、トウィーディー (Bushnell et al., 1984) は、赤い三角形や青い十字形などの単純な形の絵を木製の短冊に描いたものを題材として、乳児の記憶を研究した。対象とした乳児は生後3週児と6週児だった。乳児の母親に頼んで黄色い円などの単純な刺激を2週間毎日赤ん坊に見せ、あらかじめ記憶させておいた。1日に2回、各15分間ずつ、これらの刺激を母親が赤ん坊に「積極的に」見せたのである。その後、実験者が乳児の家を訪れ、乳児にとってすでに見馴れた刺激（この場合、黄色い円）と、それとは色が異なる刺激、形が異なる刺激、色も形も異なる刺激をランダムに幼児に見せた。見馴れた刺激のそれぞれの側面について、乳児の記憶を調べるためである。色の記憶を調べるためには、赤ん坊にはたとえば黄色い円のかわりに赤い円を見せる。形の記憶を調べるためには、黄色い円のかわりに黄色い四角を見せる。ブッシュネルらの研究では、乳児は以前見た刺激のすべての側面、すなわち形、色、大きさを記憶していた。

コーネル (Cornell, 1979) も、刺激絵のセットを使って、5～6ヵ月の乳児の再認記憶[訳注1]を研究した。しかし幾何学的形態パターン（図1.1を参照）だ

訳注1　新しく入ってきた情報と記憶の中の情報を対応させ、同一であることを認識すること（新曜社『認知心理学辞典』1998を参照）。

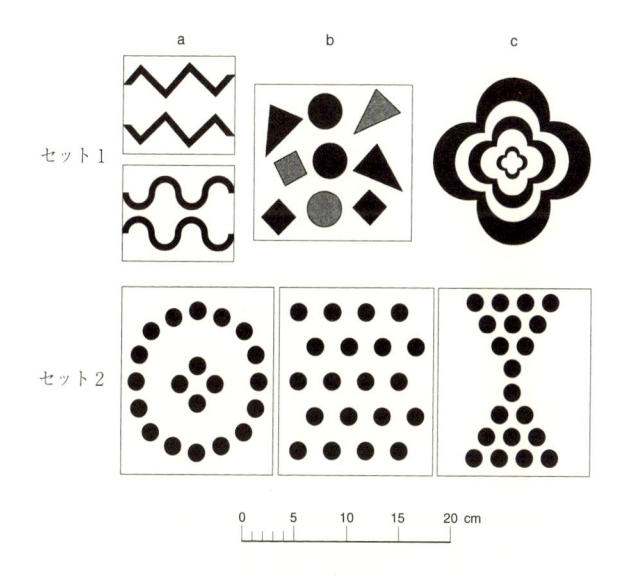

図1.1 乳児の再認記憶を研究するためにコーネル（1979）が使った刺激セット。Reproduced by permission of Academic Press Inc.

けでなく，人間の顔写真も刺激として加えた。まず，セット1の刺激絵から同じ絵を2枚選び横に並べて乳児に見せ，次にセット2からやはり同じ絵2枚を同様にして見せ，さらにセット3（人間の顔写真）から同様に同じ顔写真を2枚並べて見せた。乳児は各セットについて20秒間学習した。2日後，乳児に再び絵を見せたが，最初に短時間，想起手がかり段階を設け，学習段階で見た絵を全部提示した。その後，再認段階として，各セットとも前に見た絵と，同じセット内の見ていない絵とをペアにして見せた。乳児が各ペア内の目新しい絵をより長く見るという結果が得られれば，再認記憶ができると考えてよいだろう。

　実験の結果，すべての刺激セットにおいて，乳児が目新しい刺激を好むことが明らかになった。絵を見てから2日経っているにもかかわらず，乳児は前に見た刺激を記憶しており，実験の再認段階では目新しい絵の方を好んで見たのである。乳児に再認記憶ができたのは，想起手がかり段階で刺激を記憶したからではない。というのも，最初の学習を行わずに想起手がかりのみを与えた統制群では，再認テストで目新しい刺激を好むという傾向が示されなかったからである。（顔を除いて）刺激がかなり抽象的であること，最初の学習段階が比較的短時間であったことなどを考えると，2日にわたって記憶を維持できたと

いう結果は，乳児期初期に再認記憶が十分発達していることを示す強力な証拠と考えてよいだろう。

出来事についての記憶

クリフトン，ペリスらの研究のいくつかは，6ヵ月児が非常に長い期間，出来事についての記憶を保持できるという意外な結果を示した。そのうちのひとつでは，生後6ヵ月半のときに記憶した出来事を2歳半まで保持できることが示された（Perris, Myers, & Clifton, 1990）。

ペリスら（1990）は，生後6ヵ月のときに研究室の実験に参加した乳児を2歳半のときに再び研究室に呼んで再テストし，そのことを実証した。乳児のときの実験の課題は，暗い場所や明るい場所で，ガラガラと音をたてるビッグバードの指人形の方に手を伸ばすことだった（音源推定についての実験）。このリーチングセッションは約20分間だった。2年後，子どもたちは同じ研究室に行き，同じ女性の実験者と会った。実験者はこれからいくつかゲームをして遊びましょうと話しかけ，子どもに5つのプラスティックのおもちゃを見せた。その中には例のビッグバード人形もあった。実験者は，どのおもちゃをゲームで使うと思うかを子どもに質問した。次に，ゲームの最中にはビッグバードは音を出すんだよと言い，ガラガラ音，ベルの音，カチッという音のどれがビッグバードの音だと思うかを推量させた。最後に，暗闇の中でゲームをして遊ぶ。そこでの課題は，音を出す人形のありかを5つの場所の中から予測して正確に手を指し伸ばすことだった。まず何をすべきかについての情報を一切与えない，指示なし暗闇試行を5試行行った。その後で，子どもに「真っ暗な中でうるさいビッグバードをつかまえなさい」という指示を与える試行を5回行った。乳児期に実験を受けていない統制群の子どもにも，同じテストを行った。

実験の結果，実験群は乳児期の経験を意識的に想起することはほとんどできなかった。また統制群の子どもと比べて，これからゲームで使われると思うおもちゃとしてビッグバードを選択する傾向が高いわけでもなかった。また，ベル音やカチッという音よりもガラガラ音の方を選択する傾向が高いわけでもなかった。しかし，暗闇でのゲーム中に見られた行動を指標として測定すると，実験群の子どもは明らかに潜在的に想起していた。前半の5試行で，実験群の

子どもは統制群の子どもと比べて、音のする方向へ手を伸ばす傾向が高く、その上、より正確だった。また、実験群の子どもに、暗闇試行の30分前に3秒間ほどガラガラ音を聴かせた場合、すなわち乳児期の経験の想起手がかりを与えた場合、リーチング行動がとくに増加する傾向も見られた。このような効果は統制群では見られなかった。最後に、乳児期に音源推定課題を経験した子どもは、そうでない子どもと比べて、テスト中に暗くなってもあまり不快を示さなかった。音源推定課題を経験しなかった子ども（16名）のうち9名が指示なし試行が終了する前に退室したがったのに対して、実験群の子どもでは2名だけだった。このように、乳児期に暗闇でのリーチング実験を経験した子どもは、2年後にその出来事をさまざまな仕方で覚えているという証拠を示した。同じような結果を、マイヤーズ、クリフトン、クラークソン（Myers & et al., 1987）も報告している。約3歳の子どもが、乳児期に訪れた研究室と、そこで受けた音源推定テストの手続きについての記憶を保持していたのである。しかしながら、その子どもたちは乳児期に15〜19回もの実験手続きを受けていたので、ある意味でペリスらの実験結果ほど印象的ではない。

因果で結びついた出来事についての記憶

出来事についての記憶は、デキャスパーとファイファーの研究手続きと同じように、ある反応を起こせば報酬がもらえるという因果的随伴性を乳児に教えることによっても研究することができる。ロビー‐コリアーら（たとえば、Rovee-Collier et al., 1980）は、この、ある反応をすれば報酬がもらえることを乳児に学習させる方法を、より年長の乳児を対象に使っている。この先駆的研究で条件づけられた反応はキックする行動で、その報酬は、ベビーベッドの上につるされた魅力的なモビールが動くことだった。ここでの随伴性は、キック行動がモビールを動かすことである。乳児の足首とモビールはリボンで結ばれていて、キックするとモビールが動くのである。キックは乳児期の初期には自然に起こる行動なので、キック反応はモビールのあるなしにかかわらず生じる。ロビー‐コリアーの実験方法で重要な点は、キック行動がモビールの動きを引き起こすことを乳児が学習しなければならないことである。このような原因・結果の関係についての記憶を測定するために、数時間後に再び乳児を同じベビ

一ベッドに置き，モビールがあるときにどれくらいキック行動を行うかを調べた。

　たとえば，典型的な実験では，実験者が乳児のいる家を訪問する（Rovee-Collier & Hayne, 1987で概観できる）。そしてベビーベッドの横に，乳児の興味をひくモビールをとりつけたスタンドと，とりつけていないスタンドを立てる（図1.2を参照）。最初に，モビールをとりつけていないスタンドにリボンをくくりつけ，モビールが動くという報酬がないときに乳児がキックする割合をベースラインとして測定した。約3分後，モビールのとりつけてあるスタンドにリボンをくくりつけた。そして約9分間，乳児はキック行動をするとモビールが動くという報酬を得ることができた。そして最後の3分間は，再びモビールをとりつけていないスタンドにリボンをくくりつけた。この2回目の3分間の手続きで得られたキック比率と最初のベースラインのキック比率の違いが，随伴性についての短期間の記憶の測定値となる。その後，最初の学習段階から数日を隔てて，実験者は再び乳児の家を訪れた。このときもモビールをとりつけていないスタンドにリボンをくくりつけた。2回目の訪問時に測定した報酬が与えられないときのキック行動と，一番最初に測定したベースラインのキック比率を比較することによって，原因と結果の関係についての長期間の記憶を測定した。

　実験の結果，3ヵ月児は2〜8日間にわたってモビールの随伴性をほとんど忘れなかった。しかしながら，14日後までにはほとんど忘れてしまうようだ。さらに，学習段階とテスト段階の間隔が開くほど，乳児は訓練のときに使ったモビールの細かい特徴（色と形）を忘れ，最初のモビールとは別の目新しいモビールにも強く反応を示すようになる。学習後24時間は，乳児はモビールについていたモノを記憶しており，1つでも目新しいモノがついているモビールには反応しようとしない。しかし4日後までには，目新しいモノが5つついているモビールにも反応した。この実験からわかるように，乳児は年長の子どもや大人と同様に，学習したことの物理的な特徴や特性を徐々に忘却し，特定の特性と学習状況の要点や関連性のみを記憶し続けるのである。

　興味深いことに，モビールそのものについての記憶が減衰するにつれて，モビールをとりまく状況（たとえば，ベビーベッドの柵）についての記憶が，乳児の随伴性の記憶を活性化するための手がかりとして重要になってくる。乳児はベビーベッドの柵がどのようなパターンであろうと，24時間以内なら随伴性

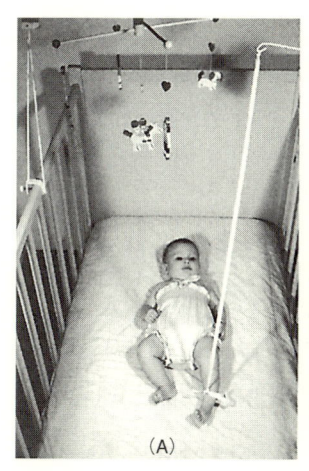

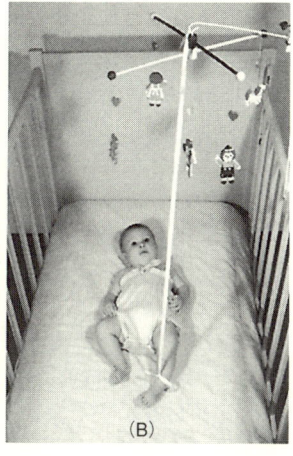

図1.2 ロビー‐コリアーの行った因果的随伴実験での乳児。(A)ベースラインを測定する段階。キックをしてもモビールは動かない。(B)学習段階。足首とモビールが紐で結ばれている。Reprinted with permission from Rovee-Collier, Sullivan, Enright, Lucas and Fagan. Copyright (1980) American Associationf or the Advancement of Science.

についての記憶を完全に保持していることを示す。しかし7日後までには，特徴のある柵のついたベビーベッドで訓練を受けた乳児は，別の柵をとりつけたテストでは随伴性をまったく想起できなかった。しかし，訓練のときと特徴が同じ柵をとりつけたテストでは，随伴性を想起することができた。ベビーベッドの柵には，色やパターンなど，さまざまな手がかりがあるが，手がかりの種類によって忘却の速さが異なるようである（Rovee-Collier, Schechter, Shyi, & Shields, 1992）。学習時の細かい状況，たとえばベビーベッドの特徴的な柵のパターンの細部などが，想起のきっかけとなるという結論は確かである。

　ベビーベッドの柵が再生を促す適切な「想起」手がかりだとすると，適切な検索手がかりが与えられたときに「忘れた」記憶に再びアクセスできるかどうかを検討することができる。ロビー‐コリアーらはこの問題を研究するために，再活性化法を開発した。彼らが最も熱心に研究したのは，モビールの随伴性の想起手がかりだった。それは，キック比率を測定する前に，動いているモビールを3分間見せるというものである。想起手がかりを与えるあいだ，実験者が乳児に見えない位置からリボンを引いてモビールを動かした。乳児を特別なイスに座らせてキック行動ができないようにしたが，それは「その場で」学習することがないようにするためである。想起手がかりを与える段階が終了してから24時間後に，ベビーベッドの手続きを使って再び乳児をテストした。想起手がかりを与えた場合，3ヵ月児は訓練から14～28日後でもモビールの随伴性に

ついて完全に記憶していることが示された。2ヵ月児は14日後はかなりよい記憶を示したが，28日後に完全に記憶を保持していたのは3分の1にとどまった。6ヵ月児だと，記憶保持期間は少なくとも3週間になる（Rovee-Collier, 1993）。このように，生後数ヵ月の乳児も因果を含む出来事の記憶を長期間保持することができ，その上，記憶の検索を左右する手がかりは大人の検索に影響を及ぼすものと同じであると思われる。

　因果で結びついた出来事について，乳児の長期間にわたる記憶を調べるためのもうひとつの方法は，延滞模倣を使うものである。これはメルツォフが学習についての研究を行う際に開発したテクニックである（第2章を参照）。マンドラーとマクドナウ（Mandler & McDonough, 1995）は，11ヵ月児が3ヵ月にわたって因果で結びついた出来事を記憶できるかどうかを調べるために延滞模倣を使った。それぞれの出来事は続く2つの行動からなっていて，「ガラガラ音作り」（箱の差し入れ口からボタンを入れて振るとガラガラ音がする）と「揺り木馬作り」（足が磁石でできているウマを，磁石でできた振り子にとりつけて揺らす）であった。翌日（24時間記憶期間）と3ヵ月後に出来事を模倣できるかどうかを測定した。どちらの場合も，乳児になにげなく用具（ウマ，振り子）を提示し，観察した。年長の子どもでも，これらの用具を組み立てるところを見た経験がない場合は，自発的に行動をつなげることができないことを確かめるために，15ヵ月児を統制群として設定し，3ヵ月後の事後テスト時にこれらの用具を提示した。

　実験の結果，再生成績は24時間後も3ヵ月後もよく，3ヵ月後でもほとんど忘却が見られなかった。対照的に，因果で結びついてない出来事の24時間後の再生成績は（たとえば，「ウサギの頭に帽子を載せニンジンを与える」），因果で結びついた出来事の成績よりも悪く，3ヵ月後には忘れ去られてしまった。マンドラーは，因果関係の記憶は用具を組織化する主要な方法のひとつであり，それによって用具を一貫した，意味のある方法で想起することができると述べている。記憶の発達に因果関係が重要な役目を果たすことについては，第5章でさらに詳しく述べる。

手続き的記憶と宣言的記憶

　今まで述べてきた研究は，乳児の記憶をすべて行動の面から測定しているということに留意すべきである。ロビー‐コリアーは，モビールに向けたキック行動の量を測定し，マンドラーは手がかりを使って再現される行動のつながりを測定し，クリフトンは音源を推定してその方向にリーチングする行動を測定した。このことから次のような疑問が生じる。このような乳児の記憶は，過去の出来事のある面を意識化するというタイプの記憶とは種類が異なるのではないか（たとえば，Mandler, 1990）。乳児の記憶は過去の出来事を能動的に想起しているのだろうか，それとも動物を対象に研究されているような，条件づけされた反応に近いのだろうか？

　実際，認知心理学では，人間の記憶システムには2つのタイプがあることが広く認められている。第1に，自動的にはたらいて言語報告が不可能なタイプである。通常，この種の記憶は潜在記憶，あるいは手続き的記憶と呼ばれている。第2のタイプは，過去を心の中に呼び戻し，それについて考えることである。通常，この種の記憶は顕在記憶あるいは宣言的記憶と呼ばれている。後者の記憶のみが意識にアクセスできるように符号化(訳注2)された情報を含んでいる。一般に，乳児は言語能力を獲得するまでは顕在記憶，宣言的記憶を符号化することができないと仮定されている。このような現象は「幼児期健忘」と呼ばれてきた。このことについては第5章で詳しく論じる。潜在記憶と顕在記憶の発達についても，第5章で詳しく論じる。

知覚と注意

　すでに述べたように，最近の研究から赤ん坊の視覚能力と聴覚能力は，以前考えられていたよりもずっと洗練されていることが明らかになった。この節で

訳注2　モノゴトの重要な特徴を抽出し，それをもとに内的な表象をつくること。

は視覚能力に焦点を当てるが，聴覚能力も同じように洗練されていることが示されている。聴覚システムは妊娠後期の3ヵ月間（6～9ヵ月）ですでに機能しており，そのため新生児は聴いたことのある物語と聴いたことのない物語を区別できるということをすでに見た。また乳児は聴覚刺激をパターンとしてグループ化したり組織化したりできる。たとえばひとつひとつの音符を続けて演奏して聴かせるとリズムと旋律を知覚することができる（Mehler & Bertoncini, 1979）。乳児は音源の位置を特定することができ，好ましい音の方向へ頭を向ける（Clarkson, Clifton, & Morrongiello, 1985）。さらに，乳児は異なる種類の知覚情報を互いに結びつけることができる（このことについては後で詳しく論じる）。ここでは少ししか紹介できないが，さまざまな種類の研究が示しているのは，新生児でさえも知覚世界をモノやモノどうしのつながりへと組織化していることである。

　さらに，適切な注意メカニズムも生後間もなくからはたらいているようである。しかしながら，乳児がこれらのメカニズムを意のままにコントロールしているかどうかは明らかではない。多くの乳児研究が示すように（!），乳児の注意を引きつけておくこと，とくに静止した視覚刺激に引きつけておくのはときとして非常に難しい。ある時期には，この点に関して，乳児は視覚刺激に対して受動的であり，能動的には選択できないと信じられていた。つまり，特定の刺激に対する注意は強制的に引き起こされ，こういった刺激に視覚が「捕らわれて」しまい，それによって注意がコントロールされるという考えである（たとえば，Stechler & Latz, 1966）。たとえば，生後1ヵ月の乳児にとっては，ひとつの刺激から自由になり目を別の場所に動かすことが非常に困難で，ついには泣き出してしまうこともある（Johnson, 1997）。しかしながら3ヵ月も経つと，乳児は自分の目の動きをずっとコントロールできるようになるようである。

　乳児がいつ注意メカニズムを随意にコントロールできるようになるかを検討するひとつの方法は，目に見える出来事について彼らが予期するかどうかを調べることである。赤ん坊の視覚世界は動的で，知覚的な出来事がダイナミックに流れるという特徴をもち，それを乳児自身はコントロールすることができない。このような出来事のダイナミックな流れに対処するために，乳児は起こりうる視覚的出来事を予期する必要がある。そうすればその予期にもとづいて自分の行動を組み立てることができる（Haith, Hazan, & Goodman, 1988）。視覚的な出来事を予期するためには，視覚的注意を随意的にコントロールできるよ

うになることが必要である。

乳児期における注意

　3ヵ月半の赤ん坊が視覚的な予期を行うことができるかどうかを調べるために，ハイスらは，乳児の凝視の中心点の左右に一連の刺激を示すという実験手続きを考案した。ハイスら（Haith et al., 1988）の実験で使った刺激は，市松模様の絵，標的の絵，さまざまな色で描かれた顔の略図（Fantz, 1961が赤ん坊の視覚を調べるために使った刺激。後述）などで，全部で60の刺激が使われた。そのうち30の刺激は左右交互に，予測可能な順序で提示した。一方，残り30の刺激はランダムな順序で左右に提示した。予測しうる規則的な提示順序の場合とランダムな提示順序の場合の両方で，赤ん坊の目の動きを観察した。ハイスらは，もし乳児が規則的な提示順序では刺激が交互に出現するというルールがあることを検知できれば，刺激が左右交互に出現することを予期し，次にスライドが現れる位置の方向に前もって目を動かすはずだと考えた。一方，このような目の動きは，ランダムな順序で刺激を提示する場合には，ほとんど見られないはずである。この予測はすべて当たった。乳児は予測できない（ランダムな）順序で絵が提示される場合よりも，予測しうる（交互の）順序で提示された場合の方が，刺激提示に先立ってその方向に目を向けることが多く，反応するまでの時間もより速かった。このことから，乳児は視覚的な出来事についての予期を非常にすばやく発達させるといえる。このことは少なくとも生後3ヵ月半までには，赤ん坊は自身の知覚的（注意）活動をコントロールできることを示している。

　ギルモアとジョンソン（Gilmore & Johnson, 1995）は，ハイスらとは多少異なる課題を使い，乳児は生後6ヵ月までには少なくとも3～5秒の遅延［中断時間］をはさんでも視覚的注意をコントロールできることを示している。ギルモアとジョンソンの実験では3台のコンピュータ・ディスプレイを置き，真ん中のディスプレイに乳児の興味を引きつける幾何学図形を提示するという手続きを使った。この手続きには中心を固視するよう促す効果がある（図1.3を参照）。乳児がこの固視点を安定して注視するようになったら，青い三角形（「手がかり刺激」）を左右どちらかのディスプレイに瞬間的に提示する。そして中

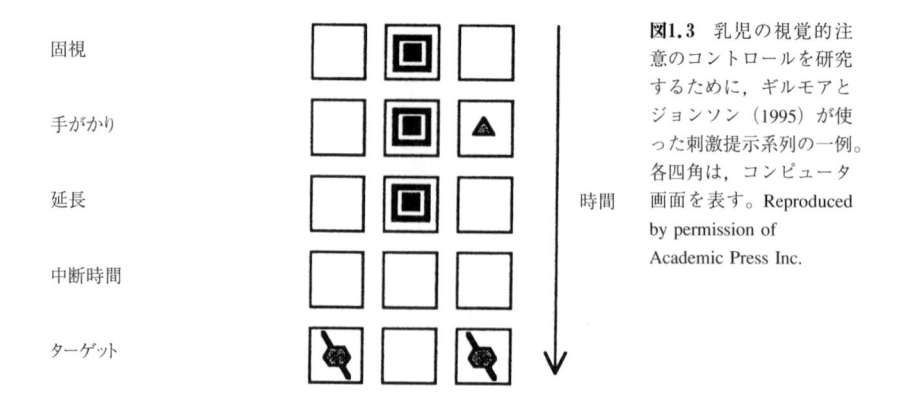

固視				
手がかり				
延長				時間
中断時間				
ターゲット				

図1.3 乳児の視覚的注意のコントロールを研究するために，ギルモアとジョンソン（1995）が使った刺激提示系列の一例。各四角は，コンピュータ画面を表す。Reproduced by permission of Academic Press Inc.

心の固視点を1〜5秒のあいだの一定時間そのまま提示し，その後全ディスプレイを0.4秒間消す。さらにその後，カラフルな歯車が回転しているところを（乳児にとって非常に魅力的である），左右の画面に1つずつ提示する。実験者は，歯車が出現する前の遅延期間中に，乳児が手がかり刺激が提示された画面の方を好んで注視するかどうかを記録した。

実験の結果，0.6秒，3秒，5秒と遅延時間を変えてみても，乳児は手がかり刺激の提示された場所を強く好んで注視することが明らかになった。ギルモアとジョンソンは，乳児が手がかり刺激が提示された空間的位置の表象(訳注3)，すなわち空間内の位置関係を覚えており，刺激が提示され終わってから数秒後でも目の動きをプランするのに使っているのではないかと述べている。ギルモアとジョンソンは追試研究において，ターゲット刺激の提示位置の手がかりとして青い三角形を提示するのではなく，中心の固視点に提示する幾何学図形を変えてみた。たとえば，中心画面に提示される刺激として明るい青と暗い青の円が4つ動き回っているときは，その3秒後か5秒後にターゲット刺激を右の画面に提示した。また，中心画面に提示される刺激が黄色や赤の小さい四角形からなり，それらが互いのまわりを回転するときは，その3秒後か5秒後にターゲット刺激を左の画面に提示した。乳児はこの随伴性をすばやく学習し，手

訳注3 「表象」とは心の中で知識がどのように表現されているかを指す語である。モノゴトの表象は外界のモノゴトをそのままコピーしたものではない。心理的過程を経て抽出した情報から成る。

がかりを与えられた場所の方を好んで見る傾向を強く示した。ギルモアとジョンソンは，彼らの予期法によって乳児期に早期から「作業記憶」がはたらいていることが示されたと主張している。作業記憶とは，情報を保持するための短期貯蔵システムである。作業記憶の発達については第5章で論じる。

視覚的な好みと馴れ

　乳児は目新しいものやおもしろいと感じるものを好んで見るなど視覚的な好みを示すが，このような性質は乳児の注意スキルのみでなく，知覚能力の指標としても有効に使うことができる。たとえば，乳児が十字と円を識別できるかどうかを明らかにしたいとしよう。それを調べるには，たとえば，乳児に十字と円の絵を提示し，どちらの絵の方をより好んで見るかを調べればよい。乳児がどちらかの絵をより好んで見たとすると，それは乳児が異なる形を識別できるという証拠になる。このような「視覚的選好」法を最初に用いたのはファンツ（Fantz, 1961）である。ファンツは，7ヵ月児は十字と円のどちらか一方をより好むことはないことを示した。乳児は両方の形を同じ時間眺めた（図1.4を参照）。

　視覚的選好法を使って，乳児が「どちらか一方の刺激の方をより好むことはない」という結果が得られた場合，その解釈は難しい。この場合，乳児はテストで使用された2つの形を識別できないと考えることもできる。あるいは，乳児は両方の形に同じくらいのおもしろさ（あるいは，退屈さかもしれない）を感じて眺めたとも考えられる。乳児にとって同じくらい好ましい視覚刺激がある場合，それらを本当に識別できるかどうかを明らかにするためには，馴化法を使用するとよい。現在ではこの実験方法は，乳児研究で最も広く使用されるテクニックのひとつとなっている。

　馴化法を用いた単純な研究では，乳児に何度も繰り返して1つの刺激，たとえば同じ円を見せる。通常，乳児はその目新しい刺激に関心を向け，長い間その刺激を注視する。何度も反復して同じ刺激を提示すると，乳児の注視時間は減少する。これはかなりわかりやすいことだろう。見慣れた同じ円を何度も何度も見るのは刺激的なことではない。刺激に対する注視時間が最初のレベルの半分に減少したら，もとの刺激を取り除き，新しい刺激を導入する。たとえば

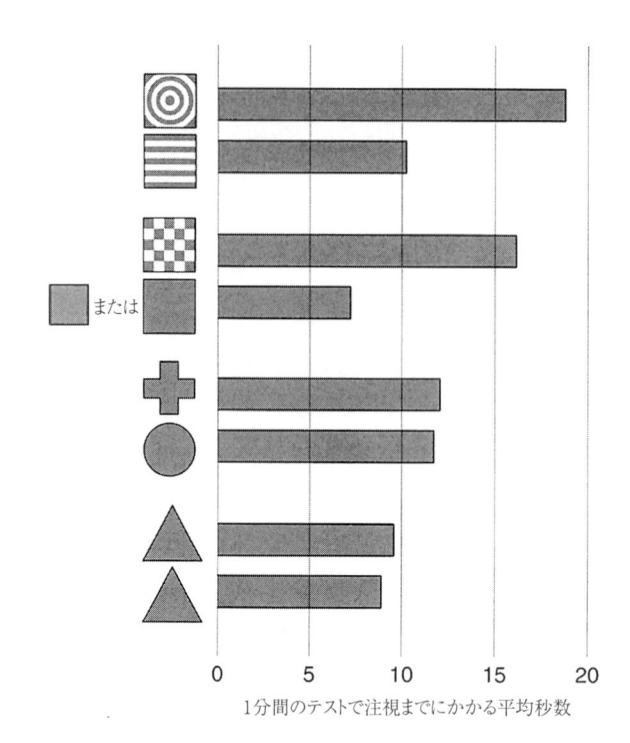

図1.4 乳児の，形に対する知覚を研究するための視覚的選好刺激の例。ファンツ（1961）の研究結果から作成した。各刺激に対する注視時間を示した。

1分間のテストで注視までにかかる平均秒数

さまざまなパターンのペア（図の左側）を同時に提示し，それに対する乳児の反応を測定することによって形への興味を調べた。（小さい四角と大きい四角は，交互に使った）。乳児はより複雑なペアに注目する傾向があり，各ペア内ではパターンの相違によって乳児の興味の強さは異なっていた。これは，22名の乳児に対して10回行われた，1週間にわたるテストから得られた結果である。

十字である。これは乳児にとって目新しい刺激である。したがって，もし乳児が十字と円を識別できるとすれば，十字に対する注視時間は直前より増加するはずである。目新しい刺激の提示によって注視時間が再び増加することを「脱馴化」と呼ぶ。乳児に脱馴化が生じた場合，乳児は十字を目新しい刺激として知覚したと考えることができる。このことは，乳児が十字と円を識別できるという証拠になる。

スレイターらは新生児を対象に研究を行い，乳児は十字と円を識別できることを示した（Slater, Morison, & Rose, 1983）。スレイターらの実験では，十字

と円の両方を脱馴化段階で提示した。つまり，馴化法と選好法を結びつけたわけである。スレイターらは乳児を円に馴れさせた後に，十字と円を提示すると，乳児は十字の方をより好んで見ることを示した。一方，乳児を十字に馴れさせた後に十字と円を提示すると，乳児は円の方をより好んで見た。このように馴化法を使った場合，新生児は十字と円を識別できたのである。したがってファンツの実験で7ヵ月児が選好を示さなかったのは，十字と円を識別できないことによるものではなかったと結論することができよう。

初歩的なカテゴリ化(訳注4)

馴化法の別の用い方は，実験の馴化段階でさまざまな種類の刺激を乳児に提示することである。馴化中にさまざまな事例を提示すると，乳児はそれらを記憶するために何らかの観点から似たものどうしをカテゴリ化する必要がある。テストでは，馴化段階で見せられたカテゴリに属するがまだ見たことはない目新しい事例と，まったく別のカテゴリに属する目新しい事例を提示する。したがってテスト時に提示する刺激はどちらも乳児にとって目新しい刺激である。しかし，乳児が馴化段階で見た事例をカテゴリ化し，その表象を形成しているならば，別のカテゴリに属する新事例の方を好んで見るはずである。

テスト時に2つの目新しい刺激を提示するために，スレイターとモリソン（Slater & Morison, 1987をSlater, 1989から引用）は3，5ヵ月の赤ん坊を対象にこの馴化法のテクニックを使った。スレイターとモリソンは研究の馴化段階において，下位レベルの特性が異なるさまざまなタイプの円（四角，三角，十字の場合もあった。図1.5を参照）を赤ん坊に見せた。たとえば，太線で描かれた円もあれば，小円を組み合わせた円もあった。テスト時には赤ん坊に見せていない新しいタイプの円と，別の形，たとえば十字などの新しい形を見せた。乳児は馴化段階で見ていない形（十字）の方を好んで見た。この実験からわかるように，赤ん坊は馴化段階で見せられた形の「プロトタイプ」(訳注5)，つまり見せられた形を一般化した表象を生成し，その後に提示されたすべての刺激

訳注4　カテゴリ別に分類すること。

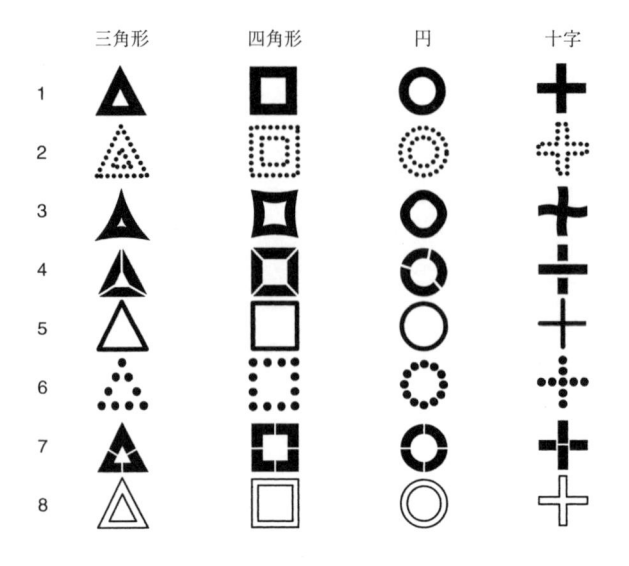

図1.5 スレイターとモリソン（1987をSlater & Bremer, 1989から引用）が馴化実験で使った，三角形，四角形，円，十字のさまざまなタイプ。Copyright ⓒ Giunti Gruppo Editoriale, Firenze, Italy. Adapted with permission.

をプロトタイプと比較しているらしい。プロトタイプを形成する能力は，後の章で示すように，記憶の中に情報を保持することや，概念発達，カテゴリ化に重要な役割を果たしている。

別々のモダリティ（訳注6）を結びつける乳児

知覚的なプロトタイプを形成する能力だけでなく，種類の異なる知覚情報を対応づける能力（モダリティをまたいだ知覚（Cross-modal perception）もまた早くから見られる。乳児は生後間もなく，視覚情報と触覚情報，聴覚情報と視覚情報を結びつけることができるようである。

訳注5 カテゴリの中の諸事例の特徴の情報を抽象化し，統合した表象。またはカテゴリの中の最も典型的な事例。
訳注6 感覚の様式のこと。視覚，聴覚，味覚，嗅覚，触覚などが挙げられる。

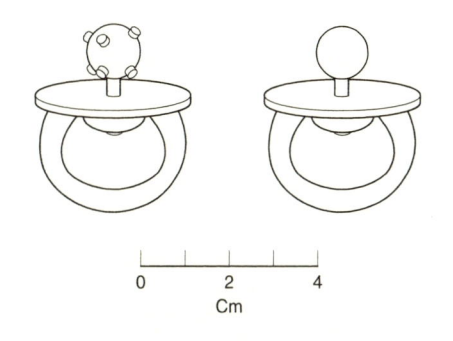

図1.6 メルツォフとボルトン(1979)が，視覚と触覚という異なるモダリティ間の結びつきを研究するために使った2つのおしゃぶり。
Reprinted with permission from *Nature*, 282, © 1979 Macmillan Magazines Ltd.

【視覚と触覚を結びつける】

　視覚と触覚という異なるモダリティを結びつける乳児の能力を最も劇的に示した研究のひとつが，メルツォフとボルトン（Meltzoff & Borton, 1979）の実験である。メルツォフとボルトンは感触の異なる2種類のおしゃぶりを用意し，そのうち一方を1ヵ月児に与え，しゃぶらせた。一方は表面がなめらかで，もう一方の表面にはイボがついていた（図1.6を参照）。乳児がおしゃぶりを口に入れるときに見えないように工夫をしたので，実験の第1段階ではおしゃぶりについての触覚的な経験しか与えられない。実験の第2段階では，乳児に2つのおしゃぶりを大きく描いた絵を見せ，乳児がどちらの視覚刺激を好んで注視するかを測定した。その結果，ほとんどの赤ん坊が直前にしゃぶったおしゃぶりの絵の方を好んで注視することが明らかになった。イボのついているおしゃぶりをしゃぶった赤ん坊はその絵の方を多く注視し，なめらかなおしゃぶりをしゃぶった赤ん坊はその絵の方を多く注視したのである。直前の経験と一致した方のおしゃぶりを好むことから，乳児は異なるモダリティの等価性を理解しているといえよう。

【視覚と聴覚を結びつける】

　さらに乳児は生後すぐから聴覚モダリティと視覚モダリティを結びつけることができるようである。たとえば，スペルキ（Spelke, 1976）は生後4ヵ月の乳児にリズムを表現しているフィルムを2種類同時に見せた。1つは女性が「イナイイナイバー」をしているもので，もう1つは，棒が積み木を叩いているものである。同時に，そのうちどちらかの出来事に対応する音を，2つの画面の

あいだに置いてあるスピーカーから流した。実験の結果，乳児は視覚的にサウンドトラックと一致する出来事の方を好んで注視することが明らかになった。ここでも，別のモダリティの内容と対応するものの方をより好んで見る傾向が示されたわけである。このこともまた，乳児が異なるモダリティの等価性を理解していることを示唆する。ドッド（Dodd, 1979）は，乳児に童謡を読んでいる音声と顔のフィルムを提示し，対応させるという実験を行い，同じような結果を得ている。音声が読み手の口の動きと「同期しない」と，乳児はいらだち，口の動きが童謡と同期している顔の方を好んで注視した。大人でもこのような現象を経験するというだつ。音声が俳優の口の動きと同期していない映画を見ることを考えてみればわかるだろう。明らかに，ヒトは別々の知覚モダリティの内容が一致しているのを好んでおり，しかもこのような好みは，乳児期から見られるのである。

【模　倣】
　最後に，赤ん坊が，別々のモダリティの共通性を理解していることを示す例として，新生児は大人の顔と手の動きの模倣ができるという証拠があげられる。たとえば，メルツォフとムーア（Meltzoff & Moore, 1983）は，生後1時間から3日の赤ん坊は，大人が舌を出したり口を開いたりしているのを見ると，それを模倣できることを示した（図1.7を参照）。この実験では，暗くした部屋の中で，赤ん坊をしっかり固定できるイスに座らせた。20秒間明かりをつけ，大人の顔を照らし出し，大人は20秒間ずっと舌出しなどの身振りをする。その後明かりが消され，次の20秒間は暗闇の中にいる赤ん坊を撮影した。こういった模倣段階の後に，再び大人が別の身振りを示して見せ，以後同様に続いた。その後，実験の目的を「知らない」実験者が，ビデオに撮影されている20秒間の赤ん坊の行動を評定した。舌を出して見せた後の場面では，乳児は舌出しを行うことが多く，口を開けて見せた後の場面では，口を開けることが多いことが，統計的な分析によって明らかになった。赤ん坊は大人を模倣しているということは，最初は物議をかもしたが，避けられない結論と言えるだろう（たとえば，Hayes & Watson, 1981；McKenzie & Over, 1983）。
　もっと最近になって，他の多くの実験者がさまざまな身振りを使って，さまざまな国の赤ん坊を検討し，メルツォフとムーアの知見を確証している。たとえば，ヴィントナー（Vintner, 1986）はイタリア人の新生児が舌出しと手の開

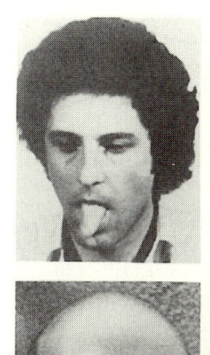

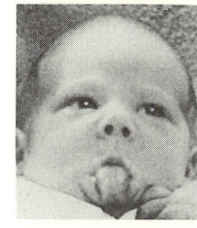

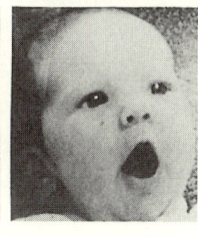

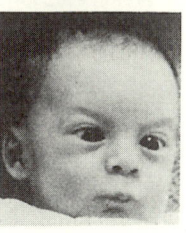

図1.7 舌を突き出したり，口をあけたり，口をすぼめたりしているメルツォフを模倣する赤ん坊。Reprinted with permission from Meltzoff and Moore (1977). Copyright Ⓒ (1977) American Association for the Advancement of Science.

閉を模倣できるかどうかを検討している。ヴィントナーは，次の2つの条件下での模倣を比較した。それぞれの身振りを25秒間何度も持続的にして見せる「動的」条件と，25秒間舌を出したまま，手を開いたままを示す「静的」条件である。ヴィントナーは，「静的」条件の赤ん坊は実験者を長い間注視するだけであり，「動的」条件の赤ん坊のみが模倣行動を示すことを明らかにした。そして，動くことが誕生時の模倣反応を引き出す基本的な特性かもしれないと述べている。

　赤ん坊が模倣できることを報告した初期の論文が論争を引き起こした理由のひとつは，メルツォフとムーアが，模倣をうまく行うためには表象能力が必要だと主張したからである。模倣をうまく行うためには多くの認知スキルが必要であることは，容易に示せる。少なくとも乳児は，（ⅰ）大人の行動を表象し，（ⅱ）大人が暗闇の中にいて見えないあいだ保持し，（ⅲ）自分の顔の筋肉組織を使って身振りを産出する方法を編み出す必要がある。1983年当時は，新生児が表象システムをもち，自分の身体の変化を他者の身体の変化と一致させることができるという考えは，いささか信じがたいものだった。ところが今や，それはまったく自明のこととなったようだ。乳児の表象と関連する問題については，第2章でさらに詳しく論ずる。

乳児期の学習，記憶，知覚，注意はそれ以後の知能とどう関連しているか

　乳児に見られる学習能力，記憶能力，知覚能力，注意能力が，認知の基礎単位だとすると，乳児期におけるこれらのスキルの測定値と，後の認知発達に見られる個人差は連続しているかもしれない。こういった連続性の仮説を検討した最近の研究の中では，2つの測定値が注目を浴びている。馴化速度と視覚的再認記憶である。どちらの測定値も基本的な情報処理能力を反映するもので，これまで述べてきたすべての能力を含んでいる。つまり，乳児期の学習，記憶，知覚，注意がそれ以後の認知処理能力と関連するならば，馴化速度と視覚的再認記憶によって乳児期以後の知能の個人差を予測できるはずである。

馴化速度と個人差

　多くの研究者（たとえば，Fagan, 1984）が，乳児期の馴化速度とそれ以後の知能差には関連があるはずだという考えを提案してきた。理由としては，次のようなことがあげられている。刺激に対してすばやく馴化する赤ん坊は，情報処理が比較的速いだろう。そのため，2，3回の試行を行っただけでその刺激はなじみのあるものになると学習できる。一方，同じ刺激に対して，馴化するまでに3倍の時間がかかる赤ん坊もいるかもしれない。このような赤ん坊は，刺激を記憶中で適切に符号化するために，より多くの試行を必要とするのだと考えられる。このような赤ん坊の場合は，幼児期になってもまだ情報処理速度が遅いかもしれない。そのため，標準化された知能尺度に含まれるさまざまな認知課題を行う際も，速度が遅く，あまり効率的ではないだろう。しかしながら，馴化速度が速いほど注意持続時間が短いわけではないことをはっきり押さえておく必要がある。ひとつの活動から容易に気が散り，すぐ別の活動に移行する子どもの場合は，「注意欠陥障害」（ADD）の疑いがある。通常，ADDの子どもはさまざまな知的課題の成績が芳しくない。今までに，注意欠陥障害と乳児期の馴化の関連性については直接研究されていないが，こういう子どもの

馴化速度が速いとは考えにくい。

　馴化の個人差が，後に見られる知能の個人差と関連があるかどうかを検討するために，ボーンスタインとシグマン（Bornstein & Sigman, 1986）は関連する研究を対象にメタ分析を行った。メタ分析の対象となった研究には，注意の減少量（馴化や凝視の総時間）と後の知能の測定値を関連づけたものや，注意の回復（目新しいものを好む傾向と目新しいものに対する反応）と後の知能を関連づけたものなどがあった。分析の結果，注意に関する得点は，2～3歳時に行われた追跡調査とのあいだには平均0.44の相関が，4～5歳時に行われた追跡調査とのあいだには0.48の相関が，6歳時に行われた追跡調査とのあいだには0.56の相関があった。このことから，乳児期の馴化の測定値と後のIQのあいだにはかなりの連続性があることが示唆される。

　馴化速度と個人差の関連性を検討した最も長期間の縦断研究のひとつに，シグマンらの研究がある。彼女らは，同時期に生まれた約100名からなる子ども（cohort）を誕生時から12歳過ぎまで追跡した。たとえば，シグマン，コーエン，ベッキズとパーメリィ（Sigman et al., 1986）は，新生児期にテストを受けた93名の乳児のデータについて報告している。赤ん坊たちは生後4ヵ月時にもテストを受け，8歳時に追跡調査を受けた。そのうち3分の2の子ども（N＝61）は英語話者家庭の子どもで，その他の子どもの言語的背景はさまざまだった（研究は，カリフォルニアの大規模な病院で行われた）。新生児期には，乳児に2×2の格子縞を1分間見せるという試行を3回繰り返した。4ヵ月時には複雑さが異なるさまざまな格子縞（2×2，6×6，12×12，24×24）をペアで提示するという試行を8回繰り返した。視覚的注意を検討するために2種類の測定値を使用している。ひとつは凝視の総時間，もうひとつは馴化の測定値で，試行にともなってどのくらいの割合で注視時間が減少するかを測定した。

　実験者は被験者が8歳のときに再び訪問し，修正版児童用ウェクスラー式知能検査（WISC-R）を行った。このテストでは，言語性尺度と非言語性尺度の得点を組み合わせてIQを測定する（たとえば，言語的流暢性，絵画完成課題，積み木の組み立て課題，記憶範囲など）。実験の結果，被験者全体では，新生児期の凝視の総時間から8歳時のIQを予測できることが明らかになった（$r = -.36$）[訳注7]。さらに，英語話者以外の子どもの場合にだけ，新生児期の馴化の測定値も8歳時のIQを予測できることが明らかになった（$r = -.42$）。4ヵ月時の測定値は，新生児期の測定値とその後のIQとの関連性と変わりがな

かった。シグマンらの結論は，0ヵ月時，4ヵ月時の調査において刺激に対する注視時間が長い子どもほど，児童期に受ける知能検査の成績が低いというものだった。このことから，新生児期に，状態が変化しない刺激を処理する時間が長い子どもほど，その後の知能が低いと思われる（研究で明らかになった実際の相違の程度は，論文に掲載されていない）。被験者のうち少数の集団（N＝67）を対象に，12歳時に再び調査が行われたが，上記の調査結果と同じような関連性が見いだされた（Sigman et al., 1991）。さらに，新生児期において刺激の処理効率が高い（注視時間が短い）ほど，12歳時のアナロジーを用いた推論課題の成績が高い（たとえば，パンと食物の関係は，水と飲み物の関係と等しいことが理解できる）という関連性が見られた。

視覚的再認記憶と個人差

　乳児期以後のIQを予測する別の学習測定値として，視覚的再認記憶をあげることができる。再認記憶が馴化と異なるのは，学習材料に慣れるための時間が非常に短く，しかも，乳児は刺激を符号化し，なじみのあるものと認識し，別の刺激を目新しいものと認識しなければならない，という点である。これらはすべて情報処理の基本に不可欠なもので，知能と大いに関連する可能性がある。フェーガン（Fagan, 1984）は，コーネル（Cornell, 1979，すでに述べた）の方法と類似した視覚的選好法を使い，この仮説を検討した。フェーガンは7ヵ月の赤ん坊の集団を対象に，見たことのある視覚刺激（ある人物の顔）よりも，目新しい視覚刺激（見たことのある刺激と同性だが別人物の顔）を好んで見る傾向がどの程度かを測定し，その後，この集団の子どもが3歳のときと，5歳のときにテストした。各対象児が，乳児期の調査において，なじみのある刺激よりも目新しい刺激の方を注視した総時間の中央値を従属変数にした。実験の結果，7ヵ月時に測定した目新しいものを好む傾向は，3歳時，5歳時に測定したPPVT（P式絵画語彙検査：言語能力の測定尺度）の成績とのあいだに，約0.42の安定した相関があることが明らかになった。しかし，意外なこと

訳注7　これは相関係数を示したものである。相関係数とは2つの変数間の相関関係を表す指標である。この場合，新生児期の凝視の総時間と8歳時のIQの相関関係を表している。

に，目新しいものを好む傾向の測定値は5歳時に測定した視覚的再認記憶そのものとは関連がなかった。

しかしながら，フェーガンによると，7ヵ月時と5歳時の視覚的再認記憶のあいだに関連性がなかったことは，じつは驚くほどのことではない。フェーガンの示唆するところによると，乳児期に目新しいものを好んで見る傾向を測定する尺度は，後の認知に重要な全般的能力を拾い出しているのである。たとえば，符号化能力，不変特性を検知する能力，カテゴリ化能力などである。再認記憶のプロセスは発達にともなって高度に自動化されるので，後の視覚的再認記憶尺度は符号化能力やカテゴリ化能力を測定するものではなくなってしまう。乳児期の視覚的再認記憶は特定の能力を測定するものではなく一般的な能力を測定するものである，というフェーガンの考えは，ディラーラら（DiLalla et al., 1991）の研究によって支持されている。ディラーラらは，フェーガンの目新しいものを好む傾向の測定値は，スタンフォード-ビネー式知能検査で測定した3歳時のIQをかなりの程度予測できることを示した。フェーガンの第2の主張，すなわち，後の再認記憶は自動化されたプロセスであり，知能とはほとんど関連がないという主張については，潜在記憶と顕在記憶の発達が違うコースをたどるという別の発達研究の知見から支持されている（第5章で論じる）。潜在記憶（「意識化できない記憶」）は，3～4歳以降はほとんど発達しないようであるが，顕在記憶は大人になるまで発達が続くようである。後に述べるように，潜在記憶は通常，視覚的再認課題と類似の課題を使って測定する。

視覚的再認記憶と認知発達の個人差の関係について検討した別の長期縦断研究で，ローズとフェルドマン（Rose & Feldman, 1995）は，視覚的再認記憶および視覚的注意と，WISC-Rによって測定した11歳時の知能の関連性を研究した。ローズとフェルドマンは，11歳時のIQを最もよく予測したのは乳児期の視覚的再認記憶で，0.41の相関があることを明らかにした。計90名の乳児がこの研究に参加したが，そのうち50名は予定日前出産児だった。予定日前出産の乳児はリスクを有するグループとして対象者の中に含められた（予定日前出産児は満期出産児と比較して，後のIQテストの得点が平均して約10ポイント低い傾向がある）。S.A.ローズとフェルドマンは，視覚的再認記憶尺度の予測力は2つのグループ間でほとんど違いがないことを明らかにした。乳児期の視覚的再認記憶は，IQ全般を予測するだけでなく，IQの影響を統制した場合でも11歳時における2つの能力の程度を予測することが示された。それは，記憶（な

るべく速く記憶することを求める課題によって測定したもの）と知覚速度である。ローズとフェルドマンが指摘するように，知覚速度と関連があるのは，処理速度が乳児期からの認知の連続性を支える共通基盤となっているからなのかもしれない。認知発達における処理速度の重要性については，アンダーソン（Anderson, 1991）も強調している。

　最後に，乳児期の情報処理の指標として，馴化と視覚的再認記憶のうちどちらが良いかについて考えてみよう。といっても，2つの測定値の違いは本質的なものではなく，見かけだけかもしれない。最近，マッコールとキャリガー（McCall & Carriger, 1993）は，乳児期以後のIQを予測するものとして乳児の馴化と再認記憶を取り上げた研究を対象にメタ分析を行い，2つの測定値の予測力が等しいことを明らかにした。予測力の指標であるIQとのあいだの生の相関はどちらも本質的に同じであり，後の知能と約0.45の相関を示した。マッコールとキャリガーは，再認記憶も馴化も，符号化や弁別等による情報処理の指標というよりも，以前に見たことのある刺激に対する反応を抑制する能力に見られる個人差の指標なのであり，この2つの指標の予測力はここに由来すると指摘している。抑制が重要な認知プロセスであることは，子どもの認知についての研究領域において注目を浴び始めたばかりである（たとえば，Dempster, 1991）。このことは第2章と第5章でさらに詳しく論じる。

まとめ

　この章は，子宮内における学習と記憶について考えることからスタートした。そして，乳児期の学習，記憶，知覚，注意の測定値と乳児期以後の認知発達の個人差がかなり連続していることを明らかにして締めくくった。新生児は，まだ子宮にいるときに繰り返し聴かされた，目立つ聴覚刺激を記憶し，学習する。そして，生後3週めの赤ん坊でも，単純なモノについて学習し記憶する。3ヵ月児は因果的随伴性を学習することができ，適切な検索手がかりを与えられれば，28日後でも思い出すことができる。一方，6ヵ月児は出来事について記憶することができ，正しい検索手がかりがあれば2年後に思い出すこともできる。これらの記憶は本質的には，宣言的というよりも手続き的なものだと思われる。というのは，学習も記憶も乳児の行動によって示されるからである。このよう

な記憶と，過去のある側面を意識化することとの関連は，まだ明らかになっていない。

　知覚能力と注意能力もまた，乳児期においてすでに目覚しい。新生児は十字と円などの単純な形を弁別することができる。もう少し年長の乳児を対象にした研究からは，かなり抽象的な知覚情報にもとづいて弁別することが示唆される。というのは，乳児は，すでに見たことのある刺激と，形が同じであるが，細部の異なる目新しいモノもなじみのあるものとみなして馴化するからである。抽象的なレベルで馴化が見られることから，初歩的なカテゴリ化が可能であることが示唆される。つまり赤ん坊は，特定の形について一般化された表象，あるいは「プロトタイプ」を形成する。乳児はまた異なるモダリティを対応づけることができる。1ヵ月児はおしゃぶりの表面の感触とその見えを対応させることができる。4ヵ月児は太鼓を叩くなどのリズミカルな出来事の，音と見えとを対応づけることができる。新生児でさえも，視覚システムと筋肉知覚システムの情報を同調させることができる。というのは，彼らは生後1時間以内でも顔の表情の模倣ができるからである。うまく模倣できるのは，乳児期に表象能力，すなわち知識を内的に表現する能力が存在することを示しているだろう。これをふまえると，認知を形成する基礎単位は，すでに出生時に用いることができると主張せざるをえないだろう。

乳幼児の認知

高次の認知プロセス

2

　前章では，学習，記憶，知覚，注意といった基本的な認知プロセスが，生まれたときから，いやすでに胎内にいるときから，使えることを見た。この章では，この基本プロセスからより高次の認知スキルがどのようにして発達可能となるのかを調べよう。たとえば，学習，記憶，知覚，注意によって，推論や問題解決のような「高次の」認知活動がどのように可能となるのかを，研究することができる。それを理解するためには，まず乳児が自分をとりまく世界についての情報をどのように表象するのかを知らなければならない。

　知識表象［知識の内的表現］は，すべての高次の認知プロセスの基礎である。推論も問題解決も，表象した知識を操作しなければならない。知識を表象するには，カテゴリ化が必要である。知覚した世界にカテゴリを当てはめられなければ，そこで生じるどんな知覚やモノゴトもひとつひとつをすべて違ったものとして処理することになるからである。これでは膨大な情報量に押しつぶされてしまいかねない。だから，認知活動を行うには，入力情報をカテゴリ別に分類する能力が基本的に重要なのである。さらに，似ているものどうしをカテゴリ化することにより，モノゴトを種類ごとに分けて概括できる表象，つまりプロトタイプを作ることが可能となり，新たに出会う刺激を，このプロトタイプと比較できるようになる。乳児はことばを話せないので，乳児のもつプロトタイプや知識表象を調べるのに，ラベリングのような活動を使うことはできない。そのかわりに，乳児が視覚世界の中で知識を表象する基礎としてモノや出来事の知覚特性［モノごとの特徴に関する知識］を使えるかどうかを調べなければならない。乳児にそれができるなら，これは，カテゴリ的な，あるいはプロトタイプ的な知識表象を作り上げることができる重要な一歩であるはずである。

認知に向けて——知覚にもとづく知識表象

モノの特性構造の表象——プロトタイプを抽出する

　乳児は，モノも出来事も同様にカテゴリ化できなくてはならないが，モノのカテゴリ的な表象を先に考える。同じカテゴリに属するモノを認識する能力は，大人の認知研究でも精力的に研究されてきた。大人研究におけるカテゴリ化の重要な理論のひとつに，プロトタイプ理論がある。これは，エレノア・ロッシュが最初に提唱した（たとえば，Rosch et al., 1976）。彼女の説によれば，さまざまなモノのプロトタイプ，つまり一般化された表象を使用することで，生物は，世界についての情報を，最小限の認知的努力で最大限蓄えられる。

　スレイターの研究から，乳児が，円や十字のような単純な形についてプロトタイプを作れることがわかった。スレイターとモリソン（Slater & Morison, 1987 ; Slater, 1989による）は，さまざまな円や十字を数多く乳児に見せた。すると，乳児はこうした円や十字の例から，円や十字の一般的なカテゴリを抽象できた。もっと複雑な刺激でも，乳児は同じことをすると考えてよいだろうか？

　それを調べる方法のひとつに，馴化法がある。

　たとえば，ぬいぐるみの動物の写真を何枚も赤ん坊に見せたとしよう。カエル，ロバ，ワニ，クマなどのぬいぐるみの写真を赤ん坊に見せる。ぬいぐるみどうしは互いにずいぶん違っているが，乳児は，見た例から判断して「ぬいぐるみの動物」のようなカテゴリを抽象できるかもしれない。抽象的なカテゴリを作れるなら，乳児に次々ぬいぐるみを見せ続けると，それに馴れて（馴化）してしまうだろう。15番目のぬいぐるみを見るころには，乳児は「ぬいぐるみの動物」カテゴリにあまりに馴れすぎて，ぬいぐるみを見るのに飽きてしまい，まだ見ていないタコのぬいぐるみを見せられても，馴化を示すだろう。

　コーエンとキャプト（Cohen & Caputo, 1978）は，今説明したような馴化実験を行った。生後7ヵ月の乳児を3群に分け，第1群には，実験の馴化段階で何度も同じぬいぐるみを見せた。第2群には，毎回違ったぬいぐるみを見せた。

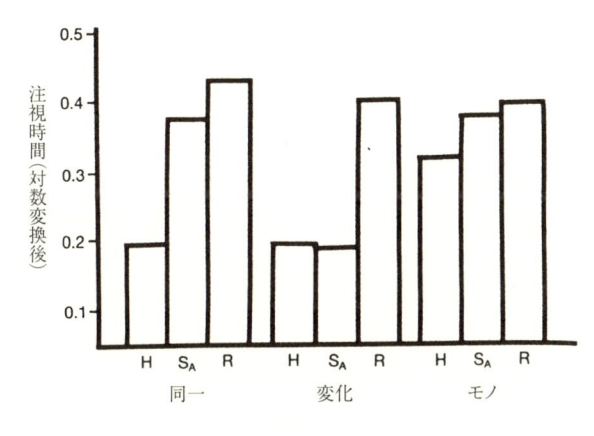

図2.1 最後の馴化試行（H）にかかった時間と，目新しいぬいぐるみの動物（SA）やガラガラ（R）を使った最初の脱馴化試行にかかった時間を比べてほしい。このコーエンとキャプト（1978）の実験では，3群の赤ん坊を使っている。同じぬいぐるみの動物を見せる群（同一），違ったぬいぐるみの動物を見せる群（変化），まったく関係のないモノを見せる群（モノ）がある。コーエン（1988）より。Reprinted by permission of Oxford University Press.

そして第3群にはどれも互いに関係のないものばかりを見せた（たとえば，おもちゃの車，ボール，ぬいぐるみ，電話）。テスト段階で，乳児は見たことのないぬいぐるみとガラガラを見せられた。第1群の乳児はこのどちらにも脱馴化を示した。第2群は，ガラガラだけに脱馴化（目新しいものに引きつけられること）を示した。第3群（この群はほとんど馴化を示さなかった）は脱馴化を示さなかった。結果のパターンを，図2.1に示す。コーエンとキャプトは，第2群の乳児は，「ぬいぐるみの動物」カテゴリを抽象したのだと論じた。

特性間の関係処理——プロトタイプを区別する

乳児がいろいろなぬいぐるみから典型的な「ぬいぐるみの動物」というプロトタイプを抽象したと主張するためには，たとえば目のような，どのぬいぐるみにもついている，特性のひとつに馴化したのではなく，ぬいぐるみがそれぞれもっている特性間の相互関係に注目していたという証拠が必要である。乳児が，異なる知覚的特性間の相互関係によってモノを理解できるなら，知覚プロトタイプにもとづいてモノを表象している証拠となるだろう。実際，ロッシュら（Rosch et al., 1976）によれば，人はまさにこのような関係性にもとづいて，世界をモノに分け，そしてカテゴリに分類する（第3章も参照）。世界の中の

多くの特性は共に生じる傾向があり，その傾向が相互関係を作り上げる。この関係が，木や鳥や花やイヌのようなそれぞれの自然カテゴリを特定するのである。たとえば，鳥は羽と翼を同時にもっているが，毛皮と羽を同時にはもっていないので，イヌと区別される。ロッシュによれば，さまざまな特性が共存していることを認識するプロセスから，鳥やイヌのプロトタイプなどの一般的な表象が生まれる。そして，これらのプロトタイプが，概念的な表象の基礎として役立つとされた。

　ヤンガーとコーエン（Younger & Cohen, 1983）は，プロトタイプ理論がいうように，乳児が特性間の相互関係に注目できるかどうかを検証した。この研究では，「マンガの動物」を使って馴化の実験を行った（図2.2）。このマンガの動物は，体の形，尻尾の形，足先の形，耳の形，脚の形，の5つの特性が変化し，各特性にはそれぞれ型が3つあった（たとえば，足先は水掻きのある足，爪のある足，ひづめのついた足，の3通りある）。実験の馴化段階で，赤ん坊に動物を見せるときには，重要な特性が3つ変えられていた。このうち2つは同時に変えられるが，残り1つはそうではない。たとえば，脚が長いときは，いつも首が短いが，尻尾はさまざまだった。馴化の後，赤ん坊はそれぞれ異なるマンガの動物を3つ見せられた。1番目の動物では，重要な特性の組み合わせが，馴化段階で見た動物と同じだった。2番目の動物では，重要な組み合わせが，馴化段階で見た動物とは違っていた。3番目の動物の特性は，馴化段階で見た動物と完全に違っていた。ヤンガーとコーエンは，10ヵ月児が，2番目と3番目の動物に対してだけ脱馴化を示すことを見いだした。この結果，赤ん坊がそれぞれの重要な特性間の関係に気づいていることがわかる。つまり乳児は，短い首と長い脚をもつ動物のプロトタイプを作り上げたのである。

　乳児が個々の特性間の相互関係を実際に符号化するかどうかを検証する方法の1つとして，乳児ごとに特性間の関係が異なる集合を見せたとき，それぞれ異なるプロトタイプを形成するのかどうかを調べるという方法がある。ヤンガー（1985）は，そのために巧妙な方法を考えついた。先の考えが正しいとすれば，赤ん坊に首の長さ，脚の長さのあらゆる組み合わせのマンガの動物を次々に見せたら，平均的な動物のプロトタイプを作り出すに違いない。つまり，それぞれの特性は互いに無関係なのだから，乳児は，平均的な長さの首と平均的な長さの脚をもつ動物のプロトタイプを抽象するだろう。だが，動物の首と脚の長さの共変動が2パターンあることを見せたら（たとえば長い脚と短い首の

図2.2 ヤンガーとコーエン（1983）の実験で使われたマンガの動物の例。Reprinted by permission.

動物，逆に短い脚と長い首の動物），乳児はプロトタイプを2つ形成するに違いない。つまり，長い脚と短い首をもつ動物と，短い脚と長い首の動物の2種類である。

　この仮説を検証するために，ヤンガーはマンガの動物を使って，脚と首の長さが，5段階に分けられた長さのうちのどれかになるようにした（たとえば，1＝短い，5＝長い。図2.3を参照）。変化大条件の乳児には，脚と首の長さが3（平均値）以外のすべての組み合わせの動物を見せた。そして，変化小条件の乳児には，短い脚と長い首か，その反対の動物を見せた。実験の結果，変化大群の乳児は，脚がとても長く首がとても短い動物か，あるいは脚がとても短く首がとても長いマンガの動物を長く眺めた。反対に，変化小群の乳児は，脚も首も平均的な長さの動物を長く眺めた（長さ3，3）。このことから，変化大群は，平均的な長さの動物を一度も見たことがなかったにもかかわらず，平均的な長さの動物に馴化していたことがわかった。すなわち変化大群は，平均的な長さの首と脚をもつ動物のプロトタイプを抽象したのである。変化小群は，プロトタイプを2つ作り上げた。したがって，平均的な動物を目新しく思ったのである。ヤンガー（1990）はさらに，刺激がマンガの動物ではなく現実の動

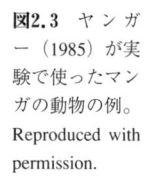

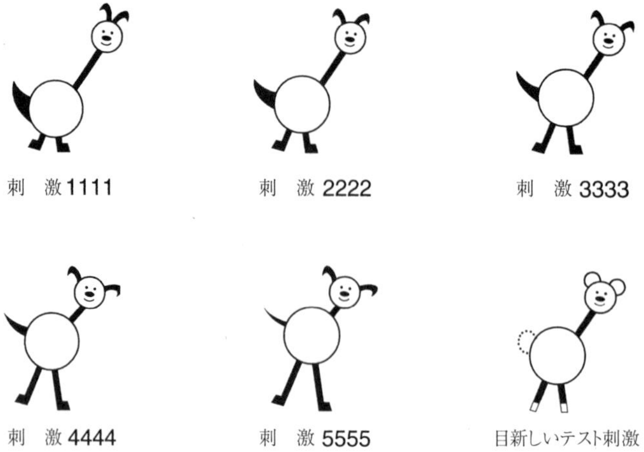

刺激 1111　　　　刺激 2222　　　　刺激 3333

図2.3 ヤンガー（1985）が実験で使ったマンガの動物の例。Reproduced with permission.

刺激 4444　　　　刺激 5555　　　　目新しいテスト刺激

物（自然種）の特徴にもとづく場合でも，赤ん坊が関係性を理解していることを示している。

　プロトタイプ形成の研究では，現実世界のカテゴリと実際にある特徴をもっと多く使うことが重要である。現実世界でのモノの関係は，きわめて複雑だからである。最近，発達心理学者たちは，乳児が，ネコやウマやシマウマやキリンのような自然種のプロトタイプを形成できるかどうかを研究し始めている。たとえばエイマスとクイン（Eimas & Quinn, 1994）は，12種類の写真を使って，生後3ヵ月から4ヵ月の乳児を，ウマのカラー写真に馴化させた。馴化の後，選好注視法で3つのテストを行った。具体的には，見たことのないウマとネコ，見たことのないウマとシマウマ，見たことのないウマとキリンを，それぞれ対にして見せた。乳児は，各試行とも，新しい動物の写真の方を明らかによく見た。つまり，ウマ，シマウマ，キリン，ネコを弁別できることを示した。第2群の乳児は，カラー写真のネコに馴化した。この群の乳児はネコとトラを区別したが，メスライオンとは区別できなかった。このような研究から，乳児の情報処理システムが，現実の種がもつ特徴のバリエーションを扱えることがわかる。そして乳児は，知覚にもとづいて種に関するカテゴリを表象できるのである。

　なぜ乳児はメスライオンとネコを区別できないのだろうか？　エイマスとクインは，データから，ウマのカテゴリがもつ表象は，ネコの表象よりも排他的

なのかもしれないと論じている。つまり，「ウマ」のプロトタイプはシマウマを含まないが，「ネコ」のプロトタイプはメスライオンを含むということである。だが，もしかしたら実験で使われたネコの絵とメスライオンの絵は，実験で使われたウマとシマウマの絵よりもずっと似かよっていたのかもしれない。「ネコ」のプロトタイプの包括性が高いのは，実験で刺激として使われた写真のせいかもしれない。現実世界では，相対的な大きさや運動パターンといった他の視覚的特性から，ネコとメスライオンを分けられるだろう。赤ん坊は，実験室よりも現実世界ではより豊かな知覚情報を得られる。現実世界の自然物や人工物が与える知覚情報がまさにこのように豊かであれば，乳児は知覚特性の関係を処理する能力を用いて，認知的に役立つ情報を収集できる。つまり，知覚にもとづいて知識が増えることにより，概念的なカテゴリが生まれるのである（これがどのように生じるのかについての議論は，第3章を参照）。

モノのあいだの関係を処理する

乳児がプロトタイプを形成できるということは，乳児は個々の刺激の特性間の関係（共変動）によってその知覚構造を符号化できるということを示している。だが，共変動を検出する能力が自然や人工物の静的な特性に対するものに限られるなら，それはとても役に立つだろうが，その認知的価値はおのずと限界がある。しかし，知覚的な出来事間の規則性を検出できれば，このメカニズムの認知的価値は非常に高まる。

視覚世界における出来事は，たいていモノとモノとのあいだの関係として述べられる（たとえば，サッカーボールがゴールポストにぶつかった，子どもが友達を押したなど）。この，関係から構造上の規則性を検出する能力は，認知面で大きく役立つ。視覚世界で起こる出来事は，本質的に因果的であることが多いからである。モノがモノに（を）ぶつかる，押す，支えるといった因果関係の規則性の検出（サッカーボールがゴールポストにぶつかる，クルマが車庫のドアにぶつかる，鳥が窓にぶつかる）は，知識表象やひいては概念発達における重要なメカニズムである。同様に，他のタイプの関係，空間関係（上下）や数量関係（より多い，より少ない）も検出されるだろう。乳児の空間的，数量的因果関係の処理能力や表象能力を測定する方法のひとつに，モノとモノの

関係に普通に見られる規則性へ違反を持ち込むというやり方がある。つまり，物理的に起こりえない出来事を引き起こすのである。たとえば，支えているものが何も見えないのに，モノが落ちずに空中に浮かんだままでいるなどである。このような違反を検出する乳児の能力についての実験的研究は，出来事間の関係を処理する乳児の能力を測定するのに，重要な方法である。

【空間関係を表象する】

　乳児が空間関係に気づいているかどうかを調べるひとつの方法は，馴化法を使うことである。たとえば，乳児に，同じ空間関係を表すいろいろな刺激を見せ，乳児がこの刺激に馴化すれば，関係情報をわかっているということになる。さらに新しい空間関係をもつ刺激を見せたら，脱馴化するに違いない。最近クイン（Quinn, 1994）が，この方法で実験を行っている。この実験では，3ヵ月児を上下の空間関係に十分親しませるために，下記のような方法を用いた。乳児らの半数には，黒い水平な棒の上方にある4箇所のうちのどこかに，点が1つ繰り返し現れるのを見せた。残りの半数には，黒い水平棒より下方の4箇所のうちのどこかに，点が1つ現れるのを見せた。要するに，この2つのパターンで，上方という空間関係と下方という空間関係の例を示したのである。テストでは，実験段階で見慣れた関係にあるが目新しい例（馴化条件と同じ側だが，新しい位置に点が現れる）と，見慣れない関係の例（馴化条件で見たのとは異なる側に点が現れる）を見せた。2つの実験群のどちらも，見慣れない関係の方を好んで見た。したがって，乳児は知覚を空間関係にもとづいてカテゴリ化できることがわかる。

　点と線の空間関係についての実験は，関係処理具合と表象を調べるテストとして，大変有効である。だが，乳児はもっと複雑な刺激も扱うことができる。たとえば，生後5.5ヵ月の乳児を対象とした，ベイヤールジョンらの研究を紹介しよう。この研究では，高さの低い壁の向こう側を背の高いウサギが通れば，部分的にウサギが見えることがわかるかどうかを実験した。実験の馴化段階では，色つきの高い壁を乳児に見せた（Baillargeon & Graber, 1987）。まずウサギが，壁の端に現れると，壁の向こう側を通って，反対側に抜ける。この「馴化」段階のウサギは，背が高いか低いかどちらかである(訳注1)。どちらのウサギも壁の高さと比べれば背が低くて，壁の向こう側を通るときは見えなくなる。したがって，ウサギは左から右へと移動して，見えなくなり，また見えるように

馴化場面

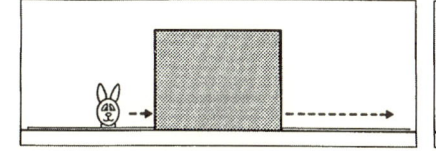

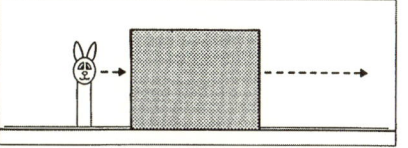

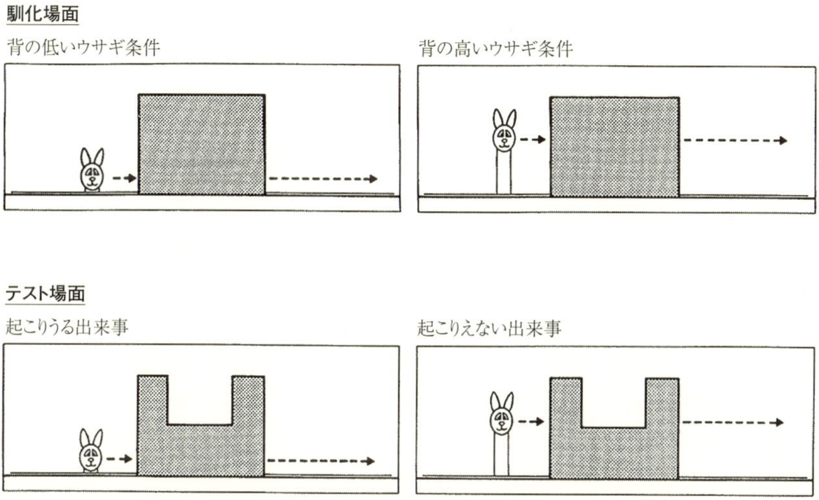

背の低いウサギ条件　　　　　　　　背の高いウサギ条件

テスト場面

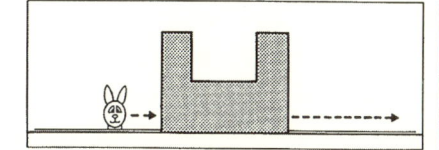

起こりうる出来事　　　　　　　　起こりえない出来事

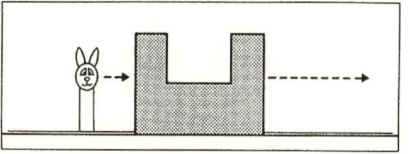

図2.4　ベイヤールジョンとグラバー（1987）が行った，背の高いウサギと背の低いウサギの実験での馴化場面とテスト場面の様子。Reproduced with permission.

なる。次に，壁の中央部を低くした。この状態では，壁の両端は高く，真ん中は低い（図2.4を参照）。それでも背の低いウサギは，まったく姿を見せずに壁の向こう側を通ることができたが，背の高いウサギは，壁の中央部を通るときに頭が見えるはずである。

　乳児は，再び見慣れたウサギ（背が高いウサギか低いウサギ）が壁の向こう側を隠れて通るのを見るのだが，（壁の高低以外は）馴化を起こしたときと同じ出来事のはずである。「背の低いウサギ」は壁の真ん中を通るときも見えず，それをみた群はこの出来事を完全に受け入れることができた。したがって，脱馴化は起きなかった。一方，「背の高いウサギ」を見た群は，この出来事を，壁とウサギの空間関係の点で受け入れられなかった。実際，物理的に起こりえない出来事が起きた。背の高いウサギの頭が壁の真ん中では見えるはずなのに，馴化段階のときと同じように見えなかった。ベイヤールジョンとグラバーによれば，「背の高いウサギ」を見た群の赤ん坊は，「背の低いウサギ」を見た赤ん

訳注1　乳児を2群に分けて，どちらかのウサギだけをみるようにした。

坊と比べて，実験装置を長く凝視した。背の高いウサギが壁の真ん中でも見えないと，乳児は驚きを示した。これは，乳児が壁とウサギの空間関係を表象できるからだろう。後の研究（Baillargeon & DeVos, 1991）で，3.5ヵ月児でも，同じ行動をすることがわかっている（この結果は，長いニンジンと短いニンジンを使うように修正した実験で得られている）。こうして，乳児であっても空間関係を表象できることが明らかになった。

さらに，ベイヤールジョンらは，乳児の空間関係の記憶を測定するのにも馴化を用いた。これは，乳児が表象をもつかどうかを調べる有力なテストである。乳児は位置を示す空間関係を長時間にわたって記憶しなければならないからである。ベイヤールジョンとグラバー（Baillargeon & Graber, 1988）の実験では，2つの場所（AとB）のどちらかにおもちゃが置いてある装置を乳児に見せた。それぞれの場所に，同じマットが目印に置かれていた。乳児が装置を見ているときに，おもしろそうなものが場所Aに置かれる（実際に使われたのは発泡スチロール製のカップで，側面にマッチ棒が差し込んである。これは，予備実験で使われたおもちゃに比べればずっと乳児の興味をひく！）。次に2つのついたてをそれぞれの前に引き出して，マットを隠す。乳児が引き続き装置を見ているときに，銀色の手袋をはめて鈴の付いたブレスレットをつけた手が現れ，その指がダンスを踊り出す。これは見ためにおもしろく，乳児が装置に注目し続けるように考えられている。そして，この手はついたての後ろの場所Bに行き，発泡スチロールのコップを取り出した。

もちろん，これは「起こりえない」出来事である。ついたてがマットの前に引き出されるまで，場所Bには何も見えなかった。そして，発泡スチロールのコップは，場所Aでのみ取り出せたはずである。ベイヤールジョンとグラバーの予測では，赤ん坊がコップを隠してから取り出すまでの遅延時間のあいだもモノの場所を覚えておけるならば，この出来事を見て混乱し，装置をより長く見るはずである。実験の結果は，この主張を裏づけた。赤ん坊は起こりえない場所からコップが取り出されると，とても驚き，長い間装置を見た。注視時間は，「起こりうる」出来事を見せた統制条件では長くならなかった。この条件では，例の手が出てくるべきついたての後ろからカップを取り出したので，乳児はとくに興味を示さなかった。乳児は，カップが空間上正しくない位置から取り出されるときだけ，注目したのである。したがって，乳児はコップが視野の外にあってもその位置を表象できることがわかった。ベイヤールジョン，

図2.5 マッケンジーら（1984）による，空間学習と記憶の研究のための，「ニュースキャスター」実験で使われた実験セット。Reproduced with permission.

　ドゥヴォスとグラバー（1989）は，8ヵ月児が，こういう空間記憶を70秒保持できることを示した。乳児にとって，「視野の外」にあることは必ずしも「心の外」にあることを意味しないのである。

　空間の学習や記憶についての別のテストを，マッケンジー，デイとイーセン（1984）が行っている。この実験では，6〜8ヵ月の乳児を半円状の「ニュースデスク」のようなものの向こう側に座らせる（図2.5）。赤ん坊は真ん中の席に座った母親の膝の上に座った（ちょうど「ニュースキャスター」のように）。この位置からは，机全体を見渡すことができる。この机は半円形になっているため，赤ん坊から見て左右のさまざまな位置で出来事を提示できる。出来事が起こる位置は，必ず白いボールで示された。出来事は，机の陰から大人が現れて，「イナイイナイバー」をすることで，赤ん坊が見て，おもしろがるように工夫されていた。

　実験の結果，赤ん坊は白いボールが示している位置で出来事が起きるのを，すばやく予測できるようになった。白いボールは赤ん坊の左右のどちらにも現れたので，赤ん坊は，右に首を回すといった特定の運動反応を学習したわけではない。白いボールを使って，視覚的な出来事の空間位置を予測することを学習したのである。マッケンジーらは，この結果をうけて，赤ん坊が空間位置をいつも自己中心的に記憶に符号化するわけではないと，主張した。自己中心的ならば，自分自身の空間位置にもとづいて運動反応をするはずだが，そうでは

第 2 章　乳幼児の認知——高次の認知プロセス　　51

なかった。適切な機会さえあれば，赤ん坊でも白いボールのような目立ったランドマークを使って，空間位置を他者中心的に符号化して記憶できるのである。ゆえに，8ヵ月児の空間関係の表象は，大人と同じように，ランドマークの手がかりを含んでいる。

【遮蔽関係を表象する】

　ベイヤールジョンの研究から，乳児が遮蔽関係も多少理解していることがわかる。あるモノが部分的に別のモノに隠れるとき，大人は，隠されたモノの見えない部分も存在していると考えるし，あるモノが完全に別のモノに隠れたときでも，隠れたモノはなくなってしまったのではなく，隠しているモノの向こう側の同じ場所に存在していると考える。つまり，知覚できる出来事からは(訳注2)，モノは見えなくなっても存在し続けているという知識も得られるのである。

　赤ん坊も，大人と同じように隠れていてもモノはなくなったわけではないと考えているようだ。赤ん坊の「モノの永続性」の信念を最も巧妙に示した研究のひとつが，ベイヤールジョン，スペルキとワッサーマン（Baillargeon et al., 1985）による実験である。ベイヤールジョンらは，5ヵ月児に，ついたてが，手前から起き上がって向こう側に倒れるという180度の回転をして，まるで跳ね橋のようにたえず乳児に近づいたり離れたりしている装置を見せ，これに馴化させた（図2.6）。馴化の後，装置の一番奥の，ついたての通り道に箱が置かれる。ついたてが手前から起き上がり始めると，だんだん箱が隠れていく。ついたてが床から90度になったところで，箱は完全についたてに隠された。「起こりうる出来事」を見る条件(訳注3)では，ついたては手前から120度まで回転していき，そこではっきりと箱に触れて停止した。「起こりえない出来事」を見る条件では，ついたては完全に向こう側まで倒れた。この物理的に「起こりえない」条件では，箱はついたての運動を妨げなかった。ついたてが向こう側まで倒れる180度回転は赤ん坊が見慣れた（馴化した）出来事であるが，起こりえない条件を見ていた赤ん坊は，起こりうる条件を見ていた赤ん坊（目新しい

訳注2　この場合は，モノが，隠される前にある場所にあったのを見ていたこと。
訳注3　赤ん坊は2つの実験群に分けられ，半数は「起こりうる出来事」を見る実験条件，残りの半数は「起こりえない出来事」を見る実験条件に割り当てられた。

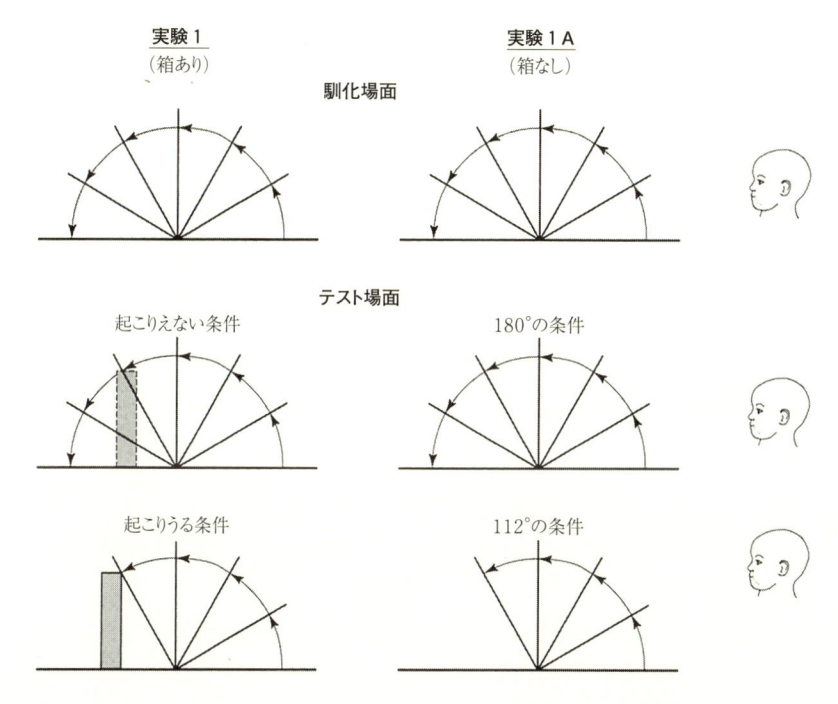

図2.6 ベイヤールジョンら（1985）の回転するついたて実験における，馴化試行とテスト試行の図。Reproduced with kind permission of Elsevier Science.

出来事を見ていた）よりも実験のディスプレイを長く凝視した。したがって箱がついたてに隠れても，なくならないことを，赤ん坊は知っていると考えることができる。だから，ついたてが，見るからに固いモノを通り抜けたので驚いていたのである。

後の研究でベイヤールジョンは，3.5ヵ月児でもついたてが箱を通り抜けると驚くことを示した。とくに「馴化が早い」乳児の場合にそうであった（Baillargeon, 1987a）。また乳児は，隠れたモノの物理的な性質や空間的な性質を表象できる場合がある。たとえば，圧縮できるかそうではないか（スポンジのブロックか木のブロックか。図2.7を参照）や，ついたての高さよりも高いか低いか（20×15×4 cmの木のブロックを立てたり横に置いたりした。Baillargeon, 1987b）である。こういう実験から，乳児が隠れたモノの存在を表

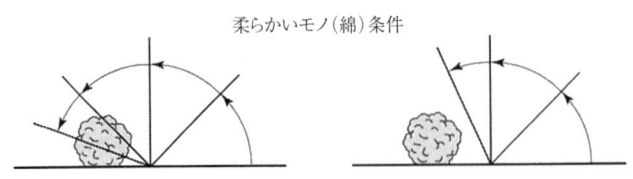

図2.7 柔らかいモノと堅いモノを使ったついたて実験での，馴化試行とテスト試行の図（Baillargeon, 1987）。Reproduced with permission.

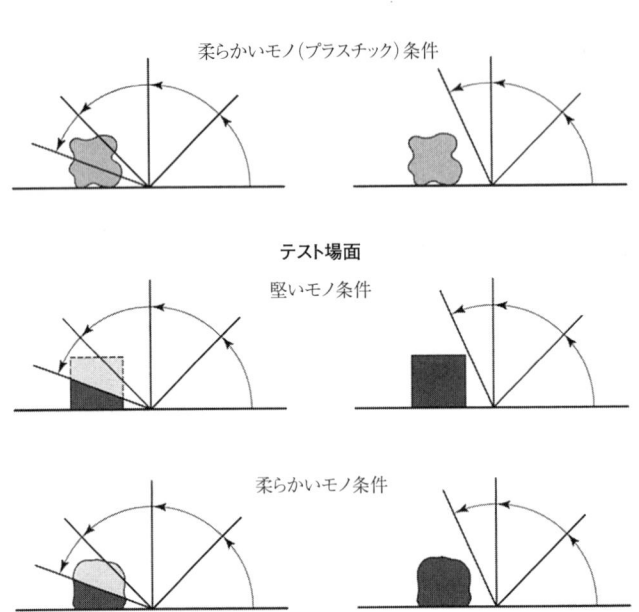

馴化場面

柔らかいモノ（綿）条件

柔らかいモノ（プラスチック）条件

テスト場面

堅いモノ条件

柔らかいモノ条件

象できるだけではなく，隠されたモノ特有の性質もいくつか表象できることがわかる。乳児は，こうした物理的な特性や空間的な特性を，跳ね橋が回り始めるとどうなるはずなのかを予測するのに使用できるのである。

　ベイヤールジョンは「跳ね橋」の実験手続きを考案し，さまざまなバリエーションでさまざまな実験をしているが，乳児がモノの永続性に関する乳児の信念を示すのに回転するついたてを用いたことにはいろいろと批判が起こった。たとえば，「跳ね橋」実験における出来事の知覚特性から，乳児は跳ね橋が止まるに違いないと強く期待するので，乳児は隠されたモノを表象する必要はない，という批判がある。むしろ，最初に実験装置を提示したときに作り上げる

表象だけで，子どもが跳ね橋が止まることを期待するには十分であるという批判だ。この批判に対しては，乳児が跳ね橋の運動について行う予測は，隠されたモノの性質に応じて異なる，という反論がある（たとえば，Baillargeon, 1987 b）。さらに，一連の跳ね橋実験だけが，隠されたモノが存在していることを乳児が理解していることの唯一の証拠なのではない。ベイヤールジョン（1986）は，モノの永続性の理解を検証する別の実験も考案している。それは，「期待」批判に十分対抗できるだろう。

　この実験では，主におもちゃの車と斜面が使われた。実験の最初の場面では，6.5ヵ月児に，斜面の上におもちゃの車が置かれた装置を見せる。車道は，斜面を降りて，装置の底面に沿って進むようになっている。乳児がこの装置に注目しているときに，ついたてが降りてきて車の通り道の真ん中を乳児から隠し，実験の馴化段階が始まる。車は斜面を走り降りて，ついたての後ろを通り，装置の端で再び現れた。この出来事を繰り返し提示して馴化を起こさせた。その後で，ついたてが上げられ，箱が車の通り道かあるいは車の通り道の向こう側に置かれた(訳注4)。ついたてが再び降ろされて箱を隠すと，車がまた走った。用いた実験装置は図2.8に示されている。

　すべての赤ん坊が，実験の馴化段階ではまったく同じ出来事を見た（だがその後が違っていた）。「起こりうる」条件では，箱は赤ん坊から見て通り道の向こう側にあって，車が通る道からは外れている。したがって，車が再び現れても何の不思議もない。一方，「起こりえない条件」では，箱は通り道の上，つまり直接車が通るところにあった。それにもかかわらず，車は前と同じように再び現れたのである！　起こりえない条件を見た赤ん坊は，起こりうる条件を見た赤ん坊よりも，実験装置を長く凝視した。この結果は，次のようにしか説明できないだろう。赤ん坊は箱がずっとそこに置かれていて，箱が車の通行を妨害するという表象をもっていたので，車が再び現れたのに驚いたのである。後にベイヤールジョンとドゥヴォス（Baillargeon & DeVos, 1991）は，3.5ヵ月児が，隠れているモノ（ミッキーマウスの人形）が通り道をふさいでいるのに車が再び現れると驚くことを実証している。

　3ヵ月児でも，大人と同じようにモノは隠されても存在し続けると推測する

訳注4　この実験操作は，被験者間要因として計画されていた。

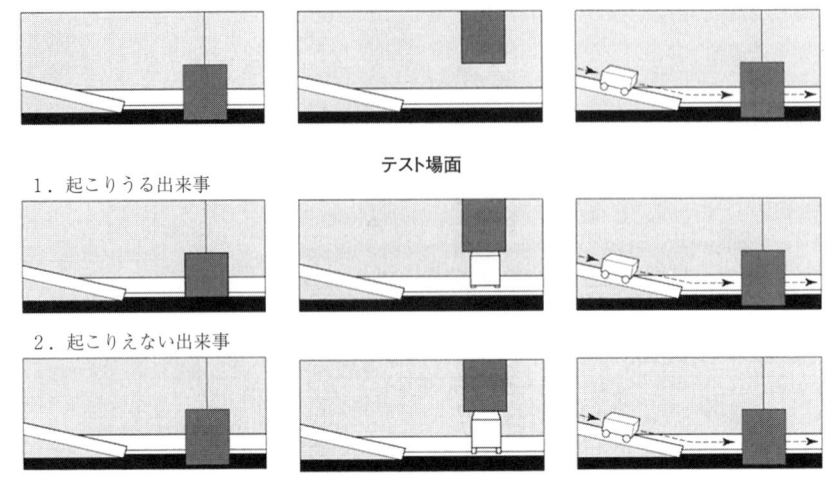

図2.8 ベイヤールジョン (1986) が開発した，斜面の車実験での馴化試行とテスト試行の図。
Reproduced with kind permission of Elsevier Science.

と思われる。しかし，最近，生後1年目までは，隠されたモノの数量が異なると，それぞれの違いを反映した表象を構成できないことが指摘されている。スーとケアリー（Xu & Carey, 1996）は，見かけが違うモノを2つ（おもちゃのゾウとおもちゃのトラック）用意して遮蔽実験を行った。そして，遅くとも生後10ヵ月までに，乳児はかなり一般化してモノを表象できるようになるが，もう少し発達しないと，個々のモノの同一性を表象できるようにならないと主張した。

　スーとケアリーは，2つの遮蔽条件の違いが際だつような基礎実験を練り上げた。一方は性質‐種類条件で，もうひとつは空間‐時間条件である（図2.9）。性質‐種類条件では，まず乳児についたてを見せる。おもちゃのトラックがついたての右側から出てきて，また，ついたての裏側に戻る。それからおもちゃの子ネコがついたての左側から出てきて，またついたての裏側に戻る。これが，さらに3回以上繰り返される。以上が，馴化である。その後テスト場面となり，ついたての後ろにモノが2つあるのか1つなのかがわかるように，ついたてが取り払われる。乳児が数の違いを表象できるなら，ついたてを取り除いたときにモノが1つしかなかったら驚くだろう。そして2つのときよりも1つのとき

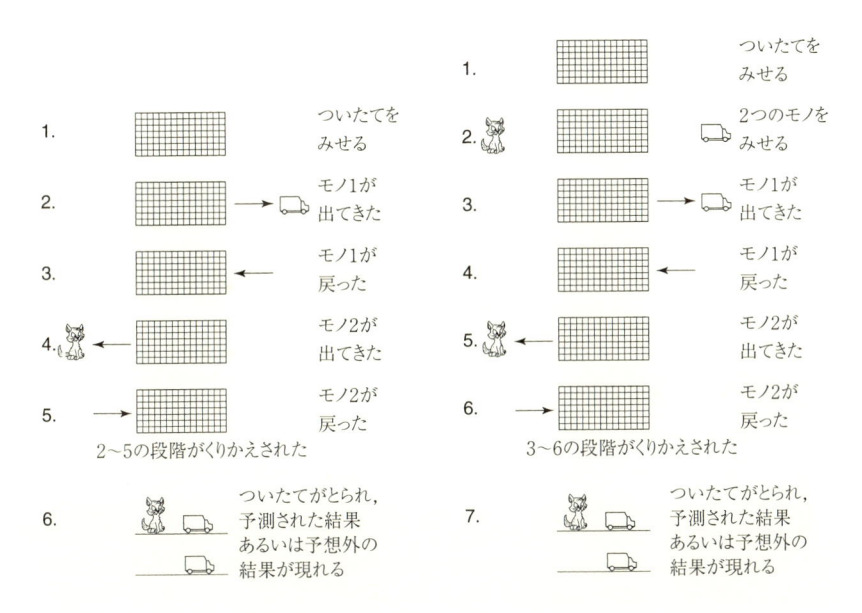

図2.9 スーとケアリー（1986）の実験で使われた，性質‐種類条件（左）と空間‐時間条件（右）の概要．Reprinted by permission of Academic Press Inc.

に，実験装置を長く見るはずである．空間‐時間条件では，トラックと子ネコが一度，同時についたてのそれぞれの端から出てきた後で，性質‐種類条件と同じようにこの出来事が繰り返された．この条件での乳児も，ついたてを取り払ったときに，モノが1つしか現れなかったら驚くと予測された．最後にベースライン条件として，遮蔽物がないときに，モノが1つある場合と2つある場合にどちらをよく見るかで，乳児が，そもそもどちらを好んで見るかを査定した．

実験の結果，ベースライン条件と性質‐種類条件では，乳児はモノが2つある場合をモノが1つしかないときよりも長く見るが，空間‐時間条件ではモノが1つしかないときの方が注視時間が長かった．度重なる追試でも同じ結果が得られた．そこでスーとケアリーは，乳児はそもそもモノが2つある場合の方を好んで見る傾向があり，こうした傾向は空間‐時間条件ではうち消されてしまうが，性質‐種類条件ではそうではないと結論した．したがって，10ヵ月児は，おもちゃの子ネコとおもちゃのトラックの知覚的差異を利用して，ついた

ての後ろにモノが2つあると推論することができないのだろう。この結論は，前に紹介した研究からすれば，少々奇妙である。たとえば，10ヵ月未満でも，モノのかなり細かい知覚特性に注目するという研究があった（たとえば，Younger & Cohen, 1983）。しかし，スーとケアリーの主張は，否定的な結果にもとづいている(訳注5)ことに留意すべきである。性質‐種類条件で，乳児がモノが2つある状態を好むもともとの傾向を抑えられなかったのには多くの理由が考えられる。モノの個別性や数量の一致を表象するのに知覚的特性を使用できないというのは，その理由のひとつにすぎない。

【数量関係を表象する】

視覚世界の出来事についての知覚構造は，数量関係を表すためにも使われる。「より多い」や「より少ない」という関係は，数量関係を理解するうえで重要である。また，何かを付け加えたり，何かを取り去ったりしなければ数量は同じままであるということの理解も，同じように重要である。馴化研究から，乳児がかなり早期から，量関係や多少とも数値関係を表象できることがわかりつつある。

たとえばクーパー（Cooper, 1984）は，乳児に，色のついた四角形を組み合わせて2列に並べたのを何組か見せて馴化を起こさせた。この配列は，「より多い」あるいは「より少ない」という関係を表している。「より多い」関係の場合には，たとえば，4つの四角形の列1と2つの四角形の列2の対が見せられ，次に列1に4つの四角形と列2に3つの四角形の対，次には列1に2つの四角形，列2に1つの四角形等々である（表2.1を参照）。テスト時には，反対の関係（「より少ない」関係。列1に四角形3つ，列2に四角形4つ）か，「等しい」関係（2対2），あるいは同じ「より多い」関係の新しい組み合わせ（3対2）を見せた。10ヵ月児は，「等しい」関係でのみ脱馴化した。つまり，等しいことと等しくないことを区別できたのである。生後14ヵ月ぐらいになると，幼児は「より少ない」関係でも脱馴化した。つまり馴化のときの刺激とは反対の関係であることを正しく理解できたのである。同様の実験が，もっと月齢の低い乳児でも行われている（たとえば，Starkey & Cooper, 1980）。

訳注5　この研究で，乳児は知覚的特性を使って，モノの違いを理解できなかったこと。

表2.1　クーパー（1984）が使った，数の配列の例

条　件	列1の数	列2の数	試行タイプ
より少ない:			
馴　化	3	4	
	2	4	
	1	2	
条　件	3	4	古い
	2	3	新しい
	4	3	反対の
	2	2	等しい
より多い:			
馴　化	4	2	
	4	3	
	2	1	
条　件	4	3	古い
	3	2	新しい
	3	4	反対の
	2	2	等しい
等しい:			
馴　化	4	4	
	2	2	
	1	1	
条　件	4	4	古い
	3	3	新しい
	2	4	より少ない
	4	2	より多い

　乳児に確かに数の能力があるということを示しているのは，最近のウィン（Wynn, 1992）の研究である。彼女は，5ヵ月児に小さな数の足し算と引き算をする能力があるかを，遮蔽手続きを使って調べた。最初に，赤ん坊にからっぽの実験装置を見せる。乳児がそれに注目すると，手が現れてミッキーマウスの人形を実験装置に置く。次に小さなついたてが，装置の床の手前から起き上がってきて，人形を隠す。そして手が再び現れて，第2のミッキーマウスの人形をついたての後ろに置く。最後についたてがはずされるのだが，ミッキーマウスの人形が2つ現れる場合（起こりうる出来事）と人形が1つしかない場合（起こりえない出来事）があった。この出来事の流れを，図2.10に示す。ウィンは，ミッキーマウスが1つのとき（起こりえない出来事）に，赤ん坊は長く

「1＋1＝1あるいは2」の条件の流れ

1. ケースの中にモノが置かれる　2. ついたてが上がる　3. 第2のモノが加えられる　4. 手には何もない

次に起こりうる結果
5. ついたてがとられる　モノが2つ現れる

もしくは起こりえない結果
5. ついたてがとられる　モノが1つ現れる

「2－1＝1あるいは2」の条件の流れ

1. ケースの中にモノが置かれる　2. ついたてが上がる　3. 何も持っていない手が入る　4. モノが1つとられる

次に起こりうる結果
5. ついたてがとられる　モノが1つ現れる

もしくは起こりえない結果
5. ついたてがとられる　モノが2つ現れる

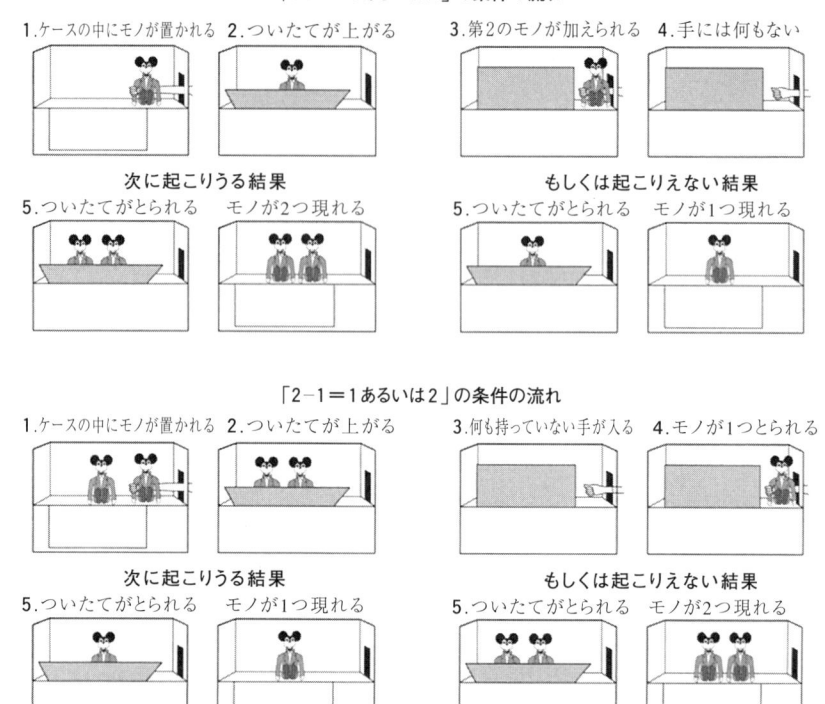

図2.10 ウィン（1992）が使った足し算場面と引き算場面。Adapted from *Nature*, 358, © 1992, Macmillan Magazines Ltd.

見ることを発見した。別の条件群で，最初に2つのミッキーマウス人形を見せて，次に1体をもっていき，ついたてがなくなった後，ミッキーマウスが2つ現れると，赤ん坊は，先の実験結果とは反対のパターンを示した。ミッキーマウス人形が2つ現れたとき（起こりえない出来事）の方が，ミッキーマウス人形が1つあったとき（起こりうる出来事）よりも，有意に長く人形を見つめたのである。この結果からウィンは，乳児が単純な数を操作して計算ができると，主張した。

ウィンの主張は，サイモンらによる追試（Simon, Hespos, & Rochat, 1995）によって支持された。ウィンの研究結果は，乳児が生得的に計算ができるからで

はなく，実験で起きた出来事が，物理世界について乳児が知っていることに反するからかもしれないと考えて，サイモンらは「不可能な足し算」条件ではついたての後ろに置かれたモノがなくなり，「不可能な引き算」条件では前に存在しなかったモノが魔法のように現れるようにした。サイモンらは，これだけでも注視時間が増えたことを説明できるはずだと指摘した。だが，ウィンの結果が計算とは関係がなく，結果が物理的に起こりえないという認識だけに関わっているのなら，乳児はミッキーマウスが他の何かに変化するという「可能な計算」条件でも，長く注視するに違いない。そこでサイモンらは，「種類不一致」条件と「種類不一致かつ不可能な計算」条件を含めて，ウィンの研究を追試した。

　サイモンらの「種類不一致」条件では，ミッキーマウスを使わず，「セサミストリート」のキャラクターであるアーニーとエルモにとりかえられた。図2.11はその手続きを示している。たとえば（種類不一致条件の場合），最初のエルモ人形に第2のエルモ人形がついたてに隠された状態で加わって，そのついたてがなくなると，エルモとアーニーの2つの人形が現れる。同じように，エルモ人形が2つ隠されているついたての後ろから，エルモ人形を1つ取り出して，次についたてが取り払われると，アーニー人形が1つ現れる。これらの結果は，どちらも数の計算としては正しいが，物理的にはありえない。種類の不一致と不可能な計算条件(訳注6)では，人形の数も種類も変化した（1＋1＝1，2－1＝2，つまりエルモ＋エルモ＝アーニー，2つのエルモ－エルモ＝エルモ＋アーニー）。この条件では，結果は計算のうえでも物理的にも不可能だった。

　実験の結果，「種類不一致」条件で，5ヵ月児はウィンの「可能な計算」条件の乳児とまったく同じように行動した。一方，「種類不一致と不可能な計算」条件の乳児は，ウィンの「不可能な計算」条件の乳児と同じように行動した。つまり，乳児は計算が合わない結果の方を長く凝視したが，物理的に間違っている結果については，そうではなかった（統制条件によって，エルモとアーニーが区別できることが確認されていた）。ゆえにサイモンたちは，ウィンの実験条件では，乳児はついたての後ろにあるモノの同一性ではなく，数に注目し

訳注6　原文では「計算が不可能な条件」(the arithmetically impossilbe conditions) となっていたが，文脈から判断して訂正した。

たし算

最初の変化

テスト試行の結果

可能な計算

不可能な計算(ウィン)

種類不一致

種類不一致かつ不可能な計算

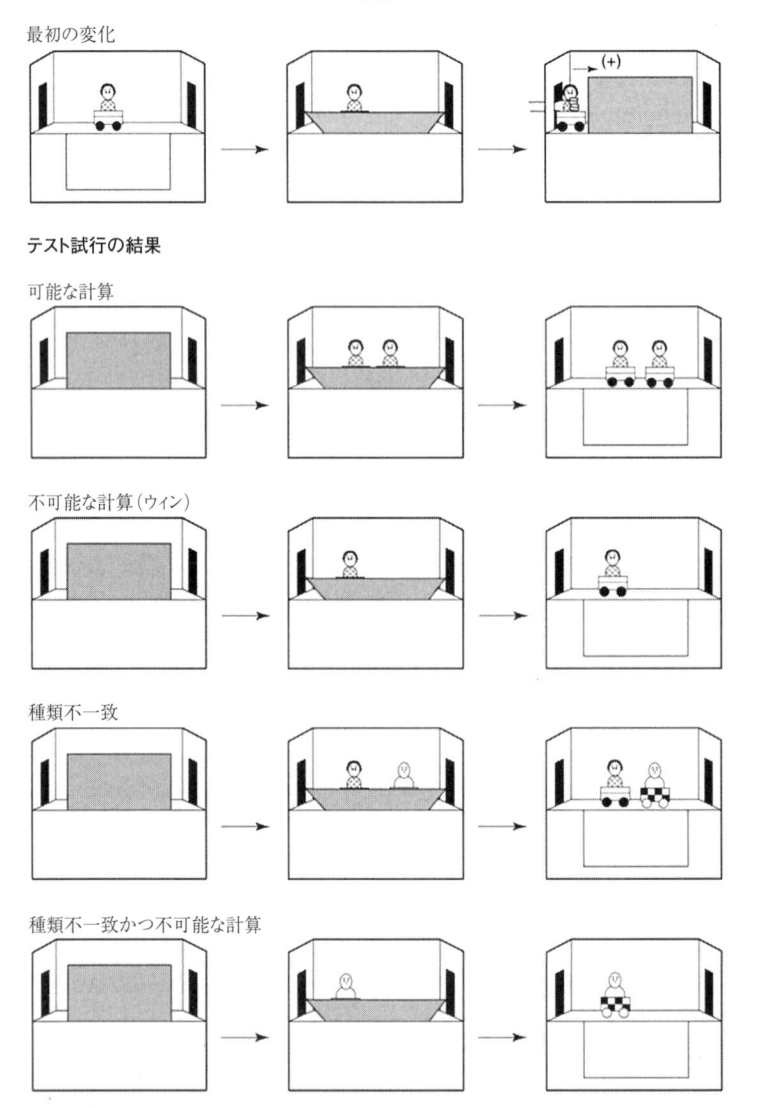

図2.11 ウィン(1992)の追試でサイモンら(1995)が使った足し算場面と引き算場面。Reproduced from *Nature*, 358, © 1992, Macmillan Magazines Ltd.

たのであると論じた。サイモンらの結果は，前の節で説明したスーとケアリー（1996）の主張とも一致する。

　子どもは，発達のかなり初期からモ・ダ・リ・テ・ィ・を超えて数を理解していると報告されている。スターキー，スペルキとゲルマン（Starkey et al., 1983）は，乳児が3つの音と3つのモノを対応づけ，2つの音には2つのモノを対応づけられるかを研究した。この実験では，スペルキの実験方法（Spelke, 1976, 第1章を参照）と同じ方法が使われた。乳児はモノが乗っている列を2つ選ぶが(訳注7)，一方の列にはモノが2・つ乗っており，他方の列には3・つ乗っている。列に乗せられるモノは実験試行ごとに変わるが，列の1つにはいつもモノが2つ乗っていて，もうひとつの列にはモノが3つ乗っている。乳児は，2つの列のあいだに置かれたスピーカーから録音された音も聞くが，その音は，ドラムの2連打音か，ドラムの3連打音を繰り返すものだった(訳注8)。実験の結果，乳児は，2連打音を聞いているときはモノが2・つ乗っている列を見，3連打音を聞いているときは3・つ乗っている方の列を見た。モダリティを超えて一致を好むこの傾向は，第1章で紹介した研究でも見いだされている。この実験で，モダリティを超えた一致を認知するためには，乳児は連打音の数を表象できなければならない。この結果はなかなか衝撃的だが，追試が難しい（Moore et al., 1987）。

【因果関係を表象する】
　これまでの節で，乳児が因果関係を表象できるという間接的な証拠が示された。これまで検討した実験の多くは，空間関係や数量関係，遮蔽関係と共に，因・果・関・係・にも関わっている。起こりえない物理的な出来事に乳児が驚くには，原因と結果の関係がわかっていなければならないからである。たとえば，障害物があるはずなのに斜面を下る車や回転するついたてに，乳児が驚くのは，車と箱の衝突を予測するからであり，ついたてが回転していくと箱に接触すると予測するからである。だが，これらの実験で生じる因果的な出来事は，すべて視・野・の・外・で起こっている。したがって私たちは，たとえば車の実験では，「赤ん坊は，車が箱に衝突して止まると予想したのだ」と推論しなければならない

訳注7　視覚情報。
訳注8　聴覚情報。

(赤ん坊は，車が箱と同じ場所を占めることができるように思えたので驚いたのかもしれない。あるいは，車がぺしゃんこにした箱を押しながら現れると思った可能性もある！）。因果的な出来事を表象する乳児の能力を直接調べるためには，乳児にすべてが見えるところで起こる因果的な出来事を，調査する必要がある。

　因果性の研究にとって，衝突はうまく使える現象である。たとえば，ビリヤードのボールがもう1つのボールと衝突すると，2つめのボールは動き始める。これは，因果関係を表す純粋な例である。ミショット（Michotte, 1963）は，大人は「玉突き」現象（訳注9）を見ると，必ず因果律の印象をもつということを示した。たとえば2つの光の点が壁の上で動くのを見ても，この印象が生じる。力学的な関係がなくても因果律の印象を得られるのは，大人が因果律の錯覚に支配されているためだと，ミショットは考えた。だが，知覚メカニズムは，矛盾する証拠がなければ，因果関係を仮定する傾向をもつことを示しているのだと考えることもできる。乳児も，因果律を仮定する同じような知覚メカニズムをもっていると思われる。乳児の因果関係の理解の基礎には，おそらくこのメカニズムがある。

　このメカニズムが存在することが，レズリーとキーブル（Leslie & Keeble, 1987）の実験で示された。彼らは6ヵ月児が「玉突き現象」（launching events）をどのように理解するのかに関心があった。この研究の代表的な実験では，最初に2つある動画フィルムのうちの1つだけを乳児に見せる。一方のフィルムでは，赤い箱が緑の箱の方に動いて衝突し，緑の箱がすぐに動き出す。もう一方のフィルムでは，赤い箱が再び緑の箱の方に動き，緑の箱に衝突するが，緑の箱は衝突後，0.5秒遅れて動き始める。大人は最初の玉突きを見ると因果律の印象をもつが，第2の出来事ではそうならない。片方のフィルムで馴化をした後（直接玉突きか，遅延玉突きか），乳児は同じフィルムを逆回ししたものを見る。時空関係の変化はどちらの群でも同じだが，「直接玉突き」フィルムの反対のバージョンは，目新しい因果的な出来事となる（緑が赤を動かす）。レズリーとキーブルの仮説では，もし直接玉突き条件（赤が緑を動かす）を見た乳児が因果関係を知覚するならば，乳児が反対の条件（緑が赤を動かす）の

訳注9　従来，この言葉は「起動」や「押し出す」のように訳されているが，現象をよりわかりやすく伝えるために，この訳語を採用した。

フィルムを見ると，遅延玉突き条件の乳児よりも脱馴化するはずである。

結果は予測どおりだった。レズリー (1994) によれば，この結果は，乳児が玉突きの力学的な構造に関心をもつためだという。「直接玉突き」フィルムでは，2つのビリヤードボール(訳注10)の力学的な役割が変化している。「押す側」が，「押される側」になった。「遅延玉突き」フィルムでは，ビリヤードボールに役割はない。そこで役割が反対になることはなかった。このレズリーの説では，作用因という役割を認知している必要がある。この考えについては，後ほど検討しよう。

玉突きの他に，物理世界でよく見かける因果関係として「支持」関係がある。ティカップをテーブルに置くとき，カップがテーブルの縁から出すぎていると，お茶が床にこぼれてしまう。だが，カップの底のごく一部がテーブルの縁からはみ出ているだけなら，うまくテーブルがカップを支えてくれる。だから，お茶をおいしく飲めるはずだと大人は知っている。ベイヤールジョン，ニーダムとドゥヴォス (Baillargeon et al., 1992) は，乳児にも大人と同じ直観がはたらくかどうかを研究した。この研究では，箱がいつ床に落ちるかの予測を，6.5ヵ月児を対象に検討した。

まず，乳児に長い台の左端に箱が置いてあるのを見せる。次に手袋をはめた指が箱を押していき，箱の一部が右端からはみ出るまで動かすのを見せる（図2.12を参照）。第1の実験群の乳児には，箱の底面の85%までが台を越えるのを見せた。第2の実験群の乳児には，底面の30%までが台を越えるのを見せた。統制条件では，同じ乳児に箱が台の右端まで押されるのを見せたが，この場合，箱の底面は完全に台の上にあった。実験の結果，乳児は，箱が台の上に完全にある場合（統制条件）よりも，箱の85%が台を越えたときに，より長く装置を見た。したがって，乳児は箱が台から落ちると予測していたと思われる（箱があたかも魔法のように，台の上から落ちないでいられたのは，見えない手が支えていたからである）。箱の30%が台を越える場合には，乳児の注視時間は統制条件と差がなかった。「箱が台の上で安定しているためには箱と台がどのくらい接触している必要があるかを，乳児は知っている」と，ベイヤールジョンらは主張している。

訳注10　レズリーとキーブル (1987) の実験の材料は箱だったが，ここではビリヤードボールに代わっている。

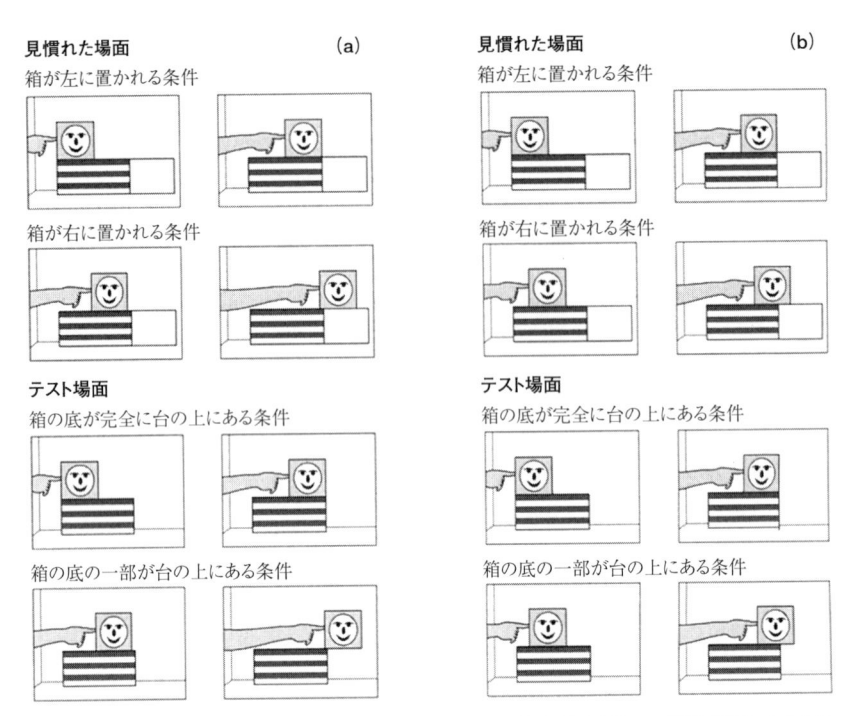

図2.12 ベイヤールジョンら（1992）が行った，台の上に箱を置く実験での馴化試行とテスト試行の図。パネル（a）は，箱の85％が台から外に出ていることを表し，パネル（b）は，箱の30％が台から外に出ていることを表している。Reproduced with permission.

　さらにおもしろいことがわかった。もっと月齢の低い乳児（5.5〜6ヵ月児）は，上記の「支持」関係を察することができなかった。つまり，箱が85％飛び出している場合も30％飛び出している場合も，完全に台の上にある統制条件の場合と同じ時間注視した。ベイヤールジョンらの解釈では，月齢の低い乳児はモノとモノが接触していれば，その程度によらず安定を保つのに十分だと考える。つまり，この月齢の乳児は，より単純な因果規則を扱うのだと考えた。非接触＝モノは落ちる，部分接触＝モノは支えられる，と考え，接触面がわずかでも適用されるのである。ベイヤールジョンは，物理的なことについての多くの因果推論が，この全か無かのパターンをとって発達すると主張した。乳児は，まず物理的な出来事の本質をつかみとる表象（たとえば，接触　対　非接触）をもつ。そして次第に，出来事の結果に影響を与える変数（支え具合の程度な

ど）を認める，より精緻な表象を発達させる。この発達の途上で，物理世界についての経験が重要な役割を担う。たとえば，生後6ヵ月ごろになると，たいていの赤ん坊は「自分で座れる」ようになる。つまり乳児は支えがあれば，まっすぐに座ることができる。そうして初めて，イスに腰掛けてテーブルに向かえるようになり，モノを置いたり，落ちるのを待ち構えたりするようになるのである。ベイヤールジョンは，経験が支持関係の基礎にある原因‐結果関係の理解を精密なものにするのに役立つという。この種の特殊な経験は，物理の推論に必要な見方を発達させるのに役立つだろう。こうした考えは，将来の研究が待たれる興味深いテーマである。

【因果関係の表象から動作主の理解へ】

モノとモノの因果関係を表象する能力は，一般的な関係情報を表象する能力がただ発展したものと見えるかもしれないが，実際には因果律に注目することは非常に重要な認知手段である。因果関係というのは，日常世界のモノゴトを理解するうえで，とても強力な関係だからである。以後の章では，因果関係への感受性が，概念の発達や，記憶の発達，一般的な論理性の発達のベースとなることを紹介する。また因果関係への感受性は，動作主の認識発達のベースにもなっている。動作主（agency）は，力学的な面での動作主として理解されることもあれば，人間として理解されるという観点から考察されることもある。

力学的な動作主という理解の発達についての分析は，レズリー（Leslie, 1994）が先鞭をつけた。レズリーの説では，乳児は，運動を因果的に分析することによって，出来事を力学的に記述できるという重要な目的を果たすとされる。この記述は，何が起きたかという単なる知覚的記述以上のものである。つまり原因と結果に関する知覚は，純粋に視覚的であるとはいえない。この知覚は，動作主の力学的な性質を理解するメカニズムの基礎なのである。無生物であるモノが現実世界で動くのは，エネルギーを他から受け取った結果であり，これらの力学的な力は，生物の運動を引き起こすものとはまったく違う。自分自身で動くモノは動作主であり，他のモノのせいで動くモノは，因果法則，つまり力学的な法則にしたがっている。乳児の動くモノへの関心は，物理世界においてそれぞれの因果関係の原因を区別するのに役立つ。

乳児はある運動が無生物の力によるものなのか，生物の力によるものなのかを区別する，という証拠が，最近スペルキ，フィリップスとウッドワード（Spelke

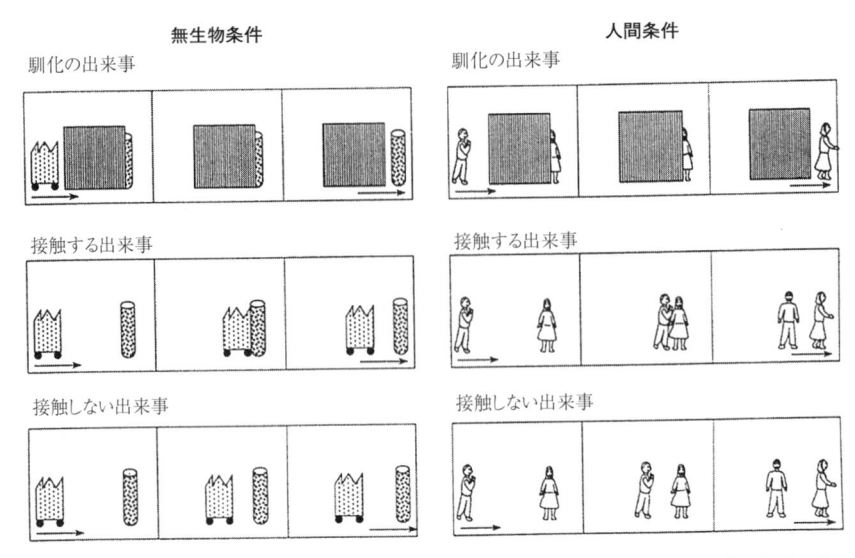

図2.13 スペルキ，フィリップスとウッドワード（1995）の実験で使われた，出来事の概要。乳児が力の接触原理を理解しているかを調べるのに用いた。Copyright © John Wiley & Sons Ltd. Reproduced with permission.

et al., 1995）の実験で報告されている。この研究では7ヵ月児が，モノと人の運動を引き起こす力として，接触原理をどう使うかが比較された。ここで使用されたモノは，無意味な形をしていて1.5～1.8メートルほどの高さがあり，背後に隠れている人によって普通に歩くペースで動かされた。実験は，遮蔽手続きを基にしている（図2.13を参照）。馴化の最中に，乳児は，人あるいはモノが実験装置の片側から現れて，中央にあるついたての後ろまで移動するのを見る。すると第2のモノあるいは人がついたてのもう一方の側から現れて，実験装置から姿を消す。この出来事が方向を反対にして繰り返される。出来事のタイミングは，モノでも人でも同じであった。モノの場合でいうと，第1のモノが第2のモノとついたての後ろで接触して動くようになるタイミングとずれがないようにされた。

テスト場面ではついたてが取り払われ，乳児はモノとモノあるいは人と人が接触する出来事か，接触しない出来事を見る。接触する出来事では，モノも人も馴化のときのとおりに動く。つまり，第1のモノ（あるいは人）が第2のモ

ノ（あるいは人）に接触すると，後者が動き出す。接触しない出来事では，モノ（あるいは人）は接触せず，最初のモノ（あるいは人）が，第2のモノ（あるいは人）から少しあいだを空けて止まり，適切な時間をおいて，第2のモノ（あるいは人）が動き出す。どちらの出来事も，さらに方向を逆向きにして見せられ，乳児が実験を見続ける限り繰り返された。乳児が無生物の力と生物の力とを区別できるなら，無生物の接触しない出来事の方を興味をもって長く注視するに違いない。この出来事では接触がないので，運動が起こるはずがないからである。人では接触する出来事でも接触しない出来事でも，視覚的な興味は変わらないはずである。人は，自力で運動できる動作主だからである。スペルキらは，そのとおりの結果を得た。統制条件の結果から，接触しない出来事と接触する出来事に対する興味には，固有の差がないことが示された。こうして，スペルキらは，遅くとも生後7ヵ月には乳児は，力の接触原理を人には適用しないと結論した。乳児は，人とモノに対して違った推論をする。人は自分自身で動ける動作主であることを理解しているのである。

　人間が動作主であるという理解の発達について，メルツォフ（Meltzoff, 1995）も洗練された方法で研究している。彼は，もう少し月齢の上の幼児が，他者の因果的な意図を理解できることを示した。他者の意図を理解するためには，人間が動作主としての能力をもつこと理解する必要がある。実験では，18ヵ月の幼児に，大人が何かをしようとしていることがはっきりわかる場面を見せる。だが，その意図は決して成就しない。たとえば，大人が円筒形の容器にビーズを入れようとするが，ビーズは容器の外にこぼれてしまう。あるいは，大人がひもを留め金にひっかけようとするが，高すぎたり低すぎたりしてひっかけられない。第2群の幼児も上記と同じことを大人がするのを見たが，この第2群ではビーズの場合もひもの場合も，大人の行動はうまくいく。次に両群の幼児とも，自分でするようにビーズやひもなどを受け取った。

　一方の群の幼児はターゲット行為が成功したのを実際には見ていないのに，ターゲット行為を成し遂げること（ビーズを容器に入れる，ひもを留め金にかけるなど）において，2つの群で差がなかった。統制群（大人の行為を見ていない）の幼児にもビーズやひもなど，第1，第2群と同じモノが与えられたが，ターゲット行為をほとんどしなかった。したがって，これらのモノが与えられるからといって，自然とターゲット行為をするわけではない。実験群（第1群）の幼児は，行為者の意図がわかったので，ターゲット行為をしたのだと，メル

ツォフは結論した。大人の行為自体は失敗しても、幼児は、大人がしようとした行為に気づいたのである。

　だが、おもしろいことに、無生物である機械が大人の手と同じ運動をしているところを見ても、幼児は同じようには行動しなかった。上の実験の参加者とは別の幼児に、人間の手と同じようにターゲット行為を失敗するペンチのような装置を見せた。この実験の目的は、幼児が状況の物理的特性だけに反応するか、あるいは人間の動作主に反応したのと同じように反応するかを見ることであった。その結果、幼児の注意は力学的な装置にくぎづけになっていたけれども、無生物のモノが意図した行為に失敗した場合は、人の動作主が意図した行為に失敗した場合よりも、ターゲット行為を模倣することがずっと少なかった。人間の失敗を見た幼児は、無生物の失敗を見た幼児の6倍も、ターゲット行為を模倣したのだった。

　メルツォフは、この結果が、生後18ヵ月までに2つの独立した因果的な枠組みが成立することを示唆していると主張した。それは、モノの振る舞いを説明する物理的な因果律と、人の行動を説明するための心理的な因果律である。乳児は人の行動を目標や目的に向かう意図的な行為として心理的な枠組みの中で理解し、純粋に物理的な運動として理解するわけではないと、メルツォフは論じた。

　最近のゲルゲイらの研究は、物理状況の因果関係を分析して、動作主の目的を探る方法が、メルツォフの考えよりもずっと洗練されていることを示している。ゲルゲイ、ナダスディ、シブラとバイロ（Gergely et al., 1995）は、動作主についての理解の芽生えを研究するために画期的な実験を行った。その結果、12ヵ月児が動作主の行動を目標志向的な行動として分析できることを明らかにした。幼児は、動作主の行動が合理的に見える場合には、「意図的な姿勢」という状態を行動に当てはめ、目標志向的な行動に心理的な原因を帰属する。反対に目標志向的な行動に向けての合理性が見られない場合には、意図的姿勢を当てはめない。

　ゲルゲイらは実験を行うにあたって、動作主の行動を予測し説明するには、行為の心的原因としての信念や目標、願望など意図的姿勢を帰属することが必要だという事実を出発点にした。これが、「意図的な姿勢」を当てはめるということである。さらに、「意図的な姿勢」を動作主に当てはめるには、合理性を仮定していなければならない。つまり、動作主は、その状況で最も合理的な行為

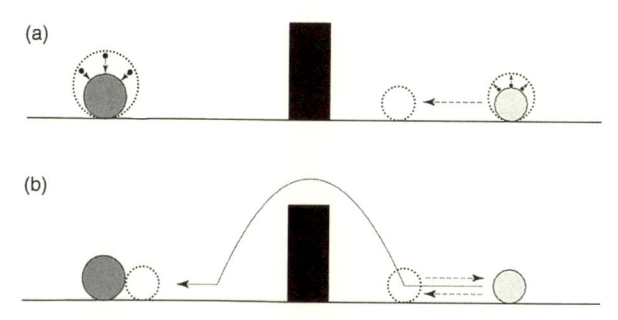

図2.14 ゲルゲイら（1995）の研究で，馴化時に被験者に見せた合理的接近の概要。(a) 膨張と障害，最初の移動を示す。(b)移動の再試行，障害の飛び越え，最終的な接触を示す。By permission of Oxford University Press.

を自分の目標を達成するために使うだろう，という仮定である。実験では，仮想上の動作主を用意し，この動作主が新しい状況で目標を達成するためにとるであろう特定の行為を，12ヵ月児が予測できるかどうかを検証した。この検証のための実験手続きには，視覚的馴化を用いた。コンピュータのディスプレイ上に動く円を提示するが，その円は動作主の印象を与えるように動く。乳児はディスプレイ上に大小2つの円が，背の高い矩形で隔てて置かれているのを見る（図2.14を参照）。馴化の段階では，どちらの円も代わる代わる2度膨らみ，次に小さくなる。それから，小さい円が大きな円の方に動き出す。矩形の障害物のところまでくると，その小さな円は矩形の境界でいったん後退し，再び大きな円の方に動くと，今度は矩形を飛び越え，大きな円と接触する。どちらの円もさらに2度膨張と縮小を繰り返す。この視覚的な出来事を見た大人は，母親（大きな円）が，子ども（小さな円）を呼び，子どもが母親に向かって走り出すが，壁に阻まれたので，次には飛び越え，2人が抱き合った，と描写した。

この出来事への馴化の後，乳児は同じ2つの円が同じ運動をするのを見た。ただし，今度は壁はなかった。この「見慣れた行為」（の再現）では，いったん引き返して跳躍することの合理的な説明ができない。「見たことのない行為」では，小さな円が単純にまっすぐ大きな円に達する最短の道をとった。ゲルゲイらは，もし乳児が馴化段階での円の運動を意図的だと因果分析していたなら，見たことのない行為よりも，見慣れた行為の再現をより長く注視すると予測した。前者は乳児にとって見慣れてはいるが，合理的でないからである。実験の結果は予測どおりであった。統制群は，同じ馴化の出来事を矩形が障害になら

ない状態で（矩形は実験装置の端に置かれた）見せられ，見慣れた行為の再現と見たことのない行為のどちらでも同じように脱馴化をした。この結果から，統制群は小さな円を合理的な動作主とは考えなかったとゲルゲイらは論じた。馴化時の小さな円の行動を見ても，そこに意図的姿勢を当てはめなかったためである。

　この興味深い結果から，乳幼児のもつ因果関係を表象する能力が，強力なことがわかる。多くのモノゴトからなる日常世界を因果分析することで，無生物からなる物理世界についての，そしてまた生物からなる心の世界についての情報を得るようである。このことが，モノの動きを説明するための枠組みと人の行動を説明するための枠組み，という２つの別個の因果枠組みを最終的に発達させる。しかし，どちらの枠組みも基礎は同じかもしれない。信念や願望といった因果的なメカニズムの帰属は，衝突や支えといった因果的なメカニズムの帰属と原因は同じ，すなわちモノの空間行動を因果分析することから発達するように思われる。

さらなる認知へ——意味にもとづく知識表象

　乳児が知覚カテゴリやモノどうしの関係の表象を超えて，概念やスキーマ（意味にもとづく知識表象）を作り出すプロセスは，まだよくわかっていない。大人についての認知研究では，意味にもとづく知識表象とは，出来事の重要なことを符号化し，重要ではない知覚の詳細を省いた表象と定義されている（たとえば，Anderson, 1980）。たとえば命題的なフォーマットを使えば，文やイメージの意味を，重要な関係と名詞で表現できる。「ニクソンは，ソ連の首脳であるブレジネフにすばらしいキャデラックを贈った」という文を例にとると，この文の意味は，（贈る，ニクソン，キャデラック，ブレジネフ，過去）として表せる（Anderson, 1980を参照）。またスキーマは，あるカテゴリに一般的に当てはまる知識の複合体である（鳥というカテゴリなら，翼をもつ，くちばしをもつ，飛べる，など，医者に行くという出来事についてのカテゴリなら，受付に行く，長く待たされる，手術室に入る，など）。出来事のスキーマは，スクリプトとも呼ばれる。

　乳児は，（知覚情報を構造化して貯蔵した）純粋に感覚的あるいは知覚的性

質のカテゴリをもつとされることがあるので，カテゴリを命題やスキーマのようなフォーマットへ変換する問題は，一見して克服できないように見える。だが，乳児は因果関係を感じ取れるので，単なる知覚情報を超えることができる。何といっても，これまで，乳児が純粋に感覚だけでなく，膨大な量の情報をもっていることを見てきた。たとえば乳児は，玉突きについての情報をもっており，そのために出来事の知覚特性自体を超えて，動作主を認知することができる（Leslie, 1994）。第1章でも，乳児が「ガラガラを鳴らす」というような2段階の因果関係をもつ出来事を，長期間（3ヵ月）にわたって保持できることをみた。一方，乳児は，「ウサギに帽子をかぶせて，ニンジンを食べさせる」というような2段階で，非因果的な，あるいは意味のよくわからない出来事の記憶は，3ヶ月経つと失ってしまう。このような研究からわかるのは，表象されたり想起されることは，出来事自体の知覚される特性ではなく，因果的構造やその出来事がもつ意味ということである。これはつまり，乳児は，その意味にもとづいて知識を表象するのに，かつて考えられていたように，言語を獲得するまで待たなければならないという主張は成り立ちそうにない。少なくともこのような主張は，どのような認知構造が言語獲得を支えているのか，という重要な問題を見逃している。乳幼児は，少なくともいくつかの領域では，単なる感覚情報とは違う表象をもっているのである。

イメージスキーマ

　乳幼児の表象はどんな形態をとるのか，という問題に取り組んだのは，ジーン・マンドラーである。マンドラー（Mandler, 1988, 1992）は，乳児が単なる感覚情報以上の概念に関する活動を駆り立てるもののひとつに，モノゴトの空間的性質についての表象があると主張した。空間構造を知覚的に分析することによって，心の中で「イメージスキーマ」への書き換えが起こるというのが彼女の考えである。イメージスキーマは，生きて動くもの，動作主，包含といった概念の萌芽と考えられる。イメージスキーマは，出来事の知覚特性，たとえば包含のような出来事を特徴づける空間関係や空間運動の，アナロジー的な表象である。イメージスキーマの形成プロセスは，まず出来事の鍵となる情報を能動的に抽象化することから始まる。次にこの表象は，知覚とは異なった，何

か意味を表す形に再符号化される。ここでいう意味とは，上下，部分 - 全体，連結というような単純な認識である。マンドラーによれば，意味にもとづいたこの認識に，意識が接近できるとは思われず，乳児が認識機能を利用できるようになるためには，イメージや単語に再び書き換える必要がある。

たとえば，包含という認識は，図2.15のようなイメージスキーマを用いて表されると考えることができる。赤ん坊は，包含関係を表すさまざまな例を経験する。食べる，飲むという日常的な行為には，たくさんの包含関係（ビンの中の牛乳，ビンの外に牛乳が出る，ボールの中のシリアル，スプーンにのったシリアル，床の上のシリアルなど）がある。他にも，服を着替える，乳母車やベビーサークルに入れられたり出されたりする，モノを吐き出すなど，包含に関わるさまざまな行為がある。マンドラーの理論によれば，乳児はこうした出来事すべての知覚特性を分析して，空間運動や空間関係の点で似たものを抽象化し，包含というイメージスキーマを作り上げる。このスキーマには，内部，外部，境界の3つの重要な要素がある。これと関連する中に入る，外に出るというイメージスキーマを，図2.15に示した。マンドラーは，イメージスキーマは，概念の原始体（conceptual primitives），すなわち前言語的表象であると述べている。イメージスキーマは，（言語的）命題ではありえない。そうではなく，イメージスキーマが言語獲得を促すのだ，とマンドラーは主張した。

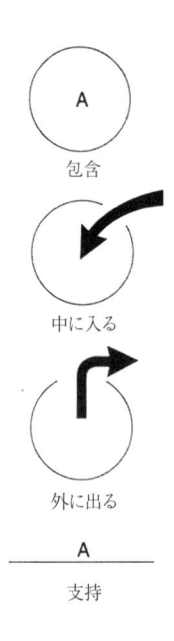

図2.15 包含，中に入る，外に出る，支持のイメージスキーマ（Mandler, 1992）。Reproduced with kind permission of Elsevier Science.

脳には情報の種類ごとに別々の情報処理モジュールがあるか？

レズリー（1994）は，マンドラーのアイディアは彼の理論に似ていると述べている。彼の理論は，脳には特化された情報処理システムがあり，それが認知発達の基礎となる，というものである。レズリーの領域固有説によれば，脳の

中には，場所によって，入る情報と表象される情報の種類が決まっている，というメカニズムがある。たとえば，自然言語の統語構造を獲得するメカニズムがそうである。他にあげられている「モジュール」の例としては，数と音楽がある。さらに，レズリーは，2つの核となる領域をあげ，そこに，乳児がもつ因果に関する知識を概念的に扱う最初の能力が統括されているという。それは，モノの機構と「心の理論」である。この2つの核となる領域を組織化する中心原理が，原因と効果の概念である。

たとえば乳児は，凝集性，固体性，三次元性を表す中核的な構造をめぐってかなり早い時期から物理世界を処理できるようになっていくと思われる。そうした中核構造は，突いたり，遮蔽したり，支えたりといった作用関係をもっている。レズリーによれば，このような組織的な処理は，固有の学習メカニズム，あるいはモジュールが，物理世界の概念的知識を作り上げるように進化し，適応した結果である。脳自体のモジュール的な組織によって，乳児はモノの機構（と心の因果性）について一貫した知識を急速に獲得できる，という。この組織的な処理は，言い換えると赤ん坊がメカニズムの「理論」のような，基本となる「理論」をもっているということでもある。後の章で見るように，赤ん坊や幼児が創発的な理論をもつというアイディアは，生物についての知識や心についての知識の認知発達を説明するのにも使われている。

物理的な因果に関する出来事の機構を理解するレズリーの領域固有的な処理装置とマンドラーのイメージスキーマ理論の違いは，後者が純粋に空間についてのことばで概念化されていることである。一方，2つの理論の共通点は，乳幼児が感覚データや知覚データを超えて，意味を表す表象をもつとする点にある。また，レズリーもマンドラーも，意味にもとづく表象は，生後4ヵ月までに生じると述べている。

ここで紹介した，意味にもとづくさまざまな表象のタイプは，後の章でさらに議論しよう。運動を空間的，力学的側面から分析することと，生物・無生物を区別する能力には関係があり，それによって概念発達が促される。この関係は，第3章でさらに検討する。乳児も出来事のスキーマを発達させているという証拠は，記憶発達についての最初の章である，第5章で述べる。

推論と問題解決

　認知活動の他の2つの大きな特徴は，推論と問題解決である。推論と問題解決を定義するのは一筋縄ではいかない。推論の一般的な定義のひとつに，推論とは組織化された記憶の内容ではなく，構造に依存する検索情報の処理であるとする考え方がある（Rumelhart & Abramson, 1983）。だが，この定義では，組織化された記憶のどの部分が構造で，どの部分が内容なのか，という問題が残る。アンダーソン（Anderson, 1980）によれば，推論と問題解決には，通常，構成要素が3つある。第1に，推論をする人は望ましい目的状態に達しようとする。この場合，目的状態は，たいてい具体的な目的であることが多い。第2に，目的を達成するために一連の心的プロセスを必要とする。心的プロセスを要素に入れるのは，推論と目標志向行動（たとえば，哺乳ビンを見て口を開ける）を区別するためである。第3に，心的プロセスは，自動的ではなく認知的でなくてはならない。たとえば「イナイイナイバー」のように，自動的であったり，あるいはルーティーン的な行為は，認知的とはみない。この章では幼児の推論と問題解決についてはあまり深入りしないが，最近，乳児の物理世界に関する理解について多くの研究が生まれている。役立つレビューとしては，ベイヤールジョン（Baillargeon, 1995）やスペルキ（Spelke, 1991）がある。

カップの中のクマ

　乳児の物理世界を理解しようとする巧みな研究のひとつに，おもちゃのクマを使った問題解決実験がある。この実験では，ひっくり返したカップの中におもちゃのクマがいるのを乳児に見せる。次に，さっきはからっぽだったおもちゃの鳥カゴから同じクマを取り出して，この行為が起こりえないことを乳児が理解できるかを検証する。ベイヤールジョン，グラバー，ドゥヴォスとブラック（Baillargeon et al., 1990）がこの問題を調べた。実験では，逆さにした透明なプラスティックのカップと底のない鳥カゴを並べてテーブルの上においた。

かごの見慣れた場面

右側の見慣れた場面

左側の見慣れた場面

テスト場面
起こりうる出来事

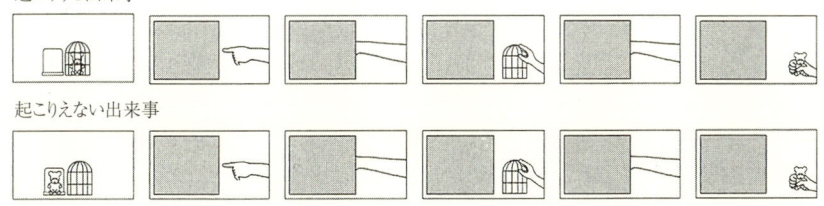

起こりえない出来事

図2.16 ベイヤールジョンら（1990）の，カップの中のクマを使った実験での馴化試行とテスト試行の図。Copyright © 1990, by the American Psychological Association. Adapted with permission.

プラスティックのカップの右側に鳥カゴがあり，カップの中にはおもちゃのクマがあるのが見えたが，鳥カゴの中はからっぽである。それからついたてを2つのモノの前において，乳児に見えないようにした。

乳児が装置を見ているときに，手がついたての右側から現れてその裏に行き，鳥カゴを持って再び現れる（図2.16）。次に手がついたての裏に再び右側から入り，おもちゃのクマを持って現れる。これは起こりえない出来事である。乳児はこの出来事を，統制条件（最初からカップの中ではなく鳥カゴの中にクマが入っている）の出来事（同じように手が鳥カゴ，次にクマの順に取り出す）よりも有意に長く見た。起こりえない出来事を見て驚くには，乳児はクマ，カップ，鳥カゴが，ついたての後ろに隠された後もずっと存在すると信じている必要がある。さらに，この3つがついたての後ろに隠されても，その位置の表象をそのまま保持している必要がある。こういう前提にもとづいて，乳児はからっぽの鳥カゴからクマが取り出されるのはありえないと推論しなければなら

第2章 乳幼児の認知——高次の認知プロセス　77

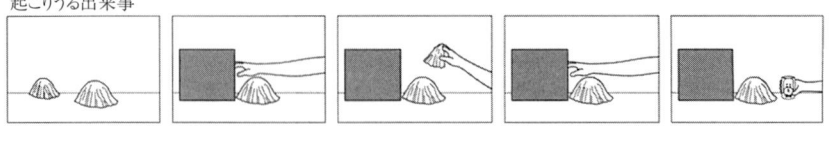

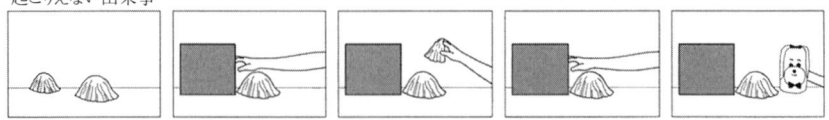

図2.17 関係の比較ができる場合の，布の下のイヌを使った実験の図（Baillargeon & DeVos, 1994）。Reproduced with kind permission of Elsevier Science. Reproduced with permission.

ない。

布の下のイヌ

　物理的な出来事に関する乳児の推論の例として，他に，隠されたモノの大きさを判断する能力を研究したものがある（Baillargeon & DeVos, 1994）。ベイヤールジョンとドゥヴォスの「隠されたモノ」研究での課題は，布の下に隠されたモノの大きさを見積もることである。この研究の代表的な実験では，まず柔らかい布で覆われたかたまりを乳児に見せる。次にこのかたまりを，ついたての後ろに隠す。乳児が実験装置を見ているときに，手がついたての後ろに回り，覆っていた布を持って再び現れる。次に再びついたての後ろに入って，とても大きなおもちゃのイヌを持って現れる。このおもちゃのイヌは大人が見ても大きなものなので，明らかに布の下にあったもともとのかたまりではない。だが，幼児（12.5ヵ月）は，この「隠された」モノが不自然に大きなことに驚かなかった。

　次の実験から，乳児が驚かなかったのは，かたまりがついたてで隠されると，かたまりの絶対的な大きさを保持するのが難しいためだとわかった。そこで記憶の手がかりとして，まったく同じ第2のかたまりを布で隠して実験装置内に置くことにした（ついたてがターゲットのかたまりを隠しても，この布は見え

ていた)。すると，12.5ヵ月児は，隠されたモノの大きさを推論することができた。この研究では，手が布を取り払っておもちゃのイヌを取り出したときに，ついたての後ろから現れた大きなおもちゃのイヌと記憶の手がかりのかたまりとを直接比較できた（図2.17を参照）。関係比較ができる場合には，もともとのかたまりに見合った大きさのイヌよりも不自然に大きなイヌが現れたときに，乳児は有意に長く見た。隠されたモノの大きさを推論するために，見えているかたまりを使うことができたのである。

壁の後ろのウサギ

　今述べた実験状況の物理変数を，乳児は実際に推論しているのだとどうしていえるのだろうか？　それを調べる方法のひとつは，たとえば実験の「種」明かしをしたときに，乳児が物理的に起こりえない出来事に驚かなくなるかどうかを見ればよい。これは一連の自動的ではない心的プロセスを必要とするので，乳児に問題解決スキルがあるかどうかのよい証拠となるだろう。

　物理的に起こりえない出来事に隠されている「トリック」を，実験の最後に乳児に種明かしをした実験のひとつにベイヤールジョンとグラバー（Baillargeon & Graber, 1987）が行った空間関係に関する研究がある（これはすでに紹介した）。この研究で，乳児は背の高いウサギか背の低いウサギのどちらかが壁の後ろを通り過ぎる出来事に馴化した。それから，壁の中央部分が低くなる。すると，背の高いウサギが壁の中央を通るときに上半身が見えないということはありえない。5.5ヵ月児は，この起こりえない出来事が起こると，かなり驚いた。この起こりえない出来事のトリックは，実際には2羽のウサギを使ったことにある。追試研究で，ベイヤールジョンとグラバーは，別の乳児に，どのように「トリック」が仕掛けられたのかを見せた。この「情報提供」群には，2回の事前テスト試行を行った。この事前テストでは，最初に2羽の背の高いウサギが，次に2羽の背の低いウサギがじっと，窓のないついたての両端に立っているのを見せた。その後の実験は前と同じように続けられた(訳注11)。今回は，ウサギが壁の低い部分で姿が見えなくても，背の高いウサギで馴化したか背の低いウサギで馴化したかにかかわらず，乳児は驚かなかった。乳児が事前テストで得た情報を使って，2羽のウサギを使うトリックが使

われたと推論したことは明らかである。
　この実験で，乳児は事前テストで動くウサギを見なかったにもかかわらず，脱馴化効果が生じなかったことは，特筆すべきだろう。乳児はただ2羽の背の低いウサギと，2羽の背の高いウサギを見ただけだった。しかし，乳児は馴化試行でまず第1のウサギが壁の向こうに隠れ，第2のウサギがもう一方の端から現れたとき，この情報を使って考えたのである。つまり乳児は，2羽のウサギという情報を，不思議な現象を理解するために使って，自然では起こりえない出来事がどうして起きたのかという問題を解決したのである。

宙に浮かぶ箱

　最近，ベイヤールジョンらは，乳児に情報を与えてトリックの理解を促す効果について，別の研究を行っている。この研究では，（「因果関係を表象する」の節で説明した）「支持関係の違反」の実験法を使って，箱が宙に浮かぶトリックをどのように理解しているか検討した。前に説明したように，ベイヤールジョン，ニーダムとドゥヴォス（Baillargeon et al., 1992）は，支持関係についての乳児の直観を調べるために，いつ箱が台の上から落ちるかについての乳児の予測を調べた。この研究では，箱が台の上でだんだん押し出されて15％しか台の上に乗っていないのに落ちない。これを見て乳児はかなり驚きを示した。これを発展させて，ベイヤールジョンらは，事前テスト試行の効果を研究した。事前テストでは，台の上の箱のフロントパネルを取り去って見せた。すると，手が箱の後ろをしっかりつかんでいるのがはっきり見えた。この情報を起こりえないことが起きた問題の解決に使えるなら，起こりえない出来事（箱が台から押し出されても空中に浮かんだままであること）が起きても，乳児は驚かないはずである。予備研究の結果は，この予測が正しいことを裏づけた。乳児は明らかに，隠れた手が箱を支えていると推論し，「起こりえない」出来事を長く見なかったのである。

訳注11　つまり，馴化段階（背の高いウサギか低いウサギが現れて壁の裏側で見えなくなり，また見えるようになる）と，脱馴化段階（壁の中央部分を低くする。あとは馴化段階と同じ）。

以上の諸実験から，乳児が推論と問題解決行動を行っているという，かなり確信のもてる証拠が得られた。アンダーソン（Anderson, 1980）が示した，推論している，または問題解決しているとみなすための基準はすべて満たされていると思われる。望ま・し・い・目・的・状・態・は，起こりえない出来事の説明をすることである。これはすぐれて認知的な目標であり，記憶の中の多くの前提を結合させて生じる，心・的・プ・ロ・セ・ス・の・連鎖によって達成される。このプロセスは，自動的ではなく認・知・的・である。なぜなら，いずれの前提も，直接は観察できない情報を含んでいるからである。したがって，「乳児は実験で物理世界についての知識を基にした概念分析を行った」というベイヤールジョンの結論に反対するのは，難しいだろう。

学　習

　最後に，ある種の学習も認知活動が行われていることの証拠となることを説明しよう。学習の定義のひとつに，経験による行動の修正があるが，この定義によれば，アメフラシのような単純な生物でも学習をしていることになる。実際，動物はさまざまな学習を行っていることが確認されている。それには，馴化，連合学習，社会的学習（他の個体の模倣），「洞察」学習（問題の解決策が「ひ・ら・め・く・」）などがある。一方，認知心理学では，学習結果の想起を指標として使う。再・認・と再・生・である。ここでは，学習のより認知的な形態について検証しよう。それは，模倣による学習とアナロジーによる学習であり，どちらも動物には見られない学習の形態である。

模倣による学習

　模倣による学習は，「BがAから行動の形態の一部を学習すること」（Whiten & Ham, 1992, p.247）と定義できる。たとえば，他の行為者が使うのをまねて，新しい道具を使うことを学習することなどである。たいていの模倣の定義は，何か新しいことを学習することを要件として含んでいる。そして，この種の学習は，動物にはほとんど見られないことがわかっているが，ごく最近までは，

動物も模倣により学習するとされてきた。今では多くの心理学者が，模倣による学習は，すべての動物の認知能力を超えており，動物王国にあって最も人間に近いといえるサルやチンパンジーでも同様であると信じている（たとえば，Tomasello, 1990 ; Visalberghi & Fragaszy, 1990）。トマセロは，人間がサルと著しく異なる点は，人間が模倣や模倣による学習のスキルをもっていることだと主張した。模倣によって新しい行動を学習する能力は，他者の意図を理解する能力に依存するからである。

このように模倣による学習は認知的に高度だが，少なくとも生後9ヵ月めには人間の乳児に現れる（Meltzoff, 1988a）。前に見たように，18ヵ月児ぐらいになると，大人がある意図を実行しようとすると，その意図が果たされずに終わっても，模倣できるようになる。模倣には他者の意図を理解する能力が含まれるからだろう（Meltzoff, 1995）。模倣による乳児の学習研究は，その多くをメルツォフの先駆的な研究に負っている。彼は，初期に行った大人の顔面表情の模倣についての研究を発展させて，さまざまな興味深い方法を開発した。最近の研究では，学習のテストに延滞模倣を使ったものが多い。延滞模倣とは，事前に観察した新しい行為を再生することである。メルツォフのとった方法では，学習時に必要な要素にアクセスできなかった場合でも，延滞模倣ができるかどうかを調べている。これは模倣を調べる有力なテストである。というのは，前に見たことがあっても今は見えない行為を複製できるということは，見てきたことを積極的に再構成して模倣できるということだからである。延滞模倣には，記憶の「再認」ではなく「再生」が関わっているので，記憶を調べるテストとしても役立つ（第1章で考察したマンドラーらの研究を参照）。

メルツォフ（Meltzoff, 1985）は，彼の初期の延滞模倣研究のひとつで，14ヵ月児にぴったりの実験を考案した。見たことのないおもちゃを操作するものである。このおもちゃは，実験のためにとくに作られた木でできたダンベルの一種で，2つの木のブロックが短く固いプラスチックのチューブで結合されている。固いチューブでつながっているので，おもちゃは全体として一体に見える。だが実際は，木のブロックは，ちょっと力を入れて引けば取り外しできる。実験では，実験者が小さなテーブルをはさんで赤ん坊の反対側に座り，このおもちゃを取り出す。模倣条件では，実験者ははっきりとした動作で，おもちゃを引っ張って分解するのを3回繰り返した。統制条件では，実験者はおもちゃで円を描くことを3回繰り返したが，1回ごとに休みを入れた。各々の行

為（引っ張る，円を描いて動かす）にかかる時間は同じになるようにした。ベースライン条件では，モデル行動は行わず，実験者はただ乳児がいじれるようにおもちゃを与えただけであった。この後，どの条件でも乳児は家に帰された。

24時間後，乳児は実験室に戻り，同じテーブルに向かって座った。そして，おもちゃをいじれるように与えられた。問題は，模倣条件の乳児が，その他の条件の乳児よりも，おもちゃを引っ張って分解する率が高いかどうかである。実験の結果は，まさにそのとおりだった。模倣条件の乳児の45％が，すぐに自分でおもちゃを引っ張ってバラバラにした。統制条件とベースライン条件でそうしたのは合わせて7.5％だった。また模倣群の赤ん坊は，統制群の引っ張る行動を進んでした赤ん坊よりも，引っ張る行動を始めるのが早かった。

後の研究で，メルツォフ（1988b）は，見たことのないモデリング行動を6つに拡大し，模倣前の遅延期間を1週間に延ばした。1985年の研究で用いられたダンベル（ターゲットは引っ張ってバラバラにする）に加えて，ここでは14ヵ月児に，ちょうつがいのついた蓋（ちょうつがいを閉める），ボタンのついた箱（ボタンを押す），金属性の砂がつまったプラスティックの卵（卵を鳴らす），ひもにぶら下がったクマ（クマを踊らせる），パネルのついた箱（パネルの上部に触ると，明かりがつく），を見せた。統制群は，この見たことのないものを使って，模倣群とは別の6つのモデル行動を観察した。ベースライン群は，一切のモデル行動を観察しなかった。再び，各群がターゲット行動を行ったかどうかにより，模倣が測定された。その結果，模倣群の乳児は，統制群やベースライン群（この2群に差はなかった）に比べて，有意にターゲット行動を多く行った。また模倣群の乳児は，ターゲット行為を有意にすばやく行った。1週間の遅延にもかかわらず，あらためて模倣による学習の確実な証拠が得られたのである。6つの別々の見たことのない行動が記憶に保持されていたという事実は，この実験をさらに印象深いものとしている。関連する論文の中でメルツォフ（1988a）は，9ヵ月児が，3つの見たことのない行為を24時間の遅延後も保持していたと述べている。さらに，最近では14ヵ月児が2〜4ヵ月後に延滞模倣をすると報告している。模倣による学習は，乳児の認知研究でこれまで無視されてきたが，きわめて重要な領域であることが明らかとなった。

乳児は，現実世界で人の行為を観察するだけではなく，フィルムやビデオに写っている人の行為を観察するだけでも学習できるだろうか？　もしそうなら，現代の家庭にはたいていテレビがあるので，乳児の潜在学習経験は格段に拡大

されているだろう。メルツォフは，14ヵ月児が，実際に今まで見たことのない行為を，テレビを見るだけで学習できることを示した（Meltzoff, 1988c）。彼のテレビを使った研究で使われたターゲット行為も，（ダンベルを）引っ張ってバラバラにすることである。ただし，今度は乳児は22インチのテレビの画面で演技する実験者を見るだけで，実験者自身はその場にいなかった。実験者は乳児ごとにカメラに向かい，ビデオ・モニタで乳児の反応を見ながら，乳児がダンベルを凝視するのを待ってダンベルをバラバラにした。乳児がなかなかモニタを見ようとしない場合には，実験者は必要に応じて，「こっちを見て」とか「こちらが見える？」と呼びかけて，乳児の注意を引きつけた（ただし，こういうケースはほとんどなかった）。引っ張ってバラバラにする行為を示して見せた後，乳児は家に帰された。統制群とベースライン群も，前の研究と同じようにテストを受けた。

次の日，乳児は実験室に戻って，おもちゃをいじれるように与えられた。ふだんテレビを見ているときと同じように，乳児は「生の」実験者を見ることはなく，親があらかじめ実験者から教示を受けて，そのとおりに乳児におもちゃを与えた。メルツォフは，「生出演」バージョンの研究と同じように，模倣群が他の群よりもターゲット行為を有意に行うことを見いだした。模倣群の40％がダンベルを引っ張ってバラバラにし，統制群とベースライン群は合わせて10％がそうしたにすぎなかった。

メルツォフ自身が指摘するように，テレビを使った延滞模倣研究には，少々考えさせられるものがある。乳児でさえテレビで見た行為をまねすることができ，それを自分のレパートリーに加えられるのなら，年上の子どもたちがテレビを見て何も影響を受けないわけがない。一方，メルツォフの研究は，知的な興奮も呼び起こす。乳児のターゲット学習を促すために，建設的にテレビを使うことができるからである。メルツォフが引用している幼児のことばをひくのがよいだろう。父親がビールビンを持ち上げるのを見て，その子はビンを指して「ダイエットペプシ，低カロリー！」と叫んだのだった。

アナロジーによる学習

アナロジーによる学習とは，2つの出来事や，状況や，知識領域のあいだに

対応を見いだし，一方から他方へと知識の転移が起こることをいう（たとえば，Keane, 1988）。これまでのところ，動物でアナロジーによる学習を示したのは，たった1匹，サラというきわめて能力の高い類人猿だけで，このチンパンジーは一定の言語を学習した（Gillan, Premack, & Woodruff, 1981）。ウィンストン（Winston, 1980, p.1）が巧みに述べたように，人はアナロジーによる学習では，「ある状況に直面し，似た状況を思い出し，両者を対応づけ，推論し，学習する」。人に心臓があることから，イヌにも心臓があるだろうと判断するだろう（第3章を参照）。あるいは，力の相互作用に関する数学の問題を，綱引きのアナロジーを使って解くかもしれない（第4章を参照）。アナロジーによる推論は，3歳以上の子どもで測定されるのが普通だったが（レビューとしてはGoswami, 1992を参照），最近の研究は，乳幼児でもアナロジーによって学習できることを示している。

　チェンらは，10ヵ月児のアナロジーによる学習を研究する方法を考案した。これは，1.5歳から2歳の子どもの研究のために，ブラウン（Brown, 1990）が開発した手続きを援用したものである。ブラウンの手続きは，幼児期前期の子どもに，手の届かないところにあるおもしろそうなおもちゃを見せて，それをとる方法を学習できるかどうかを調べるというものである。さまざまなモノ（さまざまな道具。おもちゃをとるのに役立つ度合いはモノによって違う）が，特定の目的（離れたところにあるおもちゃをつかむ）を達成する手段として与えられた。この実験でのアナロジーとは，あるおもちゃをとるのに役立った「目的を達成するための手段」が，表面的には異なって見える他のすべての問題の解決にも役立つと推論することである。ブラウンらはこの方法を使って，17～36ヵ月の子どものアナロジーによる推論を研究した。チェン，キャンベルとポリー（Chen et al., 1995）は，これを乳児に拡張したのである。

　チェンらの手続きでは，乳児が実験室に入って，手の届かないところにあるアーニー人形を見せられる。アーニー人形は障害物（箱）の後ろにあって，ひもがついており，そのひもは1枚の布の上にまで伸びている（図2.18を参照）。人形を手の届くところに持ってくるには，乳児は一連の行為を学習する必要があった。つまり，障害物を取りのけて，布を引き寄せ，人形についているひもをつかめるところまで持ってきて，そのひもを引っ張ってアーニーに手が届くようにしなければならない。最初の試行で成功した後，別の2つのおもちゃを用いる問題が提示された。この課題では，おもちゃ以外の道具立ては同じであ

図2.18 チェンら（1987）が，幼児のアナロジーによる推論を研究する際に使った問題の図。Reproduced with permission.

った（布，箱，ひも）。だが，それぞれの問題は，先の問題とは違っているように見えた。布も箱もひもも，前に見たものとは違っていたからである。さらに，それぞれの問題には，2本のひもと2枚の布があったが，このどちらか一方だけがおもちゃをとるのに使えた。

チェンらは，10～13ヵ月の乳幼児をアーニー人形の実験手続きを用いてテストした。月齢の高い子どもたちの中には，自分でアーニーをつかめた子もいた。一方，最初のおもちゃをとる問題で，親のモデル行動が必要な子もいた。だが，第1の問題への解決策が模倣されると，13ヵ月児はすぐにアナロジーによって，解決策を第2，第3の問題にも転移させた。だが月齢の低い子ども（10ヵ月）が，アナロジーによって学習をするためには，もっと目立つ知覚情報が必要だった。この子どもたちは，問題どうしの知覚的な類似性が増えると，アナロジーを自発的に使った（たとえば，3つの問題すべてで，アーニー人形のおもちゃを使う）。

アナロジーによる推論は，認知発達にとってとくに重要な学習の形態であると思われる。それは，アナロジーが関係についての推論を含むからである。本書の全体が示していることだが，関係，とくに因果関係への注目が，子どもの認知にはとても大切である。アナロジーの中でも因果関係に関するアナロジーは，知識や表象の獲得にとっても，認知発達にとっても，重要な認知的手段で

ある。アナロジーが認知発達において果たす役割についてさらに詳しく取り扱ったものとしては，ケアリー（Carey, 1985），ゴスワミ（Goswami, 1992），ハルフォード（Halford, 1993）らの研究がある。アナロジーによる推論が認知発達に重要であることは，シグマンら（Sigman et al., 1991）の知見にも示されている。この研究では，誕生時に測定された情報から，青年期のアナロジーによる推論の仕方がわかったのである（第1章を参照）。

赤ん坊には何ができないか？

　これまでのところ，大人の認知を特徴づける高度なプロセスが乳児にもあるという主張には，かなりの説得力がある。だが，乳児の認知能力には，大きな欠陥があることも報告されている。それは，よく認知的混乱（第8章を参照）として説明されてきたものである。最近の研究から，こうした欠陥のほとんどは，神経の未成熟によることがわかった。つまり，乳児の能力の欠陥は，認知的混乱の反映ではなく，認知活動のプランニングやモニタリングを司る前頭皮質の成熟が比較的遅いからである。

　認知活動の定義のひとつは，この章の前半で紹介した，アンダーソン（Anderson, 1980）の推論と問題解決の議論で，すでに考察した。アンダーソンは，推論と問題解決の状況に特徴的なのは，推論をする人が望ましい目的状態に達したいと願い，この目的の達成に向けて一連の心的プロセスがはたらくこと，そしてこの心的プロセスは自動的ではなく認知的であることだと述べた。彼は，ルーティーンの行動連鎖は認知的であることという用件を満たさないと指摘した。乳児の認知能力の欠陥として報告されていることを詳しく検討すると，そのほとんどは反復的，固執的な行動ルーティーンである。これは興味深い。

リーチングにおける探索エラー

　乳児の認知能力の欠陥の中でよく知られているものに，生後9ヵ月周辺で生じる，「A-not-B エラー」がある。これは，ピアジェが初めて指摘したもので

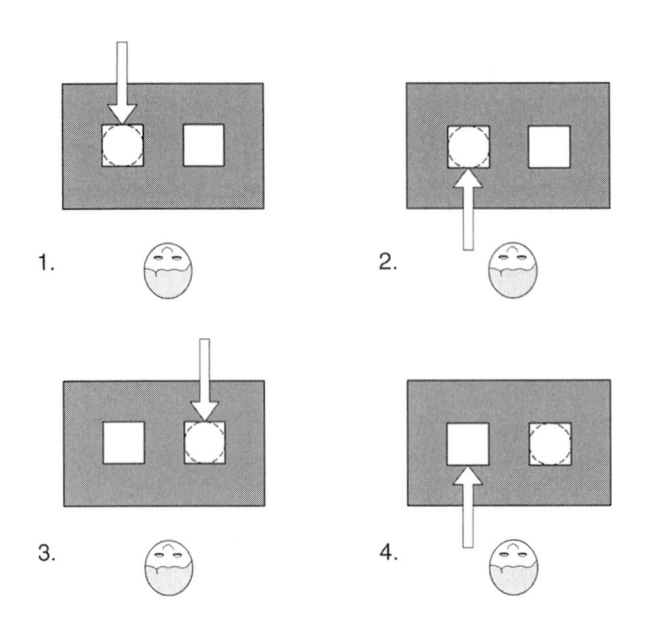

図2.19 A-not-Bエラーの出来事の順序。(1)実験者が場所Aにモノを隠す。(2)幼児はモノを見つける。(3)モノを場所Bに隠す。(4)幼児は再び場所Aを探す。ブレムナー(1988)より。Reproduced with permission.

ある（理論の詳細については第8章を参照）。この探索エラーは，複数の場所のどこかにモノを隠してそれを見つけるという単純な課題で生じる。モノが，ある場所Aに隠されたとしよう。それが数回繰り返される。乳児は難なくモノを見つけることができる。今度は隠し場所を別の場所Bに変える。隠し場所を目の前で変えたにもかかわらず，乳児は場所Aでモノを探し続ける。これが「A-not-B」エラーである（図2.19を参照）。A-not-Bエラーは，当初認知的混乱から生じると考えられたが（第8章を参照），研究が蓄積されるにつれて，もっと単純に神経面から説明ができるのではないかと考えられるようになった。A-not-Bエラーやその他の固執行動に関わるびっくりするような乳児のエラーは，前頭前野の未成熟によるらしいのである。

　脳の前頭皮質は，多くの認知機能を司っている。その中心的な役割は，行為や認知活動のプランニングとモニタリングであると考えられている。前頭皮質は，高度な思考プロセス，抽象的推論，運動処理，の部位とされる。また，運動のプランニングやコントロールが行われる一次運動皮質もそこに含まれる。前頭皮質に損傷のある大人の患者は，一定の運動行為に固執する傾向を見せる。たとえば，患者にカードを並べ替えるルール（色，形，数などについて）を（フ

ィードバックを与えながら）見つけさせようとすると，それはうまくできる。だが，ルールが色についてのものから形についてのものへと変わると，患者は新しいルールでカードを並べ替えることができない。そのかわりに，患者はそれ以前に正しかったルールで，カードを並べ替え続けるのである（たとえば，Milner, 1963）。

　前頭皮質に損傷のあるサルも，同じような「固執」行動をする。霊長類の前頭皮質部の機能を調べる古典的な研究方法に，「遅延リーチング」がある。これは，A-not-B エラー課題と本質的に同じである。遅延リーチング課題では，短い遅延の後，見ためが同じ2つの隠し場所のどちらかから目的物を探す。隠し場所は試行ごとにランダムに変化する。前頭皮質に損傷のあるサルは，1，2秒の遅延でもこの課題に失敗するが，遅延がなければリーチングに成功する（Diamond, 1988）。同じように，9ヵ月児はA-not-B 課題で1〜2秒の遅延の後に固執的な探索をするが，遅延がなければそうでない。月齢が上の子どもでも遅延時間を延ばすとA-not-B エラーをする。事実，A-not-B エラーを起こすのに必要な遅延時間は，1ヵ月齢あたり平均2秒ずつ長くなる（Diamond, 1988）。さらに生後8〜12ヵ月の子どもは，短い遅延の後で遅延リーチング課題に失敗する（Diamond, 1991）。

　ダイアモンド（や他の研究者たち）は，本当は場所Bにモノがあるのに場所Aで探し続けるような「固執」エラーを起こす赤ん坊は，前頭皮質が未成熟のためにそうするのだと述べている。彼女によると，固執とは，乳児がモノを探索するときに直面する問題を説明しているのではなく，症状なのである。この根底にある問題は，ある行為が優勢する傾向を抑制できないことである。A-not-B 課題での優勢傾向とは，Aで探すこと，である。隠し場所がBに移ったとき，乳児は場所Aを探す傾向を抑制できずに，固執エラーを見せる。モノがBにあることがはっきり見えていても，乳児はこのエラーをするので（Butterworth, 1977による），この説明は正しいと思われる。同じように，新しいルールでカードを分類できない前頭皮質損傷患者は，古いルールで分類するという優勢傾向を自分が抑制できないことを知っている。患者は，自分がそういう問題を抱えていると，実際告げる場合もある。ある患者は，古いルールで分類しながら，「これは間違っている，間違っている……」と言うそうだ（Diamond, 1988を参照）。

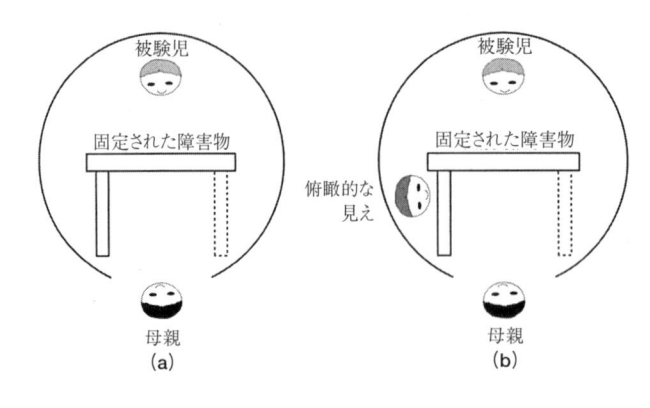

図2.20 リーザーらが固執的なハイハイを研究するために使った、実験場面。(a) 子どもの視点から見た場合。(b) 障害物の周りを運ばれた時の、子どもの俯瞰的見えを示している。ブレムナー (1988) より。Reprinted by permission of Blackwell Publishers Ltd.

ハイハイにおける探索エラー

　認知発達における抑制の役割は、第5章でもう一度検討しよう。ここで指摘しておきたいのは、乳児が、リーチングだけではなく、ハイハイでも行為の優勢傾向を抑制するのが難しいことである。固執的なハイハイは、はって進む場所をランダムに変える研究（遅延リーチングの場所をランダムに変えるのと似ている）や、成功試行の後で、はっていく場所を変える研究（A-not-Bの手続きに似ている）でも、観察されている。

　たとえば、リーザー、ドキシー、マカレルとブルックス（Rieser et al. 1982）は、ハイハイのできる9ヵ月児が、母親のもとへ障害物を回ってはっていけるかどうかを研究した（図2.20）。障害物は、実験室の中央を横切っていて、乳児には高すぎて向こう側を見ることができない。だが、乳児は向こう側から母親が自分を呼ぶ声を聞くことができた。母親に向かってはっていく前に、乳児を抱いて装置をめぐり、障害物の片側が空いているのを見せた。最初の試行で85％の乳児が、母親のもとへ行くことができた。だが、次の試行では、空いている端がランダムに変えられた。すると75％の乳児が、最初の試行と同じ側にはっていった。こういう乳児は、試行のたびに空いている側を見せられるにもかかわらず、成功失敗に関係なく、同じ側に毎回固執してはっていったのである。乳児は、以前に実行した運動パターンを抑制することができないようであ

る。生後9〜25ヵ月の乳幼児を使った第2研究で，リーザーらは，固執的なハイハイが，月齢と共にゆっくり減少することを見いだした。固執的なハイハイを，9〜13ヵ月では80%が，17〜21ヵ月では44%が行ったが，25ヵ月児では6%にとどまった。

　マッケンジーとビゲロー（McKenzie & Bigelow, 1986）は，同様の「迂回ハイハイ」課題を10ヵ月児，12ヵ月児，14ヵ月児に行った。だが，障害物の空いている側をランダムに変えるのではなく，数試行のあいだ障害物の空いている側を同じにして，次にそれを変えた。4試行ごとに，障害物の右側か左側が空く。指標とされたのは，第5試行でのハイハイの方向であった（これは，A-not-B課題での最初のB試行と同じである）。マッケンジーとビゲローは，10ヵ月児と12ヵ月児の75〜80%が，第5試行で不適切な運動反応に固執することを見いだした。つまり，その前と同じ側にはっていったのである。反対に，14ヵ月児では25%だけが固執反応をした。だが，2度目に4試行をした後では，10ヵ月児や12ヵ月児も障害物の空いている正しい方向にはうことを学習できた。これは，赤ん坊が固執エラーを修正できることを示している。月齢の異なる乳幼児を使って，迂回ハイハイ課題の遅延時間を長くする効果を測定したらおもしろいだろう。遅延が長くなるほど，固執的なハイハイが，後の試行でも観察されるのではないだろうか。

　乳児にとって，リーチングやハイハイで行為の優勢傾向を抑制するのが難しいという知見から，A-not-Bエラーは，モノが隠された場所の理解に欠陥があるために生じるのではないといえるだろう。認知的混乱ではなく，自分の行動をコントロールすることの障害，自分自身の考えていることを行動に反映できないことを表しているのだと思われる（Diamond, 1988）。したがって，知識表象，推論，問題解決，学習は，乳児でもよく発達しているという結論は，A-not-Bエラーのようなエラーによっておとしめられることはない。

まとめ

　この章では，幼児期における知識表象，推論，問題解決について検討した。また，単純な学習形態の連合よりも複雑な学習形態も検討した。知識表象は，モノゴトの知覚構造に注目することから始まること，次にこの知識が概念的な

ものとなることがわかった。まず，モノの知覚的プロトタイプが，概念的に重要なことを引き受ける。そして重要でない細かい情報を省略して出来事の重要な内容を符号化するスキーマが発達する。

　知覚的な知識表象が概念的になるプロセスはまだよくわかっていないが，有力な可能性もいろいろ考えられている。マンドラーは次のように主張する。すなわち，モノゴトの空間性質を心の中で書き換えることで，包含のような非感覚的な認識を表現する「イメージスキーマ」に至る。ベイヤールジョンは次のように示唆する。「支持」のような初期の知覚をベースとした概念についての記述や「接触する」のような核となる記述が，物理世界を経験するなかで徐々に洗練されて，より精緻な表象へと変貌を遂げ，結果に深く関係する変数，たとえば「支え方の程度」のような変数が表象できるようになる。レズリーの理論によれば，少なくとも運動の因果関係について乳児は，何が起こったのか知覚的には説明しきれない出来事について，力学的な面からの説明を作り出すことで，動作主の力学的な性質を理解するのである。これらのメカニズムのすべてが，知覚にもとづく知識表象から意味にもとづく知識表象への移行に役立っているのだろう。前に指摘したように，乳児は因果関係に気づいており，それが知覚にもとづく表象から意味にもとづく表象への移行を促す重要な役割を果たしていると思われる。ゲルゲイらは，モノの空間内での行動について因果分析することで，乳児は他者の意図を推測できるようになることを示したが，これは，上記のメカニズムの中でも興味深い一例である。

　推論と問題解決は，知識表象に依存する。推論と問題解決は，少なくとも3つの構成要素を要するといえることを見た。第1に，望ましい目的や特定の具体的な目標をもち，第2に，一連の心的プロセスが目標到達に関わっているということ，そして第3に，この心的プロセスは認知的であって，自動的ではない，ということである。物理的に起こりえない出来事を使ったベイヤールジョンらの一連の研究から，乳児が推論や問題解決行動をとれることがわかった。ベイヤールジョンは，実験の被験者が，知識にもとづいて物理世界について概念分析を行っていると述べ，起こりえない出来事の「トリック」をばらす実験によって，この主張が確かに支持された。起こりえない出来事がどのように作り出されるのかを乳児が理解できることから，「高次」の認知形態が生後5ヵ月にしてすでにあることがわかる。乳児の模倣による学習やアナロジーによる学習の能力，他の種にはほとんど存在しない認知スキルも，乳児の認知が高度

に洗練されていることを支持する。とくに、ただビデオで見ただけの行為を模倣する能力は、この洗練度を強く印象づけるものである。

　最後に、乳児には何ができないかを考えた。その結論とは、前頭皮質の成熟に依存する認知操作は、神経系が発達途上である乳児期にはできない、というものである。乳児は自分の認知活動を、ほとんどモニタリングできない。とくに活動が固執的な行動ルーティーンである場合は、その傾向が著しい。前頭皮質に障害のある患者のように、乳児にとっては行為の優勢傾向を抑制することが難しい。乳児は、前に探し物が見つかった場所を探したり、前にたどった道をはうのをなかなかやめられない。こうした「認知の失敗」は、認知活動とその基底にある神経基層の関係が深いことをはっきりと表している。この深い関係についての理解は、まだまだ予備的なものである。だが、その実験研究が、発達認知神経科学の「新しい」分野から発展しつつある。発達認知神経科学は、乳児の認知における将来大変有望な研究領域であるだろう（Johnson, 1997）。

概念発達 3

　子どもの認知プロセスは，基礎的なものも高次のものも，生後1年めごろまでには，かなり出来上がっていることを，1章と2章で見てきた。知覚，注意，学習，記憶，知識表象，問題解決，いずれの研究も，同じ結論に達した。すなわち，ほとんどの認知メカニズムが人生のごく初期にすでに存在し，幼児が自分の足で立ち，自力で動き回るようになるにつれて，こういう認知メカニズムのはたらきが活発になってくる。子どもがことばを話したり理解したりするようになれば，さらに拍車がかかる。この本の残りの部分では，乳幼児の認知プロセスが，どのように最初の2年間の後も認知発達を促進していくのかを見ていくことにする。まずは，概念の発達とカテゴリ化について見ることにしよう。

上位カテゴリ，下位カテゴリ，「基礎」カテゴリ

　私たちは世界にあるさまざまなモノや出来事を分類し，分類したグループに，多くの場合名前をつけている（鳥，車，楽器，カエル，など）。その分類したグループのことを「カテゴリ」と呼ぶ。そして，さまざまな事物をいずれかのカテゴリに分類することを「カテゴリ化」という。
　カテゴリは階層構造をもっていると考えられている。たとえば，「家具」のように包括的で上位レベルのカテゴリ，「テーブル」や「イス」といった中間的なレベルのカテゴリ，さらに，「デッキチェア」や「アームチェア」といったイスの中のより細かい下位レベルのカテゴリ，といったように分けることができる。モノの知覚特性の構造が，この階層レベルを区別するための情報源として重要である。つまり，事物の知覚特性を手がかりとして，その事物がカテ

ゴリの階層のどこに属するのかを知ることができる。たとえば，ほとんどの家具はまっすぐな線や角張った縁といった知覚できる特性をもち，ほとんどのイスには，シートや背もたれがある。知覚特性は，いわゆる「基礎レベルの」カテゴリ化の重要な手がかりになる。この基礎レベルでは，その事物が何であるかを直接見てわかり，かつ，それを分類する基準である理論（概念のプロトタイプから得られたものであるという主張が多い）がある。この基礎レベルのカテゴリ化では，知覚と概念化を区別するのはとりわけ難しい。

　概念発達は，カテゴリ化を行う能力と深い関係にある。ナイサー（Neisser, 1987, p.1）はカテゴリ化を，「一群の事物を何らかの意味で同じものとして扱ったり，同じ山に積み上げたり，同じ名前で呼んだり，同じやり方で反応したりする」能力であると定義している。たとえば，コマドリ，ワシ，ニワトリ，ダチョウなどを「鳥」と名づけることよって，「鳥」というカテゴリを示すこともあるし，イスやソファ，スツール，木の切り株に座ることによって，「座ることのできるもの」というカテゴリを示すこともある（Mervis & Pani, 1980）。これまで見てきたように，世界にはひとつひとつ異なる刺激が無限に存在し，いちいちそれぞれのモノを唯一無二のものとして扱うことなど不可能である。したがって，モノゴトを何らかの観点によって分類・整理するカテゴリ化は，この世界を理解するのに必要不可欠である。新しいモノゴトに気づいたときに，そのモノゴトが何らかの既知のカテゴリに属しているから「知っている」と認識すれば，そのモノゴトを単に見ることだけから得られる以上のことを知ることができる。つまり，知覚プロセスと概念プロセスは絡みあっているとしても，カテゴリ化とは単に知覚するだけのことではない。カテゴリの知識は世界についての信念をも含んでいる。

発達における「基礎」カテゴリの重要な役割

　「基礎レベルの」カテゴリ化という考え方は，ロッシュが提言したものである。世界に存在する多くの自然発生的なカテゴリは，知覚的な類似性によって区別できるというのが，ロッシュの指摘である。ロッシュ（Rosch & Mervis,1975 : Rosch et al., 1976）によれば，カテゴリの成員が共有している知覚特徴の共変動にともない，いわゆる「基礎レベルの」カテゴリによって抽象

化され，つまり「ネコ」「鳥」「ウシ」「木」「車」といった概念が得られる。この説明によれば，特性と特性のあいだには，規則的な共起関係があるので，世界には本来的に類別可能な事物がたくさんある。たとえば，羽毛という特性があれば，ほぼ確実に，羽がある，飛ぶ，体重が軽いといった特性も見つかる。この共起関係によって，子どもは「鳥」というカテゴリを取り出す。基礎レベルのカテゴリに所属する成員は，同じカテゴリに所属する他の成員と，最大数の特徴を共有し，その基礎レベルのカテゴリとは対比関係にあるような別のカテゴリの成員とは，最小の特徴しか共有しない，と考えられる。たとえば，ある鳥が他の鳥と共有する特徴の数は，鳥がイヌと共有する特徴よりも多い。

　さらにロッシュによれば，基礎レベルとは，心理学的に最も有用なカテゴリのレベルである。つまり，このレベルでは，最小の認知的努力でカテゴリに関する最大の情報を得ることができる。このロッシュの主張は，概念情報を貯蔵する最も効率的な方法がプロトタイプあるいは典型性の高い基礎レベルの事物に関するものであることを意味していると解釈されてきた（ロッシュ自身は，プロトタイプがカテゴリ表象の理論を構成するわけではないと主張している）。概念の発達という観点から考えると，子どもが本当に，ネコ・鳥・ウシ・木・車といった事物を区別しており，基礎レベルで自分の周囲の世界をカテゴリ化しているのだとすれば，プロトタイプにもとづいてカテゴリを符号化する概念システムが発達していると考えられる。

　第2章で見たように，乳幼児の知覚力は非常に洗練されており，典型的なカテゴリの成員を区別する手がかりとなる属性の共起関係に十分反応できる（たとえば，Eimas & Quinn, 1994 ; Younger & Cohen, 1983）。しかし，これらの研究で示されたプロトタイプ効果は，概念的なカテゴリではなく，あくまで知覚的カテゴリについてのものである。基礎レベルの概念的なカテゴリがあるという証拠を示すには，この知覚的な違いが子どもにとって概念的にも重要なものであることを示す必要がある。このことを調べる方法のひとつとして，まだことばを使わない子どもの分類行動が調べられてきた。たとえばおもちゃのイヌを他のおもちゃのイヌと一緒にし，おもちゃの車を他のおもちゃの車と一緒にするように，子どもが基礎レベルのカテゴリにもとづいて事物を安定してグループ化しているならば，イヌやおもちゃといったグループ内には高い知覚的類似性があるにしろ，同時にこういうグループ化が概念的にも重要なものであることがわかる。

「基礎」レベルのカテゴリ化を示す証拠としての反復タッチング行動

　分類行動を調べる方法のひとつは，子どもがモノを触る様子を調べることである。乳幼児は興味のあるものを手にとってみるのが好きだが，モノを自発的に分類する行動は18ヵ月以前の子どもにはほとんど見られない。しかし，繰り返し触るという行動はよく観察される。つまり子どもは同じカテゴリに属するモノを，偶然より高い確率で繰り返し触る傾向がある。この繰り返し触るという行動が系統的な分類行動へと徐々に発達するのだと思われる。マンドラーとバウアー（Mandler & Bauer, 1988）の研究は，カテゴリ化行動の発現を調べるのに，子どものタッチング行動を利用した。つまり，子どもがおもちゃを基礎レベルのカテゴリに分類する証拠があるかどうかを調べるのに，反復タッチング行動を使ったわけである。

　マンドラーとバウアーが研究で使ったおもちゃは，(a)イヌと車（基礎レベルの対比），(b)乗り物と動物（上位レベルの対比）である。基礎レベルの課題では，プードル，コリー，ブラッドハウンド，ブルドッグのおもちゃと，スポーツカー，乗用車，ワゴン車，フォルクスワーゲンビートルのおもちゃを，子どもに与えた。車またはイヌを繰り返し触るという行動が見られれば，この基礎レベルのカテゴリを区別している証拠と解釈される。上位カテゴリについての課題では，ウマ，クモ，ニワトリ，魚，飛行機，バイク，トラック，機関車のおもちゃを子どもに与えた。いわゆる「文脈的カテゴリ」についても調べるために，台所用品（カップ，スプーン，皿，フライパン）と風呂用品（石鹸，歯ブラシ，歯磨き粉，櫛）のおもちゃも使用された。これらのものは，同じ場所や同じ活動で見いだされるので，一組のカテゴリとして定義した。12, 15, 20ヵ月児にこういったペアを与えたときの反復タッチング行動を測定し，またおもちゃを自発的にカテゴリに分類するという行動が見られれば，それも記録した。

　マンドラーとバウアーの研究結果では，12, 15ヵ月児のタッチング行動は，基礎レベルのカテゴリ化のみを示した。つまり，イヌと車のときだけ，偶然とはいえない程度に繰り返して同じカテゴリのおもちゃや物品を触っていた。文脈的カテゴリと上位カテゴリでは，20ヵ月児のみが偶然とはいえない程度に同

じカテゴリのおもちゃや物品を触っていた。しかし，これはあくまで各年齢集団全体としてのパターンであり，個人差が大きかった。たとえば，12ヵ月児の25％は，上位カテゴリにも反応した。2番目の実験では，2種類の基礎レベルカテゴリが上位カテゴリを共有する場合と，共有しない場合の分類行動を比較した。2種類の基礎カテゴリの上位カテゴリ（動物）が同じ場合，基礎カテゴリ内の類似度は高く，基礎カテゴリ間の違いは最小になるようにした（例，イヌとウマ）。一方，2種類の基礎カテゴリの上位カテゴリが異なる場合（動物と乗り物），基礎カテゴリ内の類似度はやはり高いが，基礎カテゴリ間の違いは大きくなるようにした（たとえば，イヌと車）。実験1の場合よりも，少し月齢の高い子ども（16ヵ月児と20ヵ月児）を対象として調べた。その結果，動物を乗り物と対比させたときには，基礎カテゴリを区別することができたが，動物と動物を対比させたとき（イヌとウマ）には，区別できなかった。マンドラーとバウアーは，カテゴリ化の発達における上位カテゴリの役割は従来考えられていたよりも大きいと主張した。マンドラーたちの研究では，基礎レベルだけでなく，上位レベルも異なるときにのみ，いわゆる「基礎レベル」にもとづく分類ができていた。

　この結果のもうひとつの解釈としては，子どもの分類行動は，刺激中の目立つ知覚的類似性を反映しているというものである。基礎レベルの事物間の対比は，上位カテゴリが同じか異なるかによって，知覚的類似性が異なる。たとえば，イヌと車の区別は知覚的類似性にもとづいて判断しても容易である。なぜならイヌが車に似ている程度よりもイヌが他のイヌに似ている程度の方が大きいからである（どのイヌにも頭があり，尾があり，4つの足があるが，どの車にも車輪があり，足はなく，座席がある，など）。知覚的類似性にもとづいてイヌとウマを区別するのは，それほど簡単でない。なぜならイヌもウマも，頭があり，尾があり，4つの足があるから，イヌとウマを区別するのはずっと困難である（少なくとも，おもちゃのイヌとウマの場合にはそうだろう）。マンドラーとバウアーの研究結果は，上位カテゴリを共有する2種類の基礎カテゴリを必ずしも区別できないということを意味するものではない。

　さらに，ある基礎レベルの成員を判別する手がかりとなる特徴は，その上位カテゴリの成員を判別する手がかりともなる。たとえば，羽毛は「鳥」のみならず「動物」の手がかりともなるし，柔毛は「ネコ」のみならず「動物」の手がかりともなる（Murphy，1982を参照）。このことはロッシュの理論でも認め

られていたことであり，ロッシュは知覚的類似性が構造的類似性と相関すると述べている。イヌとウマの知覚的類似性は，表面的なものでない，より深い部分の構造的類似性を反映している。つまり，イヌもウマも自然種なのである。同様に，車に車輪があり，足がないのは，車は人工物だからであり，したがって，深層レベルの構造的類似性を共有する飛行機や電車とは，知覚的に類似している。むろん現実の世界では，基礎レベルでのイヌとウマの区別は容易である。大きさや毛皮の質感などが大きく異なるからだが，このような違いはプラスティックのおもちゃにはない。基礎レベル概念も上位レベル概念も，ある意味で知覚にもとづく知識に起源があるはずであり，第2章で議論した知覚にもとづく知識表象の証拠がはっきり示している。ウマ，イヌ，車では，知覚的類似の程度が異なるということが，ロッシュの仮説の本質的な部分である。

見本合わせ課題

　カテゴリに関する知識を調べるもうひとつの方法は，提示された見本と合致するものを選ぶ課題である。この見本合わせ課題では，子どもに見本または目標となるものをまず与える。そして，2つの選択肢の中から見本と合致するものを選択させる（この課題はよくサルに使われる）。バウアーとマンドラー（1989a）は，上位カテゴリでの見本合わせと基礎カテゴリでの見本合わせを比較するため，この見本合わせ課題を用いて，19, 25, 31ヵ月児の選択行動を調べた。上位カテゴリでの見本合わせと基礎レベルでの見本合わせの区別は，選択肢の組み合わせを換えることで行った。たとえば，基礎レベルについての課題では，鳥見本に別の鳥と巣の組み合わせ，歯ブラシ見本に，別の歯ブラシと歯磨き粉といった組み合わせを用いた。それに対して，上位カテゴリでの見本合わせでは，イス見本にテーブル，人といった組み合わせや，サル見本に，クマ，バナナといった組み合わせを用いた（表3.1を参照）。子どもに，「見つけ」ゲームをしましょうと言って，実験者は見本（たとえば，歯ブラシやサル）を示し，「これがわかる？　これと同じものを見つけてくれるかな？　これと同じものはどれかな？」と尋ねた。

　その結果，基礎レベルの分類の方がやや簡単ではあるが，どの年齢の子どもも両方の課題でカテゴリにもとづいた分類を行うことができた。基礎レベルの

表3.1 マンドラーとバウアー（1988）が用いた3つの選択肢の例

欄1	欄2	欄3
鳥	巣	鳥
ハブラシ	歯ミガキ粉	ハブラシ
マグカップ	ジュースの缶	コップ
ブラシ	鏡	クシ
ナシ	ナイフ	リンゴ
イス	人	テーブル
赤ちゃん	ほ乳びん	大人
花	花びん	草木
ベッド	枕	ゆりかご
スプーン	皿	計量スプーン
コート	カサ	スウェットシャツ
ポット	へら	ナベ
ハンマー	くぎ	ペンチ
四輪車	子ども	三輪車
サル	バナナ	クマ
バケツ	シャベル	花びん
ライオン	おり	ゾウ
シャツ	ハンガー	ズボン
流し台	石ケン	バスタブ

基礎レベルの組み合わせは，欄1から2種類選び，欄2から1つを選んで作られる。上位カテゴリは，各欄（1，2，3）から1つずつを選んで作られる。一番上の組み合わせを例として提示した。

分類では，19ヵ月児で85％，25ヵ月児で94％，31ヵ月児で97％が正しく反応した。上位レベルでは，19ヵ月児で91％，25ヵ月児で81％，31ヵ月児で93％が正しく選択した。少なくとも19ヵ月までには，基礎カテゴリと上位カテゴリに反応できるようになるといえる。

上位カテゴリも発達に重要な役割を果たすか？

より最近になって，マンドラーの研究グループは，上位カテゴリへの反応の方が，基礎カテゴリへの反応に先行するのではないかと主張しているが，これはロッシュが主張した順序とは逆である。この刺激的な結論は，ウマとイヌのように同じ上位カテゴリに属する基礎カテゴリどうしを対比させた一連の研究から得られたものである（たとえば，Mandler, Bauer, & McDonough, 1991；Mandler & McDonough, 1993）。

たとえば，マンドラーら（1991）は，おもちゃのイヌとおもちゃのウマ（知覚的な違いは小さい），おもちゃのイヌとおもちゃのウサギ（知覚的な違いは中程度），おもちゃのイヌとおもちゃの魚（知覚的な違いが大きい）の各組み合わせについて，19，24，31ヵ月児に基礎レベルカテゴリの区別ができているかどうかを，反復タッチング法を用いて調べた。31ヵ月児だけが，ウマとイヌを区別できた（p値＜0.08）(訳注1)。知覚的違いが中程度の場合（イヌとウサギ），24ヵ月児と31ヵ月児が両者を区別できていた。知覚的違いが大きい場合（イヌと魚）には，どの月齢の子どもも両者を区別できた。また，どの月齢の子どもも，車と動物（知覚的違いの大きな上位カテゴリレベルの対比）を区別できた。この結果から，カテゴリ化は，動物といった全体的な領域の区別から，より細かな区別へと進み，基礎レベルの抽象化に至る，とマンドラーらは主張している。しかし，ここでも分類行動は単に知覚的類似性と関連しているだけのようにも思えるので，これだけでは概念的な区別が存在しないことを示せないだろう。

　カテゴリ化が基礎レベルで始まり，それが上位レベルへと広がり，下位レベルへと降りていくという見方の反証となるデータが，マンドラーとマクドナウの7，9，11ヵ月児を対象とした研究（Mandler & McDonough, 1993）からも得られている。この研究でも，おもちゃのイヌとおもちゃの魚，おもちゃのイヌとおもちゃのウサギという基礎レベルの対比を調べているが，このときは，年長の子どもに使った，モノ操作課題ではなく，モノ調べ課題が利用された。モノ調べ課題では，乳児にあるカテゴリに属するモノを何個かひとつずつ与えて，手で調べる時間をとり，そのカテゴリに馴化させた。たとえば，子どもにいろいろなおもちゃの魚を与える。馴化に続いて，馴化したカテゴリからの新たな例（新しいおもちゃの魚）と新しいカテゴリからの新しい例（イヌのおもちゃ）を順次与え，手で調べる時間をとった。乳児が，馴化したカテゴリ（魚）のおもちゃよりも，新しいカテゴリ（イヌ）のおもちゃをより長時間調べれば，2つのカテゴリを区別していると解釈できる。結果としては，イヌを魚と区別

訳注1　p値とは，統計的仮説検定において，本当は帰無仮説（＝区別できない）が正しいにもかかわらず，これを棄却して対立仮説（＝区別できる＝研究仮説）を採択してしまう誤りが生じる確率。この確率が一定水準（心理学では0.05に設定することが多い）を下回れば，帰無仮説（＝区別できない）を棄却して，対立仮説（＝区別できる）を採択する（＝正しいものと判断する）。詳しくは，心理統計学の本を参照すること。

できている証拠も，イヌとウサギを区別できている証拠も見いだせなかった。しかし，動物を乗り物と区別することはできるのである（上位レベルの対比）。したがって，子どもは動物という分化されていない概念をもち，そこには基礎レベルの情報を含まない，とマンドラーらは主張している。

　この見方が正しいかどうかについては，さらなる研究が必要である。知識の基礎が発達する際の特徴は，最初にかなり全体的な概念であったものを，子どもが徐々により細かく区別するようになることである，という主張がある。しかしこれは，今のところ，一連の否定的な研究結果を基にしている。ここでいう否定的な研究結果とは，基礎レベルから概念が発達するという証拠が得られていないということであり，全体的概念から生じるという仮説を必ずしも積極的に支持する証拠はないのである。また，データはそのおもちゃが何であるかに影響を受けている。あるカテゴリの成員としてのおもちゃの典型性はまちまちであるし，知覚的に得られる刺激は非常に貧しい。おもちゃは，本物の特性の一部しかもっておらず（全体的な姿，足の数，目の数など），他の多くの特性を省略している（相対的な大きさ，匂い，肌ざわり）。これら省略された特性が，たとえばイヌ，ウマ，魚，ウサギといった基礎レベルの区別の鍵となっているかもしれない（本物の魚や本物のイヌは，見かけも，感じも，匂いも全然違う）。概念発達の研究では，知覚的に豊かな刺激を使うことが重要であることをジョーンズとスミス（Jones & Smith, 1993）が指摘している。

子どもの基礎カテゴリと大人の基礎カテゴリ

　マンドラーとその共同研究者たちの研究で一連の否定的な証拠が得られたことのもうひとつの理由は，子どもにとっての基礎レベルと大人にとってのそれとが異なることかもしれない。「子どもにとっての基礎カテゴリ」が「大人にとっての基礎カテゴリ」と異なりうると主張したのは，マービスとその共同研究者たちである（たとえば，Mervis, 1987）。子どもが気づいたり重要視する特性は大人のそれとは違うのではないか，とマービスは論じている。それは，たとえば，経験の違いや，事物がその文化の中で果たす機能についての認識の違いによるのかもしれない。そのため，子どもが，形や機能にもとづいて，大人と同じグループ化処理を行っているとしても，子どもは大人とは少し異なる基

礎レベルのカテゴリを作るのだといえよう。そのため，子どものカテゴリは，大人のより広かったり，狭かったり，一致したりするだろう。

　マービスは，この「子どもの基礎カテゴリ」理論を例示するために，彼の息子，アリにとって最初のカテゴリである「アヒル」カテゴリの発達を詳細に記録している。アリがこのカテゴリの成員として分類したものやこのカテゴリから閉め出したものが，図3.1である。アリのカテゴリの境界は，以下のようにして調べられた。まず，アリにモノを4つ示し，「アリ，アヒルをとってくれる？」と頼んだ。そのうちに，アリの「アヒル」カテゴリには，図3.1の最初のアヒルの絵が含まれるようになった。そして，プラスティックのガラガラおもちゃのアヒルも含まれるようになり，最後には，フラシ天［ビロードのような長くやわらかいけばのある木綿］でできたアヒルの頭のガラガラおもちゃやドナルドダックの頭も含まれるようになった。この時点で，マービスが気づかなかったようなものもアヒルに入れるようになった。マービスが読んでいた雑誌にあった歯磨きチューブのアヒルの絵や，店先にあった白鳥の石鹸置きなどである。アリは最初はある種のおもちゃをアヒルだと思い，他のモノをそうは思わなかった。このことは，今後，おもちゃを利用した基礎レベルの区別についての研究を進めるうえで，重要な知見である。

カテゴリ化における知覚的類似性が果たす役割を越えて

　これまで議論してきた基礎，上位，下位レベルのカテゴリ化についての研究では，いずれも，異なるカテゴリの成員間の知覚的類似性が，子どものカテゴリ化行動における要因となっていた。前にも指摘したことだが，知覚的類似性が重要である理由のひとつは，それが構造的類似性と相関していることにある。知覚的に類似していることは，同時に，深層の特徴（心臓をもつ，血液があるといった生物が共有している直接観察不可能な特徴）も共有しているということを示す。そのため，構造的類似性の手がかりとなる。

　しかし，知覚的類似性と概念的類似性が相関していないときに，子どもがどう振る舞うのかについても研究することができる。知覚的類似性がカテゴリへの所属関係とはくいちがうとき，子どもは意外にも，さらに深いレベルの構造的な特徴にもとづいてカテゴリ化することがわかっている。しかし，カテゴリ

図3.1 アリがもっていたアヒルの最初のカテゴリに，含まれていたモノの例と，そこから閉め出されたモノの例。一番上の列が，すぐにカテゴリに含まれたモノ（フラシ天でできたマガモ，カイツブリ［水鳥の一種］の彫刻，ハクガン［雁の一種］の磁器，ゼンマイ仕掛けのトリ）。2列目は，テストで用いられるようになってからすぐ含まれるようになったモノ（フラシ天でできたシジュウカラガン［雁の一種］，白鳥，オオアオサギ，ダチョウ）。一番下の列は，最初のカテゴリから閉め出されていたモノ（プラスチック製のガラガラおもちゃのアヒル，ドナルド・ダックの頭，鳴鳥の陶器，フラシ天でできたフクロウ）。マービス (1987) より。Reproduced with permission.

への所属関係についての子どもの直観を言語が補助するときには，年少の子ども（2歳児）では成績がよくなるが，もう少し年長の子ども（3歳児）では言語による補助は必要ない。スーザン・ゲルマンとその共同研究者たちの一連の研究が，このことを示している。彼女らは，カテゴリへの所属関係とカテゴリの見かけを独立に操作できる絵を使った研究方法を編み出した（たとえば，Gelman & Coley, 1990 ; Gelman & Markman, 1986, 1987）。

たとえば，ゲルマンとコーリー（1990）は，2歳児に，鳥や恐竜などのよく知っているカテゴリの，典型的な成員と非典型的な成員のもつ特性について質問した。子どもに鳥や恐竜の絵を見せ，「これは鳥だよ。これは巣に住んでるかな？」とか「これは恐竜だよ。これには大きな歯があるかな？」と聞いた。

第3章　概念発達　　105

カテゴリの比較にあたっては，カテゴリの典型的な成員の絵（例，典型的な鳥）をターゲットとしてまず子どもに見せ，そして，このターゲットの絵について質問した（「これは巣に住んでるのかな？」）。ターゲットの絵に対する質問後，テストとなる絵を提示したが，ターゲットの絵は，テストの絵を提示するあいだも，見えるところに置いておいた。それから，カテゴリの他の成員の絵と他のカテゴリ（対照カテゴリ）の成員の絵を1枚ずつ子どもに見せた。そして，それぞれの絵について同じ質問をした（「これは巣に住んでるのかな？」）。

ここで重要なのは，対照カテゴリの成員の絵のうちの1枚は，ターゲットの絵とよく似ていて，ターゲットと同じカテゴリ成員の絵のうちの1枚は，ターゲットの絵とあまり似ていないことである（図3.2）。たとえば，ターゲットが鳥の場合，あまり似ていないテストの絵はドードー鳥（非典型的成員）で，よく似ているテストの絵はブルーバード（典型的成員）である。ターゲットの対照カテゴリとなる恐竜では，あまり似ていないテストの絵はステゴサウルス（典型的成員）で，よく似ているテストの絵はプテラノドン（非典型的成員）である。子どもが全体的な見かけにもとづいて質問に答えているとすれば，ブルーバードとプテラノドンは巣に住み，ステゴサウルスとドードー鳥は巣に住まないと答えるはずである。しかし，カテゴリへの所属関係を特徴づける深い構造的特性に気づいているなら，ブルーバードとドードー鳥は巣に住み，ステゴサウルスとプテラノドンは巣に住まないと答えるはずである。

ゲルマンとコーリーの結果では，2歳児は非典型的成員（ドードー鳥）については実施回数の42％でしかターゲットと同じカテゴリの属性を帰属せず，典型的な成員（ブルーバード）については76％で同じ属性を帰属した。この42％という数値は，偶然よりも有意に低く，2歳児の場合，言語的な手がかりがなければ，カテゴリの成員の判断を見かけが支配していることを示している。しかし，カテゴリへの所属関係を示すラベルを質問のときに与えてみた場合，たとえば「これは鳥／恐竜です。この鳥／恐竜は『トートー』と鳴くかな？」と聞くと，2歳児でも，非典型的成員に実施回数の69％，典型的成員の場合は実施回数の74％で，ターゲットと同じカテゴリの属性を帰属できた。大人にも同じ課題を行ったが，ラベルなしで正しく回答できた。むろん，非典型的な成員といっても，子どもにはなじみがなくとも大人にはそうではないから，驚くことでもない。それにもかかわらず，子どもでもカテゴリのラベルが与えられれば，知覚的な見かけよりはカテゴリへの所属関係にもとづいてカテゴリ属性の

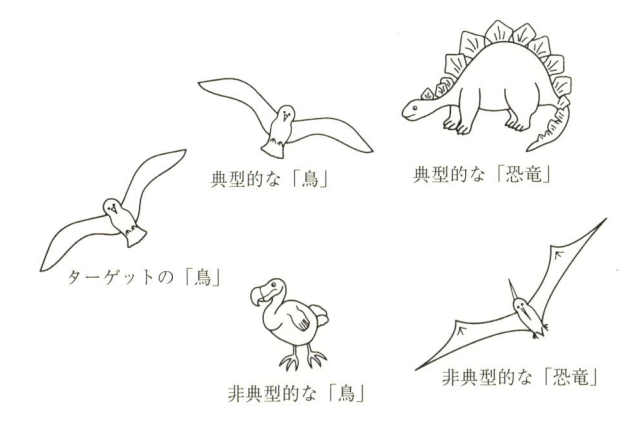

図3.2 ゲルマンとコーリー（1990）が「鳥」のカテゴリについて調べるのに用いた選択肢の例。
Copyright ⓒ by the American Psychological Association. Adapted with permission.

典型的な「鳥」
典型的な「恐竜」
ターゲットの「鳥」
非典型的な「鳥」
非典型的な「恐竜」

図3.3 ゲルマンとマークマン（1987）が「ネコ」のカテゴリについて調べるのに用いた選択肢の例。
Reproduced with permission.

ターゲット刺激（ネコ）
同じカテゴリで見かけが似ている刺激（ネコ）
同じカテゴリで見かけが異なる刺激（ネコ）
異なるカテゴリで見かけが似ている刺激（スカンク）
異なるカテゴリで見かけが異なる刺激（恐竜）

拡張に関する推論が行えることを，ゲルマンらの研究は示している。

　関連する研究としては，ゲルマンとマークマン（1986，1987）があるが，3，4歳児がラベルなしでも類似のカテゴリ化課題に成功することを示している。たとえば，3歳児に対する実験では，子どもにネコなどのターゲットとなる絵を見せ，「暗闇でも目が見えるんだよ」といった新しい事実を教えた。それから，4つの動物の絵（図3.3）を見せた。1. ターゲットとよく似ており，同じ

カテゴリに属する動物の絵（別のネコ），2.ターゲットとよく似ているが，異なるカテゴリに属する動物の絵（スカンク），3.ターゲットと似ていないが，同じカテゴリに属する動物の絵（色の違うネコ），4.似てもいないし，所属するカテゴリも異なる動物の絵（恐竜），の4種類である。ターゲットの絵がもっている属性（「暗闇でも目が見える」）を4つの絵の動物ももっているかどうかを，一枚一枚尋ねた。その結果，子どもは一貫して，知覚的な見かけよりもカテゴリへの所属関係にもとづいて属性を帰属していた。つまり，3〜4歳児はカテゴリ情報だけでも，生物についての帰納推論ができるといえる。

　しかし，この一連の発見は，3〜4歳児が，カテゴリの属性を他のものにも帰属する推論を行うとき，カテゴリへの所属関係が知覚的な類似性よりも重要であるということを示す証拠として解釈すべきではない。というのも，この研究で用いられた知覚刺激は線画のみであり，実物に比べれば非常に貧弱だからである。ジョーンズとスミス（1993）は，知覚的知識と直接知覚されない知識はわれわれがもつ概念において別個の役割を果たしているのではなく，むしろ相補的なものであり，両者の境界は明確ではないと主張している。ここまで議論してきた実験的な研究も，この見方を支持していると考えられる。「表面的な見かけは，直接知覚されない属性と同じように，さまざまな知識内や知識間の理論的な関係を支持するのである」（Jones & Smith, 1993, p.126）。

概念発達における言語の役割

　概念発達において言語が重要な役割を果たすという可能性については，2歳児でカテゴリへの所属関係を示すラベルが正確で概念的な区別を促進するという，ゲルマンのグループの研究結果にはっきりと示されている。実際に，言語と概念発達の関係については，多くの研究がある。ここではそのような研究の詳細に立ち入ることはせず，簡単なまとめを示そう。概念発達に関するこれらの研究の重要な発見は，ロッシュが定義した概念の階層レベルそれぞれにおいて概念の組織化を促すような，言語を利用する傾向を子どもがもっているようだということことである。

　新しいことばを学ぶことによって，子どもは事物とその事物が所属する種類との概念的な関係を理解するようになる。たとえば，自然言語における名詞は，

基礎レベルの事物とその上位カテゴリや下位カテゴリとの関連を示す。「動物」といった共通のラベルは，イヌ，ウマ，魚など複数の指示対象を含むが，このことが，複数の指示対象を同じ上位カテゴリの成員として分類する役割を果たしている。とくに，言語獲得の研究では，子どもに新しい名詞を示すと，上位カテゴリを強調していると解釈するが，新しい形容詞を示すと下位カテゴリを強調していると解釈することがわかっている。

　このような結果を示した研究のひとつが，ワックスマンの研究である。この研究では，子どもに，さまざまな階層レベルから集めた，すでに知っているカテゴリの事物に新しいラベル（日本語）を教えた。たとえば，ワックスマン（Waxman, 1990）は，3歳児に動物といった上位カテゴリの新しいラベルを教えた。基礎レベルの事物は，イヌ，ネコ，ウマの写真で，下位レベルの事物は，コリー犬，アイルランドセッター（猟犬の一種），テリアの写真であった。子どもに日本人形を何体か見せ，（これらの人形は）英語が話せず，「すごく好き嫌いがはっきりしているんだ」と紹介した。どの人形も一種のものだけが好きであると説明し，実験者が，人形が好きなものの例を3つ提示した。動物を好きな人形のそばには，イヌ，鳥，魚の写真を置き（上位レベル），イヌを好きな人形のそばには，セッター，ブルドッグ，プードルの写真を置いた（下位レベル）。この後，子どもにいろいろな写真を見せ，どの人形にあげたらよいかを尋ねた（たとえば，上位レベル：ウマ，ゾウ，アヒル，ブタの写真を服や食べ物の写真と混ぜて提示。基礎レベル：4種類の他のイヌの絵を，いろいろな種類のネコやウマの写真と混ぜて提示）。

　新しい名詞の文脈で分類課題を行うように求める条件と，新規な形容詞の文脈で分類課題を求める条件とがあった。たとえば，新しい名詞条件では，実験者は子どもに「この人形はスイカー（suikahs）だけが好きなんだ。これがスイカーだよ」と言い，新しい形容詞条件では，「この人形はスキい（sukish）ものだけが好きなんだ。これがスキいものだよ」と言った。ワックスマンは，分類行動にはっきりしたクロスオーバー効果を見いだした。新しい名詞条件の3歳児は，下位レベルよりも上位レベルで正しく絵を分類し（たとえば，イヌよりも動物についてより正しく分類），新しい形容詞条件の3歳児は，上位レベルよりも下位レベルで正しく絵を分類した（たとえば，動物よりもイヌについてより正しく分類）。このことは，子どもが名詞を上位カテゴリを示すものとして解釈し，形容詞を下位カテゴリを示すものとして解釈していることを示し

ている。子どもが分類している絵は同じなので，知覚的な手がかりはどちらの条件でも同じことに着目してほしい。

　さらに，基礎レベルでの分類成績は，どちらの条件でもほとんど天井に近く，言語的な手がかりは成績を促進も抑制もしなかった。子どもは，上位レベルと下位レベルでの分類を行う場合は，分類学的なクラスを決定するのに，文法的な手がかりを利用していた。また，子どもは概念的な階層とその階層を記述するのに使う言語のあいだの強い関係に敏感なので，このように言語を利用する傾向をもっているのだと，ワックスマンは述べている。したがって，新しいラベルは，文化の影響を最も受けやすいレベル——つまり基礎レベル以外のレベル——における分類を促進するのである。

生き物と生きていないものの区別

　前述したように，カテゴリはまた，世界についての信念も含んでいる。動物や乗り物といったカテゴリ内の概念的な階層関係が発達すると同時に，子どもは根本的な概念的区別についての知識も発達させている。この根本的な概念的区別のうち，最も早くから現れ，最も重要なものが，動物と動物でないものの区別であり，この区別が生物についての知識の発達を促す。生物学的な存在（生きているもの）には，そうでない存在には見られない特徴的なプロセスがある。生物は自分で動くことが多く，背が伸びたり，大きくなったり，場合によっては色や形を変えることもあるし，親から特徴を引き継ぐこともできる。また，血，骨，セルロースといった核となる共通する特性を持っている。非生物は，自分で動いたりはせず，核となるような特徴（例，プラスチックでできている）は共有しているものの，成長，変態，遺伝といった性質を示さない。乳児や幼児は，驚くほど早期から，この動物と動物でないものの区別を意識している。この動物と動物でないものとの区別についての根本的な理解は，世界についての子どもの経験が増えるにしたがって，豊かになっていく。たとえば，植物は生物であるが，動物のようには自力で動くことはできない。したがって，生物学的な知識とは動物性の認識以上のものであるが，動物と動物でないものの区別は，生物学的な知識の重要な先駆けなのである。

生き物の動きを理解する

　乳児や幼児が動物と動物でないものを区別できるかどうか調べる方法のひとつは，生物の動きと非生物の動きをいつ区別できるようになるか調べることである。バーテンサール，プロフィット，スペットナー，トーマス（Bertenthal et al., 1985）の巧みな研究によって，すでに5ヵ月児がこのような区別を行っていることが示された。この研究でバーテンサールらは，「光点歩行者」を乳児に見せた。光点歩行者とは，そもそもヨハンソン（Johansson, 1973）が開発したもので，黒い服を着た人の主要な関節に小さな電球をとりつけ，暗闇で歩く様子をビデオに収める。すると大人は，この10～12個の光点が動くのを見て，人が歩いているのだということがたやすくわかった。また，大人は人が腕立て伏せしているのも，踊っているのも，自転車に乗っているのも，わかった。後の研究から，人の性別でさえ，光点の動きを見るだけで知れることがわかった（Cutting, Proffit, & Kozlowski, 1978）。

　光点を，人間の形だと認識するための重要なヒントのひとつが，歩くという行為によって作り出される遮蔽のパターンであることが明らかとなった。誰かがあなたの前を横切ったとしよう。その人の体のあなたから遠い側の四肢（たとえば，手首，膝，肘，脚）上の光点が，あなたに近い側の四肢や胴体の背後を通るたびに，一時的に隠れる。バーテンサールらは，この遮蔽手がかりを利用して，幼児が光点の集まりを人間の歩行者と認識するかどうかを調べた。遮蔽パターンを実験的に操作できるような光点表示をコンピュータで作り出し，遮蔽のあるパターンとないパターンを乳児に見せたのである。まず遮蔽ありのパターンに馴化させた後，遮蔽なしのパターンを見せるケースと，その逆のケースがあった。統制群の乳児には，遮蔽あり・なしのでたらめな光点の動きを見せ，生物的な動きを示さない遮蔽パターンに乳児が気づくかどうかを調べた。

　その結果乳児は，生物的な動きをする光点表示（「通常の」表示）には脱馴化されるが，ランダムな光点表示には脱馴化されなかった。つまり，乳児は生物的な動きの特徴をもつ遮蔽情報にとくに敏感であった。バーテンサールらはその後の実験で，この乳児の敏感さは，光点歩行者の胴体を暗黙のうちに検出しているからだということを示した。乳児は，ランダムな遮蔽表示と歩行者に

よる遮蔽表示を区別したが，歩行者を逆さまに提示したときには，この区別ができなかった。生物の動きを検出できるのは，乳児の急速な学習によるものであり，乳児はなじみのある正立位置の生物的な動きだけを（大人と同じく）検出したのだと，バーテンサールらは述べている。まだ学習が十分でない3ヵ月児は，正立の普通の光点歩行者以外にも脱馴化を示した。

　遮蔽情報以外の基礎的な動きに関する手がかりも，生物学的な動きと非生物学的動きを区別するのに利用されているようである。ラムスファス（Lamsfuss, 1995）は，動きの予測可能性と規則性も，動物と動物でないものの区別の有益な手がかりであると述べている。というのも，われわれは通常，車や他の機械といった非生物の動きのパターンについてかなり正確に予測することができるが，イエバエのような生物の動きはなかなか正確に予測できないからである。このことを調べるために，ラムスファスは，4，5歳児に動物か機械のどちらかがつけた「跡」だと言って，さまざまなパターンのペアを見せた。これは単純な点からなるパターンで（図3.4），ペアのうち，どちらかはもう一方よりも規則的になるように作ってあった。点のパターンを使ったのは，動きを生み出す対象についての余分な知覚情報を与えないためである。子どもは，機械がつけた跡はどちらであると思うかと尋ねられたときには，動物がつけた跡はどちらかと尋ねられたときよりも，より規則的な跡を選択した。このことは，子どもが，動物は規則的であろうとなかろうと，機械より予測不可能な動きをすると期待し，機械はかなり予測可能で規則的な動きをすると期待することを意味する，とラムスファスは論じている。研究に参加した大人や生物学の専門家も，子どもと同様の判断をした。動きという手がかりもまた，生物と非生物の区別にとって重要な情報なのだと思われる。

自分で動くということについての知識

　幼児が動物と動物でないものを概念的に区別しているかを調べるもうひとつの方法が，動物は自分で動くことを幼児が認識しているかどうかを調べることである。マッシーとロッシェル・ゲルマン（Massey & Gelman, 1988）は，動物が自分で動くことを3，4歳児が理解しているかどうかを調べた。そのために，見慣れないものの写真を見せて，それが自分で丘を上ったり下りたりでき

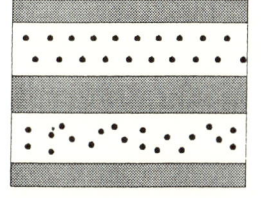

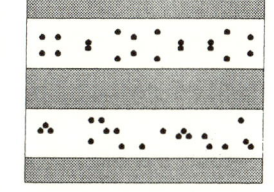

図3.4 ラムスファス（1995）が，生物の動きと非生物の動きを子どもが直観的に理解しているかどうかを調べるのに用いた，単純な点から成るパターンの一部。Reprinted with permission.

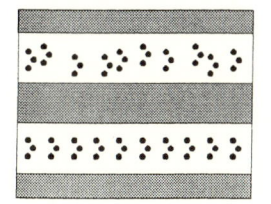

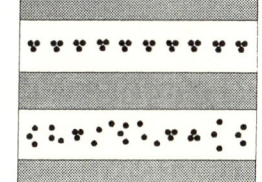

るかを尋ねた。写真は，2種類の動物カテゴリのなじみのない成員——哺乳類（たとえば，メガネザル，マーモセット）と非哺乳類（たとえば，タランチュラ，トカゲ），また3つの非動物カテゴリ——動物の彫像，車輪のあるもの（たとえば，ゴルフのキャディーカート，自転車），複雑な機械（たとえば，カメラ，トレーニング機器）——の写真からなっていた。ゴルフのキャディーカートと自転車は，それ自体で丘を下りることができることに着目してほしい。こういうカテゴリが選択されたのは，角張った縁や丸い縁といったような共有される知覚特性にもとづいて判断されないようにするためである。動物だけが自分で丘を上ることができる。

　マッシーとゲルマンは，丘の絵を見せながら子どもに課題を説明した。そして，練習用のアイテム（男，女の子，フォーク，イス）が「自分で」丘を上ったり下りたりできるかを尋ねた。それから，ターゲットの絵をランダムな順序で見せ，自分で丘を上ったり下りたりできるかを尋ねた。3歳児は写真の78%について，4歳児は，写真の90%について正しく回答した。動物の絵は動いているようには描かれていなかったし，足もはっきり描かれていなかったにもかかわらず，子どものコメントはしばしば脚や足に集中した。たとえば，（ハリモグラ）「これはとてもゆっくり動ける……，小さな脚がある。脚はどこかな？隠れてる」(Gelman, 1990, p.93)，「足がある，靴ははいてない」(Gelman 1990, 1980, p.88)。〔実験者：足を指せる？〕「見えない」。これに対して，足の写っ

第3章　概念発達　113

ている動物でないものの場合（動物の像）でも，子どもは，それがあっても動くことできないから，足ではないと答えた。3歳児の間違いのほとんどは，タランチュラやトカゲのような見慣れない非哺乳類で起こった。こういう絵で間違った年少児も，結論を出すときの基底には，動物と動物でないものの区別があるようだった。たとえば，「虫（クモ）」は小さすぎてこんなに大きな丘は上れないから，自分で丘を上ることはできない，という具合に述べた。

　自分で動くことに関する子どもの考えについて，同様の結果を，スーザン・ゲルマンとゴットフリード（Gelman & Gottfried, 1993 ; Gelman, Coley, & Gottfried, 1994 に論じられている）も得ている。4歳児に，動物，ゼンマイ仕掛けのおもちゃ，家にある道具が，平らな面の上を動く様子をビデオで見せる。動物とおもちゃは，あえてなじみのないカテゴリから選ばれた。たとえば，チンチラやゼンマイ仕掛けのおもちゃの寿司である。家の道具（たとえば，コショウ挽き器）はすべて透明だった。これによって，内的な原因によって動きが生じていると子どもが考えにくくなるかどうかを調べるためである。統制群では，すべての動物，おもちゃ，道具はどれも人間が手で動かし，手で動かしている様子をビデオではっきりと見ることができた。

　子どもには動物と道具のそれぞれについて，人が動かしているのか？　その中にある何かが動かしているのか？　自分で動いているのか？　という3つの質問をした。ゲルマンとゴットフリードによれば，子どもは，動物とそれ以外の場合を明確に区別して質問に答えた。人間が手で動かす統制群の子どもは，動物は自分で動いているが，おもちゃと道具は人が動かしていると答えた。それに対して，自分で動くビデオを見せられる群の子どもは，透明な道具の場合も，何らかの内的なメカニズムによって動いていると答えた。しかし，なぜ動いているのかを説明することはできなかった。多くの子どもは，超自然的な力，隠れている人，電気などの見えない自然の原因，を理由としてあげた。したがって，4歳児でも動物は別であることを理解していた。動物は自分の力で動くことができるのに対し，おもちゃや道具は外的な力の助けがある場合にだけ動ける。

生物が共有する重要な特性を理解する

　動物と動物でないものの区別のもうひとつの手がかりは，事物の「中身」と「見かけ」における類似と相違である。事物の本当の性質を理解するには，「見かけ」よりも「中身」の方が重要である。たとえば，生物どうしであれば体内の基本的特性を共有しており（イヌと鳥にはどちらにも血や骨がある），これは非生物の基本的な内部特性（イスや扉は木や金属でできている）とは異なる。幼児が「中身と見かけ」の区別を理解しているかどうかを調べるために，スーザン・ゲルマンとウェルマン（Gelman & Wellman, 1991）は，3歳児と4歳児に，絵に描いてある事物のどれが中身や見かけを共有しているかを尋ねた。
　この研究では，「どっちがXと同じ中身をもっているか」「どっちの方がXと似て見えるか」を尋ねた。絵は3枚組で提示し，そのうちの2枚は中身が似ており，2枚は見かけが似ていた。たとえば，オレンジ，レモン，オレンジの風船の3つ組では，オレンジとレモンは同じ中身をもち，オレンジとオレンジの風船は同じ見かけである。ブタ，ブタの貯金箱，ウシの組み合わせでは，ブタとウシは同じ中身をもっていて，ブタとブタの貯金箱は同じ見かけである。ゲルマンとウェルマンによれば，3歳児も4歳児も，偶然とはいえない程度に正しく答えられた。ただし，4歳児の方が3歳児よりも正答率が高かった（3歳児58％，4歳児73％）。追加分析から，間違いは，見かけの類似性に引きずられしまうこと（ブタとブタの貯金箱が同じ中身をもっていると答えてしまうような知覚的な間違い）によって生じたのではないことが明らかとなった。そのような間違いも起こったが，見かけの類似性を評価するのに中身を用いたために生じた間違いも，同程度あった（ウシとブタが似ていると言うなど）。年齢と共に発達するのは，外側と中身を区別する能力ではなく，中身と見かけに矛盾がある場合（ブタの貯金箱）に対処する能力であると，ゲルマンとウェルマンは論じている。
　この主張を，ロッシェル・ゲルマンとメック（Gelman, 1990に引用されている）の研究結果も支持している。ゲルマンとメックは，3，4，5歳児に動物と動物でないものの中身や見かけについて質問をした。動物は，人，ゾウ，ネコ，鳥，ネズミからなり，動物でないものは，岩，ボール，人形，操り人形か

らなっていた。子どもの答えは，動物と動物でないものをはっきりと区別した。動物には，中に血，骨，心臓があり，動物でないものは，固い材料（岩，ボール）や生地で，中に綿（人形，操り人形）があると答えた。動物でないものの中には「何もない」と答える子どももいたが，動物の中に「何もない」と答えることはなかった。動物には見かけ（見かけには皮膚，髪，目を含む）とは違う中身があり，動物でないものは中身と同じ見かけをしていると判断された（「固いもの」，「材料」）。

知識は具体的か？　抽象的か？

　以上の結果は，幼児が動物や動物でないものの中身や外見についてかなり具体的な知識をもっていることを示しているように見える。しかし，サイモンズとカイル（Simons & Keil, 1995）は，中身と外見に関する幼児の判断は，生物と非生物を区別するものについての，抽象的な予測にもとづくと主張した。子どもには，生物や非生物としてふさわしい中身がどれであるかについて具体的な知識があるというよりも，自然種と人工物の違いに関する因果的な予測を可能にするような抽象的な枠組みがあり，これが具体的な違いを探すガイドとなっていると，サイモンズとカイルは論じたのである。年少児はこれらの違いについての具体的な知識を欠いているという考えを検討するために，サイモンズとカイルは，3，4，5歳児が生物と非生物の中身として何を予測するかを調べる一連の実験を行った。サイモンズらによれば，この仮説は，これまで議論してきたような発見とも矛盾しない。つまり，ウェルマンとゲルマンやゲルマンとメックが用いた課題は，実際にはカテゴリの成員性についての抽象的な知識を必要とするからである。

　サイモンズとカイルは，この研究で，子どもにフレディという「ものの中身を透視する」能力のあるワニを紹介した。フレディはこれまで地球に来たことがなく，他のものの中身と混同してしまうことがあるので，フレディがどちらが本当の中身かを決めるのを手伝ってあげてほしいと子どもに伝えた。たとえば，この研究のひとつでは，子どもに自然種（ヒツジ，カエル，ゾウなど）か人工物（時計，電話，バスなど）のいずれかから2つの絵を見せた。どの絵にも，真ん中にコンピュータで描いた中身が描かれていた（図3.5）。中身のひと

図3.5 中身が内臓になっている羊と，中身が機械になっている羊。サイモンズとカイル（1995）の研究から脚色して描いた。Reproduced by kind permission of Elsevier Science.

つは必ず動物的で，もうひとつは機械的だった。たとえば，ヒツジの絵の一方の中身は歯車になっていて，もうひとつは中身は内臓になっていた。フレディにどちらの絵が「本物のヒツジの中身をもったヒツジ」か教えるように，子どもに求めた。もうひとつの研究では，中身が描かれていないただのヒツジの写真を見せて，その中身としてはどれが正しいかを3つのガラスのビンから選ぶように求めた。ひとつのビンには，歯車，ダイヤル，電線が入っており（機械的中身），2つめのビンには，2匹のネコの保存臓器が入っており（生物的中身），3つめのビンには，ゼラチンの中に白い石が入っていた（機械的中身と生物的中身の混合を示す，「混合中身」）。フレディがそれぞれの動物や機械の中身を透視したら見えるであろう中身を指すように，子どもに求めた。

　こうした研究からは，一貫した結果が得られた。年少の子どもは年長の子どもよりも正しい答えを選べなかったが，年少の子どももでたらめに間違えていたわけではなかった。年少児も自然種と人工物を明確に区別していた。最年少の子どもでも，機械の中身についてはかなり正しく答えたが，自然種の中身については，混合的なものも生物的な中身と同程度に選択する傾向があった。サイモンズとカイルは，幼児は中身がどんなものであるかを具体的に知っているのではなく，どんなものが機械や生き物の中身としてよりありそうなのか，またありそうにないのかを知っているのだと論じている。中身がどのように見えるはずかについての一般的な考えをもっているので，最年少の幼児であっても，動物や機械の中身について，抽象的な予測を行うことができる。しかし，子どもには中身の具体的な例についての経験が不足しているのである。

　生物が共有している重要な特徴について，子どもの知識を調べるもうひとつの方法は，生物と非生物の内部特性についてことばによる判断を行わせることである。絵による補助なしで，子どもに抽象的な全体としてのカテゴリに関す

る推論を行うよう求める。ゲルマンとオレイリィ（Gelman & O'Reilly, 1988）は，5，8歳児に，イヌ，ウマ，ヘビ，トラクターなどのさまざまな生物および非生物が「同じ中身をもつ」かどうかを尋ねた（p.882）。この比較は逐次的に行われた。子どもにランダムな順序で以下のような質問をする。(1)すべてのイヌの中身は同じ種類かどうか，(2)イヌとウマの中身は同じ種類かどうか，(3)イヌとヘビの中身は同じ種類かどうか，(4)イヌとトラクターの中身は同じ種類かどうか。ゲルマンとオレイリィによれば，子どもは動物がみな同じ種類の中身を持っていることを知っており，動物をトラクターなどの人工物とは区別していた。たとえば，子どもは実験者に「イヌはみんな，尻尾とかをなくしたりしなければ，中身は同じだよ」「全部のイスが同じわけじゃないよ。金属でできてるのもあるし，木でできてるのもあるよ。鉄でできてるのもあるよ」（p.884）。

自然物と人工物のカテゴリ化に利用する知識は異なる——構造と機能

　中身と外見に対する子どもの直感についての研究は，カテゴリ化の際に重要となる共有特徴は生物でも非生物でも類似したものである，という仮定にもとづいている。しかし子どもは，生き物をカテゴリ化するときには，共有されている構造（中身と見かけ）が重要であると判断するが，人工物をカテゴリ化するときには，共有されている機能がより重要であると判断するだろうと，カイル（Keil, 1994）は指摘した。人工物の共有機能は必ずしも見かけが似ているとは限らないが，動物の共有構造は知覚的にも類似していることが多い。たとえば，バッグの取っ手はそれぞれがかなり異なった見かけをしていてもおかしくない。固くても柔らかくてもいいし，薄くても厚くても構わない。また長くても短くてもよい。それにもかかわらず，われわれは，それぞれの見かけの違いに機能的な意味がない限りは，取っ手の見かけにもとづいてバッグをカテゴリ化したりはしない。一方，さまざまな種類の齧歯類は，バッグの取っ手と同程度にさまざまに見かけの異なる尻尾をもっているかもしれない（厚いか薄いか，毛が生えているか生えていないか，長いか短いか，など）。しかし，この見かけの違いが齧歯類を分類するのに重要かもしれない。このような違いは必ずしも尻尾の機能に影響を与えるとは限らないが，種のあいだの重要な違いを示している場合もある（たとえば，リスとネズミ）。動物の場合，見かけが部

分的にでも違うことは，遺伝子の違いのような目に見えない根本的な違いがあることを意味することも多い。

子どもが人工物をカテゴリ化するときには，共有機能を重視し，生き物をカテゴリ化するときには，共有構造（中身と見かけ）を重視するという仮説を検討するために，ポーエン（Pauen，1996a）は，ある重要な部分を共有する，生き物のペアと人工物のペアの絵を作成した。ポーエンは，この重要な部分の知覚的類似性をペア間で操作できるようにした。つまり，重要な部分が果たす機能は，生物のペア，非生物のペアとも同じだが，見かけは異なっていた。たとえば，ネズミのペアでは，片方は幅の広い尻尾を，もうひとつは細い尻尾をもっており，テープレコーダーのペアも同様に，片方は広い取っ手，もうひとつには細い取っ手がついていた（図3.6に示すように，ネズミとテープレコーダーのペアはその他の点では同じだった）。

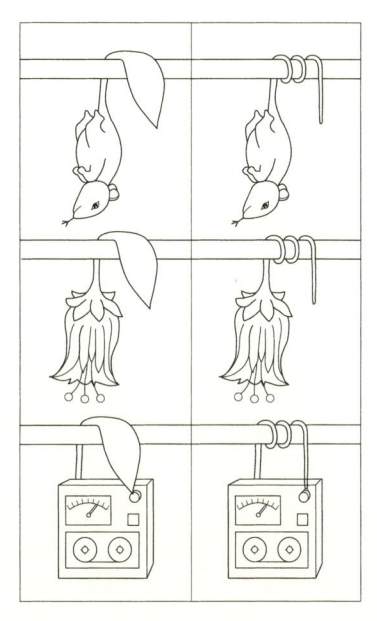

図3.6 見かけの特性が同じでも，それぞれ，ネズミの尻尾として，また，草木の茎として，テープレコーダの持ち手部分として機能している。ポーエン（1996a）より。Reprinted with permission.

4～5歳の子どもにバラバラに組み合わせた4枚の絵を見せ，部屋を片づける必要があると話して聞かせた。片づけるには，「同じ種類のもの」を一緒にする必要があり，実験者はまず人工物を生き物と分けて片づけることから始めた。そこに専門家が登場し，その分け方は間違いで，2つあるペアのうちどちらかは，「本当は同じ種類ではない」と子どもに告げた。2つのペアのうち，どちらか（人工物か生き物）を分ける必要ある。子どもに実験者が分けたペアのどちらを分けることができるのかを尋ねた。ポーエンによれば，ほとんどの子どもは，人工物ではなく，生物の方を分けられると答えた。このことは，子どもが生物を下位カテゴリに分類する際に，知覚的な見かけの違い（非類似性）を使うという考えを支持する。特徴の見かけは非類似であっても，機能が同じ

第3章　概念発達　119

人工物の場合は当てはまらない。

成長について理解する

　生物と非生物の違いに関する子どもの理解は，成長に関する理解を調べた研究からもわかる。時間が経つと，生物は姿を変える。大きくなったり（木），色を変えたり（トマト），変態したりする（イモムシが蝶になる）。人工物は時間の経過とともに変化したりしない。人工物は，古くなったり，摩耗したりはするが，成長したり，姿を変えたり，色を変えたりすることはできない。

　幼児が成長についてどの程度理解しているかを調べたローゼングレンのグループの一連の研究は，3歳児もこれらの違いに気づいていることを示している。たとえば，ローゼングレン，ゲルマン，ケイリッシュ，マコーミック（Rosengren et al., 1991）の研究では，3歳児と5歳児に動物の赤ん坊の絵や新品の人工物の絵を見せた後，異なる絵を同時に2枚提示し，かなりの時間が経過するとそれぞれの動物や人工物がどうなっているかを，2枚の絵から選ばせた。図3.7に示すように，あるテストでは，ターゲットと同じ大きさのものとターゲットよりも大きいものから選択させ（同じ-大きい条件），別のテストでは，ターゲットと同じ大きさのものとターゲットよりも小さなものから選択させた（同じ-小さい条件）。人工物の場合，大きさが同じ絵の場合，亀裂や損傷の跡をつけ，時間が経過したことを示した。動物の絵は，ワニ，クマ，リスであり，人工物の絵は，マグカップ，電球，テレビであった。子どもが動物は成長するが人工物は成長しないことを理解しているとすれば，一貫して人工物の絵の場合は同じ大きさのものを選ぶはずであるし，動物の絵の場合は小さなものは選ばないはずである。

　ローゼングレンらによれば，5歳児の成績は動物の場合はほぼ天井で，同じ-小さいの比較では100％の正解，同じ-大きい条件の比較では97％の正解だった。3歳児も動物の場合もかなり高い成績で，同じ-小さい条件の比較では78％の正解，同じ-大きい条件の比較では89％の正解だった。人工物の場合も，5歳児はほぼ完全に正解した。しかし，3歳児は人工物の場合，同じ-小さい条件の比較では80％程度の正解率であるのに，同じ-大きい条件の比較での正答率は，偶然正答した場合と同程度だった。3歳児も5歳児も，時間が経過す

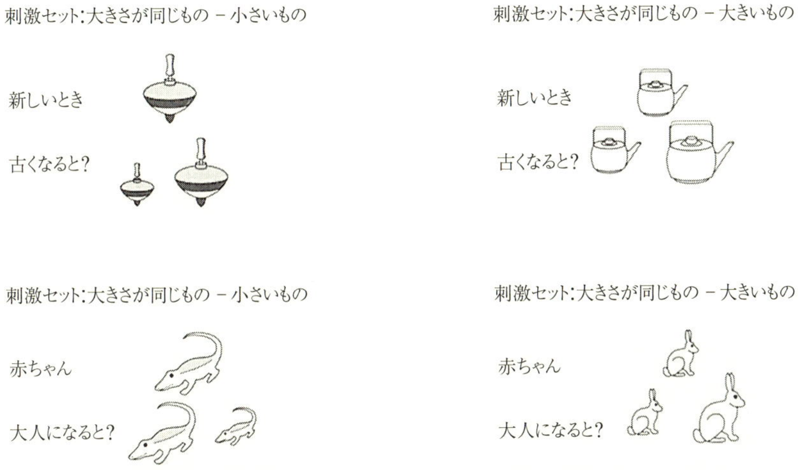

図3.7 ローゼングレンら（1991）が，成長について幼児が理解しているかどうか調べるために用いた，人工物（上段）と動物（下段）の選択肢の例。Reprinted with permission.

ると動物は大きさが変化すると予測しており，動物は大きくなることはあっても小さくはならないことを知っている。しかし，3歳児は人工物の大きさが時間とともに変化するのかしないのかについてはあやふやで，同じ‐大きい条件では，古くなって損傷のある人工物よりも，大きな人工物を選んでしまうことがあった。

　ローゼングレンらの研究は，成長原理の理解はまず生物の領域において起こることを示している。幼児も，動物は時間の経過とともに変化を遂げるがその同一性には影響を与えないことを予測しており，生物は時間の経過によって大きくなるだけで小さくはならないことを理解している。人工物についての理解はあまり十分ではない。人工物が時間の経過とともに成長しないことを子どもが徐々に理解するようになることは，これらの研究からも明らかであるが，3歳児は人工物が実際にどんな変化をたどるかを十分に把握してはいないようである。だが5歳までには，動物の変容パターンと生き物でないものの変容パターンを原理的に区別できるようになっていた。

生物学的な原理を理解するメカニズムとしてのアナロジー

　5～6歳児が成長の原理は生物にしか適用できないということを把握しているという仮説についての証拠が，稲垣と波多野（1987）の研究で集約されている。稲垣らの研究の関心は，子どもが，生物学的な現象についての予測を人間とのアナロジーにもとづいてどの程度行っているかにあった。幼児にとって，人間は最もよく知っている生物であり，また，発達のきわめて初期からアナロジーを利用できることがわかっている（第2章）。そのため，子どもが人間についての生物学的な知識を他の自然種の生物学的現象を理解するのに使うというのは，十分ありうることである。このことを調べるために，稲垣と波多野は，5～6歳児に，人，ウサギ，チューリップ，石の生物学的な特性について予測させた。成長についての質問は「誰かがXの赤ちゃんをもらったとするね。そして，小さくて可愛いので，いつまでもそのままの大きさにしておきたいと思ったとするね。その人は赤ちゃんをそのままの大きさにしておくことができるかな？」というものであった。稲垣と波多野によると，89％の子どもが，人間の赤ん坊をそのままの大きさにしておくことはできないと答え，90％の子どもはウサギの赤ん坊も不可能と答え，81％の子どもはチューリップも不可能であると答えた。80％の子どもが，その人が石はそのままの大きさにしておけると答えた。この年齢の子どもは，成長は生物にとって避けられないものであるということを理解しているようである。稲垣と波多野は，子どもは，成長が不可避であるということの背後にある生物学的なメカニズムについても，ある程度考えをもっていると述べている。子どもはたとえば，「できないよ。赤ちゃんはご飯を食べるんだから，同じ大きさにしておくのは無理だよ。赤ちゃんがご飯を食べれば，どんどん大きくなっていつかは大人になるよ」と言った（p.1015）。

　実際，学齢前の子どもにとって，人間とのアナロジーは生物学的な現象について理解する際の重要な情報源である。稲垣と杉山（1988）は，4，5，8，10歳児に8つの事物のさまざまな特徴について，広範囲にわたる質問をした。たとえば，「Xは息をする？」「Xには心臓がある？」「Xを針でつついたら，Xは痛がる？」「Xは考えることができる？」などである。事物は，人，ウサギ，

ハト，魚，バッタ，木，チューリップ，石である。事前の類似度評定の結果，事物の人間に対する類似度はこのあげた順番であり，ウサギが最も人間に似ており，石が最も人間に似ていないという判断がなされた。子どもは事物が人間に近ければ近いほど，生理学的な属性（「Xは息をする？」）を帰属する傾向を示した。4歳児を除けば，石，チューリップ，木に生理的な属性を帰属する子どもはほとんどいなかった。4歳児でも試行回数の15％しか石には生理学的な特性を帰属しなかった。同様のパターンが心についての属性（「Xは考えることができる？」）でも見られた。この研究は，学齢前の子どもにとって，人間についての理解にもとづくアナロジーから，生物学的な現象を部分的に理解できるという見方を支持している。

遺伝を理解する

　生物は何らかの特性をその子孫に伝える。カンガルーの赤ん坊は，大人のカンガルーの特性をもち，ヤギの赤ん坊は，大人のヤギの特性をもつ。人工物はそうではない。人工物は生殖したり，自分の特性を伝えたりすることはできない。コーヒーポットは，自分の形や色を小さなコーヒーポットに伝えたりすることはできない。コーヒーポットは人間が作ったものだからである。幼児はかなり早い時期から，生物の遺伝に関するかなりの事実を知っているようである。
　遺伝に関する事実で重要なのが，「遺伝子は顕在化する」ことである。たとえば，カンガルーの赤ん坊は，ヤギの中で育っても大人のカンガルーになる。ゲルマンとウェルマン（1991）は，この基本的事実を理解しているかどうかを，種が異なる動物と一緒に育った動物の赤ん坊について，4歳児に質問することで調べた。たとえば子どもに，形のないインクのシミのように見えるカンガルーの赤ん坊の絵を見せた。この赤ん坊をヤギ牧場に連れていき，ヤギと一緒に育てると子どもに伝えた。子どもにヤギ牧場の絵を見せ，この赤ん坊が成長したときに，どんな行動をするかを尋ねた。たとえば，このカンガルーははねるのがうまいか，登るのがうまいか？　おなかに袋があるか？　などである。子どもはほとんど全員が，成長したカンガルーははねるのが上手だし，おなかに袋があると答えた。
　遺伝に関してもうひとつ重要なのが，見かけが変化しても同一性が保持され

自然物

アライグマ／スカンク

人工物

コーヒーポット／鳥カゴ

図3.8　スカンクに似るように変形されたアライグマと、トリの給餌器に似るように変形されたコーヒーポット。カイル（1989）が用いた見本のうちの2例。Reproduced by kind permission of MIT Press.

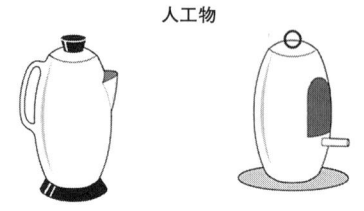

ることである。たとえば，医者がトラの毛を染め，首のまわりにたてがみをぬいつけ，ライオンのように見えるようにしても，それはあくまでトラである。医者がラッコに色を塗ってスカンクのように見えるようにしたとしても，それはあくまでラッコである。しかし，医者がコーヒーポットから取っ手と口を取り去り，蓋を開かないようにし，鳥の止まり木と横に小さな窓をつけ，鳥のエサを入れたら，これは鳥カゴのように見えるだけではなく，鳥カゴとして機能する（図3.8）。カイル（1989）の研究によれば，年少の子どもは，自然種（たとえば，トラ→ライオン）の場合も人工物（コーヒーポット→鳥カゴ）の場合も，見かけの変化が同一性をも変えてしまうと考えているのに対し，年長の子ども（7歳児と9歳児）は，人工物の場合だけ，同一性が変わると考えていた。カイルの説明では，年長の子どもは生物についての理論にもとづいて判断を行っており，そこでは，自然種の同一性は基底にある本質や深層の因果関係にもとづいている。それに対し，年少の子どもも年長の子どもも，人工物の同一性は人工物の機能にもとづいて判断している。

　たとえば，年少の子どもに，たてがみがあり毛を染めたトラを見せ，「手術の後，この動物はトラかな？　それともライオンかな？」と尋ねると，子どもはこんなふうに言うだろう。

　　子ども：「これは本物のライオンになっちゃったと思うよ」

実験者：「うん。この動物は最初トラだったんだけど，今はライオンになったと思うのかな？」
子ども：「うーん」
実験者：「どうしてそう思うの？」
子ども：「だってトラには首のまわりに長い毛はないよ」(p.205)

同じ条件で，年長の子どもはこんなふうである。

子ども：「これはライオンみたいに見えるけど，トラだよ」
実験者：「どうしてライオンじゃなくてトラだと思うの？」
子ども：「だってトラを変えたんだもの」(p.190)

一方，「コーヒーポット→鳥カゴ」の例に対する典型的な反応は，どの年齢の子どもでも次のようなものである。

子ども：「これは鳥カゴになっちゃったと思うよ。だって，ポットの口がないよ。コーヒーポットには口がないとだめだよね。それに，取っ手もないよ。……取っ手がないと，つかむこともできないよ」
実験者：「コーヒーポットからできてるのに，鳥カゴって言えるの？」
子ども：「うん」(p.192)

しかし，最年少の子どもであっても，ある種の自然種を別の種に変えてしまうような変容は不可能である（たとえば，ヤマアラシ→サボテン）ことを理解しているようであった。このことは，生物についての知識は理論にもとづくものである，つまり自然種の同一性は，生きているとか子孫を残すといった深いレベルの構造的な特徴によって判断されているというカイルの主張とも合致する。たとえば，トラをライオンに変えることができると言った子どもも，ヤマアラシをサボテンに変えることはできないと言った。

子ども：「これはまだ本物のヤマアラシだと思うよ」
実験者：「どうしてそう思うの？」

第3章　概念発達

子ども：「だってこれは最初ヤマアラシだったんだよ」
実験者：「そうだね。これはサボテンのように見えるけど，本物のヤマアラシだと思うんだね？」
子ども：「うーん」
実験者：「これはまだヤマアラシだって言える他の理由はあるかな？　何かわかることはある？」
子ども：〔首を横に振る〕（p.206）

　目の色や性別のような身体特徴は遺伝するものであって違う色にしたり，変更したりすることはできないが，足の速さや体重のようにトレーニングやダイエットによって変化させることのできる特徴もある。稲垣と波多野（1993）は，日本人の4，5歳児がこの区別を認識しているかどうかを調べた。たとえば，子どもに「太郎という男の子の目は黒いです。太郎は目の色を外国人（白人）のように青く変えたいと思っています。太郎は目の色を変えることができるかな？」あるいは「太郎は走るのが遅いです。太郎は速く走れるようになりたいと思っています。太郎は速く走れるようになれるかな？」と聞く。

　その結果，子どもは，目の色は変えたくても変えられないこと，足の速さはそうしたければ速くできることを理解しており，2つを区別していた。変えることができる特徴については，「もっと練習すれば，太郎は早く走れるようになれるよ」といった理由を述べた。稲垣と波多野は，幼児も遺伝のような生物学的な現象を理解していると結論している。カイルの研究で，年少の子どもが遺伝を理解していないような結果となったのは，その変容の手段が外科手術のような非自然なもので，理解しにくいものだったからだろう。

自然な原因と人為的な原因についての研究

　自然な原因についての子どもの理解は，遺伝についての理解と同じように，特性は生得的でありうるという基底的な概念に由来するが，まったく同じではない。たとえば，ウサギは生まれてすぐはねるわけではないが，はねる能力をもって生まれてくる。それに対して人工物の動きや機能は，自然な原因の結果ではない。ボールもまたはねることができるが，これは誰かがそうさせている

からであって，その原因は人間による人為的な力である。

スーザン・ゲルマンとクレーマー（Gelman & Kremer, 1991）は4歳児と7歳児に，さまざまな自然種や人工物の振る舞い（たとえば，ウサギがはねる，鳥が飛ぶ，葉の色が変わる，塩が水に溶ける，風船が空へ上る，車が丘を上る，電話が鳴る，ギターが音楽を奏でる，クレヨンが絵を描く）について質問した。たとえば，ウサギの写真を見せて，「これがわかる？ ウサギだよ。ウサギははねるんだよ」と子どもに言う。そして，「なぜこの生き物ははねるんだろう？」と尋ねた。この自由回答の質問の後に，原因について2つ質問した。「人がはねさせているのかな？」と「その中にある何かがはねさせているのかな？」風船の写真の場合なら，「人がこれを空に飛ばせているのかな？」，「その中に何かがあって，それが空に飛ばせているのかな？」と聞く。

その結果，子どもはあまりよく知らない自然種には，人為的な原因を過剰に一般化しがちなことがわかった。たとえば，塩が水に溶けるのにも，人間が影響を及ぼしていると考える（42%）。しかし，葉の色の変化には人間の影響があるとは考えていなかった（0%）。しかし，子どもは，人工物については，かなり正しく人間が原因だとすることができた。たとえば，ギターが自分の力で音楽を奏でるわけではないことを認識していた。自然な原因を人工物に帰属することもあったが，原因を内部に帰属するかどうかは，その人工物の種類によって異なっていた。電話が鳴る，風船が空を飛ぶ，車が丘を上るといった，人工物の，自力だけでひとつの状態を維持し続ける性質については，大部分，内部に原因を帰属していた。ギターが音楽を奏でる，クレヨンが絵を描き出すといった外部からの働きかけが必要な自己維持的ではない特性を内部に帰属することはめったになかった。

ゲルマンとクレーマーは，4歳児でも自然な原因は人間の影響力とは独立に存在することを理解していると結論している。子どもは，自然種と人工物に対しては，異なる因果メカニズムを適用し，内的な原因の重要性を理解していた。すべての自然種に内的な原因があることを理解していた。たとえば，「葉っぱの色は自然に変わる」，「ウサギははねるようにできている」，「花は自然に開く」，「それはあんなふうに成長する」。ゲルマンとクレーマーは，子どもが自然な原因の正確な起源を知る前に，事物の属性や行動の自然な原因についての核となる理解を発達させる，と論じている。また，因果メカニズムは直接観察できるものではなく，むしろ推論するものであることを，子どもは理解している。概

念発達の理論について議論するときに見るように，幼児が直接観察できる情報を越えて，表面的な見かけからは明らかでない特性の重要性を把握できるという考えは，概念発達を説明するのにますます重要になりつつある。

カテゴリ知識はどう表象されているか？

　概念発達の最近の理論について議論する前に，概念的な知識が意味記憶の中でどう表象されているかを考える必要がある。大人は意味記憶をカテゴリ知識にもとづいて組織化している。かつて，子どもはこのようにカテゴリを用いる傾向をもっていないと考えられていた。幼児は主題的な関係にもとづいて概念的な知識を組織化していると考えられていた。

概念的な知識を組織化する際に主題の関連が果たす役割

　幼児が意味記憶を主題的な連関にもとづいて組織化しているという主張は，幼児がカテゴリ関係よりも主題的関係を学習する傾向があることを示すいくつかの実験から得られた。主題的な関係は連想的な関係である。たとえば，イヌといえば骨，ハチといえばハチミツである。幼児がさまざまなカテゴリの事例を，それと連想関係にある他のカテゴリの事例と一緒に経験することが多いとすれば，カテゴリが最初主題的な関係として表象されるという考えは，きわめて妥当と思える。

　たとえば，スマイリーとブラウン（Smiley & Brown, 1979）が行った，絵を分類する研究では，4歳児と6歳児はカテゴリ関係よりも主題的関係を好んだ。10歳児で初めて，カテゴリ関係の方を好んだ。スマイリーとブラウンの研究では，3つ組の絵を用いて「見本合わせ」課題を子どもに行わせた。3つ組には，ミツバチ，ハチミツ，蝶という組み合わせや，イヌ，骨，ネコの組み合わせ，鳥，鳥の巣，コマドリの組み合わせなどがあった（表3.2）。子どもに，「どっちが〔ミツバチ〕と合うかな？〔蜜〕かな，それとも〔蝶〕かな？」と尋ねた。蜜を選んだ子どもを主題的な一致を好んだとして得点化し，蝶を選んだ子どもはカテゴリの一致を好んだとして得点化した。その結果，年少の子どもの概念

表3.2 スマイリーとブラウン（1979）が用いた選択肢のセットの例。

標準刺激	主題的	分類学的
ハチ	ハチミツ	チョウ
ウシ	ミルク	ブタ
王冠	王	帽子
クモ	クモの巣	バッタ
イヌ	骨	ネコ

的な選好は，一貫して主題的な一致の方にあることがわかった。

　しかし，この教示では，かなり自由な解答が可能である。より近年の研究から，分類を行うよう直接的な教示を与えた場合には，1歳児でも主題的な関係よりもカテゴリ関係にもとづいて分類を行うことがわかった。バウアーとマンドラー（Bauer & Mandler, 1989a）は，16ヵ月児と20ヵ月児に，スマイリーとブラウン（1979）の方法と似た「見本合わせ」課題を行わせたが，このときは，3枚の絵ではなく，3個の実物を提示した。たとえば，幼児に，まず歯ブラシを提示し，その後，別の歯ブラシ（カテゴリ関係）と歯磨き粉（主題的関係）の2つから，合うものを選択するよう求めた。あるいは，金づちを見せ，別の金づち（カテゴリ関係）とくぎ（主題的関係）から選択するよう求めた。マンドラーとバウアーは，子どもに与える言語的な教示の内容を変え，「これと同じものはどちらか選んでね」と伝えた。また，主題的な関係が被験者の幼児にとってなじみのあるものであるかどうかもチェックした。

　このとき，主題的な関係にある方を選んだのは，16ヵ月児で試行の26％，20ヵ月児で試行の15％だけであった。この結果は，同じものを選択していることを示しているのにすぎないとも思われるが，もう少し年長の子どもに対して行った追試では，上位レベル（たとえば，サル，バナナ，クマ；金づち，くぎ，ペンチ；ベッド，枕，簡易ベッド）で行い，同様の結果を得ている。子どもは大人と同じやり方，つまりカテゴリ関係にもとづいて，意味的な知識を組織化している，とバウアーとマンドラーは結論している。子どもはある種の課題教示がなされた場合にのみ，主題的な関係を好む。

　したがって，大人と同じく子どもも，カテゴリ知識にもとづいて概念的な知識を組織化している。このカテゴリ知識をどう表象しているかが，次の問題として浮上してくる。大人の概念についての研究から，意味記憶に概念的な情報

を貯蔵するために，少なくとも2種類の特性を利用できることがわかっている。概念は，定義的な特性，または特徴的な特性にもとづいて符号化される。

特徴的な特性によるカテゴリ表象と定義的な特性によるカテゴリ表象

　特徴的な特性とは，概念が典型的にもっている特性である。たとえば，「祖母」の特徴的な特性は，年をとっていることである。定義的な特性は，概念のすべての成員が100％もっている特性である。「祖母」の定義的な特性は，両親の母親ということである。発達心理学者の関心をひいたひとつの可能性は，子どもはまず第一に，知覚的に目立つ特徴的な特性にもとづいて概念的な知識を表象するかどうかである。つまり，カテゴリ化ははじめは特徴的な特性にもとづいて行われるのだが，世界について学習していくにしたがって，概念の再組織化をはかり，定義的な特性にもとづく概念的表象を発達させるという仮説である。この仮説によれば，カテゴリ化の基礎は，発達が進むにしたがって，よく知っている特徴的な特性からより洗練された定義的な特性に移行する。カイル（1991）は，この仮説で述べられている再組織化を「特徴から定義への移行」と呼んでいる。これ以前の研究では，概念発達における「具体から抽象への」移行，「知覚から概念への」移行，「全体から分析への」移行という類似した一般的な表現が用いられていた（Keil, 1987を参照）。

　子どもの概念表象が「特徴から定義へ」と移行するという可能性を調べる方法のひとつは，特徴的な特性が定義的な特性と競合するときに，年少の子どもは特徴的な特性を好み，年長の子どもは定義的な特性を好むかどうかを調べることである。カイルとバッターマン（Keil & Batterman, 1984）はこの方法を使って，5，7，9歳児を調べた。子どもに身近な概念（おじさん，泥棒，島）について，2つの話を聞かせる。ひとつめの話には，おじさん，泥棒，島の特徴的な特性についての情報は含まれていないが，定義的な特性は含まれている。2つめの話には，おじさん，泥棒，島としての定義的な特性は含まれていないが，特徴的な特性は含まれている。子どもに「Xはおじさん／泥棒／島って言えるかしら？」と尋ねた。

　「定義的な特性」の話の例は，次のとおりである。

お母さんにいろんな兄弟がいるとするね。とっても年とった兄もいるし，とっても若い弟もいる。お母さんの弟の一人がとても若くて，2歳だとするね。この人をおじさんと言えるかな？（p.227）

　とてもやさしくてニコニコした女の人が君にところに来て，君を抱きしめたんだ。でも，その女の人は君の家の便器を取り外して，許可ももらわないでどこかに持っていき，そのまま返さなかったんだ。この人を泥棒と言えるかな？（p.226）

「特徴的な特性」の話の例は次のとおりである。

　君のパパと同じ年ごろのこの男の人は，君や君のパパやママが大好きで，よく訪ねてきては，プレゼントをくれるんだ。でも，この人は君のパパやママとは何の関係もないんだよ。この男の人は君のママやパパの兄弟でも姉妹でもないし，親戚でもない。この人をおじさんと言えるかな？（p.227）

　このくさい，下品そうな年とった男の人は，ポケットに銃を持って，ある日君のうちに来たんだ。そして，君の家のカラーテレビを持っていっちゃったんだ。それは，君のパパとママが，このテレビはもう要らないと思って，この人に持っていっていいって言ったからなんだ。この人を泥棒と言えるかな？（p.226）

　その結果，5歳児は特徴的な特性にもとづいて判断していたのに対し，9歳児は定義的な特性にもとづいて判断していた。すべての概念について，特徴から定義への移行が同時期に起こるわけではなかったが，5歳児は普通「特徴的な特性」の話が，その概念の例だと言ったのに対し，9歳児は「定義的な特性」の話を選んだ。このことから，カイルとバッターマンは，子どもは年齢によって異なるやり方で概念を表現しているようだと結論している。むろん，このことは，さまざまな概念の定義的な特性について知識が増加しているからだろう。たとえば，両親が「おじさん」ということばを，家族の友人に対して使うのはごく普通のことであるし，親族関係についてのより詳細な知識は，発達のもう

少し後の段階にならないと獲得されない。子どもが定義的特性について学ぶにしたがって，特徴的特性にかわって表象の基礎としての役割をになうようになるのである。

プロトタイプでカテゴリを表わす

同様の問題を別の角度から問い直すと，カテゴリはプロトタイプとして貯蔵されているのかが問題となる。すでに紹介したが，大きな影響を与えたロッシュの研究の後，大人についての認知心理学では，カテゴリがプロトタイプとして貯蔵されているかどうかが，多大の関心を集めた。プロトタイプとは，あるカテゴリをよく代表する成員のことである。プロトタイプは，カテゴリと結びついた特性や属性の平均値をもつ成員（Rosch & Mervis, 1975）である，という考え方と，カテゴリの他の成員との類似度が高い，典型的な成員（Medin & Sahaffer, 1978）である，という考え方がある。プロトタイプが，カテゴリの特性の平均にもとづくとすれば，プロトタイプは，子どもが経験したカテゴリのさまざまな成員から抽出されるだろう（Eimas & Quinn, 1994；Younger, 1990を参照。第2章で論じた）。プロトタイプが典型的な事例を選択したものにもとづくなら，カテゴリの境界は，プロトタイプに対する類似性によって定まるはずである。ただし，この2つのプロトタイプの定義によれば，原理的に異なる概念発達の道筋が2種類あることを意味するのだが，実際問題としては，どちらの定義にもとづいても同じプロトタイプになることが多い。つまり，平均値にもとづくカテゴリの成員は，多くの場合，最も典型的な成員でもある。

【カテゴリ化課題におけるプロトタイプ効果】

カテゴリ化課題においてプロトタイプ効果が見られるという発達に関する証拠は多いが，こういった証拠のほとんどは乳児研究から得られたものである。プロトタイプ効果がカテゴリ化の性質についての直接的な証拠を示すものであるとすると，乳児研究のデータは，知覚的なカテゴリがプロトタイプによって表象されているという証拠を示しているだけである（第2章の議論を参照。逆の見方としては，Lakoff, 1987を参照）。概念的なカテゴリがプロトタイプによって表象されているという研究はやや少なく，そのほとんどは，カテゴリの成

図3.9 「naete」という人工物カテゴリの成員（Mervis & Pani, 1980）。Reprinted by permission of Academic Press Inc.

員としてプロトタイプが与えられているときの方が，カテゴリの抽象化が容易になるということを示すものである。

　たとえば，マービスとパニ（Mervis & Pani, 1980）の研究では，現実世界における自然物カテゴリの構造をまねて人工カテゴリを作成し，それを用いて実験を行い，カテゴリの一般化やカテゴリ学習について調べている。刺激は，図3.9に示すような，24個の三次元物体からなり，それぞれ4つの成員からなる6つのカテゴリに分けられる。各カテゴリの成員は，互いにいくつかの特性を共有している（「家族類似性」）が，いくつかは，他の成員よりも，より典型的なものになるようデザインされている。最も典型的なカテゴリ事例は，同じカテゴリの他の成員と多くの特性を共有し，かつ他のカテゴリの成員とはほとんど特性を共有していない。各カテゴリは，最も典型的な事例，典型的な事例，典型的でない事例，最も典型的でない事例の4つの成員からなる。これは基礎レベルのカテゴリ化を模倣したものである。基礎レベルでは，ある事物をどのカテゴリに帰属するかを決定するのに，自然界の特性構造が基礎となっている。

　マービスとパニの研究では，5歳児に6つのカテゴリからそれぞれひとつの成員を取り出し，そのカテゴリの名前を教えた。そして，実験者がカテゴリの名前を声に出して言った後で，子どもに，同じカテゴリに所属する（つまり同じ名前で呼ぶ）ものを選んで指すように求めた（指示課題）。また，24個のものそれぞれの名前を言うようにも求めた（命名課題）。半分の子どもには，6つの最も典型的な事例の名前を教え，もう半分の子どもには，6つの最も典型的でない事例の名前を教えた。マービスとパニの予測は，「最も典型的な事例」条件の子どもは，「典型的でない事例」条件の子どもよりも正確にカテゴリの名前を一般化することができるだろうというものであった。実際にこのとおりの結果が得られた。さまざまなカテゴリの理解（指示課題）でも産出（命名課題）でも，同様の結果だった。マービスとパニは，最初に示す成員が，典型的な成員である方が，子どもはより適切にカテゴリへの所属関係を一般化できる，

と論じている。また、この発見は、プロトタイプにより、カテゴリが表象されているという考え方とも一貫していると主張している。

【反復タッチング課題における典型効果】

さらに最近の研究で、バウアーの研究グループは、典型性がカテゴリ形成を促進するのかどうかを、バウアーとマンドラーが開発した反復タッチング課題（たとえば、Mandler & Bauer, 1988, すでに述べた）を用いて調べた。バウアー、ダウ、ハーツガード（Bauer et al., 1995）は、13, 16, 20ヵ月児に、典型的な成員か、非典型的な成員の集合を見せ、それをどうカテゴリ化するかを調べた。彼らが用いたカテゴリは、動物と乗り物で、上位レベルか基礎レベルかのどちらかである。たとえば、上位レベルにおける典型的な動物としては、ウシ、イヌ、ブタ、ネコなどである。上位レベルにおける典型的な乗り物には、バス、自転車、トラック、乗用車などがある。上位レベルにおける非典型的な動物には、カタツムリ、サイ、ワニ、ダチョウが、上位レベルにおける非典型的な乗り物には、カヌー、戦車、スペースシャトル、戦艦などがある。基礎レベルでは、魚、イヌ、車、飛行機について、典型的な成員と非典型的な成員を対比するようになっていた（たとえば、マス、サケ、バス、カワカマス；マンボウ、ウナギ、金魚、テンジクザメ。表3.3を参照）。もし典型性がカテゴリ形成にとって重要であれば、典型性は、上位レベルにおいても基礎レベルにおいても反復タッチング課題に影響を与えるはずである。たとえば、子どもは、ウシ、ブタ、イヌ、ネコを繰り返し触り、それと同程度に繰り返し、マス、サケ、バス、カワカマスを触るだろう。

結果は、プロトタイプ的なものをカテゴリ化する場合の方が、非プロトタイプ的なものをカテゴリ化する場合よりも優れていた。しかし、13ヵ月児の場合は、典型的な成員のカテゴリ化は、基礎レベルでだけ起こり、16ヵ月児と20ヵ月児では、両方のレベルで起こった。非典型的な成員のカテゴリ化は、いくぶんはっきりしない結果である。16ヵ月児では、非典型的な事物（たとえば、マンボウ、ウナギ、金魚、テンジクザメ）のカテゴリ化は基礎レベルでのみ起こっていた。他の典型的なもののカテゴリ化は、いずれも偶然のレベルを越えなかった。このことは、基礎レベル（と知覚的類似性）のほうがカテゴリ化に強い影響を与えることを支持しているといえる。24ヵ月児の場合、上位レベルでだけ非典型的な事物のカテゴリ化が見られ、28ヵ月児の場合、両方（基礎と上

表3.3　バウアーら（1995）が用いた刺激の例。

刺激タイプ/ カテゴリ	比較のレベル		
	上位レベル	基礎レベル	
	動物 vs 乗物	犬 vs 魚	車 vs 飛行機
典型的			
カテゴリ1	ブタ	ジャーマン・シェパード	メルセデス・ベンツ
	飼いネコ	コリー	マスタング・コンバーティブル
	イヌ	ラブラドール・リトリバー	ルノー・セダン
	ウシ	茶色の雑種	サンダーバード
カテゴリ2	スクールバス	バス	KLM航空機
	オートバイ	マス	パンナム航空機
	小型貨物トラック	白目カワカマス	プロペラ機
	4ドアセダン	サケ	空軍ジェット機
非典型的			
カテゴリ1	ワニ	ブルドック	インディF1カー
	カタツムリ	チワワ	ドラッグレース競争車
	サイ	スピッツ	ロータス
	ダチョウ	テリア	3輪自動車
カテゴリ2	木製カヌー	マンボウ	グライダー
	装甲戦車	ウナギ	ステルス爆撃機
	戦艦	珍種の金魚	第一次世界大戦爆撃機
	スペースシャトル	子守りザメ	X翼戦闘機

位）のレベルで非典型的な事物のカテゴリ化が見られた。結局，典型性は，年齢やカテゴリの階層レベル（基礎レベルと上位レベル）の違いよりも分散を説明していた。このことは，カテゴリ化における典型性の重要性を示すものである。しかし，概念的なカテゴリが典型によって表象されているかどうかについては，何も示していない。

以上のことから，子どものカテゴリ知識の表象について，明確な結論を述べることは難しい。大人のカテゴリ知識表象の性質についてもまだまだ多くの議論があり，発達心理学が同様の状況にあるのは驚くには当たらない。さらに，人の概念は複雑で多岐にわたるので，一種類の表象形式だけが優勢だと考えるのは間違いかもしれない。レイコフ（Lakoff, 1986）は，人間がもつカテゴリの性質と関連する特性は，常に客観的に存在するわけではないと述べている。つまり，私たちが特性として理解しているものは，私たちと環境との相互作用的な関わり方に依存している。私たちがもつ世界についての理論が，カテゴリ

的に似ているものを決定するのに重要なのである。最近、この考え方が発達心理学にも持ち込まれ、概念的な理解における「本質（essences）」の重要性が議論されるようになっている。

概念発達，「本質」，素朴理論

　大人の認知を対象とする研究者の一部は、カテゴリは、特徴的な特性、定義的な特性、プロトタイプへの類似度などだけによって定義されてるのではなく、「本質」によっても定義されると主張している。この考えの提唱者の一人がメディン（Medin, 1989）である。その考えは、以下の引用に要約できる（p.1476）。「人は、事物（たとえば何かの物体）をその事物たらしめている本質あるいは根元的な性質をその事物がもっているかのように、振る舞う。」つまり、人は世界の構造やカテゴリの基礎的な性質について暗黙の仮定をもっており、この信念は、人が形成するカテゴリに表象されている、という主張である。このような見方を「心理学的本質主義」と呼ぶことがある。この考えによれば、特性間の共起関係を受動的に観察することによってカテゴリを発見するのではない。むしろ、「自然を節目で切り分ける」ことによって、カテゴリを創造するのである。

　カテゴリへの所属関係は、単なる特徴的な特性の集合以上のものにもとづいている。鳥を例にとって説明しよう。羽毛をもっているという特性は、羽をもつ、飛ぶ、軽い体といった特性と必ず共起するので、このような特性の共起が「鳥」というカテゴリを他のカテゴリと区別するのに役に立つ。しかし、これらの特性が共起する理由について、大人は「理論」をもっている。この理論には、飛ぶことを可能にするのに必要な因果的な関係が含まれている。つまり、大人は軽い体や羽や翼があることによって、飛ぶことが可能になると信じており、このような特性の共変動に因果的な必然性があると考えるわけである。このような因果的な説明を行おうとする傾向は、大人に限られるものではない。子どももまた概念構造を理解するのに、直観的な理論を作り上げると思われる。この「理論」が、カテゴリへの所属関係に関する、互いに関連する信念群の核となっている。

本質主義的傾向

　核となる特性が共起する原因についての信念は，かなり多くの概念（すべての概念ではない）に当てはまる。動物，鳥，植物といった自然種のカテゴリには，とくにこの因果関係についての信念が含まれている。このようなカテゴリ内の諸特性がなぜ共起するのかを説明する，因果的／説明的な関係を暗黙のうちに認識することによって，子どもは自然種カテゴリを理解していくようになる部分があると，多くの発達心理学者が主張している（たとえば，Carey & Spelke, 1994 ; Gelman et al., 1994 ; Keil, 1994）。たとえば，ゲルマンらは，幼児が本質主義的傾向をもっており，この傾向は幼児が自然種について行う推論を制約すると主張している。生き物についての幼児の理解は，理論のようなものであり，それによって幼児は，事物の動きやはたらきの目には見えない因果的なメカニズムを探るのである。

　この章で見てきた証拠のいくつかは，ゲルマンの「幼児であっても，生物学的な概念を発達させるときには，直接観察可能ではない特性を利用する」という考え方と合致する。たとえば，4歳児であっても，生き物が自分がもつ特性の一部を子孫に伝えることを理解しているようである。前章で議論した証拠も，ゲルマンの考えを支持している。すでに見たように，子どもでも，日常世界の現象の因果関係を説明しようとする傾向を生まれながらにもっており，表面的な特性を越えて構造的な特性に着目する能力を早くから示す（たとえば，アナロジーを行うとき。第2章を参照）。しかし，「心理学的本質主義」理論の中でもかなり強い主張を行う理論は，本質の理解を導くような理論や原理が生得的であると主張している。この生得的な知識が，学習できる情報とできない情報を分けるような重要な制限（あるいは「制約」）を課し，認知発達を導くと考えられている（たとえば，Carey & Gelman, 1991）。このような「遺伝的決定論」のような強い主張が正しいかどうかはまだ不明である。しかし，動物においても，同じような「学習に対する制約」が存在するという明確な証拠がある。たとえば，ネズミは，おかしな味のする水を飲んで病気になったときと，光や音を発する管から水を飲んで病気になったときに，この2つの潜在的な因果変数についての共変動情報がまったく同じ場合でも，おかしな味のする水を飲ん

で病気になったことの方をよく覚えている(たとえば, Garcia & Koelling, 1966)。

「変化の原因と結果」モデル

　このような強い「心理学的本質主義」は否定されるとしても，子どもが日常的な現象の因果関係を理解しようとする，生まれついての傾向をもっているという考えは，それだけで，この章で紹介してきた認知発達のパターンを支持するのに十分かもしれない。このような立場をとりわけ明確に主張したのが，ポーエン (Pauen, 1996b) の理論である。ポーエンは，乳児がその生の最初の日から環境の変化に特別な注意を払っていることを指摘したうえで，このような変化の原因と結果を理解するという活動だけで，存在論的な区別についての初期の学習を十分説明することができると主張している。ポーエンは，自分のモデルを概念発達についての「変化の原因と結果」(Causes and Effects of Changes ; CEC) モデルと呼んでいる。
　ポーエンは，日常的な事物が決定的に重要な情報をもたらすのであり，その変化には3つの次元がある，と強調している。1.自分で起こした変化であるか外部によって引き起こされた変化であるか, 2.その変化の機能的な価値, 3.その変化の予測可能性，である。たとえば，生物の場合，位置の変化は自分で引き起こしたものであり，外部によって引き起こされたものではなく，生存を保証するために位置を変化させたのだろう（したがって，機能的な価値もある）。また，生物が引き起こす位置の変化は，通常は機械が引き起こす位置の変化よりも予測困難である。簡単にいうと，あるモノが非常に予測不可能な振る舞いをし，外部からの力なしに動き，その変化が人間の意図と独立であれば，そのモノは生物であることが多いわけである。一方，モノの変化（動き）が，人間の意図にかなり依存し，よく知られたルールにしたがい，予測がかなり容易であれば，そのモノは生物ではないことが多いだろう。「変化における原因と結果モデル」では，因果関係に焦点を当てるという，学習可能な情報に対するわずかひとつの生得的な「制約」しか仮定しない。この点が，このモデルの利点であり，魅力といえる。今後，本書でも繰り返し見ることになるが，因果関係に焦点化することが，認知の多くの領域における認知発達の要である。概念発達についてのポーエンのモデルが，因果関係に焦点を合わせていることは，非

常に魅力的といえよう。

幼児期の概念変化

　幼児が，日常世界を経験する中から，概念構造を抽出して豊富にもっていることを示すたくさんの証拠をこれまで見てきた。このことは，幼児が概念変化を経験しないことを意味するわけではない。さまざまな事物について，知覚できる因果情報から抽出できる知識には，限界がある。たとえば，初期の概念発達は，因果関係の知覚から導き出された核となる原理（たとえば，生物は自分で動くことができるが，非生物にはできない）を発達させていくプロセスにもとづいていると考えられる。しかし，植物が自分では動けないという点は，動物と大いに異なるが，植物も本質的には動物と似た生物であることをある時点で理解する必要がある。概念変化が起こるとき，「世界を異なる節目で切り分ける」，新しい原理が生ずる（Carey & Spelke, 1994を参照）。
　ケアリーによれば，幼児期（および科学）における概念変化とは，子どもや科学者が異なる領域間の対応づけを行うことによって生じる。このような対応づけは，あるシステムの中の事物（たとえば，人間）を異なるシステム中の事物（たとえば，植物）に関連づけることである。この対応づけが成立すれば，人間に対する子どもの理解を支えている原理を，植物の理解に適用できるようになる。すでに見たように，動物や植物をいつまでも小さくて可愛いままにしておくことができるかどうかを判断したり，針でつついたときに痛みを感じるかどうかを判断したりするときに，子どもは，人間とのアナロジーによって，対応づけを行う（稲垣のグループの研究を参照。この章で述べた）。さらに，3歳児が他の領域でもアナロジーによる対応づけをできることを示すたくさんの研究がある。因果推論（Goswami & Brown, 1989），物理的推論（Pauen & Wilkening, 1997），自然種と人工物についての推論（Goswami, 1996）である。対応づけメカニズムを使用できるというケアリーの提案は，このようにかなり根拠があるといえる。
　ケアリー（1985）自身も，生物の領域におけるアナロジー対応づけの重要性を示す，説得力のある証拠を提示している（Kuhn, 1989も参照のこと）。ケアリーは，学齢前の子どもの生物学的現象についての理解は，年長の子どもの理

解とは根本的に異なると主張した。ケアリーのデータが示しているのは，年少の子どもの動物に対する理解が，人間に対する理解にもとづいており，その動物がどの程度人間に似ているかにもとづいて，行動的な特性や心理学的な特性をその動物に当てはめ（投射し）ていることである。たとえば，ケアリーの研究では，4歳児は「息をする」という特性を，人間には100％，ツチブタには78％，ドードー鳥には67％，カメムシには33％，帰属した。植物に「息をする」という特性を帰属した子どもはいなかった。年長の子どもだけが，動物という概念と植物という概念を統合した新しい生き物という概念を示した。ケアリーは，生物についての子どもの理解は，人間に対する理解から引き出されると主張している。人間との類似度にもとづいて，生理的な特性や心的な特性を帰属する傾向は，「擬人化アナロジー」と呼ばれている（Inagaki & Hatano, 1987；Inagaki & Sugiyama, 1988）。

　しかし，すべての研究者が，このケアリーの考え方に全面的に賛成しているわけではない（たとえば，Atran, 1994；Keil, 1989；Kuhn, 1989；Wellman & Gelman, 1998のレビューが有益である）。ウェルマンとゲルマン（1998）が，概念変化のメカニズムについて，最も包括的な見方を提唱している。ウェルマンらの主張によれば，幼児は複数の概念的な枠組みを同時に発達させている。世界について，単一の理解だけを発達させるのではなく，生物学，心理学，物理学などの「基礎的な領域」を記述する，複数の概念的な枠組みを発達させるのである。この「基礎的な領域」によって，他の概念的な理解が生み出され，形づくられ，制約されると考えられる。ウェルマンとゲルマンは，多くの概念は，これらの基礎的な枠組みのひとつだけでなく複数の枠組みの中で表現されるだろうと指摘している。たとえば，人間は心理学的な存在でもあり，生物学的な存在でもあり，物理的な存在でもある。ウェルマンらは，概念の多重性は必然的なものであり，新たな概念を比較したり，共有したり，結合したり，作り出したりする必要を促進する，と述べている。同時に，子どもはいずれの枠組みの中でも，少なくとも2つのレベルで分析を行う。ひとつは表面的な現象を捉えるもの（特性にもとづく対応づけ）で，もうひとつはより深いレベルにまで至るもの（関係にもとづく対応づけ）である。

　最後に，子どもが，新しい概念を結合したり，共有したり，創造したりするやり方には，西洋文化のような発達した科学をもつ文化とそうでない文化とでは，違いがあるかもしれない。ウェルマンとゲルマンが提示した一般的な枠組

みの中では，子どもは文化特有の学習を行わなければならない。たとえば，大人がもっている前提や，文化のもつ技術，学校で受ける体系的な教育によって，異なる領域間の対応づけが強調されるだろう。もっと微細なレベルでは，これらの要因は，同じ文化の中で成長する子どもの，認知発達における個人差にも影響するだろう。同じ文化にいても，周囲の大人から質的に異なる情報を受けるし，学校で受ける教育にも違いがあるからである。結局，知識構造や対応づけ能力の個人差も，同じ文化で成長する子どもの認知発達の差の原因となるだろう。

まとめ

この章で議論してきた証拠から，さまざまな情報が乳児期や幼児期の概念発達に影響していることがわかる。重要な情報のひとつは知覚情報である。世界がもっている特性構造の情報は，ある事物を，各階層レベル（上位，基礎，下位）においてどのカテゴリに割り当てるかを判断する手がかりとなるが，とくに基礎レベルのカテゴリ化にとって重要な手かがりである。翼や羽，くちばしのような知覚的属性の共起関係に気づくことによって，鳥といったカテゴリを他の動物から区別できる。

カテゴリ構造の第2の情報源は言語情報である。言語は概念の階層を決定する手がかりとなり，これによって，概念の一部は組織化される。たとえば，子どもは，新奇な名詞に出会うと，それは上位カテゴリを表していると解釈するが，新奇な形容詞に出会った場合には，それが下位カテゴリを表していると解釈する。第3の情報源は，日常的な現象の背後にある因果関係を理解しようとする傾向を，子どもが生まれつきもっていることである。モノの位置が変化した原因が，自力によるものか，外部の力により引き起こされたものか，あるいは，モノが構造や機能の核となる特性を共有しているかどうかといった情報に気づくことによって，子どもはこのモノが生物か非生物かを理解することができる。世界についての子どもの知識が増大するとともに，こうした核となる原理も発達する。その結果，子どもの概念構造はますます詳細で組織化されたものになっていく。最後になるが，子どもは概念の組織化を進めるのにアナロジーを使うことができる。人間をアナロジーのベースとして利用することで，子

どもはさまざまな生物現象を理解できるし，石やチューリップやウサギが痛みを感じたり心臓をもっているかを考えることもできる。子どもはまた，あるモノを他のモノへ対応づける際に，アナロジーを用いることができ，その結果，概念変化が可能になる。

　子どもが，日常的な現象において因果関係を理解しようとする傾向は，生物と非生物を区別する素朴理論の形成にとっても重要である。子どもは，自然種と人工物について，抽象的な枠組み，すなわち因果関係についての予測をもち，これが素朴理論の基礎となると考えられている。よって，概念発達には，知覚的かつ言語的スキルの発達が必要だが，それとともに，どう世界が組織化されるかという信念の発達も必要である。さらに，いくつかの事例を同種のカテゴリとして似たものとみなす際に利用する特性は，ある程度，われわれが属性であると理解しているものにもとづいている。その反面，われわれが属性であると理解しているものは，世界についての知識やわれわれと環境との相互作用にもとづいている。すでに見たように，子どもの基礎カテゴリは大人の基礎カテゴリとは異なるかもしれないし，子どもがカテゴリ判断を行う際，最初のうちは，定義的特性よりも特徴的特性を重視しているかもしれない。「本質」，つまり事物をその事物たらしめている根本的な性質にもとづいて，カテゴリ判断が行われることもある。概念発達についての「心理学的本質主義」の主張によれば，子どもは世界がもつ構造とカテゴリの基礎的な性質について暗黙の仮定をもっている。相互に関連する中核的な因果関係についてのさまざまな信念が，カテゴリに対する所属関係を説明するが，子どもがもつ暗黙の仮定は，これらの信念にもとづくものであり，理論のようなものである。因果的／説明的な関係が，あるカテゴリにおける特性の集合が生じる理由を説明する（たとえば，「自ら動くことが可能」という関係が自然種における脚や足といった特性の集合を説明する）が，子どもの自然種についての理解は，こういった特性の集合を説明する関係を暗黙であるにしても理解していることから生じるのである。

　自然種についての子どもの初期の理解が，ある種の理論にもとづいたものであるということは，子どもが事物の振る舞いを説明する際に，その背後にある因果的なメカニズムを探し，観察可能な特性を越えて，より深い構造的な特性を理解できるということを意味する。観察できる特性にもとづいてカテゴリ化を行うにしても，もっと深い構造的な特性にもとづいてカテゴリ化を行うにしても，「基礎レベル」で事物をカテゴリ化するのであれば，その事物は同じカ

テゴリに分類されるだろう。つまり，基礎レベルのカテゴリ化の場合，知覚的類似性が構造的類似性の手がかりとなるのである。上位レベルでのカテゴリ化や下位レベルのカテゴリ化でも，知覚的類似性はある程度構造的類似性の手かがりとなる。しかし，その手がかりとしての有効性は低い。よって，基礎レベルは，概念発達において核心的な役割を果たしているのである。

因果推論の発達 4

　人間の乳児は，因果関係について学習したり，因果について説明しようとする傾向を生まれながらにしてもっているという考えに，これまでの章で十分なじんでいただいたと思う。第1章では，乳児でも因果関係にある出来事を記憶することができるが，因果関係にない出来事は忘れてしまうことがわかった。第2章では，乳児は物理的な出来事の因果関係を説明しようとすること，普通は「起こりえない」物理的な出来事がいかにして引き起こされるかを初期状態の情報から推論できること，他者の意図が出来事を引き起こすことをいくらか理解していることを示した。第3章では，因果に注目するという乳幼児のこの傾向が概念学習を導くことがわかった。また，カテゴリ内の特性がなぜあるまとまりを示すのか，その説明となる因果関係を探索することによって，乳幼児は概念について非常に多くの情報を得ることができることを示した。たとえば，乳幼児は，自分が引き起こす運動なのか，他の何かによって引き起こされる運動なのかにもとづいて，つまりあるモノの運動が何によって引き起こされているかの説明となる因果関係にもとづいて，世界をカテゴリや種に分割する。また，カテゴリの中心となる共通特性は構造なのか，機能なのかにもとづいて，つまりカテゴリが何によって決定されるかの説明となる因果関係にもとづいて，生物と人工物についての概念的知識を獲得していく。つまり因果推論は，発達のはじまりから，物理的世界の出来事を解釈し，表象し，記憶するために重要な役割を果たしているのである。

　このように，発達の初期から因果に関わる情報に注目することは，子どもの認知発達の中心的なメカニズムなのだと思われる。シュルツとケステンバウム（Shultz & Kestenbaum, 1985）が指摘しているように，子どもが因果に関わる情報に注目する理由のひとつは，出来事を引き起こす原因を明らかにすること

で出来事そのものを理解できるからかもしれない（説明にもとづく学習スタイル，第7章を参照）。しかしながら，幼いころに因果に注目することが知識内容を増加し，概念発達を促すだけでなく，因果関係そのものについての知識も発達させる。とくに，物理的な因果についての知識の発達は，「素朴」物理学あるいは「直観」物理学の発達として扱われることが多い。因果推論を行うことによって物理的世界について理解しやすくなるだけでなく，因果で結びついた出来事について予測したり，操ることさえもできるようになるだろう。このことによって，科学的推論と論理的推論の発達も促されると考えられる。

しかしながら，このような認知的な利益を得ることができるのは，子どもの因果推論が正当な因果原理にしたがっていればの話である。因果原理には，原因先行の原理，共変動の原理，時間的近接性の原理がある。これらについてはこの章で後に詳しく論ずる。また，因果についての理解が科学的思考と論理的思考の発達を促すのは，子どもが仮説と証拠の関係を認識できる場合のみであると考えられる。論理的思考を行うためには，因果についての仮説を系統立てて検証する能力が必要である。すなわち，因果についての証拠に照らし合わせたときに，候補として残る仮説を見きわめるだけでなく，排除すべきものも見きわめることが必要なのである。そのためには，確証となる証拠のみでなく反証となる証拠も見きわめる必要がある。さらに，ある状況のもとで原因としてふさわしいものは何かを見きわめることも必要である。

この章のトピックは因果推論そのものである。心理状態や経験についての因果推論よりも，モノゴトについての子どもの因果推論に焦点を当てよう。心理状態についての因果の理解はモノゴトについての因果の理解と並行して発達していくようであるが，一般にこの2つは別個に扱われてきた。たとえば，ウェルマンとゲルマン（Wellman & Gelman, 1998）は「素朴心理学」と「素朴物理学」は両方とも基礎領域（他の概念的理解の発生源であり，他の概念的理解を形づくり，制約する領域）であり，因果はこれら2つの領域の発達に影響を及ぼす発達上の原型（developmental primitives）であると論じている。しかし一方で彼らは，素朴心理学の理解はモノや力の理解とは対照的であることも示している。実際，何人かの発達理論家は因果についての2つのタイプの知識をまったく別のものとみなしている。たとえば，レズリー（Leslie, 1994）は心理状態についての因果の理解は脳内の独立したモジュール，すなわち「心の理論」モジュール（たとえばLeslie, 1994）として発達し，別のモジュール（訳注1）

で生じるモノゴトについての因果推論とは関わりなくはたらくと論じている（第2章を参照）。

原因と結果についての推論

3歳くらいまでに，子どもはモノゴトの原因とその結果について，さまざまな経験を重ねる。たとえば，切ること（リンゴ，紙，髪の毛），溶かすこと（チョコレート，雪，バター），壊すこと（おもちゃ，カップ，イス），濡らすこと（服を洗う，雨が降る，入浴する）などである。そこで因果推論の発達を調べるためには，次のような方法がある。すなわち，モノの変化，つまりモノのある状態から別の状態への変化は，ある結果を引き起こす因果的作用因があるから生じるということを，子どもが知っているかどうかを調べるのである。たとえば，子どもに普通のカップの絵と粉々になったカップの絵を見せた場合，ナイフやハサミよりも金づちの方が，この因果的変化を引き起こす作用因である可能性が高いことを子どもは知っているだろうか？

なじみのあるモノの因果的変化について推論する

ゲルマン，ビュロックとメック（Gelman et al., 1980）は，3，4歳児の原因と結果についての推論を調べるために，3枚の絵を因果の順番に配列して示した。たとえば，カップ，金づち，壊れたカップなどの絵である。最初に，子どもが絵の配列を左から右に読み取っていくように訓練した。続いて，子どもに次のような絵の配列を提示した。あるモノが普通の（Canonical）状態（無傷のカップ）から，普通と違う（non-canonical）状態（壊れたカップ）に変化する配列や，普通と違う状態（壊れたカップ）から，普通の状態（無傷のカップ）に変化する配列である。配列の真中には，常に因果的作用因の絵を配置した（上記の例の場合，正しい作用因は金づちであり，糊であった）。カップの

訳注1　脳の処理システムの構成要素として，他の要素とは独立に機能する下位システム。

破壊などのなじみのある変化だけでなく，切ったバナナを針と糸を使用して普通の状態に戻すというような，なじみのない因果的変化も示した。

実験では，3枚の絵のうち1枚が欠けている不完全な配列を子どもたちに見せた。子どもたちの課題は，3つの選択肢から正しい絵を選択し，欠けている部分を埋めることである。たとえば，作用因の絵が欠けていた場合，作用因の候補を描いた3枚の絵を選択肢として見せる。配列の最初や最後の絵が欠けていた場合に見せる選択肢は，モノの種類も受けた因果的変化も正しい絵，モノの種類は正しいが受けた因果的変化は間違っている絵，モノの種類は間違っているが受けた因果的変化は正しい絵，の3つだった。図4.1は各試行タイプの例である。

実験の結果，普通の変化を示す筋（たとえば，無傷のカップが壊れたカップに変化する）の場合，3歳児の92％，4歳児の100％が正しい因果的作用因を選択した。また，普通は起こりにくい変化を示す筋（たとえば，壊れたカップが無傷のカップに変化する）の場合，3歳児の75％，4歳児の100％が正しい因果的作用因を選択した。最後の絵が欠けている課題の場合，年少の子どもの成績はこれよりも若干低く（普通の変化を示す筋の正答率は，3歳児83％，4歳児100％，普通は起こりにくい変化を示す筋の正答率は，3歳児58％，4歳児100％），最初の絵が欠けている課題の場合はさらに低かった（普通の変化を示す筋の正答率は，3歳児66％，4歳児92％，普通は起こりにくい変化を示す筋の正答率は，3歳児58％，4歳児100％）。それにもかかわらず，すべての課題において成績は，偶然で起こる正答比率よりも有意に高かった。ゲルマンらは，就学前の子どもは因果的変化によって変化したモノの状態を予測し推論することができ，モノの2つの状態をつなげる変化の種類を推論できると結論づけた。

なじみのあるモノの因果的変化について可逆的に推論する

ゲルマンらは2つめの研究で，子どもの因果についての思考が可逆的であるかどうかを検討した。この研究では，常に真中の絵が欠けていた。最初に，因果の順序に配列された絵を左から右に読み取っていく際に当てはまる作用因を，次に右から左に読み取っていく際に当てはまる作用因をそれぞれ選択させた。

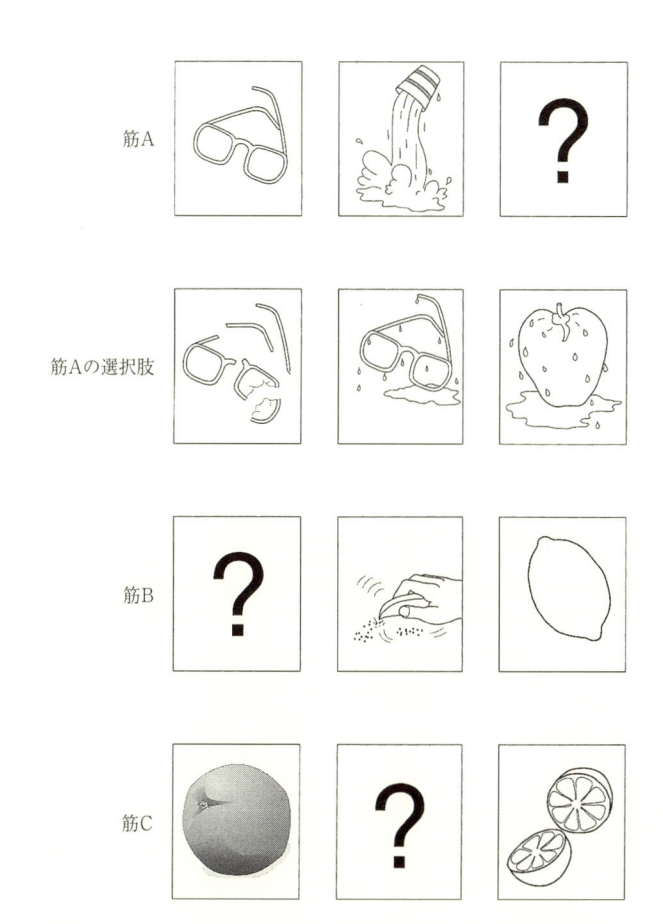

図4.1 ゲルマンら（1980）が用いた，因果順に並んだ3枚の絵の例。筋Aには最後の絵がなく，筋Bには最初の絵がない。筋Cには作用因の絵がない。Reproduced with permission.

こういう課題では，子どもには同じモノのペア（たとえば無傷のカップと壊れたカップ）について2つの異なる（逆向きの）方向で考えさせなければならない。3歳児にとってはこの課題は非常に難しく，課題の49%しか正答できなかった。4歳児は課題の75%に正答することができた。ゲルマンらは，3歳児の成績が低いのは，自分がよく知っている因果の順序を課題に当てはめてしまう傾向があるからだと論じている。3歳児は普通と違う状態から普通の状態への

第4章　因果推論の発達　　149

変化を示した絵の配列よりも，普通の状態から普通と違う状態への変化を示した絵の配列の方を好むので，課題の半分の成績が悪かったと言うのである。しかしながらゲルマンらは総合的には，因果的変化についての3歳児の表象は十分に抽象的なので，思考の方向を反転することができると主張している。

ゲルマンらの研究は，年少の子どもがさまざまな原因と結果の関連性と可逆性を理解していることを示唆するが，ダス・グプタとブライアント（Das Gupta & Bryant, 1989）は，ゲルマンらの研究方法を批判した。ダス・グプタとブライアントは，子どもは逆向きの因果を含む課題を因果推論によってではなく連想的推論によって解決したかもしれないと論じた。これは重要な指摘である。というのは，連想的推論はどちらかというとあまり洗練されていない低い推論タイプであり，魚やネズミなどの動物においても見られるからである。ダス・グプタとブライアントは，子どもたちは，変化をもたらす道具を選択する際に，モノの最初の状態と最後の状態の両方を考慮したのではなく，単に普通と違う状態のモノ（たとえば，壊れたカップ）の方がより目立っていたので，そちらの方に注目したのではないかと主張した。そのようなわけで，子どもたちは普通では起こりにくい状態と結びついている道具を選んだのかもしれない。つまり子どもたちはモノの最初の状態をまったく考慮せずに絵の配列課題を解決したのかもしれない。

ダス・グプタとブライアントは，子どもが本当に因果推論を行っているとしたら，因果の連鎖の最初と最後の状態の違いを区別できるはずだと主張した。3歳児と4歳児が実際にこれを区別できるかどうか検討するために，ダス・グプタとブライアントは因果の順序に配列した3枚の絵を子どもに見せた。最初の絵には，ある1点においてのみ普通ではないモノ（たとえば，壊れたカップ）が描かれており，最後の絵には2点において普通ではないモノ（たとえば，壊れて濡れたカップ）が描かれている。また，実験の後半では，最初の絵が濡れたカップで，最後の絵が壊れて濡れたカップという絵の配列を見せた。このように，課題はペアになっていた。ゲルマンらの手続きと同じように，子どもたちの課題は3枚の絵の配列の中で欠けている真中の項，すなわち変化を引き起こす因果的作用因を選択することであった。しかしながら，ダス・グプタとブライアントの課題では，普通と違う状態のモノと最も結びつきの強い作用因（金づち）を選択すると，必ずしも正答にならない。壊れたカップから濡れて壊れたカップという絵の配列順序の場合は間違いとなる。一方，濡れたカップから

表4.1 ダス・グプタとブライアント（1989）が用いた，因果連鎖のペアの1つ。

| 1. 濡れたカップ | ［空白］ | 濡れて壊れたカップ |
| 2. 壊れたカップ | ［空白］ | 壊れて濡れたカップ |

濡れて壊れたカップという配列順序の場合は正しい答えとなる（表4.1）。したがって，課題のペアに，因果的作用因として同じ絵を選択した場合は（たとえば，壊れたカップから濡れて壊れたカップという配列順序の課題と，濡れたカップから濡れて壊れたカップという配列順序の課題の両方で金づちを選択する），本当の因果推論を行っている可能性は低い。

ゲルマンらの研究と同じように，子どもたちに3枚の絵の中から因果的作用因を選択させたが，彼らの実験では，金づち，水，羽毛（不適切な作用因）が用いられた。実験の結果，3歳児はペア課題の49%で因果的作用因として同じ絵（たとえば，金づち）を選択し，4歳児は課題の21%のみで同じ絵を選択した。年少児の場合はペアの両方の順序にたいして39%，4歳児の場合は78%，正しい答えを選択した。ダス・グプタとブライアントは，3歳児は特定の結果（壊れることなど）の目立ちやすさに気をとられてしまい，最初と最後の状態の関係を無視してしまうと結論づけた。このような結論をふまえると，はたして3歳児が因果推論を行えるかどうか疑問である。

幼児が因果推論を行うときに，普通と違う状態が目立ちやすいことの意味

2つめの実験で，ダス・グプタとブライアントは，子どもが本当に因果推論ができるかどうかを検討するためには，普通と違う状態（壊れたカップ）から普通の状態（無傷のカップ）という絵の順序を使用して調べることが一番よいと主張するに至った。こういう順序の場合は，モノの最初と最後の状態の違いにもとづいて因果推論を行わないと正解できない。一方，普通の状態から普通と違う状態という絵の順序（無傷のカップから壊れたカップへ）の場合，普通の状態と違うことだけにもとづいて課題を解決したかもしれない。普通の状態から普通と違う状態という絵の順序の場合，壊れたカップは目立ちやすいので，子どもは作用因として金づちを選択し，結果として「正解」したのかもしれな

い。もしそうなら，普通と違う状態から普通の状態という絵の順序の場合にも，金づちを選択するだろう。ダス・グプタとブライアントは，彼らの主張を支える証拠として，3歳児は普通の状態から普通と違う状態という絵の順序の場合（無傷のカップから壊れたカップへ）よりも，普通と違う状態から普通の状態という絵の順序の場合（壊れたカップから無傷のカップへ）の方が，推論の成績が有意に低いことを示した。前者の正答率は88％，後者の正答率は47％であった。彼らは，本当の因果推論を行う能力は3歳までに確立するのではなく，3歳と4歳のあいだで発達すると結論づけた。

　しかしながら，ブルー（Blue, 1995）によって最近報告された研究によると，ダス・グプタとブライアントの結論は悲観的すぎるかもしれない。ブルーはビデオ画面を使用して，3歳児にモノが連続的に変化する過程を見せた。このような手続きによって，それぞれのモノに最初と最後の状態を同時にではなく順序に沿って子どもに提示することができる。たとえば，ビデオに登場する司会者が，最初に絵が描いてある1枚の紙（普通と違う状態）を子どもに見せる。また，それと同時に因果的変化をもたらす可能性のあるモノを2種類見せる。たとえば，鉛筆と消しゴムである。次に司会者はこれらのモノを持って画面から消え，しばらくしてから，変化した本体（何も描かれていない1枚の紙——普通の状態）を持って戻り，それを見せる。そしてそれぞれの因果的作用因を順番に見せながら，それがモノの変化をもたらしたかどうかを質問した。ブルーは，紙に絵を描く（あるいは絵を消す）ことの他に，黒板に書くこと／黒板の字を消すこと，顔に化粧をすること／顔の化粧を落とすこと，といった因果的変化についても調べた。

　実験の結果，3歳児は課題が普通の状態から普通と違う状態という絵の順序（何も描かれていない紙から，絵の描かれた紙へ）であろうと，普通と違う状態から普通の状態という絵の順序（絵の描かれた紙から，描かれていない紙へ）であろうと，82％の試行で因果的作用因を正しく選択した。このように，正答レベルは非常に目覚しいものであった。このことから，たとえ因果的変化が普通と違う状態から普通の状態という順序で生じる場合であっても，よく知っている結果の原因を推論することは年少の幼児にとっても困難でないことが示唆される。したがって，因果のつらなりの表象の中に重要な，時間についての情報がまったく欠けている課題の場合に，普通と違う状態から普通の状態への変化についての推論が困難になるのだと思われる。だが，別の解釈も成り立つ。

すなわち，ブルーがビデオの中で使用した普通の状態のモノ，普通と違う状態のモノは両方とも，ダス・グプタとブライアントの実験で使用されたモノに比べると違いが曖昧だったので，このような結果になったのかもしれない。しかしながら，ビデオの場合と比べると，絵を並べて提示するという方法は，因果関係の理解の発達を詳しく調べるためにはあまり有効ではないのかもしれない。ビデオは年少の子どもの実験を行うのにきわめて適しているように思える。

因果原理にもとづく推論

　3歳までには本物の因果推論ができるようになることを示してきたが，子どもの因果推論が正しい因果原理にしたがうものであるかどうかを知る必要があるだろう。ある出来事Aが別の出来事Bを引き起こすという，最も単純な因果的随伴性を取り上げてみよう。出来事AがBを引き起こすというには，いくつかの因果原理が当てはまらなければならない。第1に，出来事AはBよりも前に生じるか，Bと同時に生じなければならない。出来事Bの後に生じてはならない。因果関係の中に含まれるこういう非対称性は，先行原理（つまり，原因はその結果よりも先か，あるいは同時に生じる）と呼ばれる。因果を認めるためにはずせない原理としては，他に次のようなものをあげることができよう。共変原理（原因と結果は規則的に共に変化しなければならない），時間的近接原理（原因と結果が生じる場所や時間は近接していなければならない），類似性原理（原因と結果は互いに類似した点があるはずである，たとえば，力学的な結果には力学的な原因がある）。

先行原理

　少なくとも3歳までには，原因は結果より先に生じると考えるようになるようである。たとえば，ある人形がビー玉をある装置の中に落とすと，その直後にその装置の中央から別の人形が飛び出すとしよう。おそらく，人形が飛び出した原因はビー玉だと考えるだろう。びっくり箱から人形が飛び出した後に，それとは別の人形がビー玉を装置の中に落としたとしたら，そのビー玉が原因

だとは思わないだろう。

　ビュロックとゲルマン（Bullock & Gelman, 1979）は，この「びっくり箱」装置を使用して，3〜5歳児がびっくり箱は人形が飛び出した後ではなく前の出来事によって作動することを理解しているかどうかを調べた。彼らの課題では，子どもに内部が見えない長細い箱を見せた。この箱の内部は3つの部分に分かれている（図4.2を参照。これらの区分は子どもには見えないようになっていた）。両側の2つの部分はビー玉が転がり落ちるトンネルの坂になっており，箱の中心に向かっている。トンネルはアクリルの窓から見ることができたが，トンネルの先の部分（箱の真中にある第3の部分）だけは見えない。箱の中心部分は不透明になっていて，トンネルの先の部分とびっくり箱を隠している。実験者がビー玉をどちらかのトンネルに落とすと，びっくり箱から人形が飛び出すが，実際にはビー玉ではなく，見えないところにあるペダルによってびっくり箱から人形が飛び出す仕掛けとなっていた。

　原因と結果の順序が一方向であることを子どもが理解しているかどうかを検討するために，実験者は（2つの人形を使用して）びっくり箱から人形が飛び出す前と後に，ビー玉を1つずつ別々のトンネルの中に落とした。子どもの課題は，どちらのビー玉がびっくり箱から人形を飛び出させたのかを推論することであった。実験の結果，対象にしたすべての年齢の大半の子どもが，最初に落としたビー玉によって人形が飛び出すと推論できた。3歳児の75%，4歳児の88%，5歳児の100%が正解した。その後，ビュロックとゲルマンは，片方のトンネルを装置から切り離して，課題を難しくした。片方のトンネルを装置から離すと，一方のトンネルは明らかにびっくり箱と接触しているが，もう一方は接触していない。実験者は，人形がびっくり箱から飛び出す前に，分離したトンネルの中にビー玉を落とした。そして人形が飛び出した後に，びっくり箱に接触しているトンネルの中にビー玉を落とした。このような難しい条件においても，3歳児の75%，4歳児の94%，5歳児の100%が，最初にトンネルに入れるビー玉が原因であるとした。ビュロックとゲルマンの研究の被験児は，びっくり箱装置が動く原因を決める際に，空間的近接性よりも時間的順序の手がかりの方を重要なものと考えたようである。とはいえ，子どもたちは，分離したトンネルの中にビー玉を入れるとびっくり箱が動くことに驚き，当然何らかの説明が必要だと考えた（「それ手品でしょ？」，「それは魔法だよ」，「見てないときに，ボールが入ったんだよ」）。

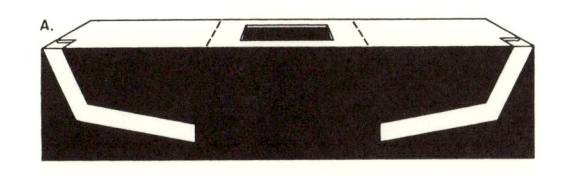

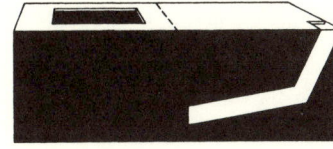

図4.2 ビュロックとゲルマン（1979）が「びっくり箱」研究で用いた装置。(a)は完全な状態の装置で、(b)はその箱の、因果関係が成り立っている通路が、箱の残りの3分の2の部分で切り離されている状態。
Reproduced with permission.

　このデータから、子どもは因果推論の際に空間的近接性よりも時間的先行性の方をより重視していると考える必要は必ずしもない。ビュロックとゲルマンのデータから導きうる最も単純な結論は、子どもは、その実験状況にふさわしい原因は何かを考えて判断するということである。シュルツ（Shultz, 1982）は、この結論と一致した結果を示している。空間的要因が時間的順序要因よりも特定の結果の原因としてふさわしいときは、子どもは空間的要因の方を好むことを示したのである。

　シュルツの実験では、2台の扇風機を火のともったロウソクに向けた。ロウソクの炎に風が当たらないよう3面からなるアクリル製の防御壁があり、それを回転させて、一方の扇風機からの風だけをロウソクに当てることができた。シュルツは5歳児にこの装置を見せ、ロウソクに風が当たらないように防御壁を置いてから、一方の扇風機を回した。そして5秒後にもう一方の扇風機を回し、それと同時にロウソクにこの扇風機からの風が当たらないように防御壁が回転した。炎はその直後に消えた。ロウソクの炎が消えたのと時間的に近い出来事は第2の扇風機を動かしたことだったが、それでも子どもは、一番目の扇風機の風によって炎が消えたと正しく考えた。つまり子どもは原因を推測するときに、空間的パラメータや時間的パラメータ自体ではなく、原因が伝わる特定のメカニズムにもとづいて判断しているのだと思われる。

共変原理

　因果を成り立たせる別の重要な原理は，共変原理である。あるひとつの結果をもたらす原因の候補が複数ある場合，真の原因は結果と規則的に，予測しうるように共変するはずである。たとえば，レバーが2つついている箱を子どもに見せたとしよう。課題は，どちらのレバーが，箱の蓋のところの照明がつく原因なのかを答えることである。この場合，照明がつくときにいつもONになっているレバーが正解である。また子どもに穴が2つ開いている箱を見せたとしよう。課題は箱の中のベルを鳴らすためには，どちらの穴からビー玉を落とせばよいかを答えることである。この場合，ベルの音と常に連動している穴が正解である。

　シュルツとメンデルソン（Shultz & Mendelson, 1975）は，3～4歳児やさらに年長の子どもが共変原理を使用する能力を備えているかどうかを調べるために，上記のような因果についての課題を行った。原因とその結果が互いに連動する回数を操作することによって，共変動の情報を変化させた。たとえば，レバー1が箱の蓋のところの照明をつける場合，照明と2つのレバーの次のような組み合わせを子どもに提示する。レバー1：照明がつく。レバー2：照明がつかない。レバー1：照明がつく。レバー1と2：照明がつく。レバー2：照明がつかない。レバー1と2：照明がつく。実験の結果，3～4歳児でもこのような共変動の情報を使用して因果関係を決められることが明らかになった。これとは異なる装置を使用しても，ほとんどの子どもが，原因となる方を正しく選択した。このことからシュルツとメンデルソンは，少なくとも3歳までには，単純な物理現象であれば共変動の情報にもとづいて原因を推測する能力があると結論づけた。

　シーグラーとリーバート（Siegler & Liebert, 1974）は，「コンピュータ」と「カードプログラマー」［カードに計算プログラムを書き込む装置］を使用して同様の共変動課題を考案した。両方とも金属製の箱だったが，コンピュータには照明がとりつけられ点滅しており，カードプログラマーの方にはIBMプログラムカードを挿入する差込口がついていた。コンピュータもカードプログラマーもどちらもケーブルを通して大きな電球に接続されていた。子どもたち全員

に，電球が6回点灯するのを見せた。その際に異なる共変条件をいくつか設定し，子どもたちを振り分けた。課題はどのメカニズムが原因となって電球をつけるかを判断することであった。たとえばある子どもたちに対しては，カードをカードプログラマーに挿入した直後に電球がつくという条件を与えた（100％の共変率で，時間的に近接する条件）。また別の子どもたちに対してはカードが挿入されてから5秒の遅延をはさんで電球がつくという条件を与えた（100％の共変率で，時間的に近接しない条件）。第3のグループの子どもたちに対しては，カードを挿入した直後に50％の確率で電球がつくという条件を与えた（50％の共変率で，時間的に近接する条件）。第4のグループの子どもに対しては，カードが挿入されてから5秒の遅延をはさんで50％の確率で電球がつくという条件を与えた（50％の共変率で，時間的に近接しない条件）。

　実験の結果，5歳児，8歳児ともに，共変動よりも時間的近接性の方に強く影響を受けることが明らかになった。カード挿入の直後に電球がつくときは，すべての子どもがカードプログラマーが電球をつける原因だと考える傾向があった。しかし，年長児のみが組み合わせの規則性を考慮していた。つまり50％の共変条件よりも100％の共変条件の方が，プログラマーが原因だと考える子どもが多かったのである。しかしながら，このことは，年少の子どもが共変情報に気づかないということを意味するわけではない。というのは，年長児でさえも組み合わせの規則性に気づくのは，6回繰り返される照明の点灯が終わりに近づくころだったからである。シーグラーとリーバートは，より多くの試行を重ねれば，年少の子どもでも共変情報に気づいて反応するのではないかと述べている。シュルツとメンデルソンのデータは，それもありうることを示唆している。

時間的近接原理

　時間的近接原理とは，原因と結果は時間的，空間的に接していることを意味する。時間的近接原理は共変原理と密接に結びついている。というのも，多くの場合，時間的近接の場合にも共変の場合にも同じ原因が関わっているからである（例として，すでに紹介したビュロックとゲルマンのびっくり箱の研究をあげることができる）。さらに，時間的近接原理は，先行原理，すなわち原因

はその結果より先か同時に起こるという原理とも密接に関連している。しかしながら，時間的近接原理は，原因と結果は共に規則的に変動するだけでなく，その間に出来事が次々と連続して起こりながら互いに結びついていることも指す（Sedlak & Kurtz, 1981）。原因から結果が生じるまでに時間がかかったとしても，それをもたらす物理的なからくりがあれば，時間的近接原理はまだ成り立つといえよう。

　たとえば，箱が木製の台の上に乗っているのを見るとしよう。その箱は半分が緑色，残りがオレンジ色に塗られている。そして，34センチのゴム管を経て，内部にベルがある別の箱と接続されている。緑とオレンジの箱には，それぞれの色の部分に1つずつ，計2つの穴がある。ビー玉を緑色部分の穴に落とすと，5秒後に第2の箱のベルが鳴る。ビー玉をオレンジ色部分の穴に落とすと，第2の箱のベルは鳴らない。ビー玉を緑色部分の穴に落とし，5秒後にオレンジ色部分の穴にビー玉を落とすと，その直後にベルが鳴る。ベルが鳴るのはビー玉を箱の緑色部分の穴に入れたからだろうか，オレンジ色部分の穴に入れたからだろうか？

　共変動についての情報にもとづくと，箱の緑色部分の穴にビー玉を入れるとベルが鳴るように思われる。しかしながら，時間的近接性にもとづくと，オレンジ色部分の穴の方が有望だ。とはいえ，ビー玉がベルの入った第2の箱に到達するまでには，ゴム管を通り抜けなければならないという問題がある。メンデルソンとシュルツ（1975）は，2つの条件を設定して子どもにこの装置を提示した。第1の条件では，ゴム管で箱が接続されており，第2の条件では第1の箱は第2の箱の上に直接乗っていた。実験の結果，ゴム管条件では，ほとんどの子ども（4歳から7歳）が箱の緑色部分の穴に入れるとベルが鳴ると考えることが示された。しかしながら，ゴム管なし条件では，オレンジ色部分の穴にビー玉を入れてもベルが鳴らないことがあると知っていながら，ほとんどの子どもがオレンジ色部分の穴に入れるとベルが鳴ると考えた。メンデルソンとシュルツは，時間の遅れをもたらす物理的なからくりがない場合には，子どもは共変動についての情報よりも時間的近接性についての情報の方が因果判断により重要だと考えた，と結論づけた。しかしながら，時間の遅れをもたらすからくり（ゴム管）が見える場合は，時間的に近接していなくても常に共変するもの（緑色の部分の穴）が原因だと考えた。

原因と結果の類似性の原理

これまで，幼児の因果推論は先行原理，共変原理，時間的近接原理にしたがってなされることを見てきた。もっとも，時間的近接や共変動についての情報がない状況で因果推論をする場合には，原因と結果の類似性が役に立つ。たとえば，ずっしりしたレバーと華奢なレバーの両方がついている箱があるとしよう。各レバーを押すと，騒々しい電子ベル音か，非常に穏やかな音が鳴る。このような状況においては，華奢なレバーを押すと穏やかな音が鳴り，ずっしりしたレバーを押すと騒々しい音が鳴ると推測することが多い。あるいは，蓋がピンクの小さなビンと青の小さなビンの2つがあり，中に透明な液体が入っているとしよう。そして，そばにピンクの水が入ったフラスコがあったとしよう。このような場合は蓋がピンクのビンの液体を入れたから，フラスコの水がピンクなのだと推測することが多いだろう。もちろん蓋の青いビンの液体をフラスコの中に入れるとピンクになり，蓋がピンクのビンの中の液体をフラスコの中に入れても何も変わらないのを見せられれば，共変原理にもとづいて当初の原因帰属(訳注2)を変更するだろう。同じように，蓋が青いビンの液体では水の色が変化せず，その5秒後に蓋がピンクのビンの液体を入れると水が青く変化するところを見せられた場合にも，時間的近接原理にもとづいて当初の原因帰属を変更するだろう。

シュルツとラヴィンスキー（Shultz & Ravinsky, 1977）は，このようなタイプの物理的推論問題を数多く使用して実験を行い，共変動や時間的近接性についての情報がない場合に，幼児は原因と結果の類似性にもとづいて因果推論を行うかどうかを調べている。さらに彼らは，類似性原理が時間的情報や共変動情報と矛盾するときには，類似性原理の方を放棄するか，という点にも関心をもった。シュルツとラヴィンスキーはさまざまな物理問題を使用して，6，8，10，12歳の子どもを対象に実験した。その際に，類似性情報に加えて，さまざまな種類の共変動情報や時間的近接性についての情報を示した。時間的近接性

訳注2　身のまわりに起こる出来事や人の行動について，その原因を推論する過程やその結果。

や共変動情報についての情報がない場合，すべての子どもが類似性原理を使用して原因帰属を行った。共変動についての情報が類似性についての情報と矛盾する場合，年長の子ども（10歳児，12歳児）は類似性についての情報を放棄した。年少の子どもはどちらの原理を適用するかで混乱するようで，一貫した原因帰属をしなかった。時間的近接性が類似性についての情報と矛盾する場合も同様のパターンが見られた。とはいえ，この場合は6歳児のみが混乱した反応パターンを示した。シュルツとラヴィンスキーの示した結論は次のとおりである。原因と結果の類似性は，すべての年齢の子どもにとって因果推論の原理になりうる。しかし，この類似性原理が別の原理と矛盾する場合には，年少の子どもでもこの原理の方を放棄する。とくに，共変動についての情報と矛盾する場合よりも，時間についての情報と矛盾する場合に，類似性の原理が放棄されやすい。

　このことから，因果推論のための重要な情報だと認識されるのは，共変動についての情報より時間的な情報の方が発達的には早いと考えてよいのであろうか。シュルツとラヴィンスキーが指摘するように，これはメンデルソンとシュルツ（Mendelson & Shultz, 1975）によるビー玉とゴム管の実験のデータ（すでに述べた）と一致しているようである。このデータでも，子どもは時間的に接していないが規則的な出来事よりも，不規則でも時間的に接している出来事を原因だと考える傾向があった。とはいえ，このような一般的な結論を下してしまう前に，なるべく多様な実験方法で，子どもが時間についての情報と共変動についての情報をどのように使用するかを比較する必要があろう。ビュロックとゲルマンらは，最近，びっくり箱実験法とウサギのフレッド実験法（後述）によってデータを収集している。このデータによると，ここで考察してきた因果原理はすべて幼児も使用できる，という可能性が最も高いようである。どのような実験方法であっても，子どもはその実験状況に当てはまる因果は何かということにもとづいて判断を下すと考えられる。シュルツ自身は最近，この見解と同じような解釈を示し，人は，その状況に当てはまる伝達を引き起こすように見えるモノゴトを，原因として想定しやすいと述べている（Shultz, Fisher, Pratt, & Rulf, 1986）。

因果の連鎖を理解する

子どもが原因から結果への伝わり方，すなわち因果の伝達を理解しているかどうかを検討するためには，3項の因果の連鎖を理解できるかどうかを調べればよい。今まで論じてきた実験はすべて2項の因果の連鎖に関するものであった。3項の因果の連鎖を使用すると，より複雑な推論課題になる。というのは，この場合は原因と結果を結ぶ媒介原因が存在するので，モノゴトの因果的随伴性を理解するだけでは不十分であり，推移律にもとづく推論(訳注3) (transitive inference) を行う必要があるからである (Shultz, Pardo, & Altmann, 1982を参照)。3項の因果の連鎖では，出来事Aが出来事Bを引き起こし，出来事Bが今度は出来事Cを引き起こす。たとえば，テニスボール(A)が転がり，ゴルフボール(B)に当たり，ゴルフボール(B)が今度は軽いプラスティックボール(C)に当たり，プラスティックボール(C)が停止点から移動するという状況を考えることができよう。テニスボールがプラスティックボールを動かすかどうかを予測するためには，ゴルフボールが媒介原因であり，子どもはテニスボールとゴルフボールの関係と，プラスティックボールとゴルフボールの関係にもとづいて推移律を適用する必要がある。ゴルフボールは推移律課題における真中の項と類似している（推移律課題は第7章でより詳しく論じる）。AがCを引き起こしていると子どもが理解する場合は，Bが因果を媒介するモノとして機能することを知っているはずである。因果を媒介するモノを理解するためにも，前節で論じた因果原理を理解している必要がある。

媒介による伝達を理解する

シュルツら (1982) は3歳児と5歳児に，先ほど述べたような単純なタイプ

訳注3　モノゴトについて既に知っている順序関係を使用して未知の順序関係を推論すること。たとえばAはBよりも背が低いこと。BはCよりも背が低いことを知っているとする。このような既知の順序関係に基づいてAはCよりも背が低いことを推論すること。

の因果の連鎖を 2 つの条件下で提示した。一方は，それぞれの因果のあいだにある出来事（B）が効果をもたらす場合であり，もう一方は効果をもたらさないものであった。たとえば，テニスボール課題で使用するために開発した装置には 1 点に向かって収束する通路があり，大きさの異なるボールを転がすことができるようになっていた（図4.3を参照）。1つめの通路はテニスボール，続く 2 つめの通路はゴルフボールを転がすのに十分の幅があった。そして 2 つめの通路の先の合点にはプラスティックボールが置いてあり，ゴルフボールが衝突すると装置の端まで転がるようになっていた。装置の両通路には門があり，テニスボール用の通路とゴルフボール用の通路を分けている。これらの門はゴルフボールが通過できないくらい狭いので，ゴルフボールは，門の向こう側に置いてあるときのみ媒介原因としてはたらくことができた。上記の 2 つの条件を作るために，装置の片方の通路では門の手前（Y'——効果をもたらさない媒介原因）に，もう片方の通路では門の向こう側（Y——効果をもたらす媒介原因）にゴルフボールが置かれた。

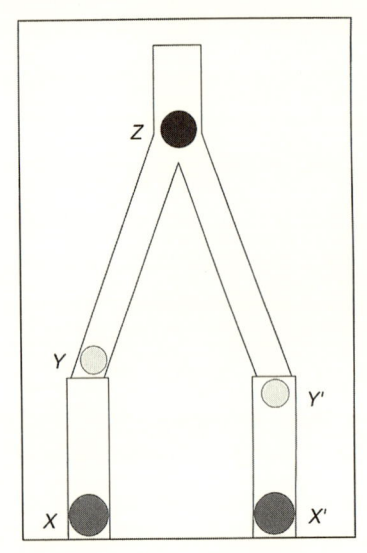

図4.3 シュルツら（1982）が，媒介を用いた伝達を，幼児が理解しているかどうか調べるために用いた通路装置。
Reproduced with permission.

課題は，通路の合点にある軽いプラスティックボールを動かすためには，どの通路にテニスボールを転がせばよいかを決めることである。子どもがY'の通路を選択した場合はプラスティックボールは動かず，Yの通路を選択した場合は動く。媒介原因が効果をもつ通路ともたない通路は，10試行のあいだにランダムに変えた。実験の結果，子どもは大半の試行でテニスボールを転がすために適切な通路を選んだ。3歳児は69％の試行で，5歳児は86％の試行で正しい通路を選択した。ほとんどの間違いが第1試行に集中しており，3歳児では第 3 試行でも間違いが多かった。第 4 試行以降は，両年齢の子どもともに一貫

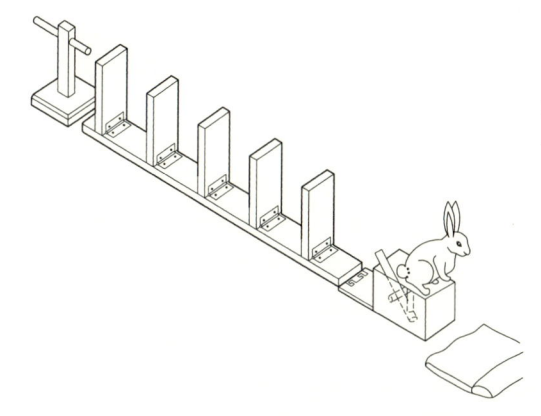

図4.4 ビュロック，ベイヤールジョンとゲルマン（1982）が用いた「ウサギのフレッド」装置。
Reproduced by permission of Academic Press Inc.

して正しい反応を示し，効果をもたらす媒介原因が置かれている通路を選択した。

　ベイヤールジョンとゲルマン（Baillargeon & Gelman, 1980をBullock et al., 1982より引用）も，3項の因果の連鎖について子どもの理解を検討した。彼らは「ウサギのフレッド」装置を開発した。この装置では因果の連鎖の最後の段階でウサギ（フレッド）がベッド（装置の端に置いてあるマット）の上に落ちるようになっていた。最初に，フレッドがベッドのそばにある箱の上に立っているところを子どもに見せる。フレッドをベッドに落とす媒介原因は一連の小板である。小板は箱の手前にドミノ状に置かれている（図4.4を参照）。小板はそれぞれ順番に前の小板に当たっていき（「ドミノ効果」），最後の小板が箱にとりつけられているレバーに当たるので，フレッドは箱からベッドに落ちるという仕掛けになっている。連鎖の最初の原因は，支柱についている棒だった。この棒を押すと，最初の小板を倒すことができる。課題は，どうやってフレッドがベッドに落ちるのか説明することであった。

　事前の実演試行の最初に，子どもたちに装置の全体を見せた。その後，装置の中間部分（小板）を隠し，支柱の棒と箱の上のフレッドだけが子どもに見えるようにした。棒とフレッドの距離は約1メートルだった。子どもたち（4歳児，5歳児）は，棒を押すとフレッドをベッドの上に落とすことができると正しく予測した。その後，実験者は新たに2つの棒を導入した。最初の小板に届かない短い棒と，届く長い棒である。どちらの棒の場合も，フレッドをベッド

の上に落とすことができなかった（長い棒の場合はトリックで動かないようになっていた）。子どもたちにそれぞれの棒を押してもフレッドをベッドに落とすことができなかった理由を説明してもらった。

　実験の結果，子どもたちは，フレッドをベッドに落とすことができなかったことに関連のある変更（短い棒）と無関連な変更（長い棒）を区別し，どちらの場合にも因果に関して筋の通った説明ができることが明らかになった。子どもたちは，短い棒の場合は，棒が短すぎるので最初の小板に届かないのだと答えた。長い棒の場合は，実験者がいくつかの小板を除くなど，何か細工をして媒介となる出来事を妨害したのだと答えた。その後，ベイヤールジョン，ゲルマンとメック（Baillargeon, Gellman, and Meck, 1981, Bullock et al. を1982より引用）は，3歳児と4歳児にもウサギのフレッド課題を行った。最初の出来事や媒介となる出来事に対してさまざまな変更を加えたときに，フレッドがベッドに落ちるかどうかを子どもに予測させた。最初の出来事に加えた変更は，木の棒のかわりに柔らかいぐにゃぐにゃ曲がる棒や，端にストッパーがついていて支柱に通らない棒に置き換えたことである。媒介となる出来事に加えた変更は，実験者がフレッドの乗っている箱を最後の小板から離れたところに移したり，小板の横に移したりしたことであった。子どもたちの予測は，最初の出来事に変更を加えた場合でも，媒介となる出来事に変更を加えた場合でも，非常に正確であった（3歳児では，81％，78％，4歳児では87％，85％の正答率であった）。

　この研究から，非常に年少の幼児でも3項の因果の連鎖の情報を使って出来事のつらなりについて推論することができるといえそうである。このことは，因果推論を予測課題によって測定（Baillargeon et al., 1981）した場合も，問題解決課題によって測定（Shultz et al., 1982）した場合にも当てはまる。予測課題の成績は問題解決課題の成績に劣ることが多い（Goswami & Brown, 1990）のを考慮すると，ベイヤールジョンらのデータは，子どもが3歳までには媒介による伝達を理解することを示す非常に強力な証拠といえる。

論理にもとづいて探索する

　出来事のつらなりに作用している因果的制約について，子どもが理解してい

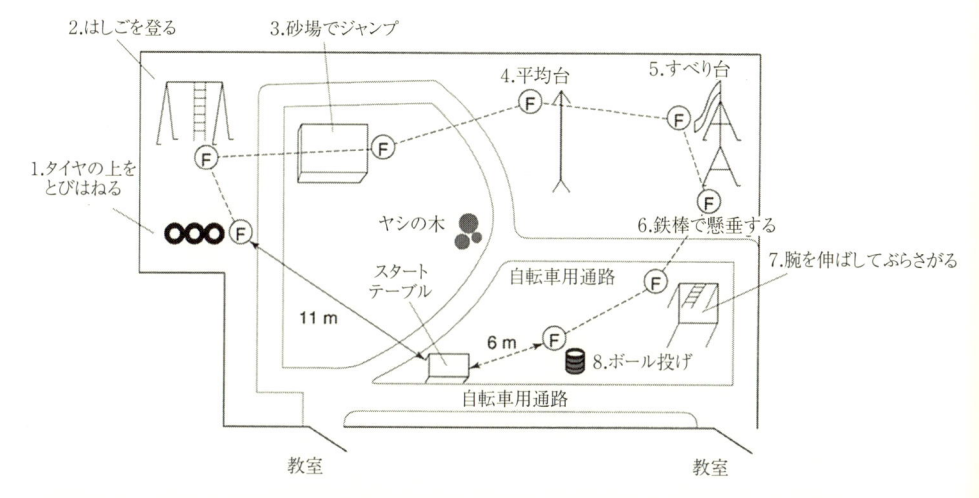

図4.5 ウェルマンら (1979) が，論理にもとづく探索について研究した際に用いた，公園の概略図。8つの場所と，それぞれの場所に関連づけられている遊び。Copyright © by the American Psychological Association. Reprinted with permision.

るかどうかを測定する別の方法として，探し物課題を使用することができる。たとえば，動物園でチンパンジーの写真を撮りたいのだが，カメラをなくしてしまったことに気づいたという場面を想像してみよう。そしてチンパンジーは8番目に見物した動物だったとしよう。このとき，カメラを見つけ出すひとつの方法は，最後に撮影した動物を思い出してみることである。ライオンの写真を撮影したことをはっきりと思い出し，ゾウの写真を撮影したかどうかが思い出せないとしたら，カメラをなくしたのはライオンの檻を訪れた後ではあるが，ゾウのところに行く前だったと思われる。幼児が探し物をするときに，このように因果にもとづいた論理を使用できるとしたら，因果の連鎖と因果的必然性について多少とも理解しているということになる。

ウェルマン，サマヴィルとハーケ（Wellman et al, 1979）は先に述べた論理にもとづいた探し物課題の公園版を作成した。3，4，5歳児を公園に連れていき，その中の8つの場所を順番に訪れる（図4.5を参照）。新たな場所に来るたびに，実験者と子どもはそれまでの場所で行ったのとは違う遊びをした。たとえば，砂場の上で飛んだり，タイヤの上をぴょんぴょんはねたりした。場所3では，「アクション撮影」にちょうどよいといって，実験者は子どもが幅跳

第4章　因果推論の発達　　165

びをしているのを撮影した。場所7では，実験者がもう1枚写真を撮影をしようとしてカメラがないのに気づく。子どもの課題は実験者を手伝ってカメラを探すことであった。ウェルマンらの関心は，子どもがカメラが落ちている可能性のある区域（場所3と7のあいだ）だけを探すのか，訪れたすべての場所を順番に探し回るのかにあった。統制条件では，実験者は実験の最中ずっと鞄の中にしまっておいた計算機をなくしたのに気づいた。実験者は計算機をなくしたことに場所8で気づくのであるが，この統制条件では計算機をなくす前のすべての場所を順番に探し回るのが適切な方略であった。

　どちらの条件でも重要な測定尺度は，なくしたものが見つかる可能性のある区域（場所3と7のあいだ）での探索の回数であった。実験の結果，カメラ条件においてはほとんどの子どもがカメラの落ちている可能性のある区域を集中して探したが，計算機条件ではそうではなかった。目立った年齢差は見られなかった。3歳児は5歳児と同じくらい論理にもとづいて探索できるようだった。しかしながら，データをこまかく調べてみると，カメラが落ちているかもしれない区域での探し物活動のうちの半分は，場所3で行われたことが明らかになった。つまり多くの場合，子どもたちはカメラを最後に見た場所を探したのである。したがって，この実験の結果からは，子どもたちがなくしたカメラが見つかる可能性は場所3から7で等しいことを理解しているかどうかはわからない。

　これは，サマヴィルとキャプアニ‐シューメーカー（Somerville & Capuani-Shumaker, 1984）によって指摘された点である。彼らは幼児が出来事のつらなりに含まれる因果を理解できるかどうかという問題をより直接的に検討した。彼らは重要な測定尺度として，新しい探し物課題を開発した。隠蔽・発見課題である。この課題では，おもちゃが隠されている可能性の等しい場所が常に2箇所設定されていた。実験者が4つの場所のうちのひとつに小さいミニーマウス人形を隠す。隠蔽・発見課題の試行の中には，ミニーマウス人形を最後に見た場所より後の2つの場所で探すことが論理にかなっている場合もあれば，最後に見た場所より前の2つの場所で探すことが論理にかなっている場合もあった。サマヴィルとキャプアニ‐シューメーカーは，幼児がより論理にかなった探索順序を認識できるかどうかに関心があった。

　実験では，黒いテーブルクロスの上に人形を隠すための場所を4箇所作り，テーブルクロスよりも小さい固めの白い布を目印として置いた。それぞれの布

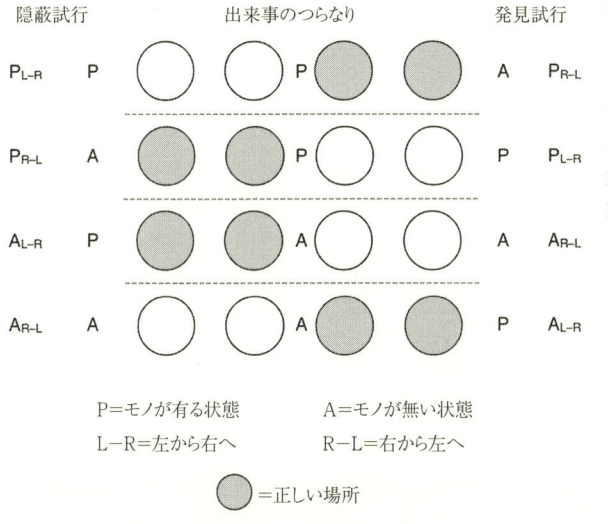

図4.6 サマヴィルとキャプアニ-シューメーカー（1984）が考案した隠蔽・発見課題で用いられた，一連の出来事の概略図。Reproduced with permission.

隠蔽試行		出来事のつらなり				発見試行	
P_{L-R}	P	○	○	P	○	A	P_{R-L}
P_{R-L}	A	○	○	P	○	P	P_{L-R}
A_{L-R}	P	○	○	A	○	A	A_{R-L}
A_{R-L}	A	○	○	A	○	P	A_{L-R}

P＝モノが有る状態　　A＝モノが無い状態
L-R＝左から右へ　　R-L＝右から左へ
●＝正しい場所

は山型にされているので，ミニーマウス人形が隠されているかどうかはわからない。隠蔽試行では，実験者が自分の掌にミニーマウス人形が乗っているところを子どもに見せてから掌を閉じる。そして最初の2つの布の下に掌を入れ，しばらく停止してから，掌を開き，人形がまだ掌の中にあるかどうかを子どもに示し，再び掌を閉じ次の2つの布の下に入れる。ミニーマウス人形が第2の布の後にもまだある場合は，子どもたちは第3か第4の布の下にミニーマウス人形が隠されていると推論するはずである。ミニーマウス人形が第2の布の後にない場合は，子どもたちは第1か第2の布の下にミニーマウス人形が隠されていると推論するはずである。

　発見試行は，隠蔽課題の逆である（図4.6を参照）。今度は，子どもの課題はミニーマウスの妹を探すことだった。ミニーマウスの妹はいつもミニーマウスと一緒に隠れたがるという設定になっている。発見課題では，最初はいつも実験者の掌の中には何もない。第2の布を通過した後に，まだ何もない場合とミニーマウスがある場合の2通りがあった。ここで調べたいことは，子どもが次のような推論を行うことができるかどうかである。つまり，第2の布の後にミニーマウスが掌の中にない場合は，ミニーの妹は第3の布か第4の布に隠れていると推論し，第2の布の後にミニーマウスが掌の中にある場合は，ミニーの

妹は第1の布か第2の布に隠れていると推論するかどうかである。3歳児と4歳児の両方で実験が行われた。

　サマヴィルとキャプアニ-シューメーカーは，子どもが最初に探索した場所を得点化した。その結果，子どもは4つのうち2つの場所のみに限定してミニーとその妹を探すことができることが明らかになった。この場所を探す頻度は，両年齢の子どもともに偶然による回数（チャンスレベル）を超えていた。興味深いことに，子どもが最初に行う探索行動は，次のような条件のときにとくに正確だった。それは隠蔽課題では，第2の場所の後にもミニーがずっと掌の中にいることにもとづいて推論しなければならない場合で，発見課題では，第2の場所の後にミニーが掌の中にいないことにもとづいて推論しなければならない場合である。このことが示唆するのは，原因と結果が時間的に近いほど，出来事のつらなりの中の因果を理解しやすくなるということである。このことは子どもたちが，すでに論じた因果推論の原理のひとつを使用していることを示している。しかしながら，子どもの2番目の探索行動を得点化したところ，必ずしも常に正確ではないことが明らかになった。これは驚きである。というのは，モノが隠されている可能性のある区域で，最初に間違った場所を探したら，ミニーの妹やミニーが隠れている場所として考えられるのは後ひとつしかないからである。その後，サマヴィルとキャプアニ-シューメーカーの基本的な構想を拡張した実験がいくつかなされたが，その結果，2歳児でさえ最初に示す探索行動は論理にかなったものであるが（Haake & Somerville, 1985），4歳以下の子どもは一度にひとつの可能性しか考慮しないで探索しているようであった（Sophian & Somerville, 1988）。子どもは，最初に可能性の高い区域を探してしまうと，次は可能性の高い区域とは別の場所を探すことが多い。サマヴィルたちの研究グループは，隠蔽や発見に関わる一連の出来事の因果の理解について研究してきたが，4歳以前の子どもは完全には理解していないようである。

科学的推論――原因となる変数が複数含まれる状況についての理解

　今まで論じてきた諸研究では，因果推論の基本原理は4歳までには十分に安定することが示されている。幼児でさえも数種の因果原理を使用することがで

きる。しかし，特定の現象を引き起こす原因の候補を排除するために，複数の因果原理を使いこなすことは困難であることも示されている。これができるようになるためには「科学的方法」を理解する必要がある。幼児はある特定の現象を引き起こす原因を決めなければならないとき，仮説を系統立てて検証することができず，混交（訳注4）している変数を統制し損なうかもしれない。さらに幼児は自分の仮説を反証する証拠を探索することができず，手元の，データの一部しか説明しない原因を受け入れてしまうかもしれない（Sodian, Zaitchek, Carey, 1991）。つまり，幼児は科学的推論の構成要素についてほとんど理解していないようである。

　幼児の科学的推論には欠陥があるという立場を支持する証拠のほとんどが，クーンらの研究によるものである。彼女らは仮説と証拠について幼児がどのように理解しているかを幅広く研究してきた（たとえば，Kuhn, Amsel, & O'Loughlin, 1988. また，第8章でのピアジェの議論も参照）。クーンの研究によると，子どもたちは11歳か12歳くらいまでは，証拠（causal evidence）が，仮説を支持したり反証したりするのはどのような場合かをほとんど理解できないようである（たとえば，Kuhn, 1989）。クーンはこのような結果にもとづいて，幼児は「科学的思考」ができないと主張している。ここでいう科学的思考とは，理論と証拠の調整や区別，証拠と実験による仮説の評価を要する思考である（Klahr, Fay, & Dunbar, 1993も参照）。幼児はどういう種類の証拠がどの仮説を支持するのか，どういう種類の証拠がどの理論を反証するのかを理解していないようなのである。

　たとえば，クーン（1988）が報告したある実験では，寄宿学校の子どもが食べたさまざまな食物と，風邪のひきやすさのあいだの共変関係を示す証拠を被験者に見せ，評価させている。被験者は11歳と14歳の子どもに，さまざまな食物についての共変情報を示した絵を見せた（図4.7を参照）。たとえば，図に示されているように，リンゴとフライドポテトは，風邪と完全に共変しており，スペシャルK［コーンフレークの商品名の1つ］とコカコーラは共変関係にない。そこで，子どもに「その飲み物は，風邪のひきやすさと関係がありますか？」

訳注4　ある結果に影響を及ぼす2つ以上の変数が共変している（独立でない）ためにそれぞれの変数による効果が分離できない場合，それらの変数（の効果）は互いに混交しているという（北大路書房，森敏昭・吉田寿夫『心理学のためのデータ解析テクニカルブック』1990を参照）。

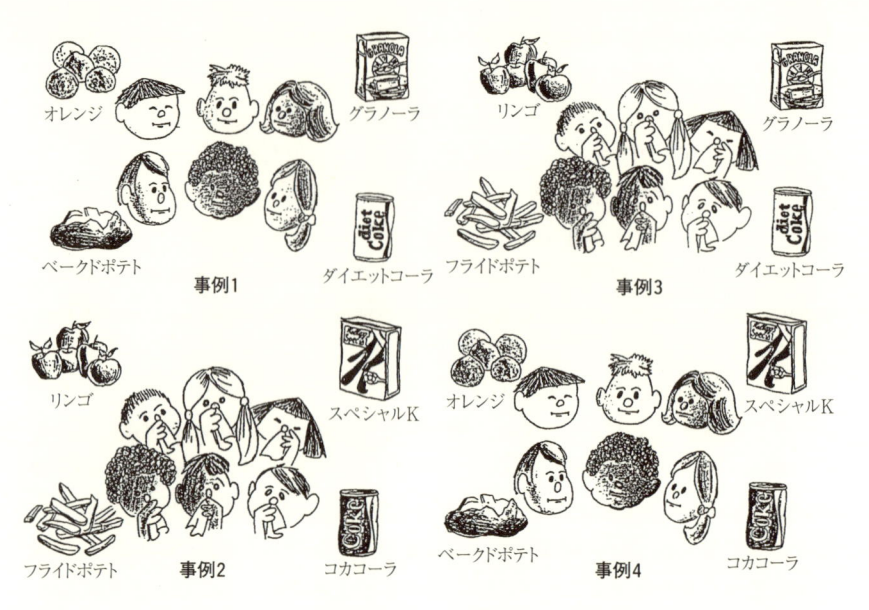

図4.7 食物と風邪の引きやすさの関係について，共変関係を示す証拠を図で表したものの例。(Kuhn et al., 1988).

といった質問をした。年長の子どものみが，共変についての証拠を適切に評価することができた。とはいえ，彼らの成績は完全なものとはいえなかった。自発的に証拠にもとづいてなされた反応の割合は，11歳児の場合は30％，14歳児の場合は50％であった。大人は14歳の子どもとほぼ同じ成績であった。

さらにクーンら（1988）は，子どもは「包含エラー」によって因果について誤った推論をする傾向が強いことを報告した。包含エラーとは，たった一度だけ結果と共起した変数を原因としてしまうことである。たとえば，たった一度だけ，ある食物を食べて風邪をひいてしまった場合，その食物が風邪のひきやすさの原因だと考える場合が当てはまる（たとえば，図4.7のグラノーラ［シリアルの一種］）。このように，たった一度しか起こっていない事柄を証拠とみなしてしまう誤った推論は，11歳児の試行の47％，14歳児の試行の65％に見られた。クーンは，この方略は誤った因果推論を導いてしまいがちであると指摘している。包含推論は正しい結論を導くこともあるが，間違った結論を導くこともあるからである。クーンらが現在進めている研究によると(たとえば, Kuhn,

Garcia-Mila, Zohar, & Andersen, 1995），子どもは調べている変数の因果的な役割について，あらかじめ自分なりの理論をもっており，それが根深く包含エラーを引き起こすという。こういう先行の信念は事例を選択するのに影響し，ある事例への注意を促して，因果についての結論の論拠にされる。それに対して大人は，証拠を解釈する際に推論の誤りを犯すこともあるが，子どもに比べると手元の証拠に目を向けることが多い。

　ソーディアンら（Sodian et al, 1991）は，既有の信念（「風邪をひく」など）が強く作用する状況にはないときに，子どもがどのように推論課題を行うかに関心があった。幼児はなじみのない状況で，仮説と証拠の関係に気づくことができるだろうか。このことを明らかにするために，ソーディアンらは子どもを対象にして，仮説を検証できるテストとできないテストのどちらかを選択させる実験を行った。彼らの方法は単純であったが，既有知識が活性化されにくいものであった。また，因果の結論を導くのに十分なテストはひとつしかなかった。そのテストでは，2人の兄弟が，自分たちの家にいるネズミが小さいのか大きいのかをどのようにして判断したのか，ということについて調べられた。

　ソーディアンらの実験では，6歳児と8歳児に，2人の兄弟が登場する次の物語を聞かせた。2人の兄弟は家にネズミが1匹いることを知ってはいるものの，まだ見たことはない（というのは，ネズミは夜しか出てこないからである）。一人は，そのネズミは「大きいお父さんネズミだ」と考えており，もう一人は，そのネズミは「小さい赤ちゃんネズミだ」と考えていた。問題は，どちらの考えが正しいかを決めるにはどうしたらよいかということである。ネズミの大きさについての仮説を検証するために，2人の兄弟は，ネズミの好きなチーズを箱の中に入れておこうと考えた。手元に2つの箱があり，ひとつの箱は入り口が大きいので大きいネズミも小さいネズミも入ることができ，もうひとつの箱は入り口が小さいので小さいネズミしか入れない。課題は，兄弟がネズミの大きさを知るためにはどちらの箱を使うべきかを判断することであった。どちらの年齢群でも，ほとんどの子どもが小さい入り口の箱を使うべきだと気づいた。たとえば，ある子どもは次のように述べている（Sodian et al., 1991, p.758）。「この兄弟は小さい入り口の家を使わなくちゃいけないよ。もし食べ物がなくなっていたら，ネズミは小さいということだし，なくなってなかったらネズミは大きいということだよ」。ソーディアンらは，単純な状況においては，かなり年少の子どもでさえも仮説検証の目的を理解しており，仮説を検証できるテスト

とできないテストを区別できると結論づけた。

　最近では，ラフマン，パーナー，オルソンとドハーティ（Ruffman et al., 1993）が「にせ証拠」課題を考案し，年少の子どもでも，原因がひとつしかないときには，証拠のパターンと仮説を関連づけることができるかを検討した。子どもの課題は，歯が抜けるのは緑の食べ物と赤の食べ物（「食物」は色紙の断片から作られていた）のどちらのせいなのかを判断することであった。4歳児と5歳児に，食べ物を食べている男の子10人の絵を連続して見せた。そのうち5名は緑の食べ物を食べており，歯が健康であった。残り5名は赤い食べ物を食べており歯が抜けていた。子どもに「どの食べ物を食べると子どもの歯が抜けてしまうの？」と質問した。子どもは全員，赤い食べ物だと答えた（このことは共変原理を使用していることを示している）。

　その後，子どもに10人の男の子の顔の絵を見せた。そのうち5人は歯がなく，残り5人の歯は健康であった。緑の食べ物か赤い食べ物のかけらがちょうど男の子の口のところに描かれており，共変情報を示していた。その後，実験者は証拠を「作り替え」た。食べ物の種類と歯の状態の組み合わせを変え，先の組み合わせとは逆のパターン（緑の食べ物を食べると歯が抜ける）を示した。ここでサリーという人形を導入した。サリーは証拠が作り替えられたことを知らなかった。子どもに，「サリーがこれらの絵を見たら，どの食べ物を食べると歯が抜けると思うかな？」と質問した。5歳児のほとんどが正答し，サリーは誤った仮説を作ると答えた。第2実験では，第1実験と同様に，人形がいないあいだに証拠を作り変えるのだが，共変パターンを不完全にしておき（そういうわけで，共変パターンはある特定の仮説を支持しているように見えるのだが）子どもに見せた。5歳児はジョン［第2実験ではサリーに代わってジョン］が誤った仮説を作ると認識することができず，6歳児は認識できた（4歳児については検討されなかった）。ラフマンらは子どもは6歳くらいまでには，共変情報が単純な場合は，それがどのように仮説の基盤となっているか理解していると思われると結論づけた。

　このようなポジティブな結果が示されているにもかかわらず，クーンの基本的主張は変わらないようである。因果についての基本的な直観は子どもにおいても十分にはたらいているが，原因となりうる変数が多数存在する状況で因果推論を行わねばならない場合，子どもにはいくらか困難である。クーンら（1995）が指摘したように，大人でさえも，本格的な科学的推論課題の成績が芳しくな

いことが多い。とくに，証拠のデータベースを検討し結論を導かねばならない課題ではそうである。現実場面で科学的方法を導入して変数間の関係を検討することは，多くの変数が存在する場合には容易ではない。そういうわけで，複数の変数について因果推論を行うことは，子ども期を過ぎてもやはり難しいのである。

複数の物理特性について因果情報を統合する

　日常生活で行われる因果推論の特徴は，複数の原因についての情報を統合する必要があることである。というのも，単独の原因と結果を取り出して推論しなければならないという状況はめったにないからである。むしろ一度に複数の原因について推論しなければならない状況が多い。日常の問題を解決しようとするときでさえ，多くの原因と結果を考慮に入れなければならない。その上，ある問題に関連のある原因の中には相互に作用し合うものもあるだろう。つまり因果推論は，普通，複数の側面を考慮しなければならない。

　ありふれた例をあげてみよう。昼休みに郵便局に行くのに十分な時間があるかどうかを判断しようとしているとする。そのとき，郵便局までの距離だけでなく，昼休みの時間の長さや歩く速さも考慮する必要がある。さらに雨が降っているかどうか（歩く速さや時間に影響を与える），現金引出し機がたくさんあり混雑していないかどうか（郵便局での時間に影響を与える），道中が混んでいることはないかなども考慮する必要があるだろう。つまり，郵便局に行こうとするのは無駄ではないかということを判断する前に，多くの原因を考慮し，それらが相互にどのように作用しているかを考える必要がある。

2つの特性についての知識を統合する

　複数の原因特性についての情報を相互に関連づけることができるようになるのは，幼児期のいつごろだろうか。この問題は，さまざまな実験方法によって検討されてきた。最初に，2つの原因特性についての情報を関連づける子どもの能力を調べた実験について考察し，次に3つの原因特性についての情報を関

図4.8 天秤ばかり装置。

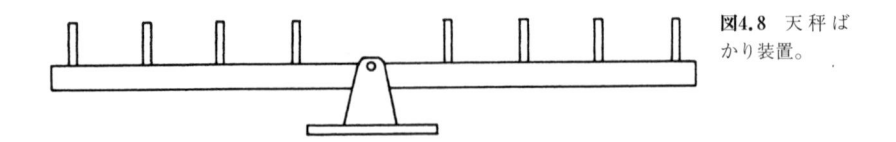

連づける子どもの能力を調べた実験について考察しよう。2つの原因特性についての情報を関連づける子どもの能力を調べるための最もよく知られた実験方法のひとつは，天秤ばかり課題である。

【天秤ばかり課題】

　天秤ばかり課題によって，重さと距離の情報を関連づける子どもの能力を測定できる。典型的な装置はシーソーに似ていて，長さの等しい2本のアームが中央の支点から伸びている（図4.8を参照）。それぞれのアームは，支点からさまざまな距離に錘を置くことができるようになっている。錘の組み合わせは複数あり，支点から錘までの距離も調節できる。そういったさまざまな場合に，天秤ばかりのどちらのアームが下方に傾くかを予測することが課題である。この課題に正答するためには，子どもは錘の数と支点からの距離の両方を考慮して，さらにこれらの変数を掛け合わせて結びつけなければならない。たとえば，天秤ばかりの片方のアームには支点から20センチの距離に3つの錘が乗っており，他方のアームには支点から10センチの距離に6つの錘が乗っている場合，この天秤ばかりは釣り合うと予測できる。しかしながら，どちらのアームにも錘が支点から10センチの距離にある場合は，6つの錘が乗っている側が下方に傾くと予測できよう。

　シーグラー（Siegler, 1978）は天秤ばかり課題によって，子どもが重さと距離についての情報を関連づけるために使用するルールが，認知発達にともなっていかに変化するかを検討した。シーグラーの方法では，ひとつの変数（重さか距離）を一定にしておいてもうひとつの変数を変化させるという状況が設定された。子どもは天秤ばかりのどちらのアームが下方に傾くかを選択する。たとえば，距離問題では両方のアームに同じ数の錘を置くが，支点からの距離は異なる。重さ問題では両方のアームに置く錘の数は異なるが，支点からの距離は同じである。葛藤－重さ問題では，両アームに置く錘の数も支点から錘までの距離のどちらもが異なるが，錘の数が少ない方が支点からの距離が長い（た

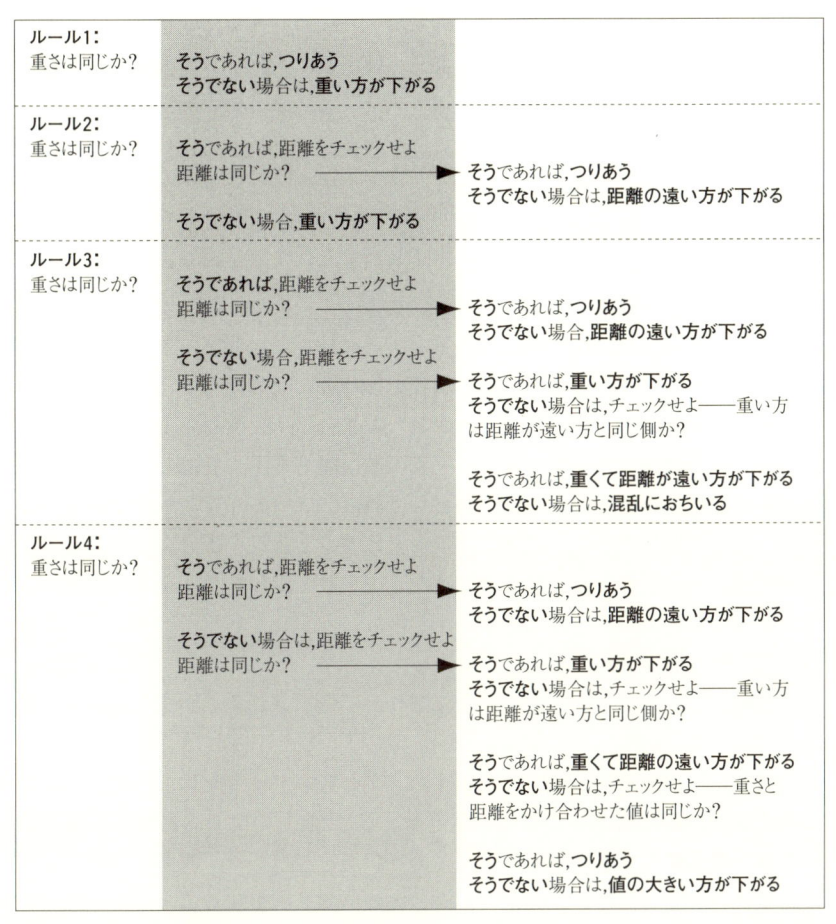

ルール1: 重さは同じか?	そうであれば,**つりあう** そうでない場合は,**重い方が下がる**	
ルール2: 重さは同じか?	そうであれば,距離をチェックせよ 距離は同じか? ⟶	そうであれば,**つりあう** そうでない場合は,**距離の遠い方が下がる**
	そうでない場合,**重い方が下がる**	
ルール3: 重さは同じか?	そうであれば,距離をチェックせよ 距離は同じか? ⟶	そうであれば,**つりあう** そうでない場合,**距離の遠い方が下がる**
	そうでない場合,距離をチェックせよ 距離は同じか? ⟶	そうであれば,**重い方が下がる** そうでない場合は,チェックせよ——重い方は距離が遠い方と同じ側か?
		そうであれば,**重くて距離が遠い方が下がる** そうでない場合は,**混乱におちいる**
ルール4: 重さは同じか?	そうであれば,距離をチェックせよ 距離は同じか? ⟶	そうであれば,**つりあう** そうでない場合は,**距離の遠い方が下がる**
	そうでない場合は,距離をチェックせよ 距離は同じか? ⟶	そうであれば,**重い方が下がる** そうでない場合は,チェックせよ——重い方は距離が遠い方と同じ側か?
		そうであれば,**重くて距離の遠い方が下がる** そうでない場合は,チェックせよ——重さと距離をかけ合わせた値は同じか?
		そうであれば,**つりあう** そうでない場合は,**値の大きい方が下がる**

図4.9 天秤ばかり課題における,物理理解の発達を説明するために,シーグラー(1978)が提示した,4つのルールの例解。

とえば,支点から8センチ離れた位置に2つの錘を置く場合と,支点から6センチ離れた位置に3つの錘を置く場合では,錘の数の多い方のアームが下がる)。5,9,13,17歳の女子を対象にテストを行った。

　シーグラーは実験結果にもとづいて,天秤ばかり課題に見られる物理の理解の発達は4つのルール段階を経ると仮定した。最終的にたどりついたルールだけが複数の原因特性の統合を示すものであった(図4.9を参照)。最初の3つの

ルールでは，重さと距離は関連のないものとして扱われ，統合されていなかった。ルール1を使用する子どもは，常に，錘の多い方のアームが下がると答えた。ルール2を使用する子どもは，両方のアームの錘の数が等しいときだけ距離の情報を考慮し，その他の場合は距離を無視して，重さの比較にもとづいて判断した。ルール3を使用する子どもは重さの情報だけでなく距離の情報も考慮するという発達的進歩を示したが，それは2つの変数が葛藤しないときに限られていた。すでに触れた葛藤‐重さ問題のように，第1のアームは第2のアームより錘の数が多く，第2のアームは第1のアームより錘の支点からの距離が長いとき，正答率は偶然の域（チャンスレベル）にとどまった。ルール4を使用する子どもだけが重さと距離の情報を掛け合わせて統合する能力を示した。

一方，ウィルケニングとアンダーソン（Wilkening & Anderson, 1991）は，シーグラーの課題は年少児の統合ルールの適用能力を過少評価している可能性があると主張した。というのは，子どもは誤ってはいるが建設的な反応をしたかもしれないからである。彼らは，年少児は重さと距離を掛け合わせるという洗練度の高い統合ルールを使うのではなく，重さと距離を足し合わせるという単純な統合ルールを使うのではないかと指摘した。こういう子どもは，じつは統合ルールの単純な形式を使っていたのであるが，シーグラーの得点化においては非統合ルール（ルール1から3のどれかに分類される。つまり建設的ではあるが誤った反応を示している。）を使っているとみなされたと考えられる。この考えを検証するために，ウィルケニングとアンダーソンは，一方のアームに乗せる錘の数は固定しておき（固定セット），他方のアームに乗せる錘の数や距離は変化する（非固定セット）という状況を設定した。課題は，両アームの釣り合いを保つために，固定セットの錘の位置を調整することであった。

調整課題を行うためには，子どもは重さか距離を調整しなければならなかった。たとえば，固定セットの錘の数を3つに固定し，支点から12センチの距離に置き，非固定セットの錘の数は1から4個のどれかであり，支点からの距離は6，12，18，24センチのどれかである場合を考えてみよう。この場合，釣り合いを保つためには，子どもは固定セットの錘の位置を調整しなければならない。非固定セットの錘の数が1つで，支点からの距離が6センチの場合，固定セットの錘を支点から2センチの距離の位置に移動せねばならない。また，非固定セットの錘の数が1つで，支点からの距離が12センチの場合，固定セットの錘を支点から4センチの距離の位置に置かねばならない。これは距離調整課

題である。この課題に加えて、さらに重さ調整課題も行った。重さ調整課題では、固定セットの錘の位置は支点から24センチの距離に固定し、錘の数を最初は2つにしておく。非固定セットの錘の数は1から4個のどれかであり、支点からの距離は8，16，24，32センチのどれかであった。課題は天秤ばかりを釣り合わせるために、固定セットの錘の数を増やしていくことであった。実験の結果、9歳児、12歳児、大人はみな、重さと距離についての情報を結びつけるために掛け算による統合ルールを使うことを見いだした。最年少の子ども（6歳児）は、2つの情報を統合せず、重さか距離のどちらかだけに注目する傾向があった。とはいえ、アンダーソンとウィルケニングは、シーグラーの方法では天秤ばかり課題における子どもの因果の理解を著しく過小評価してしまうと主張した。

【力の効果について情報を統合する】

現実の世界においては、力についての情報も統合する必要がある。綱引きを考えてみよう。これは単純な力の問題である。男たちが2つのチームに分かれて綱の端を引っ張っている。両チームともに、綱の中心を決められた地点よりも手前に動かそうとする。ひとつのチームは20名からなり、もうひとつのチームが10名からなるなら、たいてい20名からなるチームが綱引きに勝つと予想するだろう。というのは、このチームの方が強い力を発揮できるはずだからである。しかしながら、10名からなるチームの男たちはみな体重が130キロ以上で、20名からなるチームの男たちの体重がみな50キロ以下ならば、反対の予測が成り立つだろう。強い男10名を合わせた力は、弱い男20名を合わせた力よりも大きいと予測できよう。一方、もしチームの人数も強さも等しいとしたら、綱の中心はまったく動かないだろう。両方の力は相殺されるだろう。

ポーエン（Pauen, 1996c）は、このような力の問題の幼児版を作り、2つの力が180度の角度で作用し合うという特別な場合（綱引き）だけでなく、45度，75度，105度の角度で作用し合う問題も加えた。力を錘によって表し、その比率はそれぞれ1：2，1：3，1：6であった。このような問題を正しく解決するためには、子どもは2つの力のベクトルを合成しなければならない。問題は、力テーブルと呼ばれる特別の装置を使って提示された（図4.10を参照）。

力テーブルでは、円形の板の中心部分に、円柱が固定されている。この円柱には2つの力が作用しているが、それは錘皿によって加えられている。2つの

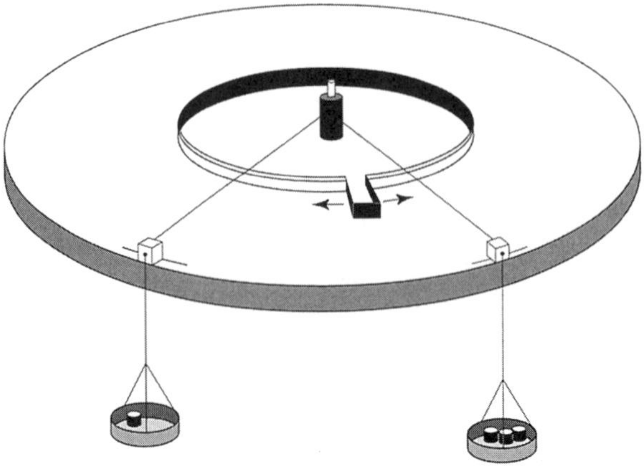

図4.10 ポーエン（1996 c）が用いた力テーブル。

錘皿は中央の円柱にかけられたひもでぶら下げられており，45度，75度，105度のいずれかの角度をなしていた。課題は，円柱を固定している留め具がはずされると，どのような軌跡をたどるかを考えることである。実際には，中心の円柱は固定されたままだったが，子どもは円柱が固定されている台座を囲む柵を動かし，柵の隙間が円柱をきちんと受け止める位置にもってこなければならない。子どもが柵の隙間をどちらの錘皿に近い位置に動かしたか，それとも両方の錘皿から同じ距離の位置に動かしたかという観点から，子どもの予測を得点化した。

力テーブル問題は，子どもには，王様（中心の円柱）の物語に置き換えて示した。王様は凍った湖の上（円柱が固定されている台座）でスケートをしていたが，疲れてしまったので，湖岸にある王様用のベッド（柵の隙間の後ろにある箱）まで引っ張ってほしいと思った。課題は，王様がちょうど滑り込んでくる場所に王様用ベッドがくるように柵を動かすことである。さまざまな錘の組み合わせを使って，6，7，8，9歳の子どもについて調べると，ほとんどの年少の子ども（80〜85％）は，王様は力が強くはたらいている方向のみに動くと予測することが明らかになった。たとえば，一方の皿には錘が3つあり，もう一方の皿には錘が1つしかない場合，子どもは錘が3つ乗っている皿を吊り下げているひもの真下に柵の隙間を動かすのである（「単一力」ルール）。

2力を同時に考慮する能力は，9歳児の何人か（45％）が示した。このような子どもは，柵の隙間の適切な位置は重い皿をつっているひもの近くではある

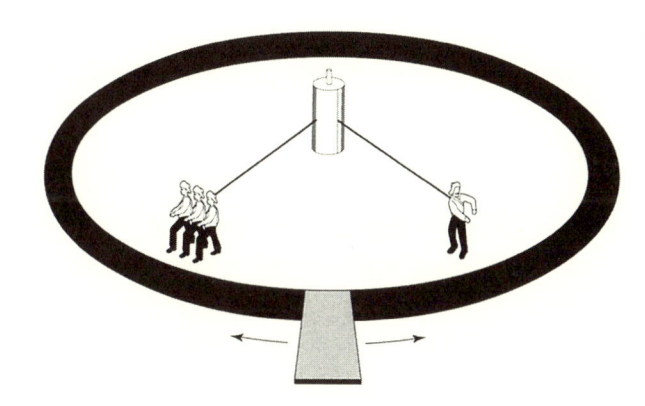

図4.11 ポーエン (1996d) がカウボーイ・パラダイムで用いた力テーブル。

が，ひもの真下ではないことがわかっていた。とはいえ，彼らはこのような考えをいくつかの試行で見せつつも，単一力ルールに戻ったりすることもあった。このことをふまえてポーエンは，9歳児は統合ルールに至る過渡的な段階にあると判断した。純粋な統合ルールにもとづく行動を示した子どもはほとんどいなかった（すべてのグループのうち5〜10％）。このような行動をとるためには，ひものなす角の2等分線と，より強い力が作用しているひものあいだのどこかに柵の隙間をもってくる必要がある。しかしながら，このような統合ルールにもとづく反応をしたのは，大人の被験者の過半数（63％）にすぎなかった。

力が互いに180度の角度をなして作用するという特別な事例の場合（すでに述べた綱引きの状況に同じ），すべての年齢の大多数の子どもが力問題に正答した。そこでポーエンは力問題の状況を変え，重さを皿の上の錘によって表すのではなくひもを引く人間によって表すことにした。そしてその方が統合ルールを使いやすくなるかどうかを検討した。力テーブルを使った第2実験で，ポーエンは錘皿のかわりにひもを引く人形を使った（図4.11を参照）。子どもには，カウボーイの2つのグループが大砲を自分たちの陣営にもっていこうと引っ張っていると説明した。

この追試実験では，年少児でも，不正解である単一力ルールの使用は減ったが（80〜85％から40〜50％に減少），正答である統合ルールの使用は増えなかった。さらにポーエンは，年少児を対象に，特別な事例（180度）の問題をカウボーイが登場する状況に置き換えて行ったが，正答数は減少した。ポーエン

第4章　因果推論の発達

は，このような結果が見られたのは，錘皿の問題を与えられた子どもは天秤ばかりのアナロジーを統合問題に適用したからだと推察した。天秤ばかりのアナロジーは単一力ルールによる解決法を引き出すが，それは180度問題の場合では正解となり，45度，75度，105度の問題の場合では不正解となる。

【力効果の推論で使われる，天秤ばかり課題の誤ったアナロジー】

ポーエンが子どもは天秤ばかり課題のアナロジーを使っているのではないかと考えたのは，子どものコメントからであった。子どもは，力テーブルを見ると天秤ばかりを思い出すと言ったのである（おそらく錘皿があるため）。このことからポーエンは，子どもは力テーブルの基盤である物理法則について推論する際に，アナロジーを自発的に使うと主張した。もっとも，実際にはこのアナロジーは誤りを導いてしまうのである。ポーエンとウィルケニング（Pauen & Wilkening, 1997）は，このアイディアについてさらに検討するために，9歳児に天秤ばかりを使った訓練を行ってから力テーブル問題に向かわせた。第1グループの子どもには，今までと同じ天秤ばかりを使った訓練を行い，単一力ルールの適用法を学習させた。第2グループの子どもには改造した天秤ばかりを使って訓練を行ったが，この天秤ばかりの重心は回転軸より低い位置にあった（つまり遊園地のバイキング（船型ブランコ）のようになっている）。この改造版天秤ばかりでは統合ルールの訓練ができる。なぜならば，この方式では，アームは力が強く作用する方に回転するが，アームの傾きの度合いは両方の力によって決まるからである。この2種類の天秤ばかりを図4.12に示す。どちらの場合も，課題は両端の重量比からアームの中心にとりつけられたポインタの指し示す位置を予測することであった。アームが釣り合うとポインタは真上を指す。

天秤ばかり課題による訓練に続いて，錘皿のついた力テーブル課題に移った。第3グループの子どもには，この力テーブル課題のみを与え，訓練なしの統制群とした。ポーエンとウィルケニングは，次の結果が見られたらアナロジー訓練の効果があると考えた。すなわち，従来の天秤ばかり課題の訓練を受けた子どもは統制群の子どもに比べて単一力ルールを使う傾向が高く，改造した天秤ばかり課題の訓練を受けた子どもは統制群の子どもに比べて統合ルールを使う傾向が高い場合である。そして実際，このようなパターンが見いだされた。力テーブルへの子どもの反応は，アナロジーモデルでの解決法と一致していた。

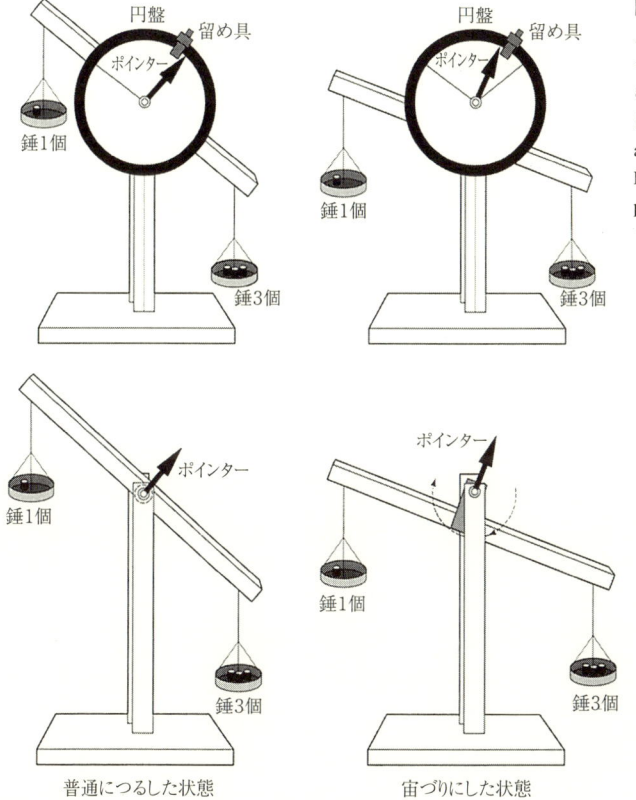

図4.12 (a)「単一力」ルール vs (b) 統合ルールの訓練を行うために用いられた天秤ばかり装置。(Pauen and Wilkening, 1996). Reproduced with permission.

このような結果が示唆するのは，子どもは物理推論において自発的にアナロジーを使っていたということである。それはちょうど，子どもが生物についての推論でもアナロジーを使う（第3章で論じたように，子どもは擬人化アナロジーを使う）のと同じである。第7章でもっと詳しく論じるが，アナロジーは子どもが日常，推論する際に重要な役割を果たすようである。

3つの特性についての知識を統合する

　3つの特性についての情報を関連づける子どもの能力はウィルケニングたちのグループによって研究されてきた。この研究では，時間，距離，速さについての情報を関連づける子どもの能力を検討している（たとえば, Wilkening, 1981, 1982）。昼休み中に郵便局に行けるかどうかを判断するときなどに，時間，距離，速さについての情報が不可欠である（すでに述べた）。「昼休みの長さはどれくらいか」（時間），「郵便局までどれくらいの距離があるか」（距離），「どれくらいの速さで歩けるか」（速さ）の情報が不可欠である。これらの変数は単純な物理法則によって結びついている。たとえば，速さは距離を時間で割った値であり，距離は時間と速さをかけたものである。子どもは時間，距離，速さの情報を統合する際に，これらの物理法則にもとづいて推論しているのだろうか。これを明らかにするために，ウィルケニング（1981）は，カメ，モルモット，ネコが登場する課題を作った。

　ウィルケニングの課題では，子どもに歩道橋の模型を見せる。カメ，ネコ，モルモットがこの模型の上を走って逃げていくが，イヌが歩道橋の左端にいて激しく吠え立てるので，動物はそれぞれ違う速さで逃げる。課題は，一定の時間内にそれぞれの動物がどれくらいの距離を走ることができるかを判断することであった。時間範囲は2，5，8秒間のいずれかで，イヌが吠えた時間の量によって表された。子どもはイヌが吠え終わってから，歩道橋の正しいと思う位置に各動物を置く。この課題では，子どもは距離を判断するために時間，速さの情報を統合しなければならない。

　さらにウィルケニングは距離と速さの統合が必要な課題と，距離と時間の統合が必要な課題を作った。ウィルケニングは，子どもがこれらの異なる情報をうまく統合できるとしたら，乗法ルールを使って判断しているはずだと主張した。たとえば，すでに紹介した吠えるイヌ課題では，「距離は時間と速さの積に等しい」というルールを使うはずである。実験の結果，5歳児と10歳児は，吠えるイヌ課題では大人の統制グループと同じ程度に乗法ルールを使用することが明らかになった。しかしながら，別の形式の課題の場合では，5歳児は常に正しい統合ルールを使えるわけではなかった。たとえば，距離と速さについ

ての情報を使って時間を判断する場合（カメ，ネコ，モルモットが歩道橋のどの位置にいるかの情報にもとづいて，イヌが吠えた時間を判断する），最年少の子どもは，距離から速さをひくという減法ルールを使った。このことから，子どもは動物の種類によって，同じ距離でもイヌが吠えている時間が異なることを理解しているが，その違いを比例の観点から推定することができないと考えられる。

　しかしながら大人でも，いくつかの別の形式の課題では誤った統合ルールを使った。たとえば距離と時間についての情報を使って速さを判断する（イヌが一定の時間吠えているあいだに，歩道橋のある地点に到達した動物はどれかを判断する）とき，大人も減法ルールを使ったが，これは年少の子どもが時間判断課題で減法ルールを使ったのと同じである。しかしながら，ウィルケニングは子どもと大人が常に正しいルールを使うわけではないことは，それほど重要ではないと考えた。重要なのは，5歳児でさえも異なる物理特性について推論を行う場合，代数ルールを適用しようとするところにある。このことが意味するのは，たとえ子どもたち（と大人）がこれらの変数を統合するのに誤ったルールを適用したとしても，少なくとも別個の変数が含まれていることについては概念的に理解しているということである。情報を統合するために心の中で使うルールは必ずしも力学の物理ルールを反映しているわけではない。しかしウィルケニングは，これらの結果から，子どもは異なる特性間の関連を暗黙的に理解していると主張した。すなわち素朴物理学，「直観」物理学をもつというのである。子どもは独立した変数を心の中で統合する際に，実用的なアプローチを採用するのである。そういうアプローチで用いる手続きは物理ルールを侵害することはないが，単純化したものなのである。

直観物理学

　素朴物理学や直観物理学といった考えは，今や多くの発達心理学者が理論的に定義しており，物理的推論の発達を説明するうえで中心的な役割を担っている。たとえば，ウィルケニングによれば，直観物理学のルーツはモノゴトの知覚にあるという（Anderson & Wilkening, 1991を参照）。子どもは身のまわりの環境に対する知覚にもとづいて物理システムの構造や，振る舞いを表すメンタ

ルモデル(訳注5)を形成する。そしてメンタルモデルを物理世界について推論する際に使う（子どもの推論におけるメンタルモデルの役割についての議論は，Russell, 1996を参照）。ウィルケニングは，メンタルモデルにはレベルの異なる多くの知識が含まれており，それらは共にはたらくと考えた。たとえば，アンダーソンとウィルケニングによると，直観物理学で使用されるメンタルモデルは知覚から抽出される知識のみでなく，活動や認知についての知識も含んでいる。第2章で見たように，物理的な出来事を説明するメンタルモデルの中には乳児期にはたらいているものもある（たとえば，Baillargeon, 1995 ; Spelke, 1991）。アンダーソン（1983, p.252）は以前次のように述べている。「素朴物理学の学習はゆりかごから始まっている。」

直観物理学と放物運動

　人が「直観物理学」をもつことを示す証拠が蓄積されてきている。しかしモノゴトの因果について私たちがもつ直観は常に正しいとは限らない。さらにモノゴトについての直観的な根深い誤概念もいくつかある。これらの誤概念のうち最も詳しく調べられてきたのは，放物運動についての直観に関するものである。
　モノの軌道を予測する際に，子どもも大人も「真下落下」ルールにしたがっているようである。つまり，歩いているときにモノを落とすと，一直線に真下に落ちると信じているのである。実際は，モノは放物線を描いて前方に向かって落ちる（たとえば，Kaiser, Proffitt, & McCloskey, 1985）。同様に，「C」字型に曲がった管からある速度で飛び出したボールの動きを予測する場合，大人も子どももボールは曲線状の弧を描いて運動し続けると判断する。この場合，実際には接面に沿って直進するのである（たとえば，Kaiser, McCloskey, & Profit, 1986. 図4.13を参照）。多くの研究者がこれらの誤概念は，中世の物理理論と非常に似ていると指摘してきた。中世の運動理論では，動いているものはある動

訳注5　「メンタルモデル」という言葉の意味は使用される文脈によって意味が異なる。この場合は，人が環境や装置などの構造やはたらきについて理解し構成した一種のモデルのことを意味する。

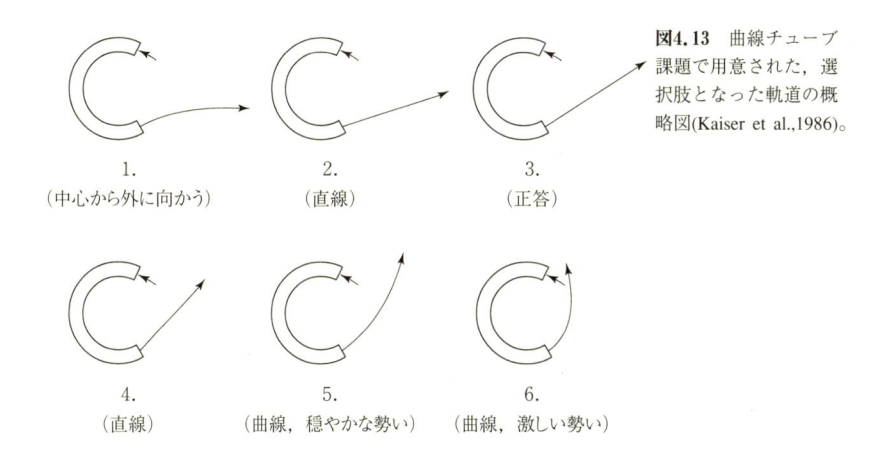

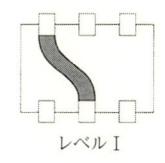

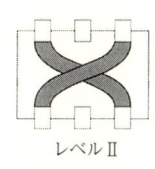

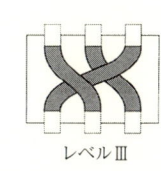

図4.13 曲線チューブ課題で用意された，選択肢となった軌道の概略図(Kaiser et al.,1986)。

1. （中心から外に向かう）
2. （直線）
3. （正答）
4. （直線）
5. （曲線，穏やかな勢い）
6. （曲線，激しい勢い）

図4.14 「チューブ」課題(Hood, 1995)での，それぞれの難易度を示した概略図。Reproduced with permission.

レベルⅠ　レベルⅡ　レベルⅢ

き方をする運動力を蓄えている，という概念が非常に重要だった（たとえばViennot, 1979）。

　直観的であるが誤りを引き起こす力学概念は，取り除くのが非常に難しいようである。たとえば，すでに述べた「真下落下ルール」が適用されるのは放物運動のみではない。重力の作用についての理解を調べる課題を解く際にも適用されてしまう。ひとつの例としてフッド（Hood, 1995）が作った「チューブ課題」を取り上げよう。チューブ課題では，ボールを3つのチューブのどれかに落とすところを見せる。そして幼児（2歳から4歳）にボールを見つけるように求める。チューブはすべて不透明で，互いに交差させて視空間的迷路を作ることができるようになっている。チューブが交差している場合は，「真下落下ルール」にもとづいて判断すると誤った場所を探してしまうと予想される。チューブ課題はチューブの数や交差の複雑性を増大させて，難易度を変えることができる（図4.14参照）。

第4章　因果推論の発達　　185

フッドは，チューブ課題に失敗する子どもは一様に，ボールを離した位置の真下を探すことを明らかにした。フッドはこれを「重力エラー」と名づけた。どの難易度でもチューブ課題の解決能力は年齢（年長の子どもでも簡単なレベルの課題しか解決できなかった）と性（男児の成績は女児よりも優れていた）に関連していた。しかし，重力エラーはどの難易度の課題でも最も多く見られる誤りであった。誤った探索行動をしてしまう主な原因は，チューブの軌道を無視して，真下落下軌道に注目してしまうことにあるようであった。

フッドは後に不透明なチューブのかわりに透明なチューブを使って実験を行った。このようにボールの軌道が見える場合には，最年少の子ども（2歳児）でもボールをうまく探すことができた。さらにそれはどの難易度の課題でも同じだった。しかしながら，驚いたことに，フッドは探索行動が転移する証拠を見いだすことができなかった。透明なチューブの場合にはうまく探すことができた子どもに，直後に同じ難易度の不透明なチューブの課題を与えたが，あっさり失敗してしまったのである。ひとつのチューブを使用して課題の訓練を何度行っても，2歳児グループでは重力エラーを取り除くことができなかった。フッドは，チューブ課題で調べているのは，チューブがどのように作用するのか，チューブは見えない落下物の運動をどのように制約するかについての理解の発達過程であると結論づけた。この説明にもとづくと，重力エラーは直観的なものであり，チューブ課題をかなりうまく解決できるようになった子どもでも，まったく異なる装置を使用した課題を行う場合は，重力エラーを繰り返してしまうと考えられる。

知識と行動を区別して考える

これまでに論じてきたのは，比較的複雑な因果推論課題についてであった。そのほとんどが行動を観察することで知識を測定していたことに留意してほしい。たとえば，シュルツら（Shultz et al., 1982）の実験では，子どもが媒介物による伝達を理解しているかを測定するために，テニスボールを転がす課題を行った。ウィルケニングとアンダーソン（1991）の実験では，子どもが重さと距離の情報の統合を理解しているかを測定するために，天秤ばかりの錘を動かす課題を行った。またウィルケニング（1982）の実験では，子どもが3つの物

理変数（時間，距離，速さ）の統合を理解しているかを測定するために，歩道橋上で動物のおもちゃを移動させる課題を行った。ひとつの興味深い可能性は，行動を観察することで測定される直観的物理知識は，判断課題によって測定される直観的物理知識とは異なるかもしれないことである。判断課題では自分自身の物理的知識を反省的に思考する必要がある。たとえば，放物運動についての行動レベルの知識はかなり洗練されていても，同じ運動について明示的に判断しなければならない場合は素朴なものにとどまるかもしれない。行動にもとづいた知識と言語表現のできる知識は異なる発達過程をたどるかもしれない（暗黙的・手続き的知識と明示的・宣言的知識のたどる発達過程が異なることについては第5章で論じる）。行動を指標にすることによって，最もうまく直接的に直観物理学を測定できるかもしれないという可能性を，クリスト，ファイベルグとウィルケニング（Krist et al., 1993）は，放物運動を使った課題によって検討している。

　クリストらの課題は投球課題であった。6歳児，10歳児，大人に，異なる高さからテニスボールを投げ，床の上のターゲットに当てる課題を与えた。被験者に，テニスボールを投げる際に，腕を水平に動かすように教示した。この動きはいくぶん難しかった。それはボールを離す前に水平な「投球」台に沿って腕を動かす必要があったからである。このような手続きは，ボールをターゲットに当てようとする場合，ボールを手から離すときの速さが重要であることにもとづいたものである。さらに，実験では投球台の高さを変化させた（投球台が低いほど速く投げる必要がある）。したがって，さまざまな速さで投げる必要があった。クリストらは，被験者にボールを投げさせただけではない。投球台の高さが高い場合や低い場合に，ターゲットに当てるためにはどれくらいの速さでボールを離す必要があるかを判断させた。このような判断は，実験行動段階前にさせることも，後にさせることもあった。

　実験の結果，速さと高さの関数関係は，行動データのうえではすべての年齢において見られるが，判断データにおいては大人にだけ見られることが明らかになった。大人は投球台が低い場合は，速い速度でボールを離す必要があると判断するが，10歳児は高さによって速度を変える必要があるとは考えなかった。また6歳児の中には，逆のパターンを示すものもいた。つまり，高いほど速い速度でボールを離す必要があると考えていたのである。それに対して，実際にボールを投げたときの平均速度は，どの年齢群においても物理法則に近似した

ものであった。つまり，判断課題成績は，年齢とともに高さと距離を適切に統合できるようになることを示すが，行動課題成績からは年少の子どもでもこの関係を直観的に理解していることがわかる。これらのデータは，アンダーソンとウィルケニング（1991）が提案した「メンタルモデル」の，素朴物理学の観点からの説明と一致している（すでに述べた）。ウィルケニングらは，これらのモデルは，知覚的－運動的な知識やスキルの獲得から発達が始まり，その後，力学の素朴概念の発達に至ると示唆している。

因果推論と因果の方向

大人の因果推論に影響を与えると考えられるもうひとつの変数は，推論の方向である。すなわち，原因から結果へという前向きの推論方向なのか，結果から原因へという後向きの推論方向なのかが，因果推論に影響する。たとえば，ウォルドマン，ホリオークとフラーティアン（Waldmann et al., 1995）は，大人は結果から原因へという関係よりも原因から結果へという関係の方が学習しやすいことを示唆している。というのも，原因から結果へという方が課題の学習に必要な認知的複雑性が低いと考えられるからである。彼らの提唱した，学習の「因果モデル」理論にもとづくと，因果についての情報を受け取る順序に関わりなく，原因から結果の方向に沿って，状況についての基本的な心的表象が作られている。

因果についての情報を受け取る順序は，因果推論の発達においてとくに重要な変数として注目されてきたわけではない。しかしながら，それは重要なはずである。たとえば，ブルーの研究では，幼児に対して，普通の因果関係をもつ出来事の継起と，普通と違う因果的出来事の継起をビデオで見せたが，結果から原因へという方向で推論することができる場合に成績が良く，因果情報を受けとる順序の重要性を物語っている。バウワー，マンドラーらの研究グループは，因果が実際に生じる順序で生じる出来事（容器の中に小さいものを入れることによって「ガラガラという音を立てる」ことなど。第2章でのマンドラーとマクドナウの議論，第5章でのバウワーとショアーの議論を参照）についての乳児の記憶を調べたが，その結果，最終状態（「結果」）についての情報を示さないよりも示した方が，ガラガラという音を立てるのに成功する割合が高い

ことが明らかになっている (Bauer, Schwade, Wewerka, & Delaney, 1999)。その他に (3歳児から), 原因から結果へという「前向き」の推論よりも, 結果から原因へという「後向き」の推論の方が, 容易かもしれないことを示唆しているデータもある (Cutting, 1996)。一方, バウアーらの研究グループは, 生後36ヵ月ごろまでは,「ガラガラという音を立てる」ことを反対向きに示しても (最終状態から始める), それを模倣することができないことを明らかにした。

カッティングの研究は, カッティング, チャールズウォースとゴスワミ (Cutting et al., 1991) が考案した2つの課題にもとづいたもので,「見かけと本当の違い」を子どもが理解しているかどうか, 略してARD (appearance-reality distinction) を測定するものであった。ARDとは, モノの見かけは必ずしも本質を示さないことの理解を意味する。たとえば, 色つきのフィルターの後ろに置かれたものは, 単に色が変化したように見えるだけだということを理解しているかどうかである。カッティングらのARD課題では, 3歳児に, (たとえば) 緑と黄色のクレヨン2本を提示する。そして両方のクレヨンを青色のフィルターの下に置き, どちらも同じくらいの濃さの緑に見えるようにする。子どもに,「黄色いクレヨンで黄色い車が描けるし, 緑のクレヨンで緑の車が描けるよね。これらのクレヨンを使うと, どんなのが描けるかな？ 黄色い車と緑の車が描けるかな, それとも緑の車が2台描けるかな？」この課題は, 原因から結果への前向きの推論を含んでいる (見かけと本当の違いの理解のみでなく)。見かけと本当の区別課題の後向き版 (結果から原因へ) では, 子どもに対して「緑のトラックを描くには, どのクレヨンを使ったらいいのかな？ これかな〔1本のクレヨンを示し〕, それともこれかな〔もう一方のクレヨンを示す〕？」と尋ねた。

このような課題における子どものARDの結果は興味深いもので,「トラック課題」の方が「車」課題よりも一貫して成績がよかった。この結果は, 原因から結果への「前向き」推論よりも結果から原因への「後向き」推論の方が容易だと想定することでうまく説明できよう。異なる題材を使用した数多くの関連する実験においても同じような結果が示された。とはいうものの, カッティングが指摘しているように, 前向き推論課題を行った子どもは, 2つの結果 (緑の車と黄色の車) について推論しなければならなかったのに対して, 後向き推論課題を行った子どもは, ひとつの結果 (緑のトラック) について推論すれば

よかった。このこと自体が，後向き推論課題を容易にしていたのかもしれない。

そこでカッティングは，後向き推論条件を追加して新しい実験を計画した。これは「4項」後向き推論課題で，子どもに対して2組のクレヨンのペアを提示した（緑と緑の組と，緑と黄色の組で，どちらも青いフィルターの下に置いた）。子どもに対して「緑のトラックを2台描きたいので2本のクレヨンが欲しいんだ。緑色のトラックを2台描くためには，どのペアのクレヨンを使ったらいいかな。この2本組かな（一組を指して），それともこっちの2本組かな（もう一組を指して）」。カッティングは，「2項」の後向き推論課題も「4項」の後向き推論課題も，同じ種類の推論が必要なので，たとえ原因と結果の数のバリエーションを考慮に入れたとしても，（2項の）前向き推論よりも容易なはずだと論じた。

結果は，後向き推論課題の2項課題，4項課題の正答率は，それぞれ70%，78%だったのに対し，前向き推論課題の正答率は27%にすぎなかった。前向き推論課題の成績は偶然による確率よりも有意に低かったが，後向き推論課題の成績は有意に高かった。カッティングは，幼児にとっては原因から結果へという前向き推論よりも，結果から原因へという後向き推論の方が容易であるようだと述べている。とはいえ，彼女はこの結論を厳密に支持するためには，原因と結果の数が多様な課題をさらに使うことが必要であると注意を促している。さらに，推論手続きの場合と問題解決手続きの場合とでは，好まれる因果の方向が異なるかもしれない。たとえば，本章で論じた推論手続きと，ウォルドマンら（Waldmann et al., 1995）が論じた学習手続きの場合である。子どもが学習するときには，結果から原因への関係よりも，原因から結果への関係の方を好むが，推論するときには，原因から結果への関係よりも結果から原因への関係の方を好むかどうかの問題は，因果推論の発達についてのこれからの研究の中でも有望なものだと考えられる。

まとめ

この章では最初に，幼いころから因果を含む情報に注目することが，子どもの認知発達の中心的なメカニズムであると主張した。さらに，因果に注目する傾向があるといっても，認知に大きな利益をもたらすのは，子どもの因果推論

が正当な因果原理にしたがっているときだけであることも述べた。子どもが非常に幼いころから因果原理にもとづいて因果推論を行っていることを示す数多くの証拠がある。子どもは，原因はその結果よりも先か，あるいは同時に生じるという先行原理，真の原因は結果と規則的に，予測しうるように共変するという共変原理，原因と結果は時間的，空間的に接するはずであるという時間的近接性原理にしたがっている。それだけでなく，子どもは，個々の実験状況にふさわしい因果は何かにもとづいて，これらの原理を適用するかどうかを判断するのである。

　子どもはまた，仮説と証拠の関係についてもいくらか理解しているようである。とはいえ，幼い子どもはそれほどはっきりと理解しているわけではない。原因の候補が複数あるとき，子どもは包含エラーを起こしてしまうことが多い。つまり，たった一度だけ特定の出来事と同時に生じた出来事を原因と考えてしまうのである。しかしまた一方では，単純な状況であれば6歳児でも仮説を検証できるテストとできないテストを見分けることができる。さらに，10代の若者や大人でさえも，複数の因果変数について推論することが困難であることは注目に値する。また青年や大人でも，モノゴトのさまざまな側面についての因果の情報を統合することが困難であることは，幼児と変わらない。10歳になる前は，因果情報を統合することが，非常に困難であることを見てきた。しかしながら，幼児でも因果情報を統合することにまったく失敗してしまうわけではない。統合ルールを単純化し，それにしたがうので，失敗してしまうのである。さらに，不適切な物理システムをアナロジーのベースにしてしまうために間違えることもあると思われる。興味深いことに，情報を統合できるかどうかを，判断ではなく行動の側面から測定すると，6歳児でさえもうまく統合できることが示された。このことから，年齢が上がるにつれて改善するのは，因果情報そのものを統合する能力ではなく，自分の物理的知識を反省的に吟味する能力であると考えられる。

　このように，全体的に見ると，因果推論は明らかに，子どもから大人まで連続性があるようだ。大人にとって簡単な因果推論は子どもにとってもそうである。大人にとって難しい因果推論は子どもにとってもそうである。子どもも大人も物理現象について直観的な誤概念をいくつかもっている。そしてそのうちいくつかは年齢が上がっても消えない。それにもかかわらず，乳児でさえも「素朴物理学」をもっているのである。

因果推論の発達は領域一般的か？

　この章の冒頭で，本章では，心的状態についての因果を子どもがどのように理解しているかよりも，むしろモノゴトについての子どもの因果推論に焦点を合わせると述べた。とはいうものの，物理的な出来事についての因果推論の発達と，心理的な出来事についての因果推論の発達の基礎には同じ論理プロセスがあるだろうし，いくつかの類似点を観察することができる。このことから，因果推論の発達が通領域的であることが示唆される。たとえば，年少の子どもはモノゴトについての因果情報を統合する際に乗法ルールを使用できないことが多い（Wilkening, 1981）。これは，セドラックとクルツ（Sedlak & Kurtz, 1981）が述べているように，心理状態について複数の原因を結びつけて結果を予測するときに，乗法ルールではなく加算ルールを使用することと関連するのかもしれない。また，3歳から4歳の子どもにとって，モノの最初の状態と最後の状態の差異から原因を考えることは困難であることが知られている。このことは，この年齢の子どもたちが見かけと本当の区別課題をうまく行えないこと（たとえば，Flavell, Flavell, & Green, 1983）と関連があるかもしれないとダス・グプタとブライアント（Das Gupta & Bryant, 1989）は推測している。見かけと本当の区別課題は，モノにさまざまな変化を施したときに，変化したのはモノの実際の状態なのか見かけの状態なのかを識別しなければならないからである。

　最近では，フライ，ゼラゾとパルファイ（Frye et al., 1995）が心理的な状態についての因果理解の発達——つまり「心の理論」の発達——は基礎的な推論プロセスの変化にともなって起こるかもしれないと主張している。とくに彼らは，心理的な状態について因果理解が発達することは「埋め込まれたルール」を使って推論できるようになることと関連があると論じた。すなわち別の視点を無視してあるひとつの視点から判断を下せるようになることと関連しているというのである。フライらは，3歳児を対象にした研究で，ある「心の理論」課題の成績と，シュルツたちの研究グループが使ったルールの切り替えが必要な因果的随伴性課題の成績のあいだに有意な相関があることを見いだした。こういう「ルールの切り替え」課題については，第5章でより詳しく論じる。論理的思考に見られる一般的な発達と，心理的な状態やモノゴトについての因果

推論に見られる領域固有な発達とのあいだに関連性があるかどうかの可能性を探っていくことは，因果推論の発達を扱う研究の中でも，もうひとつの有望な研究領域である。

記憶の発達 5

　大人は，3歳ごろまでのことを驚くほど覚えていない。人生最初の3年間は，世界についての意味記憶を含めて概念の発達が目覚ましく，また，出来事やその結果についての記憶が安定し，効率的になることで，物理的知識や因果推論の発達も著しい。そのことを考えれば，この時期の記憶がないというのは不思議である。早期の記憶の欠如は，よく幼児期健忘と呼ばれる。一説によれば，この現象は，加齢にともなって記憶システムに再体制化や構造上の変化が生じ，後に発達する，意識化できる記憶を支えるシステムが作り上げられるために生じるのだという（たとえば，Schacter & Moscovitch, 1984）。この見解については，次の節で論じることにしよう。しかし，第1章と第2章で見た乳幼児研究から，乳幼児が大人と本質的に違う方法で出来事を表象したり思い出したりすることはありそうもないことがわかる。幼児期健忘と仮定された時期でも，学習，推論，問題解決は，みな効果的に機能しているし，また，これらのプロセスは，記憶に依拠している。したがって，加齢にともなって記憶システムの構造が変化するという考えは，説得力がない。

　記憶の発達において考慮すべきある重要な要因は，子ども（と大人）は出来事を逐語的に記憶しているわけではないことである。友人を訪問したときのことを「何があったか正確に」覚えていると自分では思っていても，友人は，あなたといくぶん違ったふうに出来事を覚えているに違いない。バートレット（Bartlett, 1932）が最初に示したように，子どもも大人も記憶を構成しており，その構成のプロセスは，先行知識や個人的な解釈に依拠している。それはまた，記憶する本人が自分の経験の時間的な構造をどれだけ理解しているかにもよる。言い換えれば，記憶の発達は，他の認知プロセスの発達と独立ではないのである。なぜなら，想起（remembering）は，より広範な社会的，認知的活動と深

く関わっているからである。したがって，乳幼児が自分の経験を解釈するときに用いる知識構造は，記憶発達を説明するのに重要であろう。

　記憶プロセスを説明するには，より広範な社会的，認知的文脈が重要である。それにもかかわらず，認知心理学では，記憶をモジュラーシステムとして論じるのが当たり前になっている。システム中の，すでに発達を完了した部分が個別的に強調され，種類の異なる記憶は，別個のものとして考慮される。個々の記憶「モジュール」研究の多くは，それをとりまく社会的・認知的活動とは関係がないような課題を用いている。目的は，関心のある記憶システムの「純粋な」指標を得ることである。しかし，意図せぬ結果として，その課題から得られた研究結果を適用できる範囲が限られてしまう。ナイサー（Neisser, 1987, p. 1）によれば，「人間の記憶研究者は……人々が通常覚えているほとんどすべてのことを〔無視した〕。彼らの研究は，場所や物語や友人や生活経験を扱うのではなく，音節や単語のリストを扱うのである……〔このことから〕無意味な材料や不自然な学習課題への偏向が生じている……」。この章では，記憶発達の研究の中でも，よりなじみのある，人工的でない記憶状況を用いた研究，子どもにとって何らかの意味があり関わりのある記憶課題――言い換えれば，「生態学的により妥当な」課題にもとづいた研究にできるだけ焦点を合わせよう。

　発達した大人のシステムについて研究者がこれまでに認めた下位タイプの各記憶には，意味記憶，再認記憶，作業記憶，潜在記憶，エピソード記憶，手続き的記憶がある。意味記憶の発達と体制化については，すでに概念発達についての章（第3章）で論じた。また，手続き的記憶については，第1章で論じた乳幼児研究で見た。他の記憶システムに関しても，子どもを対象とした研究が行われてきた。それらの研究については，早期の記憶発達を概観しながらこの章で検討することにしよう。第6章では，記憶方略の発達について論じ，記憶における処理能力と表象の発達に基礎を置いてきた認知発達に関する最近の理論についても考えよう。

早期の記憶発達

幼児期健忘——本当の現象なのだろうか

およそ3歳以前の記憶が全般的にないというのは，真実の現象である（たとえば，Howe & Courage, 1993）。乳幼児のころの出来事を覚えているという確信がある場合でも，その出来事は，じつは他の人の身の上に起こったことだったと後でわかることがよくある。たとえば，記憶研究者であるディヴィッド・ビョークランド（Bjorklund & Bjorklund, 1992, p.207）は，幼いころに気管支炎を患ったときの鮮明な記憶について報告している。

> 私の子ども用ベッドはシーツで覆われていた。しかし，柵を通して居間が見えたのを覚えている。蒸気吸入器のブンブン鳴る音が聞こえ，胸に圧迫感を覚え，ヴィックス・ヴェポラップ［胸に塗る薬］の匂いがした。今日に至るまで，ヴィックスの匂いをかぐと胸が締めつけられる……

しかし，彼が自分の母親にこの記憶について思い出してもらったところ，彼は気管支炎にかかったことが一度もないことがわかった。母親は彼に言った。「あなたはすごく健康な赤ちゃんだったわよ……それは弟のディックよ。あのときあなたは3歳くらいだったわ……」

興味深い問題は，なぜ人生最早期の記憶をそれほどわずかしかもっていないのかということである。幼児期健忘を最初に説明したのはフロイト（Freud, 1938）であった。彼は，子ども時代の情緒的なトラウマ出来事を抑圧することで早期の健忘は引き起こされると論じた。この考えによれば，情緒的な苦渋に満ちた題材を意識から積極的に拒否することについても説明がつく。しかし，なぜ快い出来事についての記憶まで後で思い出せなくなるのかについては，説明がつかない。他に考えられる仮説は，早期の記憶は身体的行為や純粋な感覚

の形で符号化されているというものである。つまり，早期の記憶は後の記憶とは異なる形式で貯蔵されているために検索できないのである。それに対して，後の記憶は言語的な基盤をもつ符号化と貯蔵に依拠している。女性は，男性よりも早い時期のことを覚えている傾向があるという知見は，この説明と合致する。なぜなら，言語発達は，通常は男児よりも女児で進んでいるからである。この考えによれば，早期の記憶は損なわれずに存続する。しかし，記憶したときのもともとの文脈が，（その後の子ども時代や成人期に）その記憶を検索しようとするときの文脈と非常にかけ離れているので，関連する記憶痕跡に触れることができないというのである（Howe & Courage, 1993）。

　他の説として考えられるのは，先述したように，意識化できる記憶の構成を支える記憶システムが，後に発達するというものである。というのは，このシステムの基礎にある脳の構造が，誕生時には機能していないからである（たとえば，Schacter & Moscovitch, 1984）。ひとつの推論としては，次のことが考えられる。すなわち，皮質下の辺縁系‐間脳構造が，意識化できる記憶を構成するのに不可欠であるが，この脳のシステムが適切に機能し始めるのが，2〜3歳ごろだというわけである。しかし，このような説明は，主に人間の乳児とサルの乳児を対比させて得られる指摘にもとづいている（サルの乳児は，辺縁系‐間脳システムに依拠すると考えられる課題での成績が，2歳ごろまで低い）。マッキィとスクワイア（McKee & Squire, 1993）は，この見解に否定的である。その根拠は，視覚的再認記憶が辺縁系‐間脳構造を基盤としていながら，人生早期に機能しているからである（第1章を参照）。そのかわり，彼らは，辺縁系‐間脳構造（たとえば，下側頭葉）によって支えられた新皮質領野が未熟であることから幼児期健忘が生じるのかもしれないと論じている。

　最後に，知識構造の発達が，幼児期健忘を説明する際に重要であろう。フィヴァッシュとハモンド（Fivush & Hammond, 1990）によれば，幼児期健忘は，2つのことが組み合わさって生じるらしい。ひとつは，乳幼児が明示的な記憶手がかりをもっていないこと，もうひとつは，出来事を筋を追って捉えたり貯蔵したりするための枠組みをまだ学習していないことである。乳幼児は，身のまわりの世界を理解していく途上にいるので，出来事どうしの似ているところ，すなわち，ルーティン［お決まりの手順］に焦点を当てる。新奇な出来事の中にある手順の決まりきった側面は，後でその出来事を再生するための検索手がかりとしてはよくない。同様に，乳幼児は，記憶を構成するために自前の枠組

みをもっていないので，早期の記憶は断片的になり，より思い出されにくい。したがって，幼児期健忘は，記憶自体を構成するプロセスが進行する際に生み出される自然な副産物だと説明できる。

　フィヴァッシュとハモンドの説明は，魅力的である。というのは，幼児期健忘を一般的な記憶発達にしっかりと関連づけるからである。彼らの説明によれば，発達にともない記憶システムに基本的な構造上の変化が生じるために，早期の記憶がないわけではない。出来事の時間的，因果的系列を記すための抽象的なことについての知識構造がないために起こる現象なのである。この抽象的なことについての知識構造の発達については，次の節で論じる。成人期までに，乳幼児が好んで再生するさまざまな手順の決まりきった出来事どうしが連鎖して，「レストランに行くときに何が起こるか」といった特定の出来事についてのスクリプト［筋書き］（あるいはまとまりのある知識構造）(訳注1)になっていく。したがって，幼児期健忘は，スクリプトの構成と新奇な出来事の忘却が組み合わさって生じるといえる（Nelson, 1993も参照）。

記憶を助けるものとして，象徴的な表象について理解する

　出来事の時間的，因果的系列を記す抽象的なことについての知識構造の発達は，ある面で言語的符号化に依拠している。言語は象徴的なシステムである。ことばは日常世界の概念や出来事を意味したり表象したりする。そして，私たちは，自分の経験を符号化するシンボルとしてことばを用いる。しかし，ことばは私たちが用いる唯一のシンボルではない。幼いときには，子どもは，言語の他に数多くの象徴的なシステムを用いる。たとえば，身振り，指差し，象徴遊び（ふり遊び）などをする。これらの象徴的なシステムは，言語と同じように生まれつき備わっていると思われる（自閉症児のように，身振り，指差し，ふり遊びが生まれつき備わっていない子どももいる）。

　他のシンボルは，文化的に取り決められている。地図や模型のようなシンボ

訳注1　レストラン，病院など，ある場面で生じる時系列的な情報をあたかも劇の台本のように表現した知識のこと。

ルがこれにあたる。これらのシンボルもモノゴトを表象したり意味したりする。それには描画，写真，彫像も含まれる。これらのシンボルはみな，そのシンボル自体ではなく，別のモノを想起させる。子どもは，数多くのこうした象徴的符号を用いることで，情報を後で思い出せるような形で記憶中に残しておくことができる。象徴の理解それ自体が発達するので，象徴の理解の発達も，なぜ早期の記憶が後の記憶よりも思い出しにくいのかを理解する助けとなるだろう。象徴の理解の発達を検討する一連の実験の中で最も興味深いもののひとつは，幼児が模型をどのように理解しているかについての研究である（たとえば，DeLoache, 1987, 1989, 1991）。

　デローチの模型の研究で用いられた基本的な実験方法は，いつも同じである。2歳半あるいは3歳児に，ある部屋の縮尺模型を見せる。その模型の部屋には，ソファ，ドレッサー，イス，クッションといったさまざまな家具が置いてある（図5.1を参照）。次に，子どもに2匹の登場人物，小さなスヌーピーと大きなスヌーピーのぬいぐるみを紹介する。2匹は，どちらも隠れるのが大好きである。先の縮尺模型は小さなスヌーピーの部屋である。隣接した現実の部屋が大きなスヌーピーの部屋で，縮尺模型と同じ家具が空間的に同じ配置で置かれている。これらのことを子どもに伝えてから，こう告げる。「見て，あの子たちの部屋はまったく同じだよ。ふたりとも自分の部屋にまったく同じものをもっているね！」そして，それぞれ対応する物を示す。「見て——これが大きなスヌーピーの大きなソファで，これが小さなスヌーピーの小さなソファだよ。まったく同じだよね。」

　この「導入段階」に続いて，実験者が一方のスヌーピーをそのスヌーピーの部屋に隠すところを子どもに見せる。たとえば，小さなスヌーピーを模型の部屋の小さなソファの下に隠したとしよう。次に，子どもに現実の部屋の中から大きなスヌーピーを見つけるように求める。子どもにはこう告げる。「思い出して。大きなスヌーピーは，小さなスヌーピーと同じところに隠れているんだよ。」その結果，3歳児は，まっすぐに大きなソファのところに行って大きなスヌーピーを見つける。他方，2歳半児はそれができず，大きな部屋の中を闇雲に探し回る。しかし，記憶の事後テストでは，小さなスヌーピーが隠れている場所を完璧に思い出せるのである。デローチは，年少児の問題は模型の部屋と現実の部屋との対応を理解していないことだと論じている。彼らは，大きなスヌーピーを探すべき場所を知るための基盤を自分がもっていることを理解し

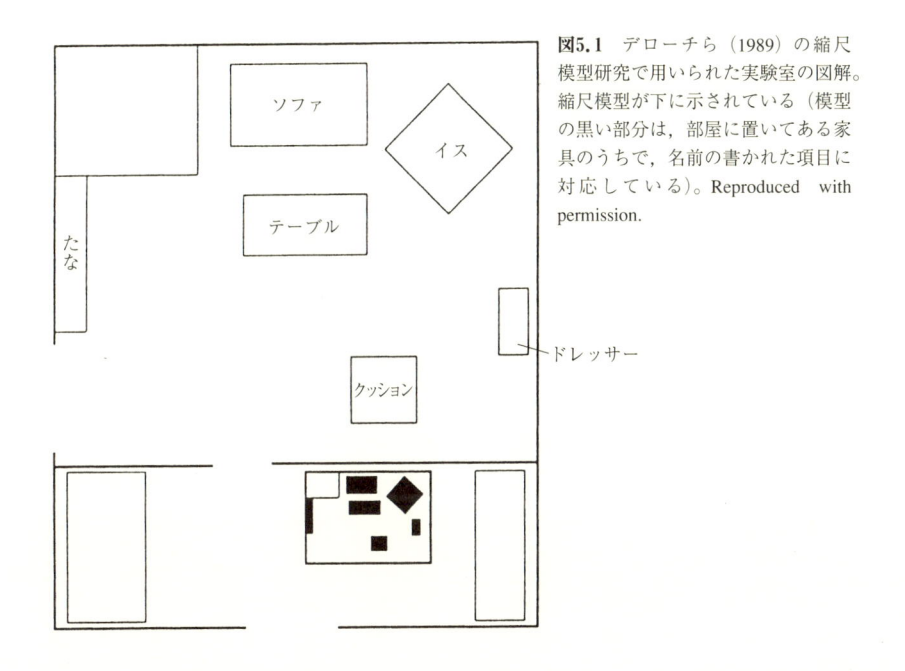

図5.1 デローチら (1989) の縮尺模型研究で用いられた実験室の図解。縮尺模型が下に示されている（模型の黒い部分は，部屋に置いてある家具のうちで，名前の書かれた項目に対応している）。Reproduced with permission.

ていないらしい。

　2歳半児の問題は，模型と現実の部屋との対応に気づいていないことだという仮説を支持する最も注目すべき根拠は，デローチの「魔法の縮む部屋」研究である。この研究では，実験者が人形や部屋を縮ませることができる「縮む機械」を作ったと2歳半児に信じ込ませる（DeLoache, Miller & Rosengren, 1996）。次に，大きなスヌーピーが大きな部屋のどこに隠れているかを子どもに見せ，小さなスヌーピーを模型の部屋の中から見つけるように求める。子どもは模型が，縮んだ大きな部屋だと信じているので，この状況には彼らを混乱させるような模型と部屋との表象上の関係はない。実際，子どもたちは，この課題で小さなスヌーピーをとてもうまく見つけることができた。デローチはまた，小さなスヌーピーの隠れ場所を写真で示したときに，年少児が大きなスヌーピーを見つけることができたと報告している。これは，年少児が写真と部屋の表象上の関係を理解していることを意味する（DeLoache, 1991）。

　さらに，写真課題での経験は模型課題に転移する。2歳児が写真を理解した

ように，ある象徴的な媒体を理解する（あるいは部分的に理解する）経験は，なじみのない象徴的な媒体（模型）の利用を促すらしい。たとえば，マーゾルフとデローチ（Marzolf & DeLoache, 1994）によれば，模型 - 部屋の関係について経験すると，それが助けとなり，2歳半児が地図 - 部屋の関係を理解できるという。デローチの説明では，象徴に見られる関係を早期に経験しておくことによって象徴に対する感受性が発達する。象徴に対する感受性は，あるモノゴトが別のモノゴトを意味しうることを認識するための基本的なレディネスなのである。したがって，記憶したり学習するときに別のモノゴトをシンボルとして用いるためには，まず最初に，何かを表象するとはどのようなことかを学ばなければならないだろう。

　デローチの研究は，シンボル - 指示対象の関係が，幼児にとって常に明白なわけではないことを明確に示している。しかし，シンボルと指示対象のあいだにある高次の関係を表象する能力（「表象を感じ取る態勢」をとる能力）は，人生最初の3年間にかなりの速さで発達するらしい。デローチが論じたように，シンボルと指示対象の類似性を対応づける能力は，発達しつつあるシンボル - 指示対象関係の理解の重要な要素のひとつである。また，そうした能力は，関係性が似ているものを対応づける能力によることが多い。認知発達における関係性の対応づけやアナロジーの重要性は，本書の他の箇所でも何度も指摘した。デローチは，早期における象徴理解の発達モデルを提案している。その中では関係性を対応づける能力が重要な役割を果たすと想定されている。シンボルの使用が人間の認知活動の中心であることを考えれば，デローチの考えは興味深い（討論については，DeLoache, in pressを参照）。しかし，早期の象徴理解と一般的な発達の結びつきについては，よくわかっていない。

さまざまな記憶システムの発達

　先述したように，大人を対象とした認知心理学の研究者によって，さまざまな記憶システムがあることが明らかになってきた。これらはみな，子どもを対象に研究することもできる。以下では，再認記憶，潜在記憶，エピソード記憶，目撃記憶，作業記憶の発達に関する研究について考察することにしよう。

再認記憶

　再認記憶は，あるものについて，それはなじみがある，または，以前に経験したことがあると認識する能力である。心理学では，再認記憶は，通常は再生記憶と対比される。再生記憶とは，過去に経験したことの意識化できる記憶を思い出すことである。これまでに，乳幼児の視覚的再認記憶がよいこと，乳幼児期の視覚的再認記憶の個人差が，その後の知能の個人差を予測するものとして信頼できることを見てきた（第1章を参照）。また，第1章と第2章で検討したその他の乳幼児期の記憶研究のほとんどは，再生記憶ではなく，再認記憶についてのものだということもできる。馴化は，乳幼児における情報処理の重要な指標であるが，これは再認の指標でもある。また，条件づけ反応を利用する実験も，再認にもとづいている（たとえば，ロビー-コリアーのモビールを動かすためのキック実験，あるいはデキャスパーとファイファーの母親の声を聴くための吸啜実験）。

　再認記憶は，人間だけでなく，動物にもかなり広範に見られるようなので，この早期に発達する記憶システムが人間独自のものであるとはとても考えられない。たとえば，ハトは，再認記憶実験でテストされると，700日間に320の絵を「覚える」ことができる（Vaughan & Greene, 1984）。再認記憶が広範に見られることを考慮すれば，再認記憶を認知的スキルとして位置づけることは疑問である。たとえば，フェーガンは，再認記憶は認知的能力それ自体の指標というよりも，実際には，処理の指標であろうと論じている（Fagan, 1992を参照）。したがって，心理学者は，加齢にともなう再認記憶の発達はほとんどないとみなすようである。実際，これは事実なのである。

　乳幼児の再認記憶を検討する伝統的な方法は，子どもに一連の絵を見せ，一定の時間をおいた後で，見覚えがあると子どもが認識した絵の枚数を数えるというものである。ブラウンとスコット（Brown & Scott, 1971）は，3～5歳児の子どもに1セット60枚の絵を見せた。それらの絵は，4つのなじみのあるカテゴリ，すなわち，人，動物，野外の場面やモノ，家庭内の場面やモノ，から抽出したものである。この絵のセット中の44枚は2回見せ，12枚は1回だけ見せた。こうして都合1セット100枚の絵を見せることになる。2回見せる絵は，

0，5，10，25，50枚のいずれかの間隔が空けられた。子どもの課題は，以前に見た絵なら「はい」と言い，絵が新奇なものなら「いいえ」と言うことだった。

その結果，試行の98％で子どもは正確な再認記憶を示した。また，見せる間隔による再認の正確さの違いは，ほとんどなかった。実際，子どもは，間隔が0枚のときと50枚のときで同じように正答し，どちらの再認の正答率も100％であった。間隔が5枚のときと25枚のときの正答レベルはおよそ95％で，間隔10枚のときでは98％だった。この著しく高い成績は，1，2，7，28日後に実施した長期保持テストでもわずかに低下しただけだった。長期保持テストでは，1回だけ見せた12枚，2回見せた44枚のうちの24枚，そして，36枚の新しい絵を子どもに提示した。その結果，7日後になるまで，再認記憶の正答レベルは，2回見た絵については94％強であった。1回だけ見た絵のレベルはいくぶん低下し，1日後の84％が，7日後にはおよそ70％になった。28日後には，2回見た絵の再認の正答は78％であり，1回だけ見た絵は56％であった。その後の研究で，ブラウンとスコットは，2回見せたものの記憶が優れているのは，子どもがそれをより多く見ていたことと，実験の最初の段階の再認課題で，絵を見たことがあるかどうかの判断を求められたことの両者によることを示した。試行前の再認課題で「はい」という判断を求められたことそれ自体が，2回見たものを思い出す手がかりとして作用していたらしい。

乳幼児に見られる卓越した再認記憶は，記憶をテーマとする発達心理学者にとって，再認記憶の分野では研究すべきことがほとんどないことを示唆している。しかし，なじみがあるものに関わる子どもの記憶への関心が，潜在記憶の発達研究のおかげで近年復活してきた。

潜在記憶

潜在記憶は，「意識をともなわない記憶」である。潜在記憶課題では，子どもも大人も，ある情報についての記憶をもっていることを示す行動をとる。しかし，自分がその情報をもっていることを意識化しないように課題が仕組まれている。私たちはたいてい，再認できることではなく再生できることを根拠に記憶していると判断する。しかし，以前の経験についての記憶を意識化するこ

とがなくても，その経験が，ある特定の記憶課題での成績を促進しうることは，非常に興味深い。潜在記憶はまた，「無意図的記憶」あるいは「知覚学習」とも呼ばれてきた。

【知覚学習課題】

子どもを対象とした最初の潜在記憶研究のひとつを行ったのは，キャロル，バーンとカースナー（Carroll et al., 1985）である。彼らは，5，7，10歳児の「知覚学習」を絵画再認課題を用いて測定した。実験の最初の段階で，子どもに数枚の絵を提示する。そして，それぞれの絵に十字形が1つ（十字形がこれらの絵のうちの33％にランダムに描かれていた）描かれているかどうか，あるいは，その絵が持ち運びできるものを表しているかどうかを言うように求めた。「十字形検出」課題は，知覚的レベルのみで絵の「浅い処理」をするように仕組まれているのに対して，「携帯可能性検出」課題は，意味レベルで「深い処理」をするように仕組まれている。

次に，突然の再認課題によって，以前に見た絵についての記憶を検討した。この課題では，子どもにすでに見た絵と数枚の新しい絵とを混ぜたものを見せ，命名するよう求めた。潜在記憶は，古い絵と新しい絵の命名にかかる反応時間の差によって測定した。半数の子どもにはこの潜在記憶課題を実施し，後の半数には古い絵と新しい絵を見たことがあるかどうかを言うように求めた。後者が顕在記憶の指標である。

キャロルらは，絵についての潜在記憶は符号化の深さによって変わらないが，顕在記憶は変わるだろうと予測した。言い換えれば，深い処理は浅い処理よりも以前に経験した絵についてよりよい顕在記憶をもたらすが，潜在記憶のレベルは両方の処理操作で同じはずである。そして，本質的には予測どおりの結果が得られた。キャロルらは，知覚学習（潜在記憶）が加齢にともない発達することはないと結論づけている。

【断片完成課題】

潜在記憶が発達するのかどうかを測定するもうひとつの方法は，ことばまたは絵にもとづいた断片完成課題を使うことである。たとえば，ナイトウ（Naito, 1990）は，5，8，11歳児の潜在記憶を測定するために単語断片完成課題を考案した。子どもに，ターゲットとなることばの綴りの中にある文字をいくつか

与え，それらの断片から思い浮かんだ最初の意味ある単語を，残りの文字を加えて完成するように求めた。ナイトウは，日本の文字で書かれた語を用いたが，その課題は，ターゲット単語であるCHERRYについてCH＿ ＿ ＿Yといった断片を提示するのと同じである。これは，ナイトウの論文に記載された例だが，実際にはCH＿ ＿ ＿Yという断片は，CHERRY（サクランボ）でもCHUNKY（ずんぐりした）でもありうる。しかし，ナイトウの使った日本語の断片は，それぞれの正しい完成体がひとつしかないものだった。

　断片完成課題の前に，他の2つの課題を子どもに実施した。それらの課題では，ターゲット単語の67％を使った。これらの単語の半数については，強制選択課題でカテゴリ判断（「これは，果物と洋服のうちで，どちらの仲間かな？」）をするように求めた。これは，「深い」処理を引き出すように意図されている。残りの半数の単語については，ターゲット単語がある文字を含んでいるかどうかの判断（「浅い」処理）を求めた。次に，ナイトウは，新しい16個の単語よりも，以前に見た32個のターゲット単語の方で，単語の残りの断片を正しく満たすことが多いかどうかを測定した。その結果，すべての年齢で，「新しい」単語よりも「古い」単語を正しく完成することが有意に多く，潜在記憶が処理の深さ（深い 対 浅い）によって変わることはなかった。また，潜在記憶のレベルは，年齢群を通して変わらなかった（この研究には大人の群も含まれていた）。ナイトウは，関連する実験で，子どもにターゲット単語を明示的に再生するように求めている。その結果，加齢にともない再生が著しく向上し，処理の深さの効果が見られた。これらをあわせて考えると，ナイトウの結果は，潜在記憶は発達しないが顕在記憶は発達することを示している。ナイトウは，これらの結果はこの2種類の記憶が発達の上で分離できることを示すものだと論じている。

　絵画断片完成課題では，子どもにシチュー鍋や電話のようななじみのあるものの絵の断片を見せ，それが何であるかがわかるまでその断片を徐々に増やしていく（図5.2参照）。絵画命名課題のような先行する課題で対象物の完成体を提示すると，潜在学習が成立するはずである。したがって，以前に見たことのある断片の方が，まったく新奇なものの断片よりも再認が速くなると考えられる。

　ラッソ，ニシェリ，ギバートニとコーニア（Russo et al., 1995）は，4歳児と6歳児の潜在記憶を測定するために，この種の絵画完成実験を用いた。子ど

図5.2 ラッソら（1995）が用いた断片化された絵の例。Reprinted by permission of Academic Press Inc.

もには，まず最初に，一連の12枚の絵をそれぞれ3秒間ずつ提示し，それぞれの絵に描いてあるものを順に命名するように求めた。ブロック遊びをして10分間休憩した後で，断片化した12枚の新しい絵とともに，休憩前に見せた絵を断片化したものをランダムな順序で提示した。子どもには，それぞれの断片のセットについて，その断片が何の絵だと思うかできるだけ速く言うように求めた。提示する断片の数は，その絵が何であるかが子どもにわかるまで増やしていった。この潜在記憶条件での成績を，この課題の顕在記憶版での成績と比較した。後者は，時間的な制約なしに行われた。顕在記憶課題では，子どもに，断片を手がかりとして使って，実験の命名段階で提示した絵を再生する［たとえば，断片を見てシチュー鍋の絵を描く］ように求めた。

その結果，両年齢の子どもが，新しい絵に比べて見たことのある絵の方が少ない断片から再認できることが明らかになった。これは潜在記憶を示している。同じ絵画完成課題を実施された若者の群での成績も子どもと同様のレベルであった。しかし，顕在記憶課題では，有意な年齢差が見られた。4歳児よりも6歳児のほうが再生の程度が良かったのである。ラッソらは，断片完成課題で測定された潜在記憶は，子どもも大人も同等であり，潜在記憶を支える記憶プロセスは，4歳までに完全に発達すると結論づけている。

ビュロック・ドラミーとニューカム（Bullock Drummey & Newcombe, 1995）が行った類似の研究によれば，3歳児でさえ完全に一人前の潜在記憶プロセスをもっているらしい。彼らの潜在記憶の指標は，絵を見せてからかなりの日数を経た後に，ぼやかした絵を再認するというものである。バロック・ドラミーとニューカムは，3歳児，5歳児，大人に絵をぼやかしたものを提示した。そ

れらの絵は，3ヵ月前に読んだ本で見たものであった。その結果，すべての群でそれらの絵について同等のレベルの潜在記憶が見られた。しかし顕在記憶については，大人のほうが，子どもよりも成績がよかった。

【顔の記憶】

　子どもの潜在記憶を検討するために使うことができる第3の指標は，顔についての記憶である。顔は目立ちやすいこと，言語的な再生によらない重要な刺激だということが利点である。たとえば，大人の被験者に同じ顔を2回提示すると，その顔を見たことがあると認識するまでの反応時間は劇的に減少する。これは，「プライミング」効果［プライム（prime）＝用意させる，前もって知らせる］として知られている。エリス，エリスとホジー（Ellis et al., 1993）は，幼児も顔について「プライミング」効果を示すかどうかを検討した。

　その実験では，5，8，11歳児に，級友と見たことのない子どもの両方の写真を提示し，その子どもが微笑んでいるかどうか（半数の子どもは微笑んでいた）と，その写真が男児であるか女児であるかの判断を求めた。この「プライミング」段階に続いて，以前に提示したのとは別の級友の写真や別の見たことのない子どもの写真と混ぜて，先の級友の写真を再度提示し，子どもに，写真の子どもを見たことがあるかどうかの判断を求めた。その結果，すべての年齢の子どもで，以前に提示されなかった級友よりも，実験のプライミング段階で見せられた級友についての判断の方が速かったとエリスらは報告している。潜在記憶の量を，先行提示した写真への反応時間と先行提示しなかった写真への反応時間における比の違いによって測定すると，潜在記憶の量は5歳児と8歳児については同じであり，11歳児についてはやや少なかった。このこともやはり，潜在記憶を支える記憶プロセスが，子ども時代の早期に完全に発達することを示唆している。

　顔についての記憶を測定する別の方法は，以前の級友について子どもがもっている潜在記憶を研究することである。ニューカムとフォックス（Newcombe & Fox, 1994）は，10歳児に幼稚園のときに級友だった3，4歳の子どものスライドを提示した。これらのスライドには，同じ幼稚園ではあるが，5年後に入園した他の子どものものも混ぜてあった。子どもが見たことのある級友の潜在記憶をもっているかどうかを検討するため，皮膚電位反応の指標が記録された。これは，自律神経系の覚醒の指標である。次に，子どもに再度先のスライ

TRIP / H. ROGERS

ドを提示し，そこに映っている子どもを見たことがあるかどうかと，その子をどれくらい好きかを言うように求めた。好みの指標は，たとえば以前の級友を思い出せないにしても，子どもがその子たちに対して好ましいと感じているかどうかを検討するために使われた。

　その結果，子どもたちは，潜在的な指標と顕在的な指標の両方で以前の級友を再認したが，全体的には再認の割合はかなり低かった（潜在的な指標で26％，顕在的な指標で21％）。しかし，再認の割合には大きな個人差が見られた。子どもを2つの群，つまり「高顕在的再認」群と「低顕在的再認」群に分けたところ，潜在的再認指標の成績は，両群で同じくらいだった。この結果は，非常に興味深い。というのは，顕在記憶がない場合でも，就学前の経験についての潜在記憶が維持されうることを意味するからである。したがって，ニューカムとフォックスのデータは，潜在記憶と顕在記憶が発達上分離できるというナイトウ（1990）の主張を支持している。

　これらの研究は，「意識化されない記憶」が3～4歳の子どもに見られることを示している。幼児は，以前に提示された絵や語を意識していないまでもちゃんと記憶しているので，その後の断片を使った再認や，見たことのある絵（あるいは子ども！）について判断する際の反応時間の短縮が促されるのである。しかし，人間の認知には2つの分離可能な記憶システムがあるというこの説は，現在論争の的になっていることに留意する必要がある（たとえば，Shanks & St. John, 1994）。2つの分離可能な記憶システムは，2つの分離可能な学習システムを必要とすると考えられる。つまり，意識とは関係なくはたらく潜在システムと，何を学習しているのかをその時点で意識しなければ機能しない顕在システムである。シャンクスとセント・ジョンは，潜在学習と潜在記憶のデータのほとんどは，意識をともなわない学習をまったく必要としないと論じている。そのかわりに，それらのデータは，潜在記憶実験で通常見られるような，訓練

段階で提示される絵や単語の例や断片を記憶していることを根拠に説明できるという。しかし，彼らの議論の正否によって，そのような記憶プロセスが幼児で確立しているという事実が左右されることはない。

エピソード記憶

　エピソード記憶については上記のような論争がない。すべての心理学者が，意識を含んだ記憶システムを仮定しているのである。エピソード記憶は通常，その人の人生におけるエピソードや出来事についての記憶を指しており，意識的・顕在的な再生をともなう。大人では，エピソード記憶は，手順の決まりきった出来事についての「スキーマ」やスクリプトに沿って，体制化される傾向がある。それぞれのスクリプトは，ごく特定の文脈における出来事の時間的，因果的系列を表象する，まとまりのある，あるいは抽象的な知識構造である。たとえば，大人は，レストランで食事をするときに起こる通常の出来事系列を表象する「レストランスキーマ」や，洗濯をするときの通常の出来事系列（流れ）を表象する「洗濯スキーマ」をもっている。エピソード記憶の発達を研究するためには，子どもが大人と同じようなやり方でエピソード情報を体制化するかどうかを調べる必要がある。ひとつの方法は，「入浴」のようななじみのある出来事系列の見本を子どもに示すことである。こうした特定の文脈の出来事における時間的，因果的系列を子どもが表象しているかどうかを検討するために，先に見本を示した出来事を子どもに再現してもらうのである。

【時間的順序──子どものエピソード記憶における体制化の原理】
　バウアーとショアー（Bauer & Shore, 1987）は，17ヵ月から23ヵ月の子どもに，ぬいぐるみのクマをお風呂に入れる様子を見せながら，「入浴」の見本を示した。その出来事系列は，次のようなものであった。実験者は，クマのTシャツを脱がせ，おもちゃのバスタブに入れ，身体を洗い，乾かした（ふりモードで！）。次に，クマを子どもに手渡し，「この汚れたクマをお風呂に入れてくれるかな？」と頼んだ。その結果，子どもは，即時再生によるテストでは，見本の出来事系列を非常によく再生できた。子どもはまた，6週間後にもその出来事を正しい順序で思い出した。そのときは，子どもに再び実験室に来てもら

い，見本を見せずにクマを手渡しただけであった（遅延再生）。これらのデータは，幼児のもつ出来事についての表象が，大人のそうした表象と構造的に似ていることを示唆している。子どもの出来事記憶は，その出来事のもつ個々の要素のスナップ写真が体制化されずに連なっているようなものではない。大人と同様に，子どもの表象は，時間的な順序をもち，目的に沿って配列されていることを示している。

　しかし，「入浴」のような出来事系列は，幼児にとってごくなじみ深いものであり，このなじみ深さが，時間順の再生を助けているのかもしれない。重要な問題は，時間順に配列された出来事が新奇なものであったときにも，同様の効果が見られるかどうかである。このことを調べるために，バウアーとショアーは，「ガラガラ作り」と呼ばれる新奇な因果的出来事系列を考案した。この出来事で，実験者は，プラスチックでできたボールを積み重ね式のカップに入れ，その上にやや小さい同様のカップで蓋をして，その「ガラガラ」を耳の近くで振った。その結果，ここでもまた，子どもは即時と遅延の両方で，各行為を再生し，要素間の時間的な順序も正しく再生した。バウアーらは，次のように論じている。ごく幼い子どもでも，出来事を最初に経験したときから，出来事系列の基礎にある因果関係に気づいている。この早期に因果への感受性が見られることは，幼児の表象が，大人とまったく同様に，目的志向的な時間的順序をもつことを意味している。

【因果関係──子どものエピソード記憶における体制化の原理】
　幼児が出来事を時間的な順序にもとづいて体制化する際に，因果的な関係は特別な役割を果たすのだろうか。この点を検証するために，バウアーとマンドラー（Bauer & Mandler, 1989b）は，2つの新奇な因果的出来事系列と2つのなじみのある系列を用いた研究を実施した。被験児は，16ヵ月と20ヵ月の幼い子どもたちであった。新奇な因果的出来事系列は，「ガラガラ作り」と「カエルをジャンプ」である。「カエルをジャンプ」は，シーソーを作るというもので，木製の板を楔形のブロックの上に置き，その板の一方の端におもちゃのカエルを置いて，その板の他方の端を叩いてカエルを「ジャンプ」させるのである。なじみのある出来事系列は，「クマをお風呂に入れる」と「テーブルを掃除する」である。「テーブルを掃除する」出来事では，屑カゴ，ペーパータオル，空のスプレー缶を用いる。実験者は，テーブルにスプレーをかけ，それを

タオルで拭き，次にそのタオルを放り投げるという演技をする。また，因果情報から時間についての情報を分離するために，バウアーとマンドラーは，「新奇で恣意的な」出来事系列も用いた。時間の順序が恣意的で新奇な出来事の一例は，「電車乗り」の出来事系列で，まず2台の電車を連結する。次に，おもちゃの運転手をそのうちの1台に乗せ，その電車を乗せる線路を作る。見本となる出来事は，この順序で示したが，この順序づけに因果的な必然性は何もない。したがって，これらの要素は，どのような順序でも再現することができ，最終的な仕上がりに影響することがない。

その結果，出来事の時間的な順序についての即時再生は，新奇で因果的な出来事よりも新奇で恣意的な出来事で，有意に低かった。だが，恣意的な出来事における再生レベルは偶然で起こる確率よりは高かった。さらに，各種の新奇な出来事系列の中に，無関係な要素（たとえば，ガラガラを作るカップの1つ，またはおもちゃの電車の運転手のどちらか一方にステッカーを貼る）を挿入したところ，因果的な出来事系列においては，この無関係な要素の順番が変えられやすかった。「ガラガラ作り」の系列では，カップへのステッカー貼りの順番がしばしば変わってしまうことが多く，完全に忘れられることさえあった。それに対して，電車の運転手へのステッカー貼りは，「電車乗り」の系列における他の要素と同じように扱われた。この結果は，因果的に関係のある要素の対が，体制化において特別な地位にあることを示唆している。バウアーとマンドラーは，因果的な関係が，出来事の記憶を構成するための，そして，その再生を助けるための重要な体制化の原理であると結論づけている。第3章では，意味記憶を発達させ体制化する際に因果的な情報が重要なことを見たが，エピソード記憶を構成する際にも因果的な関係が重要であるということは，この第3章で論じたデータを補足しているといえる（たとえば，Pauen, 1996b）。

バウアーとその同僚らの研究は，ごく幼い子どもでさえ新奇で長い出来事系列をきちんと配列して再生することを説得的に示している。子どもが，大人と同様のやり方でエピソード情報を体制化するかどうかを検討するもうひとつの方法は，ごくなじみ深い出来事について子どもに尋ねることである。バウアーの研究は，子どもになじみのあるルーティンについて質問すれば，スクリプトとなるような情報について，証拠が得られるだろうと示唆している。

TRIP / H. ROGERS

【エピソード記憶を体制化するためにスクリプトを使用する】

なじみのあるルーティンについて質問をするというのは，まさしくネルソンとその同僚らが，スクリプトについての先駆的な発達研究で用いた手法である。彼らは，食料品屋へ買い物に行く，誕生会に出席する，クッキーを焼くというような出来事についての3〜5歳児のエピソード記憶を検討した。子どもには，そのような出来事では「何が起こるか」を実験者に語ってもらうだけである。子どもにもっと詳しく語るように促す必要があれば，一連のプロンプト［助言］が順を追って用いられる。「食料品屋さんにお買い物に行くときのことをたくさん知っているよね。食料品屋さんにお買い物に行くときにどんなことが起こるか教えてくれるかな？……食料品屋さんにお買い物に行くときのことを他に何か教えてくれるかな？……はじめに何が起こるのかな？ その次に何が起こるのかな？」

最も幼い子どもでも，これらの出来事で典型的に起こることについて，順序よく，お定まりの報告をした。たとえば次は，食料品屋に買い物に行くときのことを実験者に語ってくれたある5歳児の例である（Nelson, 1986, p.ix）。

> うーんと，カートをとって，えーと，たまねぎとプラムとクッキーとトマトソースを探して，たまねぎとかそういうものぜんぶ，それで終わったらお金はらうところに行って，それでうーんと，それから，うーんと，それから女の人が食べ物をぜんぶバッグに入れて，それからぼくたちがそれをカートに入れて，車のところに歩いて行って，そのバッグをトランクに入れて，それで帰るの。

このような研究は，エピソード記憶が非常に早期から出来事の一般的な表象に沿って体制化されることを示している。ネルソン（1993）は，現実を構成し，表象し，解釈する基本的な方法は，子ども時代の早期から大人に至るまで一貫

していると論じている。

　したがって，ネルソンが指摘しているように，手順の決まりきった出来事のスクリプトは，記憶が発達する際に非常に重要な役割を果たしているのかもしれない。ネルソン（1988）は，幼い子どもは，ルーティンの想起に焦点を当てるが，それは，ベビーシッターのところに行くといった手順の決まりきった出来事が，自分の世界を予測可能な場にするからであると述べている。予測可能性が重要であることから，新奇な，通常とは異なる出来事を忘れ去るという代価を払ってまで，手順の決まりきった出来事に注目するのである。

【スクリプトと新奇な出来事との関係】

　しかし，もっと最近の研究は，幼児が，新奇な，通常とは異なる出来事を長期にわたって覚えていることができることを示している。フィヴァッシュとハモンド（Fivush & Hamond, 1990）による研究で，ある4歳児は，2歳半のときに「お魚にエサをあげすぎたら死んじゃって，ママがそのお魚をトイレに捨てたの」と思い出している。もう一人の4歳児は，2歳半のときに「ママがぼくにジョナサンのミルクをくれたら，ぼく吐いちゃったの。」（この子どもは乳糖アレルギーだった）ということを実験者に語っている。これらの出来事は，両方とも真実の記憶であった。これらの新奇な出来事は，明らかに当の子どもに強い印象を与えたのである。というのは，子どもたちは，そのことを18ヵ月後にも正確に思い出せたのである！　フィヴァッシュとハモンドは，幼児は一般的にルーティンに焦点を合わせるというネルソンの考えに同意している。しかし，手順の決まりきった出来事についての子どもの理解はまた，子どもが新奇な出来事，すなわち，通常の世界の様子とは違った出来事を理解するのを助けてもいることを示している。

　しかし，スクリプトの発達によって新奇出来事についての記憶が発達するというフィヴァッシュとハモンドの提案は，幼児が新奇な出来事をスクリプトに含める傾向があるという他の証拠と，一見したところ矛盾する。年長の子どもは，新奇な出来事にレッテルを貼り，典型的でないものとして記憶の中で選り分けておくことによって，それらをルーティンから分離することができる。しかし，年少の子どもは，普通でない事柄をとり込むことでルーティンをぼやかしてしまう傾向がある。たとえば，ファラーとグッドマン（Farrar & Goodman, 1990）は，新奇な出来事と繰り返された（「スクリプト」）出来事を再生する能

力を，4歳児と7歳児で比較している。その研究で，子どもは，「動物ゲーム」で遊ぶために2週間のあいだに実験室を5回訪ねた。これらのゲームの中には，ウサギとカエルの人形に柵を跳び越えさせる場面や，クマとリスをお互いに見えないように隠れさせたりする場面があった。ゲームは，特別なテーブルの上で行い，訪問ごとに同じ順序で行った。しかし，ある回の訪問で，新奇な出来事がなじみのあるルーティンに挿入された（その出来事は，2体の新しい人形が橋の下をはって行くというものだった）。

　1週間後に子どもに，自由再生法と特定の質問，つまり，「このテーブルでこの人形と遊ぶときに何が起こるかな？」といった質問の両方を用いて，先の経験についてインタビューした。その結果，年少児は，逸脱があった回だけでなく，スクリプトどおりの回でも，その新奇な出来事が起こったと報告することが多かった。彼らは，典型的な「動物ゲーム」の回と1回だけ起こった新奇な出来事とを区別することができないようであった。年長児は，スクリプトどおりの回と逸脱があった回の両方で，その新奇な出来事は起こらなかったと報告した。彼らは，2種類の訪問について，別個の記憶を形成していたらしい。新奇な出来事には，典型的なスクリプトとは別個の逸脱したもの，というレッテルを貼っていたのである。

　ファラーとグッドマンは，年少児は出来事を再生するときに出来事についての一般的な記憶に頼っており，この一般的な記憶は，スクリプトどおりの回と新奇な回の両方から情報を取り入れていると示唆している。ファラーとグッドマンは，4歳時点では，通常と異なるエピソードについて別個の記憶を確立する能力がまだ発達途上なのだと結論づけている。しかし，両研究者グループが，どちらも正しいという可能性もある。年少児が新奇な出来事を出来事の一般的な記憶と結びつける傾向は，その子どもにとってのその新奇な出来事の顕著性によるのかもしれない。フィヴァッシュとハモンドが示したような，（家族という文脈の中で「活性化」されることがよくあるであろう）非常に目立つ新奇な出来事は，幼児の記憶の中で特別な地位を授けられているのかもしれない。それに対して，グッドマンの研究室で行われたゲームからの逸脱のような，あまり目立たない出来事は，子どものスクリプトに溶け込んでしまうのかもしれない。

【親とのやりとりのスタイルとエピソード記憶の発達】

　親が子どもとやりとりする仕方が，出来事の記憶の発達に影響するという証拠も増えつつある。親は幼児に対して，お互いに共有している過去の出来事について，非常に具体的な質問，たとえば，「昨日はどこに行ったかな？」「誰に会ったのかな？」「誰と一緒だったかな？」といった質問をするものである（Hudson, 1990）。そのような質問を繰り返し経験することに助けられて，幼児は出来事について，時間的，因果的順序を正しく体制化したり，出来事のどの側面が思い出すべき最も重要なことであるかを学習したりすると思われる。もしこれが本当なら，こうした具体的な質問をより多く尋ねる親の子どもは，よりよい記憶の持ち主であるはずだが，事実そのとおりであるらしい。たとえば，過去の出来事に関する母子の会話の縦断研究で，リーズ，ヘイデンとフィヴァッシュ（Reese et al., 1993）は，子どもが生後40, 46, 58, 70ヵ月時点で，母子のペアが過去について語るのを観察した。母親には，野球の試合の特別観戦やフロリダ旅行のような，過去の珍しい出来事について語ってもらった。その際，誕生会やクリスマスのような，慣例の出来事は避けるように求めた。それらは，なじみのあるスクリプトを引き出すことがあるからである。

　その結果リーズらは，母親の語りのスタイルには2種類あることを見いだした。そのスタイルは，子どもが過去の経験を思い出す方法と関係があった。母親の中には，一貫して子どもが思い出した情報を精緻化し，後でその情報を評価する者がいた。他方，話題を切り替え，あまり物語のように体系立てて話さず，めったに精緻化や評価を行わない傾向の母親もいた。たとえば，精緻化する母親は，子どもが劇場に行ったときのことを思い出すのを助けるときに，「席はどの辺りだったかしら？」とか「舞台のセットはどんなだったかしら？」というような質問をした。精緻化しない母親は，子どもがフロリダに行ったときのことを思い出すのを助けるときに，同じ質問ばかり繰り返した（「どんな動物を見たかしら？」「それから他には？」「それから他には？」）。58ヵ月と70ヵ月時点で，精緻化する母親の子どもは，より多くの材料を思い出す傾向が見られた。リーズらは，母親の精緻化が，子どもの記憶能力を発達させるひとつの重要な要因であると主張している。

目撃記憶

今まで述べてきたものとはいくぶん異なった種類の再生記憶として，経験したときには特別な意味がないような出来事についての記憶がある。それが，目撃記憶である。大人を対象とした目撃記憶についての研究は，大人が，目撃した出来事の詳細についてひどく乏しい記憶しかもっていないことを示している。たとえば，ビデオ・フィルムで自動車事故を目撃した大人は，誤った方向に誘導されると細かなことを間違って「思い出す」ことがある。実験者が「壊れたヘッドライトを見ましたか？」というような誘導的な質問をするだけで，実際には見ていない壊れたヘッドライトを思い出すのである (Loftus, 1979)。このように，大人の目撃記憶が誤ったものであるなら，おそらく，子どもの目撃記憶はいっそう悪いであろう。このことは，それ自体研究上の問いとして興味深いだけではなく，法律上の重要な論点ともなっている。多くの子どもを，精神的，性的虐待に関わる取り調べで目撃者として召致するようになるにつれて，その証言の位置づけが非常に重要になってきたのである。そのような場合，虐待が本当にあったのか，あるいは，大人によって誘導的な質問が繰り返された結果として虐待の「記憶」が生み出されたのかということを知ることは非常に重要である。

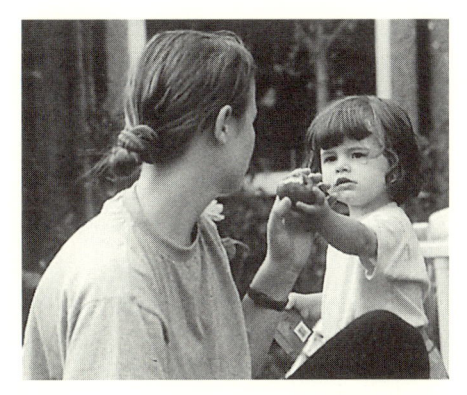

【子どもの目撃証言の正確さ】

あなたの学校に実験者がやって来る。あなたは，その人から友人2人とパズルをするからと言われて，静かな部屋に連れていかれ，そこに一人で置き去りにされる。そういう状況を想像してほしい。あなたがパズルに取り組んでいるあいだに，見知らぬ男性が部屋に入ってきて，部屋の中をぶらぶらしながら鉛筆を落としたり手近なものをいじったりする。彼は，校長を探しているんだと言う。そして，ハンドバッグを盗んで歩いて出て行く。これらの出来事につい

て，あなたはどれくらいのことを覚えているだろうか。オクスナーとザラゴーザ（Ochsner & Zaragoza, 1988をGoodman, Rudy, Bottoms & Aman, 1990より引用）は，6歳児が非常に多くのことを覚えていることを示している。この実験では，統制群の子どもは，男性がバッグを盗むことなく部屋を出て行く以外は，同じ出来事を経験した。先述の実験群の子どもは，この統制群よりも，その部屋で目撃したその他の出来事について正確に述べており，間違ったことを言うことが少なかったのである。また，実験群の方が，誘導もされにくかった。たとえば実験群の子どもは，強制選択テストで，誤りに導くような他の出来事の選択肢を示唆されたときにも，あまりそれを選ぼうとはしなかったのである。この研究は，幼児の目撃証言が，大人と同じくらい正確であるだろうことを示唆している。

【誘導的な質問の役割】

しかし，他の研究は，中心的で重要な出来事についての幼児の記憶は大人と同等だが，年少児は，大人よりも誘導されやすいことを報告している。たとえば，キャッセル，ロバースとビョークランド（Cassell et al., 1996）は，6歳児，8歳児，大人に自転車の窃盗についてのビデオを見せた研究を報告している。1週間後に，被験者にビデオの出来事を思い出させ，徐々に暗示性が強くなっていく一連の質問をした。その結果，子どもも大人も，出来事にとって中心的な項目（たとえば，それは誰の自転車だったか）に関わる再生レベルは同じくらいであった。しかし，キャッセルらが，6歳児，8歳児，大人において，暗示的な質問を繰り返した効果を比較したところ，誤った記憶の発生率は，子どもの方が大きいことがわかった。また，興味深いことに，「その自転車は，(a)お母さん，(b)男の子，(c)女の子のものだったのかな？」のようなバイアスのかかっていない誘導的な質問は，「その自転車はお母さんのものだったんだよね？」のような（誤りへの）バイアスのかかった誘導的な質問と同様に，誤った記憶を生じさせる傾向のあることがわかった。この結果は，重要である。というのは，誤った記憶を生じさせるメカニズムが，悪い出来事の誤った記憶に関わる特殊なものというよりも，発達途上にある記憶システムの機能の仕方に関わる一般的なものであるらしいことを，このことは示唆しているからである。

キャッセルらの研究は，ビデオを見せるという方法だったが，年少児が出来事を実際に自分で経験する場合には，誘導的な質問がその再生により大きな影

響を及ぼすと仮定される。グッドマンとその同僚らは，この問題を調べるために，トレーラーハウス［車輪がついた移動型住宅］を訪れる実験を考案した（Rudy & Goodman, 1991，また，Goodman et al., 1990も参照）。「トレーラーハウス実験」で，4歳と7歳の子どもたちは，教室から出て，ボロボロのトレーラーハウスに連れていかれた。記憶する場所としてトレーラーハウスが選ばれたのである。子どもたちはペアになって，トレーラーハウスの中に入るとすぐに見知らぬ一人の男性とゲームをして遊んだ。それぞれのペアの片方の子どもは，見ている（傍観者）という重要な役割を担い，もう一方の子ども（参加者）は，ゲームをして遊んだ。このことで，実験者は，子どもが現実の出来事で，参加者のときと傍観者のときとで同じくらい暗示にかかりやすいかどうかを見ることができる。そのゲームには「サイモン・セッズ」(訳注2)が含まれていて，衣装を着たり，写真を撮ったり，くすぐったりといったことが行われた。「サイモン・セッズ」ゲームのあいだ，子どもは，実験者の膝に触ることを含めてさまざまな行為をした。これらのゲームが選ばれたのは，子どもの性的虐待の事例には，写真撮影，「くすぐり」，他の接触の報告がよくあるからである。

後で子どもに，トレーラーハウスの中で起こったことについてインタビューをした。インタビューでは，まず最初に，面接者が，子どもにトレーラーハウスの中で起こったことを全部話すように求めた。次に，誤りに導くような質問が続けられた。たとえば，「その男の人はあなたの服を剥ぎ取ったんだね？」「その人は何回あなたを叩いたの？」「その人は顎髭か口髭を生やしていたよね？」などである。実際には，衣装ゲームで子どもの服を脱がせたり，子どもを叩いたりしたことはなかったし，男性はきれいに髭を剃っていた。その結果，どちらの年齢群の子どもも，トレーラーハウスの中で遊んだゲームについて概ね正確な情報を再生した。参加者も傍観者も，実際とは異なる情報を創作することはなかった。子どもはまた，「その人は何回あなたを叩いたの？」「その人はあなたの口に何か入れたの？」といった虐待についての具体的な質問への反応でも，概ね正確であった。7歳児は，虐待の質問の93％に正確に答えたし，4歳児は，83％に正確に答えた。

3歳児と5歳児を対象としたこれと関連のある研究では，子どもが起こった

訳注2　"Saimon says"：サイモン役の人が命じる動作をその場の全員が即座にする遊び。

ことをことばで言うだけでなく，示すことができるように，解剖学的に正確な身体構造の人形が使われたが，誤った虐待の報告は増えなかった（Goodman & Aman, 1990）。しかし，この研究では，年少児は，年長児よりも誘導的な質問の影響を受けやすかった。虐待について誤りに導くような質問をしたときに，3歳児は，その20％で遂行エラー（すなわち，起こらなかったことがあったと同意すること）をする傾向があった。しかし，こうした出来事を潤色して話すことは稀であった。実際，遂行エラーの大半は，「その人はあなたにキスをしたの？」という誘導的な質問で生じたのであり，この質問に対して，子どもは単に頷いただけであった。5歳児は，120回ある機会のうち2回だけ遂行エラーをしたが，この2つのエラーは，「その人はあなたにキスをしたの？」という質問で生じた。年少児は，誤りに導くような虐待の質問の中でも，「その人はあなたの服を剥ぎ取ったのね？」や「その人は何回あなたを叩いたの？」といった，他の質問よりも誘導可能性の高い質問でも，ごくわずかしかエラーをしなかった。

　これらの非常に「生態学的に妥当な」研究におけるグッドマンの知見について注目に値するのは，子どもが，重要な点では誤った虐待の報告を捏造しなかったことである。子どもはまた，大人が誤りに導くような質問をしたときにかなりの抵抗を示した。それは，解剖学的に正確な人形を目の前にしたときにも揺らぐことがなかった。この人形によって捏造が促されると考えられたのだが，そのようなことはなかったのである。それにもかかわらず，キャッセルらのビデオの研究と同様，グッドマンらの研究でも，年少児の方が誘導的な質問の影響を受けやすかった。幼児の目撃証言についての他の研究でも，影響の受けやすさのレベルが年少児ではより高いと報告されている（Ceci & Bruck, 1993のレビューを参照）。諸研究に見られる影響の受けやすさのレベルは，インタビュー自体の情動的なトーンや，面接者を喜ばせたいという子どもの気持ちや，子どもが参加者の中の一人としてその行為に関わったのかといった要因によって変わるようである。しかし，すべての研究は，暗示へのかかりやすさに多少の年齢差があることを示している。

【エピソード記憶の発達と目撃記憶の発達の結びつき】
　セシとブラック（Ceci & Bruck, 1993）は，年少児の方が，大人が質問を繰り返すことによる影響を受けやすいことは，出来事の記憶についてのネルソン

や他の研究者たちの知見と関係しているかもしれないと提案している。すなわち，年少児は，スクリプト化された知識に過度に依存することから，実験者による示唆が出来事についての子どものスクリプトに組み入れられてしまい，その後あたかも実際に起こったことのように報告されるのではないかというのである。このことは，標準的な状況設定で新奇な出来事が生じると，年少児はそれに別のラベルをつけるよりも自分のスクリプトに組み入れる傾向があるというファラーとグッドマンの知見とうまく符合している（Farrar & Goodman, 1990）。加齢にともない，子どもは，暗示的なエピソードを別個の記憶として形成したり，これらの暗示を自分のスクリプトとは別のものとして保持したりするのが上手になるようである。子どもはまた，加齢にともない，誘導的な質問の影響を受けにくくなる。

　このことと関連して，オーンスタインとその同僚らは，子どもは，自分が覚えていない出来事については正確な証言をすることができないと指摘している。子どもが，個人的に経験した突出した出来事について実際にどれくらい覚えているかを検討するために，オーンスタイン，ゴードンとレイラス（Ornstein et al., 1992）は，3歳児と6歳児が身体検査のために医者を訪れたときの記憶を調べた。それぞれの身体検査は，およそ45分間続き，その間に，子どもの体重測定と身長測定，聴覚と視覚の検査，採血，性器の検査，心臓と肺の聴診があった。オーンスタインらは，このような検査には，性的虐待の事例と共通する特性がたくさんあると論じている。これらには，大人による子どもの身体への接触や，注射や他の手続きが引き起こす情動的な覚醒がともなう。身体検査での出来事の記憶は，検査終了直後，1週間後，3週間後に測定した。

　オーンスタインらは，まず最初に，「検査のあいだに何が起こったのか教えてね？」といったオープンエンドの質問を子どもにすることで記憶を測定した。次に，より詳細な質問をした。それは，「お医者さんは顔のどこかの部分を検査したのかな？」「お医者さんは眼を検査したのかな？」といったものであった。誤りに導くような質問もされた。質問には，個々の子どもの検査にはなかった身体検査の特性が含まれていた。その結果，オーンスタインらは，どちらの年齢群の子どもも，検査終了直後の再生がよく，検査の特性をそれぞれ82%（3歳児），92%（6歳児）再生した。両群ともに，3週間後にはこれらの特性をいくぶん忘却していたが，再生は依然として非常に正確であり，3歳児でおよそ71%であった。誤りに導くような質問に対する反応も，概ね正確であった。

両年齢群の子どもは，たいていの場合，誤りに導くような特性を正しく拒否することができた。3週間後の3歳児については，誤りに導くような質問の60%を正しく拒否しており，6歳児については65%であった。記憶の侵入（実際には起こらなかった特性を「思い出すこと」）も2つの群で同じくらいのレベルであり，3週間後の3歳児で26%，6歳児で32%であった。オーンスタインらは，幼児の，個人的に経験した出来事の再生は驚くほどよいと結論づけている。これは，グッドマンとその同僚らによる「トレーラーハウス」実験の知見を支持するものである。

　子どものルーティンの知識，スクリプトになっている情報，目撃再生のあいだにある結びつきの検討方法は，他にもある。それは，ある種の出来事についてのエピソード的な知識をより多くもっている子どもの方が，誘導されやすい傾向がより小さいかどうかを調べるという方法である。この仮説によれば，ある種の出来事についての先行知識をもっていると，より安定した記憶が形成され，これらのより安定した記憶は，誘導的な質問の影響をより受けにくいはずである。この仮説は，子どもの記憶における知識の役割を研究することによって検討できる。オーンスタインらのさらに最近の研究はよい例である。

　クラブ，ニーダ，メリットとオーンスタイン（Clubb et al., 1993）は，医者に行ったときの出来事についての子どもの記憶が，ふだん小児科の検査で起こることについての知識や理解と結びついているかどうかを検討した。5歳児に，身体検査の知識について，「お医者さんに行くときにどんなことが起こるのか教えてね？」のようなオープンエンドの質問を使ってインタビューした。次に，「お医者さんは心臓の検査をするのかな？」のような，はい‐いいえで調べる一連の質問をした。クラブらは，子どもの大半が，注射をしてもらう（64%），医者に心臓の音を聞いてもらう（64%），口を検査してもらう（55%）といった非常に目立つ特性をよく思い出したと報告している。手首の検査をしてもらうといった特性を思い出す子どもは，ほとんどいなかった（5%）。これらの割合が知識の指標とされた。一方別の5歳児群から，目撃記憶の得点を得た。この群の子どもたちは，以前の実験の一環として，実際に医者に行ったときのことについてインタビューを受けていた。クラブらは，これらの子どもが実際に検査を受けた直後，1週間後，3週間後，6週間後に，先と同じ特性（注射，心臓の検査，口の検査など）を自発的に再生した者の割合を調べ，次に，これらの「目撃記憶」の数値と，最初の子どもの群から得られた対応する知識得点

との相関を求めた。

　その結果，クラブらは，知識と記憶の相関が，いずれの遅延間隔においても高い水準で有意だったと報告している。この結果から，彼らは，ある領域についてもっている知識の安定性が，その知識と同じ領域のことを再生するときの安定性と結びついていると論じている。しかし，クラブらが得た有意な相関は，知識と記憶の関係の方向性を示すものではない。再生における安定性が，知識における安定性を決定するという方が，その逆よりもありうることかもしれない。この関係は，もし同じ子どもで立証されることがあれば，より説得力をもつだろう。とはいえ，エピソード的な知識と，誘導的な質問による影響の受けやすさとのあいだに関係があるという仮定は，さらに検討する価値がある。

作業記憶

　エピソード記憶と目撃記憶の両者は，長期再生［過去に蓄積した知識の再生］に関わるものである。人間には短期的な再生に関する記憶システムもあり，それは作業記憶と呼ばれている。作業記憶は，情報を一時的に維持する「作業空間」であるが，それと同時に，推論，理解，学習のような他の認知的課題で用いるために，その情報を処理するという役目ももつ（たとえば，Baddeley & Hitch, 1974）。作業記憶に維持されている情報は，新しい情報である場合もあれば，長期記憶システムから検索された情報の場合もある。

　作業記憶には，少なくとも3つの下位要素がある。中央制御部，視‐空間スケッチパッド，音声ループである（図5.3を参照）。中央制御部は，それぞれの作業記憶活動を調整したり，処理資源［認知活動を支える手段となる心のはたらき。注意など］を割り当てたりする調節装置とみなされている。視‐空間スケッチパッドは，視覚的，空間的情報を処理して視‐空間的な符号で保持したり，また，イメージとして貯蔵されている何らかの言語的な情報をもっていると考えられている。音声ループは，音声の形で言語的な情報を維持したり処理したりすると考えられている。それは，1〜2秒持続する一種のテープ・ループとして概念化することができる。音声ループの減衰はかなり速いので，この言語的情報は，発声をともなわずに心の中で言うこと（sub-vocal articulation）によって再活性化したりリハーサルしたりする必要があるだろう。

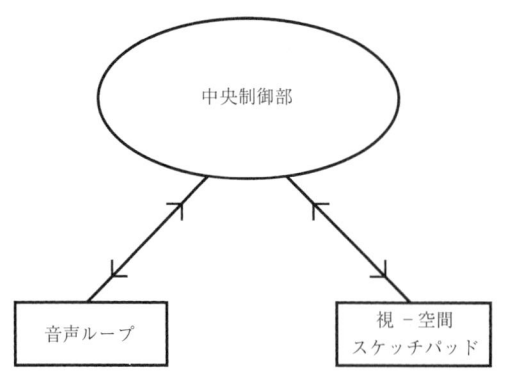

図5.3 バッドレーとヒッチ（1974）が提案した作業記憶のモデル。Reproduced by permission of Academic Press Inc.

発達心理学者は，中央制御部の2つの「従属制御システム」である，視‐空間スケッチパッドと音声ループの発達に主に関心を寄せてきた。ある有力な考え方では，子どもは，最初は短期記憶の視覚的符号に依存しているが，その後5歳ごろに音声的符号に移行するとされる（たとえば，Conrad, 1971）。この移行の年齢は，非常に重要だろうと考えられてきた。というのは，この年齢が，ピアジェが子どもの論理的推論能力の基盤が移行すると提案した年齢（第8章を参照）と近いからである。実際，「新ピアジェ派」と呼ばれる，認知発達に関する情報処理理論の多くは，おおざっぱにいえば，こうした現象が同時発生することにその理論的な根拠を置いている。作業記憶は，推論，理解，学習において中心的な役割をもっているので，作業記憶の発達が一般的な認知発達にとってともかく重要に違いないと論じるのには理由がある。しかし，推論，理解，学習それ自体の発達が，作業記憶の向上と発達を導く可能性もある。これらの新ピアジェ派の理論については，次の章で手短かに検討しよう。

【視‐空間スケッチパッド】
およそ5歳以前の子どもは，視覚的符号に頼っているという説があるが，その証拠のほとんどは間接的なものである。この説の根拠は，年少児では，作業記憶中に材料を符号化するために音声を用いれば，生じるはずの効果がないからである。これらの効果が見られるのは，通常は音声ループ（後述）を操作している証拠だと捉えられている。したがって，これらの音声の効果が見られないのは，幼児の作業記憶が視‐空間スケッチパッドに依拠していることを意味

すると考えられてきた。

　この伝統に属する古典的な研究をコンラッド（Conrad, 1971）が行っている。彼は，3〜11歳の子どもに一連の絵を見せ，後で思い出してもらった。絵には，名前の音が似ているもの（rat, cat, mat, hat, bat, man, bag, tap）と名前の音が異なるもの（girl, bus, train, spoon, fish, horse, clock, hand）とがあった。子どもは，まず最初に，絵の「対応づけゲーム」で遊びながら学習した。この対応づけゲームでは，子どもの目の前に，1セットの絵を全部表にして見せる。次に，中身がまったく同じ2つめのセットから2，3枚の絵を対応づけのために見せる。子どもが対応づけの仕方を理解してから，実験試行が開始された。実験者は，セット（「音声類似」絵画と「音声相違」絵画のどちらかを用いる）内の8枚すべてのカードを並べ，次に，それらを視界から隠す。次に，中身がまったく同じもうひとつのセットの中から数枚の絵を対応づけのために見せる。それぞれのカードに命名し，それらのカードを裏返して表が見えないようにし，次に，先の8枚のカードを再び見せる。子どもには，裏返しにされたカードを正しい絵と対応づけるよう求めた。

　大人にとっては，音声が異なる名前よりも，類似した名前を短時間覚えていることの方が難しい。したがって，コンラッドは，子どもにとっては「音声相違」絵画カードよりも「音声類似」絵画カードの方で，対応づけが困難だろうと予測した。しかし，大人でこの「音声混同」効果が生じるのは，大人が絵の名前を言語的に符号化し，後でリハーサルを使ってそれらを音声ループで保持する傾向があるからである。コンラッドの説明では，音声混同効果が子どもで生じないなら（すなわち，子どもが「音声類似」カードと「音声相違」カードのどちらも同じくらい覚えているのが困難なら），子どもは，再生を助けるために異なる記憶符号，おそらくは，絵画的符号を用いているというのである。

　コンラッドの結果では，年少児（3〜5歳児）だけが，2つの絵画セット間で「相違なし」のパターンを示した。音声的に混同しやすい絵と混同しにくい絵について，この年齢群の記憶スパン（正しく再生された絵の数によって測定された）は，同じくらいであった。6歳以上の子どもの記憶スパンは，「音声類似」絵画カードよりも「音声相違」絵画カードのほうで，より長かった。このことは，彼らが再生の基盤としてリハーサル方略を使っていることを示唆している。最年少の被験児もリハーサルをしていたのだが，再生に先立って絵に独特の再命名をしていたということもありうる（たとえば，"cat"に対して

"pussy"や"Tibby"。したがって，「音声類似」セットから「音声相違」セットへと効果的に置き換えられていたかもしれない)。しかし，次のような子どもの自発的な命名行動が見られたことから，この解釈は却下できる。すなわち，最年少の子どもは，課題を行うときに声を出して話す傾向があり，「ネコはネコと一緒」あるいは「ネコはここ」のようなコメントをしていたのである。このことは，リハーサルをしない幼い子どもは，視覚的に提示された材料を覚えるために，何らかの形式で視覚にもとづいて情報を貯蔵している［留めている］ことを示唆している。

年少児の短期貯蔵庫が視覚にもとづいているのなら，短期貯蔵庫が音声にもとづいている場合，音声的に類似した名前が混同されるように，視覚的に類似しているものは短期記憶で容易に混同されるはずである。この予測は，記憶スパン課題で，互いに似ているものの絵を使って，視覚的に似ているものの方が似ていないものよりも覚えているのが難しいかどうかを調べることにより，容易に検証することができる。ヒッチ，ハリデイ，シャフスタルとシュラーガン(Hitch et al., 1988)は，このタイプの絵画混同記憶課題を考案した。視覚的に類似した絵のセットは，くぎ，バット，鍵，鋤，櫛，のこぎり，フォーク，ペンの絵からなる。視覚的に似ていない統制絵画のセットは，人形，浴槽，グローブ，スプーン，ベルト，ケーキ，葉，ブタの絵からなる。さらに，長い名前をもつ視覚的に似ていない絵のセットも，この課題で用いられた。このセットは，ゾウ(elephant)，カンガルー(kangaroo)，飛行機(aeroplane)，バナナ(banana)，ピアノ(piano)，警官(policeman)，蝶(butterfly)，かさ（umbrella）である。それぞれの刺激のセットの例が，図5.4である。次にヒッチらは，これらなじみのあるものの絵について5歳児と10歳児の記憶を比較した。

ヒッチらの記憶課題はコンラッドの課題と似ているが，対応づけを求めない点で違っていた。そのかわりに，実験者は，それぞれの絵を表にして提示し，次に，それをひっくり返し，その絵を提示した順序で名前を言うように子どもに求めた。5歳児には3枚の絵，10歳児には5枚の絵をそれぞれ順序立てて与えた。ヒッチらの説明では，子どもがその絵の順序を覚えるためにリハーサルを用いるなら，視覚的に類似した絵や統制された絵よりも，長い名前の絵の方が再生が難しいはずである。他方，子どもが視覚的記憶方略を用いるなら，視覚的に類似した絵の再生が，最も困難なはずである。実験の結果，ヒッチらは，10歳児については，長い名前の絵の再生が最も困難だったと報告している。5

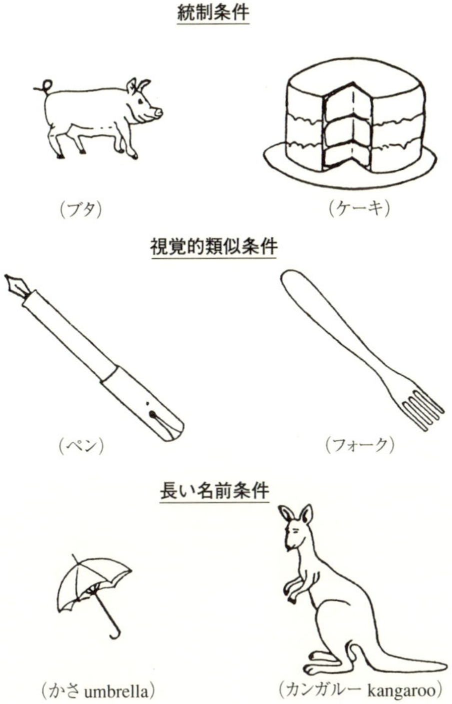

図5.4 ヒッチら（1988）の絵画記憶課題における各条件からの刺激の例。
Reprinted by permission of Psychonomic Society, Inc.

統制条件
（ブタ）　（ケーキ）

視覚的類似条件
（ペン）　（フォーク）

長い名前条件
（かさ umbrella）　（カンガルー kangaroo）

歳児については，単語の長さの効果がわずかに見られたものの，視覚的に類似した絵の再生が，最も難しかった。ヒッチらは，記憶の発達が進むにつれて，視覚的な作業記憶を用いる傾向が弱まってくると結論づけている。

　しかし，これらすべての実験は，視覚的に提示された項目の保持を研究するものである。その結果が示しているのは，およそ5歳以前の子どもは，視覚的記憶符号に依拠しているということではなく，年少児は，覚えるために視覚的情報を与えられた場合，作業記憶中の視覚的符号に依拠する傾向があるということであろう。つまり，実験者は，年少児が視覚的記憶符号に依拠する傾向があることを立証しているのではなく，年少児には，情報をそれが提示されたモダリティで保持しようとする傾向があることを立証しているのかもしれない。それに対して年長児は，視覚的に提示された材料を音声的な符号に翻訳するのかもしれない。したがって，コンラッドとヒッチらが観察した視覚的作業記憶

の効果は，子どもがはじめのうちは視 - 空間的記憶符号に依拠するために生じるのではなく，子どもが特定の記憶方略を選択し損なうために生じるのかもしれない。この可能性については，次の節でさらに論じることにしよう。

一方，聾児は記憶の際に，健聴児が言語的に符号化する材料についてさえ，視 - 空間的符号に強く依拠し続けるということに注目すると興味深い。オッコナーとハーメリン（O'Connor & Hermelin, 1973）は，聾児における短期再生を測定するために空間的スパン課題を考案した。この課題では，スクリーン上に3つの数字を連続して提示する。それは，3つの窓の中それぞれに，水平に並んで見えるように現れる（たとえば，5，2，7）。左 - 右の順序は，提示の時間的 - 連続的な順序と常に対応しているわけではない。たとえば，この並びの最初の数字が真中の窓に現れ，2番目が右手の窓，3番目が左手の窓であれば，左 - 右の並びは7，5，2となる。オッコナーとハーメリンは，健聴児が，数字をそれが現れた時間的な順序で再生する傾向があるのに対して（5 - 2 - 7），聾児は，（左 - 右の）空間的な順序で再生した（7 - 5 - 2）と報告している。このことは，健聴児が，数字を覚えるために言語的なリハーサルをしているのに対して，聾児は，視覚的なイメージとして数字を表象していることを示唆している。

【音声ループ】

通常，音声ループを用いる活動の測定は，材料を符号化するときに，音声の使用に関わる効果が見られるかどうかによって行われる。たとえば，長時間にわたって，類似した音声をもつ単語（bat, cat, hat, rat, tap, mat）を覚えている方が，類似していない単語を覚えているよりも困難である。これは，「音声的混同」あるいは「音声的類似性」効果と呼ばれている。同様に，「bicycle, umbrella, banana, elephant」のような長い語は，「egg, pig, car, boy」のような短い語よりもリハーサルにかかる時間が長く，したがって，長い語よりも短い語の方が作業記憶に保持されやすい。これは「語長」効果と呼ばれている。

短時間に音声ループに保持することのできる項目の数は，個人の「記憶スパン」の指標として用いられる。記憶スパンは，作業記憶容量の指標であり，加齢にともない増加する。しかし，スパンの長さは，長い語 対 短い語のような材料のタイプによって（また背景知識によって。Schneider & Bjorklund, in pressを参照）異なる。そのため，たいていの記憶スパンの指標は，数字のように誰

にとってもなじみがあると考えられる項目の保持を使う。しかし，数字に用いられる単語の長さは，言語によって異なる。このことから，同年齢の子どもであっても使う言語が異なれば，それぞれの記憶スパンが異なることになる。中国人の子どもは，英国の子どもよりも覚えられる数字の桁数が多い。というのは，中国語で数字に用いられる単語は，英語の数字の単語よりもずっと短いからである（たとえば，Chen & Stevenson, 1988）。ウェールズ人の子どもは，アメリカ人の子どもよりも覚えられる桁数が少ないが，それはウェールズ語で数字に用いられる単語が，英語で数字に用いられる単語よりも長いからである。記憶スパンは，通常IQテストで測定されるもののひとつである。そのため，ウェールズ人の子どもはアメリカ人の子どもよりもIQが低いのだと誤って考えられたことがあった！　詳しく調べてみたところ，IQの違いは，そのテストの一要素である数字のスパンにおいて，ウェールズ人の得点が一貫して低いことから生じた人為的な現象であった（Ellis & Hennelley, 1980）。

　作業記憶容量のもうひとつの重要な構成要素は，発話の速度あるいは構音の速度であり，これも記憶スパンに影響を与える。構音が遅い子どもは，構音が速い子どもに比べて記憶スパンが短い傾向がある。おそらく，個々の項目をリハーサルするのに，時間が長くかかるためであろう。発話の速度も，加齢にともない増加する。このために，加齢にともなう記憶スパンの発達は，主に発達にともなって発話の速度が増加することによって説明できるという考えも提起されている。年長児は，年少児よりも速く話すことができるので，音声ループの利用可能な1〜2秒のあいだに，より多くの情報をリハーサルすることができる。したがって，年少児よりも多くの項目を思い出すことができ，記憶スパンがより長くなるのである。

　この提案どおり，発話の速度と記憶スパンには高い相関がある。この結びつきは，ヒュームとその同僚らによる単語繰り返し課題を使った一連の研究で立証された（たとえば，Hulme, Thomson, Muir, & Lawrence, 1984；Hulme & Tordoff, 1989）。たとえば，ヒュームら(1984)の研究で，4，7，10歳児と大人に，「リンゴ，トラ」のような1対の単語を提示し，できるだけ速く繰り返すように求め，1秒間に産出される単語の数を，発話の速度の指標とした。その結果，発話の速度が記憶スパンと線形的な関係にあることが示された。すなわち，すべての年齢群を通して，記憶スパンが長くなると，発話の速度も常に増加したのである。さらに，再生と発話の速度の関係は，単語の長さにかかわらず一定不

変であった。ヒュームらは，長い単語（たとえば，helicopter, kangaroo），短い単語（たとえば，egg, bus），中間的な長さの単語（たとえば，rocket, monkey）についての子どもの記憶スパンを比較したところ，再生と発話の速度との関係が，年齢を通して一定不変であったと報告している。このことは，いずれの年齢の被験児も，一定の時間間隔（約1.5秒）の中で言うことができるのと同じだけ，再生できることを示している。ヒュームらは，発話の速度がより速い人は，情報をより速くリハーサルすることができるので，それをよりよく思い出すことができると論じている。

しかし，ヒッチ，ハリデイ，ドッドとリトラー（Hitch et al., 1989）が，ヒュームらの課題を単語のかわりに絵を用いて追試したところ，結果は異なっていた。覚えるべきものの名前を視覚的に提示したところ，10歳児のみで，発話の速度と記憶スパンとのあいだに相関が見られた。この年齢群のみが，視覚的な入力を自発的にリハーサルしていたらしいのである。聴覚的な提示では，すべての年齢群で相関が見られた。したがって，発話の速度は，作業記憶に保持することのできる項目の数をまさに支配しているけれども，それは，覚えるべき項目が音声的な形式で提示されたときに限るのである。もちろんこのことは，先に論じたコンラッド（1971）とヒッチら（1988）の知見と符合している。年少児は，視覚的に提示された情報を視-空間的な符号を用いて維持することを好む一方，年長児は自発的に，視覚的な入力を音声的な符号へと翻訳するのである。

ヘンリーとミラー（Henry & Millar, 1993）は，この発達パターンの説明として，リハーサルが命名行動から発達するという提案をしている。彼らは，次のように指摘している。すなわち，年少児は，視覚的あるいは触覚的な材料を言語的な形式に翻訳するために，命名を用いることがよくあるのだが，それは，とくに子どもが学校に入学し，情報の学習や保持を言語的方略に頼るようになるにつれて強まるという。ヘンリーとミラーは，子どもは命名の速度と流暢さを増すことによってリハーサルを発見するのであって，おそらく，リハーサルの発達が，およそ7歳以降の記憶スパンの発達を説明すると述べている。これ以前の記憶スパンの発達は，命名と，覚える項目のなじみ深さの両方に依拠している。長期（意味）記憶中にあるごくなじみ深い項目は，貯蔵や検索がより容易である。また，ごくなじみ深い項目は，心的辞書の中に音声表象がきちんと特定化されている。記憶スパン課題では，リハーサルや再生に音声的な出力

システムが用いられるので、きちんと特定化された表象をもつ単語の方が、処理をあまり必要とせず、より速く発音することができる（Roodenrys, Hulme & Brown, 1993も参照）。この見解によれば、発話の速度は、記憶スパンの発達と関係しているけれども、発話の速度はまた、子どもの音声表象の質によっても決定されるのである。

　ヘンリーとミラーの提案は興味深い。というのは、作業記憶の発達が、長期記憶や意味記憶の発達と密接に関係していることを示唆しているからである。彼らの説明では、作業記憶容量、発話の速度に影響を与えている重要な変数は、意味記憶中にきちんと特定化された音声表象がどれだけ発達しているかということに依拠している。先に（第3章で）見たように、意味記憶の発達は、概念的、言語的発達と結びついている。きちんと特定化された音声表象をもつ項目は、非常になじみ深く、アクセスも容易で、話す際によく検索されるものなのである。したがって、ヘンリーとミラーの見解は、記憶の発達に関する限り、短期記憶と長期記憶のあいだの従来の概念的な区別は、部分的にしか当てはまらないのかもしれないということを暗に意味している。子どもは、大人のように音声ループを用いて情報を短時間維持するが、それは、徐々に利用できるようになっていくのである。音声ループの利用はまた、子どもの年齢に依拠しているとともに、課題の特性（たとえば、言語入力 対 絵画入力）にも依拠している。それにもかかわらず、その瞬間、瞬間に、情報を能動的に処理することができる短期の「作業空間」という概念は、処理容量という考えにもとづいた近年の認知発達の諸理論において重要な貢献をしてきた。その点については第6章で見ていく。

【中央制御部】

　バッドレーとヒッチが仮定した作業記憶の第3の構成要素は中央制御部で、認知活動のプランニングやモニタリングをし、認知において中心的な役割を果たすとされる。中央制御部は、認知システムのそれぞれの部分間の情報伝達を制御したり、音声ループと視‐空間スケッチパッドの機能や調整をモニターしたり、長期記憶から情報を検索したりするといわれる。中央制御部を直接的に研究することは難しいが、中央制御部の活動が前頭皮質で行われることが示唆されてきた。したがって、前頭皮質に関わることを測定する課題も「制御部の機能」の指標をもたらすかもしれない。

前頭皮質が運動のプランニングや制御に関わる基本的な運動皮質を含むことを，すでに第2章で学んだ。第2章で論じたように，認知的混同を示すと考えられてきた，（A-not-B探索エラーのような）乳幼児のおかすエラーの中には，実際はこの神経システムが未熟なために引き起こされるものもある。こうした前頭皮質の未熟さのために不適切な探索行動が生じるのである。つまり，乳幼児が，Aで探索するといった支配的な行為傾向を抑制できないことが原因なのであり，隠されたモノを探すべき場所について何らかの誤った考え方をしているからではない（たとえば，Diamond, 1991）。同じようなことは，幼児における一見認知的混同に見える現象についてもいえる。前頭皮質はまた，認知活動のプランニング，モニタリング，抽象的な推論のような，高次の思考プロセスの場でもある。また，幼児は，認知活動のプランニングやモニタリングがいつもそれほど得意であるとはいえない。したがって，発達心理学者の中には，発達上の未熟さは，前頭皮質がまだ発達途上にあるという事実を反映していると考える者もいる。幼児が「制御部エラー」をおかすという仮説は，前頭皮質に損傷を受けた大人が特徴的に示す「制御部エラー」を子どももするかどうかを吟味することで検討されてきた。

　前頭皮質を損傷した大人に見られる典型的な「制御部エラー」は，異常に固執して行われるカード分類である。先に（第2章で）論じたように，前頭皮質に損傷を受けた患者にとっては，特定の規則（たとえば色）にしたがってひと束のカードを分類した後で分類の規則が変更されると，分類の規則を切り替えることが非常に難しく，そのまま色にしたがって［変更前の分類規則のまま］カードを分類し続ける。しかし，その患者は一貫して分類エラーをする一方で，「これは間違っている，これは間違っている……」と実験者に言うのである（Diamond, 1988）。それは，あたかもその患者の行動が，自分の意図ではなく自分の以前の行為によって制御されているかのようである（彼は，古い規則によって探索する「強力な」傾向を抑制することができない）。カード分類行動にもとづく臨床的な指標として，ウィスコンシン・カード分類テストと呼ばれる神経心理学的なテストがある。その典型的な方法は，患者に数多くの分類試行を求め，それぞれ10試行をひとくくりとして，その後で分類法則を変えるというものである。前頭皮質を損傷した患者は，カード分類課題で統制群の被験者よりも分類エラーが多く，変更を達成できた数は有意に少なかった。ペニントン（Pennington, 1994）は，「制御部エラー」は，行動が，心の中の適切な規

則によってではなく，環境の顕著な特性，たとえば，以前行った行為などによって制御されるときに生じると論じている。

　3〜4歳と6〜7歳の子どもの論理に関するエラーの中には，「制御部の失敗」によって説明できるものもあるかもしれないと考える発達心理学者が増えている（たとえば，Russell, 1996）。子どもは心的なプロセスを不適切な方略で制御しているというのである。たとえば，ラッセルは，3〜4歳では，方略の制御が不適切であるために「心の理論」課題で失敗することがあるが，それは子どもが心的プロセスについて「明示的かつ意識的に」考えることができないからだと論じている。同様に，6〜7歳では，この方略的制御が不適切であるためにピアジェの「保存」課題（第8章を参照）で失敗することがあるが，それは子どもが保存されるべきものの特性について「明示的かつ意識的に」考えることができないからだという（Russell, 1996, pp. 215, 222）。

　3〜4歳児の「制御部の欠陥」についての直接的な証拠は比較的少ないが，フライとゼラゾらによる最近の研究では，前頭皮質を損傷した患者と同様に，この年齢の子どもには規則の変更が困難なことが示されている。たとえば，フライ，ゼラゾとパルファイ（Frye et al., 1995）は，3，4，5歳児に，1セットのカードを，形または色にしたがって2つのトレイに分類するように求めた。それぞれのカードには，ある形がひとつ，すなわち赤い三角形が1個，青い三角形が1個，赤い円が1個，青い円が1個，のいずれかが描いてあった。「色ゲーム」で遊ぶために，赤いものを全部一方のトレイに入れ，青いものを全部他方のトレイに入れるように子どもに求めた。教示は非常に明確であった。「この箱の中には赤いものは入れてはだめだよ。どんなことがあってもだめだよ！赤いものはぜんぶここに入れるんだよ。それで，青いものだけをそこに入れるんだよ。これは色ゲームなんだ……」両方のゲーム（色と形）で訓練した後，1セット5試行で計3セット，分類方略の移行（たとえば，色から形へ）における子どもの能力をテストした。まず最初の1セット5試行で子どもに，色にしたがって分類するためのテストカードを与えた。このセットを分類したら，次に子どもに次のように言った。「オーケー，今度は違うゲームをするからね。『形ゲーム』だよ。気をつけないといけないよ。」そして，形によって分類するために5つの新しいテストカードが与えられた。最後に，5回連続して移行試行を行った。試行のたびに新しい規則（形か色）にしたがって分類するよう子どもに求めた。ここでも，教示は非常に明確であった。「オーケー，今度はも

う一度変えて違うゲームで遊ぶからね。色ゲームだよ。気をつけないといけないよ。」

　その結果，フライらは，研究された3〜4歳児にとって，実験者の明確な教示にもかかわらず，5試行からなる2番目のセットで分類方略を移行することが非常に難しかったと報告している。典型的に見られた子どもの行動は，最初の5試行はカードを正しく分類し，次の2番目の5試行も同じ基準（色または形）によって分類し続け，誤った規則に固執し続けるというものであった。最後のセットの5試行は続けて移行させるものだったが，成績は偶然の域にとどまった。それに対して，年長児（5歳児）は，第2セットの5試行で分類規則を変更することができ，また最後のセットの5試行でも，試行ごとに分類規則を変更することができた。年長児は，年少児に特徴的な「制御部の失敗」を示さなかった。

　3，4歳児にとって困難だったのが，抽象的でなじみのない幾何学的な形を使用したためではないことを確証するために，フライらは，赤と青のボートと赤と青のウサギの絵を使って同じようなカード分類課題を実施した。ここでも，最初に一方の規則にしたがい，次には第2の規則にしたがい，さらに最後のセットでは交互に2つの規則にしたがってカードを分類するよう子どもに求めた。そして，幾何学的な形の場合と本質的に同じ結果が得られた。違ったのは，4歳児は，ボートやウサギというなじみのある次元で分類規則を移行する場合，比較的スムーズにできたという点であった。フライらは再度，形や色という次元を用いたことそれ自体が子どもに難しかったわけではないことについても検討するため，数と大きさの規則にしたがうカード分類課題を考案し，再び，本質的に同じ結果が得られた。3，4歳児にとっては，分類規則を移行することが難しかったのである。

　これらの知見にもとづいて，フライらは，3歳から5歳のあいだに，子どもは，ひとつの次元にもとづいて判断して，別の次元を無視できるようになるのだと論じた。フライらの結果はまた「制御部の失敗」によっても説明できる。子どもは，移行後の規則がわかっているにもかかわらず，移行前の規則を用いる強力な傾向を意志によって抑制することができないのである。フライらの結果を「制御部の失敗」で説明できるかどうかを検証するためには，移行後の規則を幼児が本当に使うことができるという証拠が必要である。

　この証拠は，形と色の規則を使ったオリジナルのカード分類研究を，花と車

の絵で検討した追試から得られた (Zelazo, Frye & Rapus, 1996)。この追試で，ゼラゾらは，移行後の試行で新しい規則を使うのに失敗した3歳児の89%が，新しい規則をことばで言うことができたと報告している。たとえば，「形ゲームでは車はどこに行くのかな？　お花はどこに行くのかな？」と尋ねられたときに，子どもは正しい箱を指摘するが，その後で「形ゲームで遊ぼう。これはお花だよ。お花はどこに行くのかな？」と言われると，すぐさま色の規則にしたがって分類するのである。同じような結果は，子どもが移行前の試行を1回しか受けていないときでさえも見られた。これらの知見は，3歳児が移行後の規則を知っているにもかかわらず，また，移行前の規則についての経験が不十分で，ひとつの次元だけでカードを分類する習慣がついていないときでも，移行後の規則を使うことができないことを示唆している。

　認知発達における前頭皮質の役割に関して，デンプスター (Dempster, 1991) が補足的な見解を示している。デンプスターによれば，知能は前頭皮質の抑制プロセスを考慮せずに理解することはできない。抑制プロセスの個人差は，各個人の前頭皮質の効率性の程度を示すという。彼は，カード分類のような多くの「前頭皮質」課題がもつ重要な特徴は，効果的に行うために課題に関係のない情報を抑制するよう求めるところにあると指摘している。このことは，フライらの実験でいえば，形の規則にしたがってカードを分類するよう求められたときに色の規則を抑制することを意味している。したがって，子どもが干渉の影響を受けやすいことは，抑制機能の弱さによって説明できるだろう。

　幼児の前頭皮質はまだ発達途上にあるし，子どもにとって，臨床版のカード分類課題は，12歳ごろまで非常に難しい（過度に活動的な注意欠陥障害の子どもは特有の問題を示す）。これらのことから，デンプスターは抑制プロセスが認知発達において無視された次元であると論じている。デンプスターによれば，前頭皮質の抑制活動における個人差は，認知発達の個人差や「制御部の」課題の成績と相関があるはずである。第1章の終わりで，乳幼児の馴化と再認記憶が後の認知発達を予測することの証拠について検討したが，デンプスターの提案はそれらの証拠とも一致している。すでに示したように，マッコールとキャリガー (1993) は，この予測に結びつくような関係が生じる理由について述べている。すなわち，乳児の馴化と再認記憶の指標が，なじみのある刺激に対する反応を抑制する能力の個人差の指標となるからである。この議論を制御部の課題における成績と結びつけた研究者はまだいない。しかし，デンプスターの

示唆は,「制御部の機能」の発達に関わる今後の研究にとって,研究上の重要な問いであろう。

デンプスターは,抑制プロセスが比較的無視されてきたと考えているが,これと密接に関わる見解がある。それは,選択的注意の発達の基盤となるメカニズムを認知発達研究でもっと強調すべきだという見解である(たとえば,Lane & Pearson, 1982)。選択的注意の発達においては,無関係な刺激への馴化と同様に,それらの能動的な抑制も必要である。注意の馴化のメカニズムは,大人と同じように子どもでも機能していると思われるが,抑制のメカニズムはそうではない(Tipper, Bourque, Anderson & Brehaut, 1989)。しかし,注意の発達に関する研究が非常に乏しいことから,選択的注意の個人差や認知発達の個人差について何らかの有益な結論を引き出すのは時期尚早であろう。

まとめ

子どもを対象に測定できるさまざまなタイプの記憶を概観してきたが,その結果,記憶システムには加齢とともに発達するものとそうでないものとがあることがわかった。発達的な変化がほとんど見られなかったのは再認記憶と潜在記憶であるが,逆に発達的な大きな変化が生じるのはエピソード記憶,作業記憶,意味記憶(第3章も参照)である。これらのさまざまな記憶システムは,発達的に異なる軌跡をたどる。それは,記憶の発達が他の認知プロセスの発達と別個のものではありえないからである。幼児が記憶課題に取り組むときに使う知識構造は,覚えるべき内容を決定する際に重要な役割を果たす。また,そのような知識構造は,エピソード記憶や意味記憶を体制化するために,そして作業記憶の効率を増すために重要である。したがって,記憶システムの発達の特徴は,他の認知プロセスが精巧さを増すことによって恩恵を受けるということである。それに対して,再認記憶と潜在記憶はもっと自動的な知覚学習システムであり,比較的他のプロセスの発達による影響を受けない。

また逆に,エピソード記憶と意味記憶における発達的な変化によって,他の記憶システムの発達的な変化をある程度説明できるだろう。たとえば,目撃記憶に見られる暗示へのかかりやすさの低下,「幼児期健忘」の減少である。誘導的な質問は,実際にはなかった出来事の誤った再生をもたらすが,年長児は

年少児よりもこうした質問の影響を受けにくい。また，こうした影響を受けにくくなることは，スクリプトの発達や，思い出そうとしている出来事についてどれほどエピソード的な知識をもっているかということと関係があるだろう。同様に，およそ3歳以降に幼児期健忘が消失するのは，出来事を貯蔵したり物語るための枠組みが発達するためであろう。エピソード記憶を構成する出来事の因果的，時間的系列を記述するために，抽象的な知識構造が使えるようになれば，健忘はもはや見られなくなる。また，加齢とともに作業記憶容量（記憶スパン）が増加するのは，部分的には意味記憶が発達するためであろう。項目の長期記憶表象を使えるようになることで，短期記憶の成績が促進されるらしい。したがって，短期貯蔵システムと長期貯蔵システムは大人で測定すると別個のものなのだが，両システムの発達は緊密に結びついていると思われる。しかし，作業記憶の制御部は，まったく別の要因で発達するようである。中央制御部の発達は，記憶システムの他の面の発達によって支えられているというよりは，神経系の発達と前頭皮質の成熟によってもたらされるようだ。

記憶方略と メタ記憶 6

　効率的な記憶の発達は，さまざまなタイプの記憶システムの発達だけにもとづくわけではない。記憶システムに情報をどう保存し，どう検索するのかといった記憶方略の発達や，人の記憶はどうはたらくのか，記憶をどう使うと効果的なのかといった知識，つまり「メタ記憶」の発達もまた，同じように重要である。そして，この記憶方略やメタ記憶の発達には大きな個人差が見られる。記憶発達の個人差と認知発達の個人差に関連が見られるが，この個人差とは記憶方略とメタ記憶力の利用の個人差のことである。

記憶方略の発達

　最も広く利用されている記憶方略は，リハーサル（復唱）と体制化（記憶材料の関連づけ）である。むろん，視覚化など他の方略も記憶を改善するが，発達研究では，リハーサルと体制化が主要な研究対象であった。記憶方略の発達研究から，幼児が自分の記憶力に驚くほど自信をもっていることがわかっている。そのため，自分の記憶を改善するような記憶方略を使用する必要をまったく感じていないようである。ユッセンとレヴィ（Yussen & Levy, 1975）の標準的な記憶容量課題を用いた研究によれば，4歳児に10個の無関連な事物を覚えるように求めると，半数の子どもがすべてを覚えることができたと自己評価した。しかし，実際には約3個しか覚えていなかった！　このような経験をしても，子どもの，自分の記憶力に対する自信は揺るがず，ごく一部の子どもしか自分の記憶容量に対する予測を変えなかった。むしろ，こう言うのである，「これとは違うのをちょうだい。そうしたらぜんぶ覚えられるから」。

記憶方略使用の始まり

　それにもかかわらず，「生態学的に妥当な」記憶課題，つまり実験室での特殊な状況における記憶課題ではなく，子どもの生活と関連し，生活の中でも意味のあるような記憶課題を使えば，幼児であっても，記憶を助ける記憶方略が必要だということに多少とも気づくであろう。ウェルマン，リッターとフラベル（Wellman et al., 1975）の研究では，3歳児におもちゃのイヌについてのお話を聞かせた。小道具として，4つの同じプラスティックのカップを使い，おもちゃのイヌをこのカップのどれか1つの下に隠す。実験者は何かを探しに部屋から出るが，このイヌは犬小屋に戻りたいと思っているので，イヌがどのカップの下にいるかを覚えておくようにと子どもに頼んだ。

　40秒間実験者は室外にいたが，ほとんどの子どもは，どのカップにイヌがいるかを覚えておくため，さまざまな記憶方略を用いた。イヌが隠されたカップを他のカップよりも頻繁に見たり，触ったり，ターゲットのカップを見て「これだ！」と言ったり，他のカップを見るときには「違う！」と言ったり，ターゲットのカップをずっと触っていたり，などした。このような方略を用いた子どもの方が，イヌの入ったカップがどれかをよく覚えていた。2歳児にも同じことを行ったが，そもそも，実験者が不在のあいだじっとしていることができないため，うまくいかなかった。

　2歳児については，デローチ，キャシディとブラウン（DeLoache et al., 1985）の研究が成功している。空間上の位置を記憶する課題（隠しものゲーム）を使い，実験には，18〜24ヵ月児が参加した。実験者は，人気のあるおもちゃ（ビッグバードなど）を不自然でない場所（枕の下など）に隠した。子どもに，ビッグバードがこれから隠れるけれど，後でベルが鳴ったときにビッグバードがどこに隠れているか見つけなくてはならないから，隠れた場所を覚えておくよう言った。タイマーは4分間にセットし，その間，子どもに他のおもちゃで遊ばせ，気をそらせる課題を行わせた。この課題のあいだ，参加者の子どもは，枕を指差して「ビッグバード」と言ったり，枕の下をのぞき見たりしていた。統制群では，おもちゃは枕の上に置かれていたが，こちらでは，同様の方略は，使用されなかった。デローチらは，子どもの記憶を助ける行動は，課題を記憶

するという要求に応えるために採用されたのであるから，方略的であると結論している。

サマヴィル，ウェルマンとカルティス（Somerville et al., 1983）も，子どもの記憶しようとする動機を高めるような課題を用いることによって，2歳児の方略的な想起を調べることに成功した。課題は，母親に頼まれた時間（たとえば翌朝）に，店でキャンディを買うことを覚えておくことであった。2つの出来事の記憶を比較したが，ひとつは，未来のある時点でキャンディを買うことであり，もうひとつは，未来のある時点（たとえば，パパが帰宅したとき）に，洗濯物を洗濯機から取り出すことである。2～4歳児は，覚えておこうという動機づけがより高いキャンディ課題をより覚えており，前もって計画を立て，その出来事を覚えておく能力を示した。短い遅延（5分間）の後でも，キャンディ課題については，2歳児でも80％が自発的に思い出すことができた。より動機づけが低いと思われる洗濯物課題の方では，自発的な想起ははるかに少なく，長い遅延の後では26％にまで落ちた。幼い子どもでも，記憶のために計画的な「構え」をもつことができると，サマヴィルらは述べている。

リハーサル（復唱）の方略的な使用

しかし，これらの実験で観察された自発的な記憶方略は，いずれもかなり課題特有のものである。大人が短期間情報を保持するときに利用する記憶方略は，リハーサル（復唱）である。同じことを繰り返し言うことによって，記憶を容易にする。第5章で見たように，リハーサルの自発的な使用は，学齢期になるまで現れず，情報を取り入れ，保持するため，次第に言語的な方略に依存するようになる。幼児が自発的にリハーサルを行わないという考えは，フラベル，ビーチとチンスキー（Flavell et al., 1966）の古典的な研究でも支持されている。

フラベルらは，5，7，10歳児に宇宙ヘルメットをかぶらせ，約15秒間の遅延時間の後で，何枚かの絵を思い出すように求めた。宇宙ヘルメットには，子どもの目は隠すが口は隠さない面覆いがついていた。実験者が「面覆いを降ろして」と言うと，短い遅延時間が始まり，その間に訓練を積んだ読唇者が子どもが自発的にリハーサルを行っているかどうかを記録した。面覆いが上がっているあいだ，7種類の絵（リンゴ，櫛，月，フクロウ，パイプ，花，アメリカ

の国旗）を子どもに見せ，面覆いが降りているあいだ，そのうち2～5枚を覚えておくように求めた。その結果，5歳児は10％しかリハーサル方略を使用しなかったが，7歳児は60％，10歳児は85％が使用した。7歳児のデータは，リハーサル方略を用いる子どもの方が絵をよく覚えていることを示していた。フラベルらは，年少であるほどリハーサルを行っていないのは，自分の記憶を助けるのにリハーサル方略を利用する必要性を実感していないからだと結論している。すでに見たように，年少の幼児は視覚的に提示された情報を言語的にコード化することが少ない。

　フラベルらの研究は，リハーサルの使用と記憶の正確さのあいだに関連があることを示した。しかし，その後の研究から，7歳児が方略的にリハーサルを使用するのは断片的で，短期記憶にとくに有効だとはいえないことがわかった。彼らは，直前に提示されたものをリハーサルするだけか，直前のものとごくわずかのそれ以外のものをリハーサルするだけだった。ただし，少し練習を行わせることによって，方略的なリハーサルの利用が急激に増え，その結果，記憶も改善された。

　たとえば，ノーズ，オーンスタイン，アヴィアノ（Naus et al., 1977）の研究では，8歳児と11歳児に単語のリストを覚えさせたが，一方のグループの子どもには，いつも自分でするように単語を声に出して練習するようにと言い，もう一方のグループの子どもには，他の2つのことばと一緒に，今提示されたことばを声に出して練習するようにと言った。リハーサル方法の訓練を受けた子どもの方が，いつも自分でしているように練習するよう言われた子どもよりも，よくリストを覚えていた。ノーズらは，リスト課題の記憶を改善したのは，リハーサル活動そのものではなくて，その内容であると述べている。つまり，リハーサルの質の方が，回数よりも重要なのである。

　リハーサルを行うよう幼児をトレーニングすることができるということは，幼児はリハーサル方略を用いる能力はあるのだが，単にそれを使おうと思わないだけ（「産出の欠如」）なのだろうか？　幼児がリハーサルを行わないのが，「産出の欠如」によるのかどうかを調べるには，リハーサルを行うような動機を与えればよい。クンジンガーとウィトリヨル（Kunzinger & Witryol, 1984）は，動機を利用した方法を工夫し，7歳児のリハーサルの自発的な使用を調べた。子どもにお金を与えてリストの単語を覚えさせる課題で，リストは，覚えると10セントもらえる単語と覚えても1セントしかもらえない単語に分かれている。

効果的な方略使用を訓練しなくても子どもがリハーサルを行えるのであれば，10セントの単語の方を1セントの単語よりも多くリハーサルするはずである。

　その結果，子どもたちは確かに10セントの単語の方を多くリハーサルした。リストの始めの方では，10セントの単語に対しては，1セントの単語のじつに6倍ものリハーサルを行った。統制群では，どの単語も等しく5セントもらえるが，全体的にリハーサルが実験群よりも少なかった。クンジンガーらは，これは実験群の子どもたちが，「10セント単語」の場合に利用していたリハーサルを，「1セント単語」でも行うようになったからだと解釈している。また，リハーサル回数が多かった「10セント単語」の想起成績は，他の単語よりもよく，「10セント単語」の想起率は，「1セント単語」や「5セント単語」よりも有意に高かった。明らかに，7歳児にリハーサルを利用するよう導くことは可能であり，そのときには，記憶も改善される。

　魅力的な誘因があれば，4歳児にも記憶方略を使用するよう導くことができる。ただし，記憶がはっきりと改善されるわけではない。オーサリバン(O'Sullivan, 1993) は，4歳児に15種類のおもちゃ（イヌ，ウマ，ボール，飛行機など）を見せ，テストで全部のおもちゃを覚えることができたら賞品がもらえると説明した。賞品は，ひとつのグループは鉛筆1本で，もうひとつのグループではクレヨン1箱だった。どの子どもにも，クレヨンの方が魅力的な賞品であると判断された。実験では，実験者が鞄の中からおもちゃを取り出し，3分間子どもに覚えさせ，それから再び鞄にしまった。短期記憶の効果を消すために，25秒間×印を紙に書かせ，想起テストを行った。

　その結果，鉛筆が賞品の子どもと比べて，クレヨンが賞品の子どもは，おもちゃを視覚的によりしっかり確かめ，かつ「課題とは関係ない」活動も少なかった。リハーサルの自発的使用は見られなかった。よい褒美がもらえる状況では，たいしてよくない褒美がもらえる状況よりもよりいっそう覚える努力をしたわけであるが，これは想起成績には結びつかなかった。想起成績は，どちらのグループもほとんど同じだった（8個）。ちなみに，子どもたちは最終的には，クレヨンと鉛筆の両方をもらって帰った！

　幼児のリハーサルの発達についての他の多くの研究も，概ね同様の結果を報告している（レビューとしては，Schneider & Pressley, 1989，を参照）。幼児はリハーサルができないというよりも，しようとしないようである。幼児がリハーサルを用いるのは，リハーサルの訓練を行ったときや，単語リストを覚える

といった課題特有の要因によって誘発されたとき，つまり，記憶すべきものを視覚的に提示するのでなく，言語的に提示したときである。リハーサルを方略的に用いるようになるのは，発達がある程度進んでからである。幼児期初期に自発的なリハーサルの利用が見られないのは，能力が不足しているからではなく，「産出の欠如」によるといえる。

意味的なカテゴリを用いた体制化方略の使用

　覚える必要があるものを関連するグループに分け，このグループ分けを想起の際の手がかりとする体制化記憶方略も，リハーサルと同様の発達パターンを見せる。体制化方略が使用されるようになった初期においては，この方略が使用されるか否かは，概ね課題そのものの性質，つまり記憶すべき内容に依存する。それに対して後の段階になると，子ども自身が，方略を使用するか否かを決定するようになり，記憶すべき内容による体制化方略使用の差は見られなくなる。

　たとえば，シュナイダー（Schneider, 1986）は，7歳児と10歳児に24枚の絵を見せ，それを覚えるのに役立つことを何でも全部しなさいと指示した。絵は，「カテゴリ関連性の高い組み合わせ（イヌ，ネコ，ウマ，ウシ，ブタ，ネズミなど）」と，「カテゴリ関連性の低い組み合わせ（ヤギ，シカ，カバ，バッファロー，サル，子羊など）」があった。また，「事物間の連想性の高い組み合わせ（イス，テーブル，ベッド，ソファ，机，ランプなど）」と，「事物間の連想性の低い組み合わせ（冷蔵庫，腰掛け，本箱，ロッキングチェア，ストーブ，ベンチなど）」も加えられた。子どもに，2分間で絵を分類し，もう2分間で覚えるように求めた。

　その結果，7歳児の10%しか，自発的に，カテゴリ関係にもとづいたグループ化を行わなかったが，10歳児は60%がカテゴリ関係にもとづいてグループ化を行った。また，7歳児は，事物間の連想性が低い組み合わせの場合，グループ化をあまり行わなかった。10歳児は，ストーブやベンチといった絵をグループ化するのに，「家具」のようなカテゴリを利用していたが，7歳児はそうしていなかった。7歳児が体制化方略を使用するか否かは，事物が関連している程度によって決まると，シュナイダーらは解釈している。7歳児の場合，高い

連想性そのものがグループ化を行うのを促しているが,それは意図的なものとはいえない。一方10歳児は,意図的な方略としてグループ化を行っていた。10歳児は,記憶を助ける方略としての体制化の価値に気づき始めていた。この解釈を支持する証拠として,10歳児の半分が,想起を促進するために系統的で方略的な行動をとっており,体制化方略の価値に気づいていたとシュナイダーらは主張している。

　類似の結果が,ビョークランドとビョークランド（Bjorklund & Bjorklund, 1985）の研究からも得られている。6,8,10歳児に自分のクラスメイトの名前を思い出すように求めたが,どの子どもにもこの課題は簡単で,席順,読書グループ,男女といったグループ化手がかりを利用して,方略的に想起しているようだった。しかし,どうやってその名前を思い出したのかを尋ねると,特定の方略を述べることはできなかった。したがって,その方略は意図的なものではないと考えられる。このことを確かめるために,ビョークランドらは,子どもに特定の方略（まず男子を,そして女子を,など）を用いて名前を思い出すように求めた。この条件での想起成績は,とくに教示を行わない条件と変わらなかった。事物間に強い意味的な連想関係があると,あまり意図的な努力をしなくてもこの連想関係が活性化され,その結果,より体制化され,かつ方略的な想起行動が起こるように見えるが,このような想起行動は強い連想関係の副産物なのである。連想性が強いときに,自動的に想起が構造化される。

　しかし,意味的な連想関係をもっと方略的に利用しているという証拠も得られている。シュナイダーとソーディアン（Schneider & Sodian, 1988）は,4,6歳児に,まず,10枚の人物の絵（医者,農夫,警官）を10棟の木の家に隠させ,その次に,どの家にどの人が隠れているかを思い出させた（実験者が複製して作った「双子」の写真と家を対応させるのが課題である）。その木製の家には屋根がついており,箱の蓋のように開けたり閉じたりすることができた。家のドアには,磁石でヒントの絵をつけることができた。ヒントとなる絵には,隠れている人と機能が関連するもの（注射器,トラクター,パトカー）と,関連しないもの（鍵,花,ランプ）があった。

　まず,ヒントの絵なしで隠し課題を行わせ,隠し課題と想起課題にかかる時間を計った。その後,ヒントとなる写真をそれぞれの家に貼り,隠し課題と想起課題をもう一度行わせた。この2回目には,子どもが,隠す絵とヒントの絵の意味的な連想関係を体系的に利用したために,絵を家に隠すのにより時間が

かかったが，想起の正確さは改善された。また，2度目の想起で6歳児は4歳児よりもよく場所を覚えていたが，これは，6歳児の方が手がかりとなる絵の意味的な連想関係をうまく利用していたためであろう。実際に，6歳児の方が写真を意味的な関連のある家に隠しており，6歳児では72%，4歳児では40%を関連のある家に隠した。

シュナイダーらは，6歳児の方が検索手がかりの利用をよく理解していたと報告している。「今やったゲームのうち，どっちが簡単だった？」という質問に対して，6歳児の方が，意味的な手がかりを方略的に使用できることを意識していた。ただし，4歳児もこういう知識をある程度は示していた。さらに，どちらの年齢グループでも，手がかりの有益性を意識していることと，想起成績に関連が見られた。就学前の子どもは，連想手がかりの価値に気づかず，強い連想手がかりに自動的に反応しているだけであるという考えは誤っているだろうとシュナイダーらは主張している。4歳児でもある種の認知的な手がかりの有益性について理解している。この研究では子どもにとって十分単純かつ有意味な課題を用いたために「産出の欠如」が生じず，記憶方略として体制化を自発的に用いることができたと考えられる。

メタ記憶

子どもは，さまざまな方略を利用することによって記憶を改善できることに気づくようになる。この発達を記述する方法のひとつは，「メタ記憶」という概念を用いることである。メタ記憶とは，記憶についての知識であり，メタ記憶の発達とは，自分自身の記憶行動をモニターし，制御する能力の発達である（Brown, Bransford, Ferrara & Campione, 1983）。子どもが自分の記憶がどうはたらくかを次第によく知るようになると，ある種の記憶課題は，方略を用いれば容易になるという事実に気づくようになるであろうし，ある種の情報を記憶するときの自分の強みや弱みに気づくに違いない（Flavell & Wellman, 1977）。メタ記憶が発達するにしたがって，子どもは，情報を記憶中に保持しやすくし，記憶から検索しやすくする記憶方略を積極的に用いるようになる。そして，メタ記憶が改善されるにつれて，記憶する際の「産出の欠如」も減るはずである。

子どもが獲得しうるメタ記憶の知識には，何種類かある。たとえば，自分自

身を一種の記憶機械とみなす知識，自分の記憶の現在の中身が何であるかについての知識，課題要求が何であるかについての知識である（Wellman, 1978）。ウェルマンによれば，これら数種類のメタ記憶「変数」に加えて，意図的に記憶しようとすることが必要であることを実感する必要がある（「刺激敏感性」）。メタ記憶「変数」に関する知識の発達を調べるために，ウェルマンは，5，10歳児に男の子が何かを記憶しようとしている場面の絵を数枚見せ，覚えるのが簡単か難しいかを評価させた。簡単な状況の絵には，3つの事物を覚えなければならない男の子が描かれており，難しい状況の絵には，18個もの事物を覚えなければならない男の子が描かれていた。また，記憶するのがどの程度難しいかを決めるのに，2つの変数が交互作用することがあることを，子どもが理解しているかどうかを調べる絵もあった。たとえば，18個の事物を覚えるため，長時間散歩できる少年の絵（記憶時間が長い）の方が，同じ18個の事物を覚えるにしても，短時間しか散歩できない少年の絵（記憶時間が短い）よりも容易な状況であると評価するだろう。

　ウェルマンの研究の結果では，変数がひとつしか含まれていない記憶課題がもつ困難さを比較する場合（たとえば，覚えるものが3個か18個か）は，5歳児も10歳児と同じ程度に正しく判断できた。しかし，2つの変数が交互作用する記憶課題の困難さを比較すると，5歳児は10歳児ほど正しく判断できなかった。たとえば5歳児は，18個のものを覚えなければならない少年の場合，覚えるのに使える時間が長くても短くても，同程度に難しいと判断した。10歳児は，このような間違いはほとんど犯さなかった。ウェルマンは，5歳児でも，関連する変数が1つであれば，記憶成績を正しく判断することができると結論している。また，メタ記憶の発達には，複数のメタ記憶変数の効果を関連づける能力が発達することが重要であると述べている。

　メタ記憶についてのもうひとつの問いは，それぞれの記憶方略の有効性の相対的な違いに，子どもがいつごろ気づくかである。ジャスティス（Justice, 1985）は，7，9，11歳児に4つの記憶方略，リハーサル，カテゴリ化（意味的カテゴリ），注視，命名，の有効性の違いを判断するように求めた。子どもに，「リー」という子どもが12枚のカテゴリ化可能な絵を覚える様子を映したビデオを見せた。そして，リーは絵を違う方法で覚えようとしている，と告げた。たとえば，カテゴリ化の場合，リーは絵を意味的なカテゴリにグループ化し（たとえば，リンゴ，ナシ，バナナ），グループの名前を2回ずつ声に出して言う。

リハーサルの場合，ランダムにグループ化し，グループごとに名前を2回ずつ声を出して言う（たとえば，トラック，リンゴ，手）。命名では，リーは絵を並べ替えずに，単にそれぞれの絵の名前を2回言う。注視の場合，絵を並べ替えず，それぞれの絵を2回ずつ一生懸命じっと見つめる。

それから，子どもに，どちらの方略が「リーの記憶を一番助けるか」を，方略を2つずつペアにして順次尋ねながら，合計24ペアの比較を行わせた。7歳児は，リハーサルとカテゴリ化の効果を区別していなかったが，9歳児と11歳児は，カテゴリ化の方がリハーサルよりも効果的であると判断した（リーのシナリオの場合）。カテゴリ化の有益性についてのメタ認知的な気づきは，少なくとも9歳までに現れると，ジャスティスは主張している。

メタ記憶のもうひとつの側面は「自己モニタリング」である。これは，記憶目標に照らして，自分が現在どの程度目標を達成しているかを把握する能力である。これと関連する能力に「自己制御」があり，これは自分の記憶行動の計画を立て，管理し，評価する能力である。子どもが方略的な記憶行動を自己モニターし，自己制御する能力を，デュフレーンとコバシガワ（Dufresne & Kobasigawa, 1989）が調べている。やさしい題材と難しい題材があるときに，6，8，10，12歳児が学習時間をうまく調整できるかどうかが調べられた。

実験内容は次のとおりである。子どもは対連合(訳注1)になっているアイテムを覚えるために，対連合のアイテムが描かれた冊子を2組渡されて覚えた。一方の冊子は，覚えるのが「やさしい」もので，イヌ－ネコ，バット－ボール，靴－靴下のようなペアからなっていた。もう一方の冊子は覚えるのが「難しい」もので，本－カエル，スケート－赤ん坊，洋服－家のようなペアからなっていた。年少の子どもには覚えるべきペア数の少ない冊子を与えることで，年齢による課題の困難度を調整した。すべてのペアを覚えるのが目標であり，子どもはこのペアを完全に覚えたと思うまで，時間を使うことができた。子どもが学習時間をどう振り分けるのかをビデオテープに録画し，やさしい冊子と難しい冊子を覚えるのにかけた時間の割合を調べた。

その結果，6歳児と8歳児は，難しい冊子とやさしい冊子を区別せず，同程度の時間をかけて覚えた。それに対し，10歳児と12歳児は，難しい冊子の方に

訳注1　一方から他方を連想するように数字や単語が対になっていること。

時間をかけた。とくに，12歳児は他の年齢の子どもよりも，難しいペアにより長い時間をかけた。このことは，年長の子どもはうまく自分の記憶行動を制御していることを示している。さらにデュフレーンらは，各年齢群の子どもを，「難しいペアに多くの時間」をかけた子どもと「やさしいペアに多くの時間」をかけた子どもに分けた。その結果，8歳児でも学習時間を調整する能力がある程度あることがわかった。8歳児でも「難しいペアに多くの時間」をかけていた子どもの方が多く，この傾向は10歳児，12歳児ではさらに強まっていた。別に行われたテストから，6歳児もやさしい冊子と難しい冊子を区別することが示されたが，「やさしくて時間のかからない」冊子に時間をかけた子どもの方が「難しくて時間のかかる」冊子に時間をかけた子どもよりも多かった。デュフレーンらは，年少の子どもは難しいペアに時間をかけるのに必要なメタ記憶的な知識を欠いていると述べている。問題の難しさをモニターできても，その結果を自分の行動を制御するのに利用しなかったのである。

　メタ記憶に関する最後の重要な問いは，さまざまな記憶課題で，よいメタ記憶をもつ子どもの方がよい成績をあげるかどうかである。自分の記憶行動をモニターし制御する能力の発達が，記憶そのものの発達でも重大な役割を果たすのであれば，うまく自己モニターでき，うまく自己制御できる子どもはより多くのことを記憶できるはずである。メタ記憶と記憶成績の関係についてのメタ分析の結果は，有意な関係があることを支持している。この問題に関わる重要な実証研究についてのメタ分析（27の研究，2231人の被験者）で，シュナイダー（Schneider, 1985）は，メタ記憶と記憶成績のあいだに全体で0.41の相関が得られたと報告している。シュナイダーとプレスリー（Schneider & Pressley, 1989）によるより大規模なメタ分析（60の研究，7079人の被験者）でも，等しい相関が得られたことを報告している。

　個別の研究からも同様の結論が得られている。たとえば，メタ記憶や記憶成績は，一般的な能力とも関係している。クルツとワイナート（Kurtz & Weinert, 1989）によれば，一般的な認知能力得点の高いドイツの子どもは，平均レベルの子どもよりメタ認知的な知識（記憶するとき意味的なカテゴリでグループ化することが効果的であるなど）を多くもっている。また，能力の高い子どもは，カテゴリ（たとえば，感情）によってグループ化できることばのリストの記憶もよい。メタ記憶と記憶成績の関係は双方向的なものとも考えられる（Schneider & Bjorklund, 1998, を参照）。意味的なカテゴリによる単語のグループ化のよ

うな何らかの方略を使うことによって，効果が得られるという子どもの経験もまた，彼らの課題特有のメタ記憶に付け加えられていく。

記憶の発達と認知発達の関係

クルツとワイナート（1989）の研究では，子どものメタ認知的な知識のレベルが，認知能力の一般的なテストの成績と強く関連していた。したがって，メタ記憶の発達は認知発達一般と密接に関連しているといえる。記憶発達と認知発達に関係があることは広く認められているから，このこと自体はそれほど驚くことでもない。問題は，この関係が実際にはどうなっているのかである。

すでに見たように，子どもの認知を説明するアプローチのひとつが，知識の中身を重視する考え方である。知識の中身を重視する研究者によれば，たとえば演繹推論のような認知プロセスが効果的にはたらき，その領域についての理解がさらに発達し，また他の領域についての理解も発達するには，その領域について豊かに，また原理的に理解していることが必要である（序章を参照）。知識の中身を重視する説明では，記憶の中に貯蔵されている要素が認知発達を説明するのに重要である。しかし，記憶の中身を処理する要素もまた，同様に重要だろう。子どもは発達するにつれて，より洗練された情報処理が可能になる。処理過程の効率化は子どもの認知変化を説明する重要な要因である。情報処理過程が効率化されていくという説明によれば，記憶における処理要素の領域一般的な変化が，知識の効率的な利用を可能にする。たとえば，現在もっている知識にさらに効率化された推論方略を適用できるようになる，などである。第3のアプローチは，ある種のメタ知識が認知発達にとって最も重要な要因であるとするものである。自分の認知に関する認識・知識を，「メタ認知」と呼ぶが，この説明概念は一時期，認知発達を説明するのにかなり流行した(Forrest-Pressley, MacKinnon, & Waller, 1985を参照)。

近年では，この3つのアプローチのいずれもがおそらく正しいと考えられている。何かひとつの要素だけによってすべてが説明できるのではなく，知識の質，その知識にもとづいてはたらく処理過程の効率化，自分が何を知っており，その知識にもとづいてどう操作するかという子ども自身の意識，これらのすべてが子どもの認知の発達において重要な役割を果たしていると考えられる。こ

の記憶の全要素が認知発達において重要な役割を果たす様子を見ることにしよう。

素人と熟達者の違い

　記憶に貯蔵されている内容が，認知発達の中で生じる個人差の原因のひとつとは思えないかもしれないが，今では知識の中身そのものが記憶効率に影響を与えることが明らかになっている。子どもがもつ事前知識は新しい情報の符号化や貯蔵に強い影響を与え，その結果，記憶の効率にも影響を与える。認知発達における事前知識の影響を調べる最も興味深いアプローチは，ある領域における素人と熟達者を比較することである。素人はあまり事前知識をもたず，熟達者は事前知識を豊富にもつからである。両者の違いは，年齢とも重なることが多い（普通，素人は熟達者よりも若い）ので，熟達者が素人よりも若いケースが，発達心理学的には興味深い。このようなケースは通常は，チェスやサッカー，物理学など，かなり限られた領域でしか起こらない。
　ブラウンとデローチ（Brown & DeLoache, 1978）は，子どもを「普遍的素人」と呼んだが，年少児でも，ある特定の領域では，年長の子どもや大人よりも高度な熟達を見せることがあることは驚くべきことだろう。しかし，特定の領域であれば，熟達者と素人を分かつのは，年齢の違いのみならず，経験の違いにもよる。そのため，このようなことが起こりうるのである。十分なやる気さえあれば，かなり若い時期にある特定の領域の経験をたくさん積むことができる。たとえば，「恐竜博士」といえるような子どもがいるが，それはその子どもがこの領域を非常に興味深いと思い，そのために，恐竜の分類や行動に関してまぎれもない熟達者となったからである。チェスでも同様であり，非常に高いレベルの熟達を示して大人の対戦者を倒してしまう子どもがいる。
　経験の違いが素人と熟達者を分けるのであれば，経験の違いは，記憶の構造や組織の違いとも関連するはずである。この問題についての先駆的な研究をチー（Chi, 1978）が行っている。チェスの熟達者と素人の記憶の違いを調べた。この研究での熟達者は6歳から10歳までの子どもで，素人はチェスのできる大学院生である。ゲームの「中盤」における駒の配置の記憶を両グループで比較した。平均して22個の駒がボード上にあり，10秒間ボード上の駒の位置を覚

た後，記憶にもとづいて駒の位置を再現するように求めた。熟達者の子どもは，最初の試行で平均9.3駒の位置を正しく再生できたのに対し，素人の大人は平均5.9駒であった。また，ゲームの中盤の状況全体を覚えてしまうのにどの程度かかるかを調べたところ，熟達者の子どもは平均5.6試行で覚えたのに対し，素人の大人は平均8.4試行を必要とした。熟達者と素人の成績は，いずれも有意に異なっていた。

子どもはチェス盤の状態をより多く覚えることができるがゆえに，チェスの熟達者であるのかもしれないが，熟達者であるがゆえに，多くを覚えることができるのかもしれない。チーは，自分のデータは後者の可能性を支持していると主張している。熟達者の子どもはチェスの駒の配置の中に意味のあるパターンを見いだすことができるのだが，このパターンは素人の大人には見えてこない，と解釈している。シュナイダーらは，新しい統制課題を加えて，チーの研究の追試を行った（Schneider, Gruber, Gold, & Opwis, 1993, 図6.1を参照）。その結果，熟達者は，意味のあるチェス盤の状態のみならず，でたらめに駒を置いている場合でも，素人よりも記憶成績がよかった。ところが，チェス盤とは似ていないボードの上に，木でできた幾何的な立体を配置しただけの統制課題の場合，熟達者と素人の違いはなくなった。つまり，熟達者の知識表象は質的に違うとともに，利用可能な知識が量的にも違うことを示唆している。利用可能な知識には，チェス盤の幾何学的なパターンや駒の形や色の知識も含まれる。

子どもの「恐竜博士」についてのデータも，熟達者は素人とは質的に異なるやり方で知識を構造化していることを示唆している。チー，ハッチンソン，ロビン（Chi, Hutchinson, & Robin, 1989）の研究によれば，熟達者による恐竜の知識の体制化は，素人より統合的であり，部分的なレベルでも凝集性が高かった。熟達者は，「肉食竜」か「草食竜」といった上位カテゴリレベルの情報をもっているため，全体的にも凝集性の高い知識をもち，また，「鋭い歯をもつ」か「アヒルのようなくちばしをもつ」といった共有属性についての情報ももっているため，下位の構造レベルにおいても知識の凝集性は高かった。

チーらは，この違いをはっきりさせるために，絵の分類課題を用いた。7歳の恐竜熟達者は恐竜の絵を，関連する特性や概念にもとづいて分類した（「この恐竜は脚に水掻きがあるんだから，泳げただろうし，鼻がアヒルのくちばしみたいな形をしているから，こういう名前がついたんだ」）。7歳の素人は，描かれた特徴にもとづいて分類した（「この恐竜には鋭い指，鋭いつま先，大き

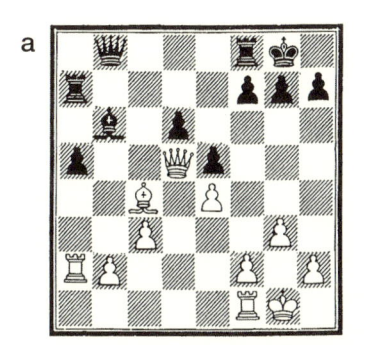

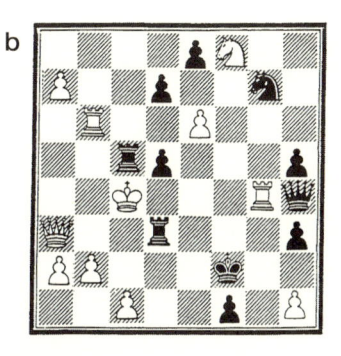

図6.1 シュナイダーら(1993)が用いた，チェス課題 (a) と (b) およびその統制課題の例。Reproduced by permission of Academic Press Inc.

な尾がある」)。恐竜の特性間に，どのような因果関係や相関関係があるのかを知っていれば，恐竜の特性（鋭い歯，水掻きのある脚，など）を理解するのは容易になるだろう，とチーらは指摘している。概念発達や知識獲得における因果関係や関係対応づけの重要性は，第3章や第4章で見たとおりである。

　少なくとも，チェスやサッカーのような領域が研究対象である場合には，熟達化は，一般的な認知能力よりも記憶成績にとって重要だろう。ドイツにおける「サッカーの熟達者」の研究によれば，小学3年生のサッカーの熟達者（男子女子とも）は，中学1年生のサッカーの素人よりもサッカーの試合に関する話についての記憶がよく，年齢にかかわらず，熟達していることの方が，一般的な認知能力よりも成績を正しく予測する程度が大きかった（Schneider, Korkel,

& Weinert, 1989)。同様の結果は，大人を対象とした研究からも得られている。たとえば，競馬で賭を行ってきた経験の多さのほうが，競馬でどのくらい稼ぐことができるかを，知能（IQ）よりも，よりよく予測できた（Ceci & Liker, 1986)。こういう知見から，「練習が完璧さを生む」という古い格言が，熟達化の発達について重要なことを指摘しているとわかる。ドイツの優秀な若いテニス選手についての縦断的な研究（この研究の対象には，ボリス・ベッカーとステフィ・グラフも含まれていた）から，シュナイダー，ボーズ，リーダー（Schneider, Boes, & Rieder, 1993）は，練習の量やレベルによって，5年後の選手のランキングをかなり予測できることを見いだした。達成動機のレベルも，またランキングを予測できていた。おそらくそれほど驚くことでもないのだろうが，基本的な能力そのものは，後のテニスの優秀さを予測する要因のひとつにすぎなかった。

　熟達者と素人の研究は，熟達化が記憶の組織化において決定的な役割を果たすことを示している。知識が豊富になることによって，記憶の再組織化が起こるという考え方は，概念変化における知識獲得と関係対応づけの役割に関するケアリーの考え方（第3章を参照）とも合致する。十分な動機さえあれば，誰でもいずれかの領域の熟達者となりうるということは励みにもなる。したがって，記憶の発達はリハーサルのような明示的な方略の使用のみならず，知識ベースの深さにも依存する。十分な熟達は，想起課題のような記憶課題における一般的な知能の不足を補う。よって，記憶に貯蔵されている要素が，認知の個人差のいくつかの側面に影響を与えると結論できる。

処理容量の発達

　認知発達の原因を，記憶の貯蔵内容に求める理論よりも，記憶の処理の仕方に求める理論の方が普及していた。短期の「作業空間」については，第5章で論じた。作業空間では，新しい素材や長期記憶から検索してきた素材を積極的に処理する。利用可能な処理容量は，認知発達におけるとくに重要な要因であると考えられてきた。実際に，認知発達を説明しようと試みる，近年の「新ピアジェ主義」の諸理論も，処理容量の変化という考え方にもとづいている。

　たとえば，パスカル－レオン（Pascual-Leone, 1970）は，処理空間（「中央演

算空間」）は年齢とともに大きくなり，それとともに子どもの認知段階も進むと主張している。ケース（Case, 1985）も類似の説明をしており，そのモデルでは，「短期貯蔵空間」（保持要素）と「操作空間」（処理要素）がトレードオフの関係にあると仮定している。容量全体（「実行処理空間」）は発達によって変わらないが，処理が（たとえば練習の結果として）効率的になり，必要な空間が少なくなるために，利用可能な容量は増加すると仮定している。第3の新ピアジェ主義者であるハルフォード（Halford, 1993）は，「活性化した」あるいは「基本的な」記憶の容量に焦点を合わせた認知発達のモデルを提案している。ハルフォードは，「基本的記憶」を，現在処理している情報を保持する記憶システムと定義しており，このシステムの容量が発達とともに増加すると主張している。新ピアジェ主義者でも少し異なる立場の理論家にフィッシャー（Fischer, 1980）がおり，発達を，スキルの制御と獲得として捉えると，よく理解できると主張している。スキルとは，ある特定の文脈において一連の行為を実行する能力を指す。

　パルカル-レオン，ケース，ハルフォードらの新ピアジェ主義の理論に共通する要素は，作業記憶や注意容量の一種である，処理容量という考え方である。利用可能な処理容量の大きさが認知的なパフォーマンスの上限を決め，特定可能な何らかの生物学的な要因（現時点では不明）が，加齢による上限の変化を制御している，と新ピアジェ主義者は提唱している。年長児の処理容量が年少児よりも多いということによって，認知発達を説明することができ，加齢による認知的なパフォーマンスの質的な改善も予測できる（たとえばピアジェ理論が示すような質的変化。第8章を参照）。このような質的改善は，より洗練された情報処理方略を利用することによって生じるが，処理容量が増加することによって利用可能になる。たとえば，ハルフォード（1993）は，処理容量の増加によって，子どもはより複雑な関係対応づけを行えるようになると主張している。

　処理容量は，ある種の認知的な課題における子どものパフォーマンスの理論的な天井値を決めるのだから，処理容量が十分でない子どもは，そのような課題におけるパフォーマンスもある一定のレベルに届かないはずである。「上限」という理論的な仮定は，新ピアジェ主義の理論を検証する手段を提供する（Case, 1992を参照）。新ピアジェ主義のモデルは，子どもの発達の個人差も説明できる。このモデルが仮定しているのが，発達に伴なう再構成の中には，処理容量

の増加のような領域一般的な再構成だけでなく,局所的(「領域固有的」)な再構成もあるからである。すべての新ピアジェ主義の理論では,知識ベースの質は個人差を説明する付加的な要因であると考えている。つまり,記憶の貯蔵要素も認知発達で果たす役割があることを認めている。新ピアジェ主義の主張を詳細に検討することは大変なことであり,この本の範囲を超えてしまう。しかし,新ピアジェ主義の理論がどのように認知発達を説明しているかを見るために,第7章の終わりでハルフォード(1993)のモデルをある程度詳細に検討する。

認知発達の理論としての表象の書き換え

　最後に,自分の記憶内容について反省的に思考したり,吟味したりすることが認知発達にどう影響を与えうるかに関する理論的な説明を見てみよう。そのような説明のひとつに,カーミロフ‐スミス(Karmiloff-Smith, 1992)の提案している表象の書き換え理論がある。このモデルでは,記憶の中にある情報と認知システムにとって利用可能である明示的な情報とをはっきりと区別する。モデルの目的は,発達にしたがって,子どもの表象がどうやってより操作可能で柔軟なものになるかを説明することにある。このモデルの重要な洞察は,同じ行動が発達の異なる時点において,異なる表象から発現しうるということであり,その結果,年齢が異なれば,異なる表象から同じパフォーマンスが引き起こされることがありうる。カーミロフ‐スミスの理論では,発達とともに,知識を表象したり,再表象したりするのに,少なくとも3つの段階を仮定している。各段階は,暗黙の表象,レベル1の明示的表象,レベル2の明示的表象と名づけられている。子どもがこの3つのレベルの表象を進むにしたがって,知識表象の明示性が高まる。表象の書き換えのプロセスそのものは領域一般的なものである。しかし,書き換えが起こるかどうかは,ある時点の領域固有の知識を支える表象の明示性のレベルに左右されるため,異なる領域で異なる時点に,表象の書き換えが起こる。
　表象の書き換えプロセスの第1段階は,「データ駆動」学習である。この段階では,ある領域で一貫して成功するようになる(「行動の習得」)まで,外部の環境から,関連する目立つ情報を取り入れる。行動の習得は,暗黙の表象に

依存しているため，このレベルでは意識がこの知識にアクセスすることはできない。この段階の知識は「心の中」にあり，したがって，完全に手続き的である。手続きは，純粋に外部の刺激に反応して活性化される。そのため，子どもは暗黙の表象にもとづいて行動し，与えられた課題の中の特定の刺激に影響を受けて行動する（「ボトムアップ」の行動）。この段階の子どもは手続きを途中で止める方法をもたないため，いったん始めたら最後までやり通さざるをえない。たとえば，子どもが人の絵を描き始めたとすると，「現実には存在しないような人」を描くため，通常の「人を描く」手続きを途中で修正することができず，「現実に存在する普通の人」の絵を最後まで描いてしまう。子ども自身が修正しようと思っても，修正することはできない（Karmiloff-Smith, 1992を参照。このデータのより詳しい説明がある）。

　表象の書き換えの第2段階は，内部で引き起こされる。この段階では，子どもの表象は，外部のデータに依存するのではなく，心の中にある利用可能な表象が優勢となり，この心の中の表象が「システム内ダイナミクス」による変化の焦点となる。子ども自身はこの心の中の表象にアクセスできるという明示的な意識はまったくないが，心の他の部分から，このレベル1の明示的表象にアクセスすることは可能である。つまり，レベル1の明示的表象間の相互作用の産物を意識することはできない。「現実には存在しないような人」を描く課題でいえば，子どもは，体の形，足の大きさといった手続き中の要素を変更することはできるが，一連の制約を再配置（頭から生えている足を描くなど）することはできない。これには，レベル2の明示的表象と呼ばれる，次のレベルの書き換えが必要である。

　表象の書き換えの第3段階では，心の中にある表象と外部のデータを再調整し，バランスをとる。これによって，子どもは自分自身の知識に意識的にアクセスできるようになる。レベル2の明示的表象は，言語的に叙述可能であり，他者に伝えることもできる。レベル2にある子どもは，羽のある人など，他の概念カテゴリの要素を人に加えることで，「現実には存在しないような人」を描くことができる。子どもが自分自身の概念プロセスに対する洞察をもちうるのは，この段階だけであるとカーミロフ-スミスは考えている。この段階では自分の知識についてメタ的な知識（「メタ認知」）をもつ，と考えることもできる。

　カーミロフ-スミスは，彼女の理論を理解するのに有益なアナロジーは，ピ

アノを学習する過程であると述べている（Karmiloff-Smith, 1994）。ピアノを弾けるようになるには，特定の音符やひとつのブロックとして一緒に演奏する音符のまとまりに意識的な注意を払うことを経て，自動的に曲全体を演奏することを学ぶが，これが第１段階である。この時点では，一続きの音符を演奏することは，暗黙の表象と同じような「手続き」となる。この段階での知識は暗黙のものであり，ピアノ初心者は曲の途中から弾き始めたり，変奏したりすることはできない。曲に関する「知識」は，ピアノを弾き続けるための，運動の指示や行為に埋め込まれている。ここで表象の書き換えが起こらねばならず，それによって，さまざまな音符や和音に関する知識は明示的なものとなり，操作可能なデータとして利用可能になる。最終的には，学習者は主旋律を変奏したり，他の曲を挿入したり，創造的に弾いたりすることができるようになる。表象の書き換えの最終目標は，表象を柔軟なものとし，かつ表象をコントロールすることである。

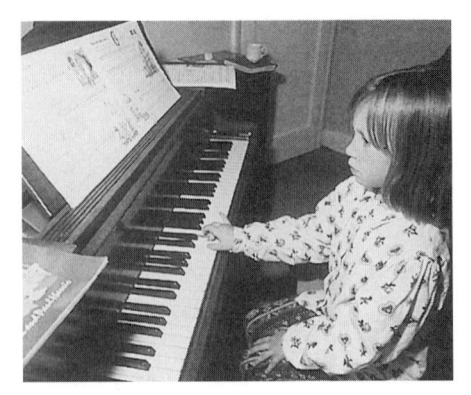

TRIP / H. ROGERS

　カーミロフ‐スミスの理論は，知識は複数のレベルで貯蔵されており，アクセス可能であるという考えにもとづいている。アイディアの核心は，人間の精神が自分の心の中にある表象を再帰的に表象していることであり，この再表象が認知発達の背後にある主要なプロセスであるというものである。さらに，発達のあいだに起こる書き換えは心に留まる。つまり，詳細さや明示性のレベルは異なるけれども，類似した知識が多重に表象されている。この多重符号化という概念が意味するのは，カーミロフ‐スミスの理論から見た子どもの心は，知識やプロセスの貯蔵庫であり，その中には冗長なものもあるということである。人を他の種と区別するのは，人が自分自身の心の中にある表象を「目的に合わせる」能力，つまり，自分の知識「について知る」能力である，という考え方は非常に魅力的である。すでに記憶の中にある知識を書き換えることによって知識の質を高める能力は，人間特有の能力であると思われる。

表象の書き換え理論は，処理容量という考えにもとづく新ピアジェ主義の理論とは大きく異なり，認知発達の段階理論ではない。カーミロフ−スミスが仮定する3種類の表象は，異なる領域で異なる時点に起こりうるからである。しかし，ある意味，新ピアジェ主義の理論は，認知パフォーマンスの上限に関して観察にもとづいて予測できるため，カーミロフ−スミスの理論よりも検証しやすい。表象の書き換え理論は，表象が時間とともにどう変化していくのかについて，注意深く詳細な調査を必要とするため，検証しやすいものではない。カーミロフ−スミス（1994）が指摘しているように，コネクショニストモデル(訳注2)は，表象の書き換え理論に沿った形で，発達上の変化をモデル化する可能性を提供してくれるかもしれない。コネクショニストシミュレーションにもとづく研究は，すでに大人の認知においては広く行われている。しかし，子どもの認知研究で着目されているとは現時点ではいえない。この状況は，認知科学のこれからの10年間に変化するだろう。発達に関する認知神経心理学における現時点のレビューとしては，ジョンソン（Johnson, 1997）がある。

まとめ

　この章の焦点は記憶の発達にあったが，そこには著しい個人差があり，この記憶発達の個人差が認知発達の個人差に影響しているのかもしれない。記憶発達の個人差の原因のひとつは，子どもの，リハーサルや体制化といった記憶方略の自発的な使用にある。2歳児でさえ，記憶方略は記憶成績を改善するのに有益かもしれないと知っている兆候を示すが，リハーサルや体制化の自発的な使用は学齢期になって現れるもののようである。比較的遅く出現する理由は，能力不足というよりは，産出の欠如によるものと思われる。幼児はリハーサルや体制化を行う能力がないのではなく，やろうとしないのである。子どもにリハーサルなどの方略を使うよう訓練することも可能であり，このような訓練は記憶成績を改善する。しかし，子どもの，リハーサルや体制化といった方略の自発的利用を調べた研究の多くに，生態学的妥当性があまりないことは注意が

訳注2　コネクショニズムとは，脳の神経細胞から抽象化された処理ユニットのネットワークを用いて，人間の認知のメカニズムを理解しようとする計算論的アプローチ。

必要である。こういった研究は，「研究室」的な課題によるものである。したがって，こういうデータは，子どもの自発的な方略使用の能力を過小評価しているかもしれない。リハーサルや体制化の発達初期の使用は，記憶すべき内容の性質といった，課題そのものに関連する要因によってかなり異なる，というのが現時点で最も妥当な結論である。

TRIP / J. KING

　記憶発達の個人差のもうひとつの原因は，自分の記憶についての子どもの知識である。メタ記憶の発達，あるいは自分自身の記憶成績をモニターし制御する能力の発達には，自分の記憶の強みや弱みについての知識や，ある種の記憶課題は方略を使うことで成績を改善できることを理解することが必要である。また，さまざまな記憶課題ごとの要求内容や，課題が与えられた時点での記憶内容についての知識も理解する必要がある。意図的に記憶しようとすることが，必要かつ有益であるということへの気づきは，年齢と共に増大するようである。子どもは，記憶課題を行うにあたって，課題の要求に応じて方略の使用を調整したり，どの記憶方略が有益かを判断したり，記憶目標から考えて自分が今どの程度達成できているかを把握したり，自分の方略的な行動を自己制御したりすることができるようになる。また，メタ記憶の質が高い子どもほど，多くの情報を記憶できる。記憶方略の使用やメタ記憶に見られる個人差は，認知的な成績の個人差とも関連している。

　記憶発達の個人差の第3の原因は，熟達化である。知識ベースの質は記憶効率にも大きな影響を与える。事前に持っている知識は入力された情報の符号化や貯蔵，想起の効率に影響する。記憶発達における他の原因と比べ，熟達化は必ずしも年齢に依存していない。幼児でもチェスや恐竜の知識など特定の領域の熟達者となりうるし，こういった領域における記憶課題では大人以上の成績を収めることもできる。こういう熟達は，知識の表象方法の質的な違いと利用可能な知識の量的な違いの両方によって決まるようである。熟達者はより統合

された凝集的な知識構造をもっている。

　最後になるが，処理容量の発達もまた記憶発達における個人差の原因である。処理容量とは，ある種の作業記憶か，注意容量である。処理容量に着目する理論は，利用可能な処理容量の大きさが認知的なパフォーマンスの上限を定めると仮定している。処理容量の発達は部分的には加齢にもとづいているが，知識の質や，知識の一部を再構造化する能力にももとづいている。多くの認知発達理論では，加齢にともない処理容量が増大すると仮定している。「新ピアジェ派」理論に共通の要素は，認知発達において質的な改善が生じるのは，処理容量が発達とともに増大するからであるという考え方である。新ピアジェ派理論のひとつであるハルフォード（1993）の理論については，次の章の終わりで詳しく見ることにする。

第7章 子ども期の論理的推論

　論理的推論にはさまざまな種類がある。その中には，幼児期の早い段階で発達するものもある。たとえば，演繹論理を使ったり，アナロジー（類推）を使って推論する能力がそうである。他には，もっと後になって発達するものもある。たとえば，推移律推論である。推移律推論を行うには，直接比べられない2つの数量のあいだの関係を論理的に推論する必要がある。また，科学的推論（第4章を参照）も後から発達する。「序章」で述べたように，後から発達する論理的推論のタイプの多くは，ピアジェが研究の先鞭をつけた。ピアジェは，「具体的操作推論」が6歳前後に発達し，科学的推論のような「形式的操作」推論が11～12歳ごろに発達すると示唆した。
　この章では，ピアジェ派が「具体的操作」とみなす，発達初期の論理的推論をまず検討する。とくに次のことに注意すべきであろう。すなわち，論理的推論の初期の発達形態を調べる研究では，乳幼児に相当なじみ深い材料や設定を用いた実験方法を考えることが大切である。実際，発達初期の能力を調べる研究では，生態学的妥当性が高く，子どもを中心に据えた課題を用いることが重要であることがわかった。これは，アナロジーによる推論の発達についての，これまでの研究史がはっきりと示しているとおりである。初期のアナロジー研究は，子どもになじみのない材料や関係を使う傾向があり，11歳から12歳以前の子どもたちはアナロジーによる推論はしないと結論づけていた。だが，子どもになじみ深い課題を用いた最近の研究は，2歳児にもアナロジーの能力があることを示している。一般にピアジェ派の伝統にのっとった研究は，生態学的妥当性の高い，子ども中心の課題を工夫することに関心を払っていない。このことの重要性については，後で論じる。

論理推論における発達初期のモード

アナロジーによる推論

　アナロジーによる推論と学習は認知の中でも根本となるプロセスである。新しい状況に対処するために，なじみ深い過去の状況を思い出すときは，必ずアナロジーが使われる。先述のように，アナロジーによる推論を行うとき，「ある状況に直面し，同じような状況を思い出し，これをマッチさせる。そして，推論し，学習するのである」（Winston, 1980, p. 1）。アナロジーによる推論は日常の多くの問題解決の基礎となっている。たとえば，新しい問題に出会うと，前に解決した似た問題を考えることで，新しい問題を解決することが多い。アナロジーは日々行われる多くの決定の基礎であるばかりでなく，科学研究でも新しい問題を解決するのに使われるし，また適切な判例に訴えることで，法的問題を解決したり，学校で新しい教材を理解するのにも使われる。

　アナロジーを使って新しい問題を解決するには，今までに見かけたことのある問題と新しい問題とのあいだに一致点を見つける必要がある。一致点が見つかれば，2つの状況を「対応させる」ことができる。そして，なじみ深い問題から新しい問題へと知識を移行する必要が出てくる。一致を見つけるには，通常は関係推論が必要になる。2つの問題の要素は互いに違っていても，類似した関係性があれば，ある問題の解決を他の問題の解決に応用できる。

　科学研究における数々の新しい発見につながったアナロジーを考えれば，このことはもっとはっきりする。最も有名なもののひとつに，ケクレのベンゼンの分子構造理論がある。これは，自分の尻尾をかんでいるヘビの視覚的イメージによるアナロジーから発見された（図7.1, 他の例としては，Holyoak & Thagard, 1995を参照）。ベンゼン中の炭素原子は輪の形に配置され，これは尻尾をかむヘビに見かけが似ている。だがアナロジーの対象はまったく違う。この例では，輪の中のものの関係の配置が似ているだけであり，類似しているのは純粋に関係だけである。だが時には，関係だけでなく対象にも類似が見られ

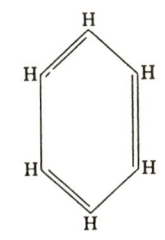

図7.1 ヘビが自分の尻尾をかんでいる様子とベンゼンの分子構造との視覚的なアナロジー。ホリオークとサガード（1995）より。Reproduced by kind permission of MIT press.

ることがある。一例として1948年のベルクロ［マジック・テープの商標］の発明エピソードを紹介しよう。あるとき，小さなトゲがたくさんついたゴボウの実のイガが，イヌの毛にひっかかってしまった。これにヒントを得て，ジョルジュ・ド・ミストラルは，ベルクロを発明した（Holyoak & Thagard, 1995を参照）。ベルクロはゴボウの実のイガと，関係的類似性（くっつく能力）だけでなく，表層的類似性（外見の類似性）ももっている。

　アナロジーによる推論の発達に関するほとんどの研究は，子どもが今まで出会った問題と新しい問題とのあいだに関係的類似性を見いだせるかどうか（すなわち一致を見つけること），また，子どもがアナロジーを解決するために，関係推論を使用できるかどうか（適切な知識をなじみのある問題から新しい問題へと転移させること）を調べてきた。これと関連する問題は，乳幼児がどのように関係対応づけをすることができるのかと，子どもが，表層的類似性が存在しない場合にも関係的類似性を対応づけできるかどうかである（たとえば，Gentner, 1989）。すでに前の章で関連する問題を多少取り上げたので，ここではとくに関係推論の使用と関係対応の同定の問題を検討しよう。たとえば第2章では，赤ん坊ですら初歩的なアナロジーができ，ごく初期から関係対応づけができることが示唆された。同じように，第3章と第4章で取り上げた研究では，問題と問題のあいだに表層的類似性がなくても，幼児はアナロジーができる場合もあることが示された。「擬人化」アナロジーを用いることで，子どもは生物の種に関する概念的知識を発達させることができるが（人からイヌや植物へアナロジーをする），これは，そのよい例である。この問題のさらに詳細な議論については，ゴスワミ（Goswami, 1992, 1996）が役立つ。

【子どもの関係推論の使用】

　子どもが関係対応づけの認知能力をもっているかどうかという問題は，項（item）のアナロジーを使って研究されてきた。項のアナロジーは，関係推論の純粋な測定指標である。項のアナロジーでは，2つの項AとBの関係を，第3の項Cに当てはめ，適切な項Dを求めてアナロジーを完成させる必要がある。たとえば，「鳥にとっての巣は，イヌにとって？」という項アナロジー（鳥：巣::イヌ：?）をするには，子どもは鳥と巣を結びつけている「そこで生活する」という関係を「イヌ」に当てはめ，「犬小屋」という正しいアナロジーを推論する必要がある。

　幼児でも，身近な課題を使えば，項アナロジーができる(Goswami, 1991, 1992)。たとえば，4歳児に，「鳥：巣::イヌ：犬小屋」のアナロジーを，一連の絵を作り上げるというゲームの形で与えることができる (Goswami & Brown, 1990)。次の発言は，4歳児のルーカスが，「鳥：巣::イヌ：?」という一連の絵を完成させるにはどの絵が必要かを予想している。図7.2は使用された絵である。

　　　鳥が巣の中で卵を抱いている（項Bにあたる巣の絵には，3つの
　　卵が描かれている）。イヌ，イヌは赤ちゃんを抱いている。それから，
　　赤ちゃんは……うーん，……それから赤ちゃんは子犬！ (p. 222)

　ルーカスは，「どちらも子どもだ」という関係を使って，このアナロジーを解いた。だが実験者が意図した答えは「犬小屋」で，AとBを「そこで生活する」という関係で結びつけることであった。ルーカスが予測を述べた後，ルーカスにアナロジーに使える絵が示されたが，その中には子犬の絵はなく，犬小屋，骨，別のイヌ，ネコの絵があった。ルーカスはこれらの絵に興味がなかった。というのは，彼は自分の応えが正しいと信じていたからである。

　　　〔じゃまくさい絵を〕見る必要なんかない……イヌの赤ちゃんだか
　　ら，子犬だ！

　最後になって，実験者から他の答えを探すように説得されて，ルーカスは「犬小屋」の絵が正しい答えだとした。以上のように，幼児のアナロジーによる推

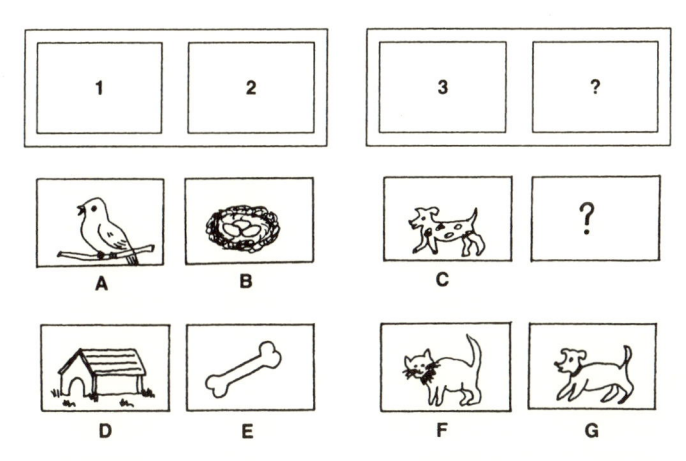

図7.2 ゴスワミとブラウン（1990）の，鳥：巣::イヌ：犬小屋のアナロジー研究で使った，ゲームボード（上の列），アナロジー例（中央の列），正解と妨害刺激（下の列）。Reprinted with permission.

論は，強さと柔軟性を兼ね備えている。もちろん「子犬」はこの項Aと項Bのアナロジーとして，同じく正しい答えである。そして，ルーカスが自分の答えに固執したのは，彼が正しい解法を決定する関係対応づけ制約を理解しているからだと思われる。だが彼は，別の正答を出すように求められたとき，この制約を柔軟に利用した。

A：B::C：D形式で測定されるアナロジーによる推論は，このように4歳までには使えるようになる（Goswami & Brown, 1990）。同じ形式を，「切る」や「溶かす」（たとえば，リンゴ：リンゴを切る::粘土：粘土を切る；チョコレート：溶けたチョコレート::雪だるま：溶けた雪だるま）のような因果関係にもとづくアナロジーを研究するのに使えば，3歳児ですら，項アナロジー課題ができる（Goswami & Brown, 1989）。だが，項アナロジー課題を使って，3歳未満の子どもにアナロジーの能力があることを示すのは難しい。性質上，「課題が抽象的」だからである。3歳より下の子どもがアナロジーによって推論することを示すには，巧妙な問題アナロジー課題［別々の問題間の類似性を見つける課題］を考案する必要がある。

問題アナロジー課題では，幼児に解決を迫る問題を与える。これを問題Bと

第7章 子ども期の論理的推論　　267

呼ぼう。以前に経験した問題（問題A）からアナロジーを使えば、問題を解決できる。子どもが問題Aから考えついた解決方法を問題Bでも使うことができるかが、アナロジーによる推論の指標となる。こうした問題アナロジー課題のひとつは、すでに述べた、「おもちゃに手を伸ばす」課題である。これは、乳児や幼児を対象にしてアナロジー問題解決を研究するために考案された（たとえば、Brown, 1990 ; Chen et al., 1995）。この問題アナロジー形式は、2歳ぐらいまでを対象にすることができる。

　フリーマン（Freeman, 1996）は、2歳児用に現実の物と模型を使ったアナロジーを考案した。彼女のアナロジーは、単純な因果関係にもとづいている。たとえば、伸ばす、直す、開く、回す、壊す、くっつける、などである。例として「伸ばす」について考えてみよう。実験者は、2本のアクリル製の棒についているゆるいゴムのベルトを「伸ばして」橋を作り、オレンジをそのあいだで転がせるようにした。この様子を子どもに見せる（「ほら、これからすることを見てごらん。これを使ってオレンジを転がすよ！　伸ばして、乗っけて……ほーら、オレンジがうまく転がせるでしょ！」）。次に、子どもが自分でオレンジを転がせるようにした後、転移課題を行う。これは、ゆるいゴムのベルト、おもちゃの鳥、一方に木があり他方に岩がある模型からなる。子どもにはまず「これを使って鳥が飛べるように手伝ってくれる？」と教示を与える。実験者が意図した解決策は、木と岩のあいだにゴムを伸ばして、それを伝って鳥が飛べるようにするというものである。第3のアナロジー課題は、土台となる板の上に固定された高さの違う2つの塔のあいだにリボンを伸ばして張り、「人形を渡らせる」というものである。統制条件の子どもには、アナロジーのベースとなるオレンジを転がすところを見せずに、ただ「鳥が飛べるように助けて」とか「人形を渡らせてあげて」という教示だけを与える。

　この実験の結果、統制条件[訳注1]の子どもでは転移課題で6％しか「伸ばす」という行為をしなかったが、アナロジー条件の30ヵ月児のうち、28％が「伸ばす」行為をした。この反応は、アナロジーを使うヒントを与えると48％にまで上昇した（「知っていることは何かな？　鳥を飛ばすには、これを変えなきゃいけないんだよね」とゴムを指しながら言った）。同じヒントを統制条件の子

訳注1　実験者が、ゴムひもを伸ばす場面を見ていない。

どもに与えても，ゴムを伸ばすという解決方法を思いついたのは，14%にとどまった。結果はあまりよくないように見えるが，大人の自発的なアナロジー転移のレベルと比べても遜色がない。大人を対象とした問題アナロジー研究でも，なじみのない問題を用いた場合では，自発的な転移は一般的には30%ぐらいである（たとえば，Gick & Holyoak, 1980）。

【関係対応の同定】

　問題アナロジー課題では，子どもは関係対応づけを正しく行うとともに，もちろん，アナロジーにも気づく必要がある。つまり，アナロジーの発達の2番目の問題，すなわち子どもが以前に経験した問題と新しい問題の関係的類似性，つまり対応を認識できるのかどうかは，問題アナロジー課題を使っても研究できるのである。問題の関係的類似性の認知に影響する要因については，ブラウンらがたくさん研究を行っている（たとえば，Brown & Kane, 1988；Brown, Kane, & Echols, 1986；Brown, Kane, & Long, 1989）。たとえば，ブラウンら（1986）は，4歳児と5歳児に，ホリオーク，ジュン，ビルマン（Holyoak, Junn, & Billman, 1984）が考案した「魔人」問題を解かせた。そして，子どもが問題を解けなかった場合は，その解法を教えた。さらに，子どもが魔人問題とアナロジー問題との対応がわかるかどうかを，さまざまな条件のもとで調べた。

　「魔人」問題では，魔人がある場所から別の場所に移動しようとしている。魔人は一緒に高価な宝石をもっていく必要がある。もとの場所から新しい場所に移るときに，宝石を壊さないようにもっていくというのが問題である。魔人のとった解決策は，魔法のじゅうたんを巻いて筒を作り，宝石をこの筒の中に転がすというものであった。ブラウンの実験では，子どもたちに，まずおもちゃの小道具を使った魔人問題のお話を見せた。次に，子どもは，実験者と一緒に紙をまるめて，魔法のじゅうたんのかわりにし，この紙の筒の中に宝石を転がして解決した。子どもが目標構造を引き出せるように，実験者は「困っているのは誰？」とか「魔人は何をしなければいけなかったのかな？」「魔人はどうやって問題を解決したの？」など，一連の質問をした。次に別の問題を子どもに見せた。この問題は魔人問題のアナロジーを意図したもので，「イースターウサギ」問題である。イースターウサギは，イースターに間に合うように，子どもにたくさんの卵を配って歩かなければならないが，少し遅れそうになる。友達が手伝おうとするが，その友達は川の反対岸にいる。そこで，卵を濡らさ

ないようにしながら，川を越えて友達に卵を渡さなければならない。この問題の答えは，魔人がじゅうたんを巻いて筒を作ったアナロジーを使って，毛布（紙）をまるめて筒にし，この中に卵を転がして川を渡すことである。

　ブラウンらは，実験群の70％の子どもが，自発的にこのアナロジーに気づいたことを見いだした。だが，統制群の子どもでは，20％しか自分からアナロジーに気づかなかった。統制群も魔人問題を課せられていたのだが，この物語の目標構造について質問されてはいなかった。この研究と一連の同様の研究からブラウンが下した結論は，記憶の中で以前経験した問題の関係構造の表象をもっているならば，子どもは容易に以前に経験した問題と新しい問題の関係的類似性を認識するということである。実験者が質問することによって，この表象プロセスが促進された。質問が，登場人物が目標を達成するのを可能にした重要な関係を子どもが表象するのを助けたのである。ブラウンの研究は，いろいろなアナロジーを経験することや，複数の問題解決のあいだにアナロジーを探すように教えること（「学習のための学習」）で，関係表象が促されやすいことも示した。以上の知見から，学校で学習指導する際の明確な示唆が得られる。つまり，教師はある概念を教えるためには，関係の類似性を強調するような明確な枠組みの中で，一連の具体例を示す必要がある。

　他の多くの研究からも，アナロジーによる推論の能力が発達初期から使われることがわかる（他の例については，Goswami, 1992, 1996を参照）。アナロジーが発達段階の早い時期に現れるということは，アナロジーが，幼児が世界について説明したり学習するための強力な論理的道具であることを示していると思われる。またアナロジーは，知識の獲得や再構成にも貢献する。世界についての知識が豊かになるほど，知識構造は深くなり，より複雑な関係が表象されるようになって，より深く複雑なアナロジーができるようになる。つまり，子どもが世界について学べば学ぶほど，子どもたちが使えるアナロジーは変化するのである。たとえば，概念発達の章（第3章）で検討したように，概念変化は，知識の豊富化だけに依存しているのではない。領域間でアナロジーによる対応づけをすることにも依存する（Carey & Spelke, 1994）。知識獲得や知識の再構成におけるアナロジーの役割についての研究は，目下のところほとんどない。だが，アナロジーによる推論と関係の対応づけが，認知発達において重要な役目を担っていることは，広く認められている（たとえば，Carey, 1985）。また，アナロジーの役割を概念化する方法論については，この章の最後で考察

する（Halford, 1993）。

演繹論理と演繹的推論

発達初期に見られるもうひとつの論理推論のモードは，演繹的推論である。演繹的推論で解ける問題は，答えがただひとつの問題である。問題を解こうとする人は，問題に示されている前提との論理的な関係をもとに，答えを演繹する。たとえば，三段論法（syllogisms）には演繹論理を使う。三段論法とは次のような推論である。

　すべてのネコは吠える
　レックスはネコだ
　レックスは吠える？

以上の前提から，可能なただひとつの答えは，「はい」である。レックスは吠える。現実世界のネコは吠えないから，上の例の前提は明らかに事実に反するが，前提のもっともらしさや潜在的真実性は，論理的な演繹に関する限り関係がない。子どもに三段論法をさせる場合，演繹的推論のテストは，前提が反事実的であるかないかを判断することではなく，子どもが正しい演繹的推論ができるかどうかである。つまり，演繹的推論の決定的な検証は，前提が何であっても，結論を論理的に導き出せるかどうかである。

【三段論法】
実験研究から，幼児でも事実に反する前提からの演繹的推論ができることがわかっている。ディアスとハリス（Dias & Harris, 1988）は，レックスは吠えるあるいは吠えないという問題を5歳児と6歳児に行った（表7.1）。「レックスは吠える」のような「事実に反する」問題に加えて，ディアスとハリスは，「知っている事実」に関する問題（「すべてのネコはニャーと鳴きます。レックスはネコです。レックスはニャーと鳴きますか？」）と「知らない事実」に関する問題（「すべてのハイエナは笑います。レックスはハイエナです。レックスは笑いますか？」）も，子どもに与えた。子どものある群は，これらの推論

の問題を「遊び」モードで与えられた。この条件では，おもちゃのネコ，イヌ，ハイエナが用意されて，実験者はおもちゃをニャーと鳴かせたり，吠えさせたり，笑わせたりした。第2群は，おもちゃを見せられず，ただ問題の前提を伝えられただけで，結論を判断しなければならなかった。

「遊び」群の子どもたちは，どんなタイプの問題でも，最高点かそれに近い結果を示した。この群の子どもたちは，問題が事実に反していても，知っている事実を使っても，知らない事実を使っても，演繹的推論ができた。反対に，口頭で教示を受けただけの群は，「知っている事実」の問題の場合にだけ，高い成績をあげた（「すべてのネコはニャーと鳴きます。レックスはネコです。レックスはニャーと鳴きますか？」）。この場合は，演繹的推論ではなく現実世界の知識を使って問題を解いた可能性がある。

ディアスとハリスは，追跡実験で「事実に反する」問題だけを使い，2群の子どもたちのどちらにも口頭でのみ前提を伝えた。これは，「遊び」群の子どもたちの場合，おもちゃの動物が記憶の補助としてはたらいた可能性を排除するためである。このとき，「遊び」群の子どもたちは，実験者が他の惑星にいて，そこではすべてが違っているというつもりになるようにと，指示された。たとえば，実験者は「ふり」をするようなイントネーションで，「すべてのネコは吠えます。この星では，私はネコはみんな吠えるのを見ました」と言い，そして，三段論法を口頭で提示した。この「ふり」条件での「遊び」群では，推論の成績がやはり最高点に近かった。後の研究（Dias & Harris, 1990）では，4歳児でも，三段論法を使えることが示されている。この効果は頑健で，前提が他の惑星のことだとされても，ふりのイントネーションを使っても，視覚的イメージを使っても，効果が変わることはなかった。ディアスとハリスは，論理的な問題でも遊びの文脈で提示される限り，幼児は事実に反する前提の場合にも，演繹的推論ができると結論づけた。

だが，リーヴァーズとハリス（Leevers & Harris, 1997, 未出版の論文）は，遊びの文脈が，子どもの演繹的推論にとって決定的ではないことを示した。リーヴァーズとハリスは，4歳児に事実に反する前提について三段論法を用いる推論をさせた。これは，ディアスとハリスの研究で使われたものと似ていたが，この研究では「これは遊び（想像）だよ」と言われる群と，ただ問題について考えなさいと言われる群（たとえば，「もしそれが正しかったら，どうなるか考えてほしいんだ……×について考えている？」）とに，子どもたちを分けた。

表7.1 ディアスとハリス（1988）が使った，反事実的三段論法の例。

「はい」の答え	「いいえ」の答え
（ネコはどんな鳴き声を出す？）	（魚はどこに住んでいる？）
すべてのネコはほえる	すべての魚は木に住んでいる
レックスはネコだ	トットは魚だ
レックスはほえる？	トットは水の中に住んでいる？
（本は何からできている？）	（ミルクは何色？）
すべての本は草からできている	すべてのミルクは黒だ
アンドリューは本を見ている	ジェーンはミルクを飲んでいる
それは草からできている？	彼女の飲んでいるものは白い？
（雪は何色？）	（血は何色？）
すべての雪は黒だ	すべての血は青だ
トムは雪にさわる	スーの手に血がついている
それは黒い？	それは赤い？
（鳥はどのように動く？）	（氷の温度はどれぐらい？）
すべての鳥は泳ぐ	すべての氷は温かい
ペピは鳥だ	アンは氷を持っている
ペピは泳ぐ？	それは冷たい？

ここで使われた問題は，たとえば「すべての雪は黒いです。トムは雪を見ました。それは黒でしょうか？」や「すべてのテントウムシには背中に縞模様があります。デージーはテントウムシを見つけました。このテントウムシには斑点がありますか？」といったものであった。この結果，「遊びだよ」群と「考えてほしい」群では，三段論法に有意な差はなかった。リーヴァーズとハリスは，彼らの実験手続きが，反事実的推論を促したのではないかと述べている。つまり，問題の前提をばかげていると思わずに，心の中で処理するよう促したからである。三段論法を利用できた子どもたちが述べた，判断の理由づけのタイプから，彼らの主張を裏づける結果が得られた。それは，とても理論的であった。たとえば，ある4歳の女児は，デージーが見たテントウムシには斑点がないと推論する前に，「すべてのテントウムシは背中に縞模様があるでしょ。だけどそのテントウムシには斑点がない」と述べた。このように，三段論法は，少なくとも4歳までに出現すると思われる。

【許可スキーマと4枚カード問題】

　演繹的推論の研究で広く使われたもうひとつの指標は，4枚カード問題(訳注2)である。これはウェイソン（Wason, 1966）によって開発された。4枚カード問題では，被験者は「pならばq」という状態を説明される。たとえば，「手紙が封印されていたら，それには5ペンスの切手が貼ってある」と説明される。被験者がしなければならないことは，そのルールが正しいかどうかを調べるために，必要最小限の証拠を決めることである。役立つ情報は，たいていp（たとえば，封印されて，裏返した手紙），q（たとえば，5ペンスの切手が貼ってあり，表を向けた手紙），pではない（たとえば，封をされず，裏返した手紙），qではない（たとえば，4ペンスの切手が貼ってあり，表を向けた手紙）である（図7.3）。大人の被験者の大半は，郵便局で手紙を仕分けるようななじみのある文脈で提示された場合には，4枚カード問題を解くことができる（Johnson-Laird, Legrenzi, & Sonino-Legrenzi, 1972）。必要最小限の証拠となるのはpと，qではない，というのが正答である。なじみのある文脈で課題を示した場合，大人の大半はこの答えを出す。しかし，この課題をもっと形式的なバージョンにすると，正答はわずか10％程度になる。典型的な4枚カード問題の形式的なバージョンは，「カードの一面に母音が書かれていたら，他面には奇数が書いてある」というものである（Wason & Johnson-Laird, 1972を参照）。

　チェンとホリオーク（Cheng & Holyoak, 1985）は，大人が課題によってこれほどにも大きな演繹論理の能力の違いを見せるのは，4枚カード問題がなじみのある知識構造を引き出すかどうかにかかっていると，主張した。この知識構造を彼女らは実用的推論スキーマ（pragmatic reasoning schemas）と呼んだ。4枚カード問題に合致する実用的推論スキーマは，実生活ではたいてい許可のシナリオとして述べられている。大人は，実社会でよく許可に関係するルールに出会う。たとえば，「明日必着の手紙は，第一種郵便物扱いにすること」や，「18歳以上はパブでお酒が飲める」や「17歳以上は自動車の運転ができる」などがある(訳注3)。たぶん，子どもは大人よりもたくさんの許可のルールに出会うだろう。「9時になったら寝なさい」や「学校の制服を着るときは，学帽も

訳注2　原語では，selection tasks（選択課題）であるが，4枚カード問題の方が一般に知られているので，こちらを採用した。

具体的な条件

p	pではない	q	qではない

抽象的な条件

A	D	4	7
p	pではない	q	qではない

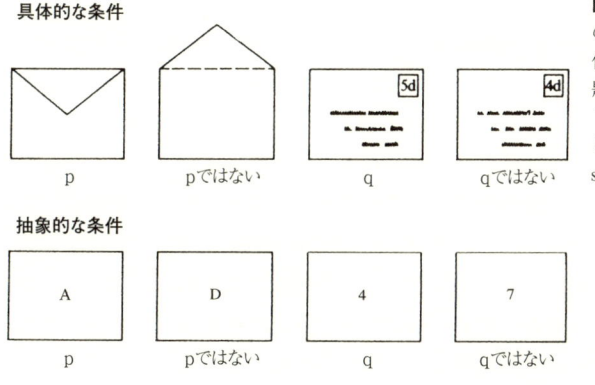

図7.3 4枚カード問題の2つのバージョン（具体的な課題と抽象的な課題）。ジョンソン-レアードとウェイソン(1977)より。Reprinted with permission.

かぶりなさい」や「笛が鳴ったら，運動場で遊んでいてはいけない」などである。チェンとホリオークの論理にしたがうと，なじみのあるタイプの許可スキーマを引き出すような課題を与えれば，子どもでも4枚カード問題で演繹的推論ができることになる。

この予測を，ライト，ブレイ，ジリー，ジロット（Light et al., 1989）が検証した。彼らは，6歳や7歳の子どもでも解釈できる許可スキーマを考え出した。ここで使ったのは次の2つのルールである。「この街の中心部には大型トラックは入ってきてはいけないと，おまわりさんが決まりを作りました」と「このゲームでは，マッシュルームはみんな，ボードの中心部より外になければいけません」である。最初のルールは，強制が実際的な意味をもつようにデザインされている。このルールでは，茶色の中心部と白い周辺部をもつゲームボードを子どもに示した。ゲームボードには，大型トラックと乗用車の絵が，中心部の内側と外側のそれぞれに描いてある。第2のルールは，ルールに意味がなく恣意的であるように意図されており，同じボードを使って，その中心の外と内側に花とマッシュルームの絵を置いて説明した。2台の大型トラック（あるいは2つのマッシュルーム）と1台の乗用車（あるいは1本の花）が，いつもボードの茶色の中心に置かれていた。そして，1台の大型トラック（あるいは

訳注3　いずれの例もイギリス国内の法律。

1つのマッシュルーム）と3台の車（あるいは3本の花）が，いつも白い周辺部に置かれていた（図7.4を参照）。

　子どもの最初の仕事は，ゲームボードの絵をルールにしたがってアレンジし直すことであった（たとえば，2つの大型トラックを中心部の外に出す）。次に実験者は，違反の可能性をもつ行為をして，子どものルール理解を検証した。この違反とは，乗用車か花の絵を中心部の外に出すことである。そして，これがルールに違反しているかどうかを尋ねた（これは許可されることである）。次に，子どもにルールに違反するように，自分で絵を動かしてごらんと，指示した。最後に，4枚カード問題型バージョンの課題が与えられた。2枚の絵が置いてあるボードを子どもに見せるが，どちらの絵もひっくり返してあり，ひとつは茶色の部分に置いてあって，もうひとつは白い部分に置いてある。子どもは，次のことを尋ねられた。(a)ルールに違反していることを確かめるためには，どの絵をひっくり返す必要があるか。(b)子どもがひっくり返した絵は，ルールに違反していたかどうか。(c)他の絵はルールに違反しているかどうか。その結果，ルールによる強制が実際的な意味をもつ4枚カードの大型トラック条件では，6歳児の45％，7歳児の77％が，3つの問いに正しく答えることができた。だが，ルールが恣意的なマッシュルーム条件では，正答した子どもは，6歳児で5％，7歳児で23％にとどまった。

　この結果は，6歳児と7歳児が，大人と同じように，適切な許可スキーマが活性化される場合には，4枚カード問題で演繹論理を使えることを示している。さらに，ライトらは，実際に意味のある文脈で活性化した許可スキーマが，抽象的な文脈に転移できることを示している。大型トラック課題で成功した子どもに，4枚カード問題を抽象的なバージョンにした課題（四角形と三角形を用いる。「すべての三角形は中心部になくてはならない」）を与えてみた。大型トラック課題で成功した子どものうち，7歳児では59％が，6歳児では30％が，大型トラック課題から三角形課題への転移を示した。この結果から，子どもたちは，大型トラック課題の正しい選択の背後にある論理を理解しているとライトたちは論じた。子どもたちは，許可と禁止の用法の理解を，問題を解くために用いた。そしてこの理解が，三角形問題にも転移したのである。

　もっと最近になって，ハリスとヌニェス（Harris & Nunez, 1996）は，3歳児や4歳児でも4枚カード問題で，許可と禁止の用法に気づきやすいことを示した。ハリスとヌニェスは物語形式で，さまざまな許可ルールを提示し，子ど

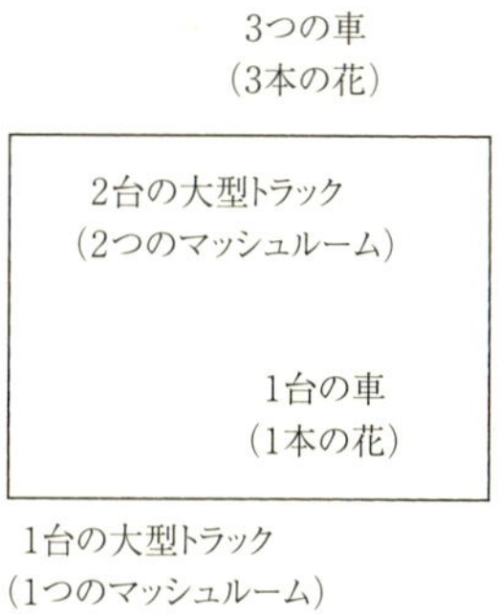

```
3つの車
(3本の花)
  ┌─────────────────────┐
  │ 2台の大型トラック      │
  │ (2つのマッシュルーム)  │
  │                     │
  │    1台の車           │
  │    (1本の花)         │
  └─────────────────────┘
1台の大型トラック
(1つのマッシュルーム)
```

図7.4 ライトら（1989）による，子どもの許可ルールの理解の研究で用いられた，ゲームボードの概要。Reproduced with permission.

もに4枚1組の絵の中からルール違反を表している絵を選ばせた。たとえば，ある研究では，よく知っている許可ルールを使って，まず子どもにこう述べる。「これからサリーのお話をします。ある日，サリーは外へ遊びに行きたいなと思いました。お母さんは，外へ遊びに行くなら，コートを着なきゃだめよと言いました。」次に4枚の絵を子どもに見せた。それぞれ，サリーが家の外でコートを着ている絵，サリーが家の外でコートを着ていない絵，サリーが家の中でコートを着ている絵，サリーが家の中でコートを着ていない絵である（図7.5を参照）。子どもに課せられた課題は，登場人物が許可ルールを守っていない絵を選ぶことである（「サリーがいけない子で，お母さんのいいつけを守っていないのはどの絵かな？ 教えてちょうだい」）。これは，すなわちpとqではない，の結合を表す絵を選択することを求めることに他ならない。

3歳児も4歳児も，子どもたちの大半が，サリーが外でコートを着ていない絵を選んだ。同じような結果が，子どもに新しいルール（「お母さんはキャロルに，お絵かきするなら，ヘルメットをかぶらなきゃだめよと言います。」）を教えたときにも見られた。ハリスとヌニェスの実験手続きは，伝統的な4枚カード問題の手続きよりも，明らかに必要条件がゆるい。この実験では，被験者に，pとqではない，を独立に同定させるのではなく，pとqではない，の結合を表す絵を選択させるからである。だが，彼らは3歳児と4歳児には，どれが許可ルール違反かを見つけ出す能力が間違いなくあると結論づけた。これには説得力がある。さらに，ハリスとヌニェスは，子どもの許可ルールの理解が，なじみのあるルールに限らないとも主張した。条件と行為のあいだの関係が，

図7.5 ハリスとヌニェス（1996）の，許可ルール「サリーは外へ遊びに行きたいなと思いました。外へ遊びに行くなら，コートを着なければいけません。」に関する子どもの理解研究で用いられた，絵の選択セット。Reprinted with permission.

明らかに任意だからである。その場合でも，ハリスとヌニェスがなじみのない条件で使った行為と状況（絵を描く，サイクリングのヘルメットをかぶる）は，それ自体子どもたちにはなじみのあるものであった。この関係は大人に用いられる4枚カード問題の形式的な課題（カードの一方の面に母音が書いてある場合には，他面には奇数が書いてある）のものほど，恣意的でない。子どもが，完全に抽象的なルールでどれほどうまく推論できるかは，将来の課題として残されている。

その後の論理推論の発達モード

さらにその後の発達において論理推論のモードは「具体的操作」思考を必要とするということを，最初に指摘したのはピアジェである。具体的操作思考の特徴のひとつは，状況の複数ある側面を同時に考えられる能力であるとされる。たとえば，同じ数のコインからなる2つの列を比較する場合，具体的操作推論ができる子どもは，2つの列が同じかそうではないかを判断するのに，コイン

とコインの間隔の長さと列全体としての長さの両方を同時に考慮することができる。また，具体的操作思考の別の特徴は，物に対する操作にはその反対の操作もあることを理解できることである。2列のコインの例でいえば，コインとコインの間隔を広げても，もう一度コインの間隔を近づければもとに戻せることを理解している，ということである（第8章を参照）。最近の研究では，推論の具体的操作は，ピアジェが仮定したよりももっと早い年齢で存在するとされているが，5歳前に具体的操作課題で成功する子どもはほとんどいない。年少児がピアジェ派の課題で成功するように見える場合には，実験者がピアジェ理論の「正しい検証」を行ったかどうかを調べる必要がある。

推移律推論

　ピアジェが指摘した鍵になる論理概念のひとつは，推移律推論である。推移的関係は，順序を示す系列に体制化できる実体間の関係である。これは，測定のような，数学の基礎的な概念の礎になる。たとえば，たいてい家族の中では，少なくとも子どもが十代になる前には，背の高さに推移的な関係がある。一番背が高いのはたいてい父親である。次に高いのは母親である。そして次に子どもが年齢順にくる。3人の子どもが10歳（コンラッド），6歳（デヴィッド），2歳（エマ）だとすると，家族の背の高さの関係を次のように表せる。父親＞母親＞コンラッド＞デヴィッド＞エマ。家族の中で，背の高さの推移律を推論することができる。たとえば，コンラッドがデヴィッドよりも高くて，デヴィッドはエマよりも高いなら，コンラッドはエマよりも高いと論理的に推論することができる。
　こうした種類の推移律推論をする子どもの能力については，論争が続いている。その大半は，ブライアントとトラバッソ（Bryant & Trabasso, 1971）が行った実験に関するもので，4歳児でもその前提を思い出すように訓練すれば，推移律推論ができることを示した。子どもが前提を保持できる場合には，実験に参加した一番年少の子どもにも推移律推論を行う論理的能力が見られたのである。ブライアントとトラバッソは，推移律推論の問題の前提を想起させる訓練で，5項目の系列（A＞B＞C＞D＞E）を使う必要があると指摘している。これは，推論能力を正しく検証するために必要なことである。

5項目の系列中の2つの要素は，どちらも「より大きく」かつ「より小さい」。この要素はBとDである（B>C, A>B；D>E, C>D）。3項目の系列では，反対に，Aはいつも大きくCはいつも小さい（A>B>C）。子どもが3項目系列の前提であるA>BかつB>Cを思い出すように訓練されたなら，理論的にはAとCの関係を推移律推論をしなくても，推論できる。つまり，Aが大きくてCが小さいことを思い出せばよいのである。だが，5項目の系列の前提を思い出すように訓練を受ける場合，記憶方略は使えないだろう。少なくとも，BとDの関係を推論する場合はそうである。BとDの関係を推論するためには，純粋な推移律推論が必要だからである。BとDには大きくて小さいという性質がある。

　ブライアントとトラバッソ（1971）は，4，5，6歳児の推移律推論に関する能力を5項目系列課題を使って研究した。この課題では色のついた木の棒が使われた。子どもに5本の棒を見せるが（赤，白，黄，青，緑），それぞれの棒は長さが違っている（3，4，5，6，7インチ）。色と棒の長さの組み合わせは，子どもによって変えられた。棒は必ずペアにして示され，たとえば，子どもは青が赤よりも大きいことや，赤が緑よりも大きいことを学習する。訓練試行では，棒は箱にさした状態で見せられた。この箱には複数の深さの違う穴が開いていて，棒はすべて上部の1インチ分だけが見えるようになっている。この訓練期間中，子どもはどちらの棒が長い（あるいは短い）かを尋ねられ，子どもが選択すると，2本の棒を箱から取り出して子どもに見せる。これは相対的な長さの視覚的なフィードバックを直接与えるためであった。

　テスト場面では，箱にさして2本の棒を見せるという同じ手続きが用いられた。しかし，今度は子どもに比較をさせた後，正しい棒の長さを示さなかった。訓練を受けたときと同じ4回の直接の比較（A>B, B>C, C>D, D>E）に加えて，子どもに6つの推論可能な比較をさせた（A?C, A?D, A?E, B?D, B?E, C?E）。この推移的比較は，ランダムな順序で行った。どの子どもも，決定的なB?Dも含めて，すべての推移律の比較で，偶然よりも有意に高いレベルの成績をあげた。B?Dの得点は他の推論比較よりも低かったが，4歳児の78％，5歳児の88％，6歳児の92％と，印象に残る成功率を示した。ブライアントとトラバッソは，4～6歳の子どもたちは純粋な推移律推論ができると結論した。

　彼らへの反論のひとつは，訓練期間中に与えた視覚的フィードバックが，棒の絶対的な長さの想起を子どもに促したのかもしれないという点である（たとえば，Bが6インチでDが4インチだと覚えていれば，BがDよりも小さい

ことがわかる）。ブライアントとトラバッソは追加研究を行って，この可能性について検討した。そのために彼らは視覚的フィードバックを訓練期間中に与えないようにした。実験の結果，正確に前と同じ結果が得られたのである。だがブライアントとトラバッソが下した，幼児はきわめて効率的に推移律推論をすることができるという結論は，これで議論が終わらなかった（レビューとしては，Breslow, 1981を参照）。他にも，多くの批判が寄せられた問題点があった。たとえば，比較のときに使われた箱が，どの棒が「長く」どの棒が「短い」かについて視覚的な記憶の補助になったというものである。この視覚的な記憶補助は避けがたい。すべての推論比較は（B?Dの比較を含めて），箱の中から出っ張った棒を子どもに見せて行われたからである。決定的なB?Dの比較の場合に，棒Bが箱の「長辺」に近く，棒Dが箱の「短辺」に近かったとすれば，この空間的な手がかりそれ自体を使っても，正しく比較できる。このようなやり方を使えば，推移律推論を行わなくても問題が解けるのである。子どもは，それぞれの棒を箱の長辺と短辺のどちらかに関係づけることで，B>Dと言うことができるのだ。

　幼児の推移律推論の能力を検証する他のアプローチには，前提を記号化した「記憶補助手段」を使うものがある。これには，前提を確実に思い出せるようにするために，子どもに訓練をたくさんしなくてもよいというメリットがある。訓練には，やはり5項目の系列が必要になる。たとえば，ハルフォード（Halford, 1984）は，色のついたくぎを記憶の手がかりにして，推移律推論の発達を研究した。彼の課題は，子どもに透明な樹脂の棒の長さを推論するよう求めるものだった。

　ハルフォードの実験では，くぎさし盤にささったくぎのペアが，棒のペアの長さの比の関係を表していた。棒はそれぞれ色の違うチューブの中に隠されていた。たとえば，赤のくぎが青のくぎの左にある場合（R_L(訳注4)B），これは赤のチューブの中にある棒が青いチューブの中にある棒よりも長いことを表していた（R>B）。青いくぎが緑のくぎの左にあれば（B_LG），これは青のチューブの中にある棒が緑のチューブの中にある棒よりも長いことを表していた（B>G）。

訳注4　LはLeft（左）を意味する。つまり，Red（赤いくぎ）はBlue（青のくぎ）の左にある。

子どもに与えられた課題は，色のついたくぎの長さを比較するために，「左にある」という空間関係を，「より長い」という関係に対応づけることであった。ハルフォードの着想は，2つの空間的な関係$R_L B$と$B_L G$の統合が，$R_L B_L G$の3項の順序を示すということと，その結果，子どもが推移律理論ができるなら，棒問題の答え（R>B>G）を出せるということである。7歳未満のほとんどの子どもは，この問題を解くことができなかった。ハルフォードは，これが推論能力の欠如を示していると述べた。この子どもたちはくぎと棒の単一の関係を対応づけすることはできた。だが，同じ子どもがくぎについての視覚的な推移律推論はできないようであった。さらに，くぎどうしの関係を棒どうしの関係に対応づけできないことも明らかであった。

　ピアーズとブライアント（Pears & Bryant, 1990）は，前提訓練課題の大きな記憶負荷を取り除く別の方法を考案した。それは，視覚的な前提を使うことで，記憶負荷を完全に排除するというものである。その結果，5項目系列を維持しながら子どもに推移律推論課題を与えることができた。ピアーズとブライアントが使った前提は，色のついた積み木のペアである。積み木は一方の上に他方が乗っている，小さな「塔」の形で提示された。子どもの課題は，前提として提示された積み木を参考にしながら，色の積み木をひとつずつ適切に使って塔を完成させることである。実験では3種類の塔を作らねばならなかった。積み木を4つ使った塔（3つの前提が関与），積み木を5つ使った塔（4つの前提が関与），積み木を6つ使った塔である（5つの前提が関与）。5つの積み木の塔を例にとれば，小さな塔の積み木が，赤が上で青が下（$R_T B$），青が上で緑が下（$B_T G$），緑が上で黄色が下（$G_T Y$），黄色が上で白が下（$Y_T W$）となっている場合(訳注5)，目標（ターゲット）となる塔は上から順に赤・青・緑・黄・白（$R_T B_T G_T Y_T W$）となる。使用された他の問題を図7.6に示した。

　ターゲットの塔を作るのに先立って，子どもに推論に関して一連の質問をした。たとえば，「これから作る塔では，黄色の積み木と青の積み木のどっちが上にくるのかな？」この問いに正しく答えるためには，子どもは2つの前提（青が上で緑が下$B_T G$，緑が上で黄色が下$G_T Y$）から，推移律推論を行って情報を結びつける必要がある。黄色の積み木と青の積み木の関係に関するこの質問

訳注5　それぞれの関係が前提である。TはTop（上）を意味する。つまり，B（青い積み木）はG（緑の積み木）の上にある。

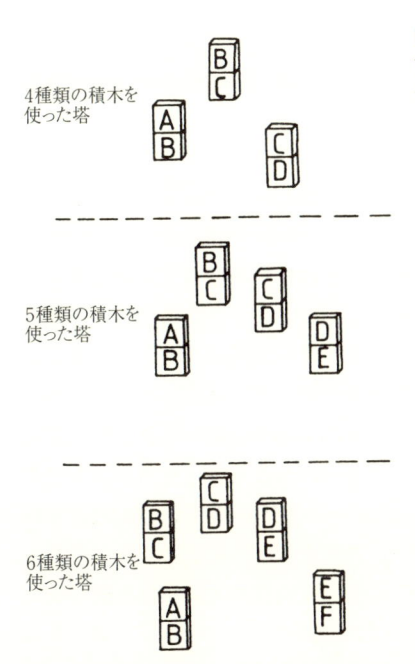

図7.6 ピアーズとブライアント(1990)が使った，前提となる塔の例。A, B, C, D, E, Fは，それぞれ違った色を表している。Reprinted with permission.

4種類の積木を使った塔

5種類の積木を使った塔

6種類の積木を使った塔

は，形式的にはブライアントとトラバッソが考案した5項目の系列課題のB?Dと等しいことに注意してほしい（黄色の積み木と青の積み木はどちらもより高い位置にあり，より低い位置にある）。他の重要な質問は，「6つの積み木」でのB?DとC?Eの比較に関するものである。こうした比較に関わる重要な質問は，すべて積み木に関するものであった。積み木は塔を作るのに2回ずつ使われたので，2つの値（高い・低い）をもっていた。

　子どもたちは推論に関する重要な質問のうち3分の2に，偶然よりも有意に高い率で正答した。この知見からピアーズとブライアントは，4歳児は，少なくとも空間の連続性に関する推移律推論の能力をもっていると考えられると論じた。彼らの結論は，明らかにハルフォード(1984)のそれと異なっている。ハルフォードは，この年齢の子どもは推論能力をもたないとしたからである。この違いについては，少なくとも2つの説明が可能である。ひとつは，ハルフォードの決定的テストでは，前提情報が提示された領域（空間的な左と右の順序）とは違った領域（長さ）の推移律推論を必要としたということである。ピ

第7章　子ども期の論理的推論　　283

アーズとブライアントの決定的テストでは，前提情報と同じ領域に関するものであった。第2の可能性は，ハルフォードが，棒問題で記憶の補助道具として左と右の順序を選んだことが，相対的な長さの判断を困難にしたかもしれないということである。ディン（Ding, 1995）は，空間順序問題で左右の前提情報を統合させるのは，9歳ぐらいまでの子どもには難しいことを示している。

　ディン（1995）の研究は，ピアーズとブライアントの課題に非常に近い。彼女も，後で結びつける必要のある一連の視覚的な前提を子どもたちに見せたが，それは上下の順序情報ではなく，左右の情報であった。子どもに課した課題はバスを待つ行列で，乗る順番を決めることであった。前提は，並んでいる人々を2人ずつペアにした写真であった。写真の人々はみな左を向いていた。子どもは並ぶ順序を完成させるために，この前提を使うように指示された。前提となる3つのペアが1つずつ，ランダムに提示され，たとえば，ある列における人の順序がABCDの場合，子どもは前提となる3つのペアをAB, CD, BCの順で受け取った。子どもの課題は，これをAB, BC, CDの順番にすることである。これでバスを待つ人の順序がABCDだと推論できる。5歳，7歳，9歳の子どもが実験に参加した。図7.7がバスの行列課題である。

　ディンは，子どもがバスに乗る人の並ぶ順序を完成できるかは，前提情報の提示順序に大いにかかっていることを見いだした。9歳児であっても，特定の前提順序（たとえば，CD, AB, BC）では，このバスの行列課題はとても難しかった。この前提順序では，最初の2つの前提には共通する要素がないのである。左右の順序課題が子どもにとって難しかったのは，写真ではなく実在する人を描いた絵を使っても，おもちゃの列車をバスに並ぶ人の行列のかわりに使っても，同じであった。前提情報が系列的であれば系列的な関係を統合しやすくなるのは事実である。しかし，この事実にもかかわらず，ディンの左右順序課題は，子どもには非常に難しかった。反対に，ピアーズとブライアントの研究で使った上下順序の課題では，「塔」の前提をランダムな順序で提示しても，何の影響も与えなかった。左右の空間関係は，幼児にとって統合するのがとくに難しいらしい。これが本当ならば，ハルフォード（1984）の実験に参加した子どもは，左右ペアにしたくぎからは，チューブの中の棒の長さを比較する記憶の補助手段としての恩恵を何も受けなかったことになる。このため，推移律推論に失敗したのであろう。

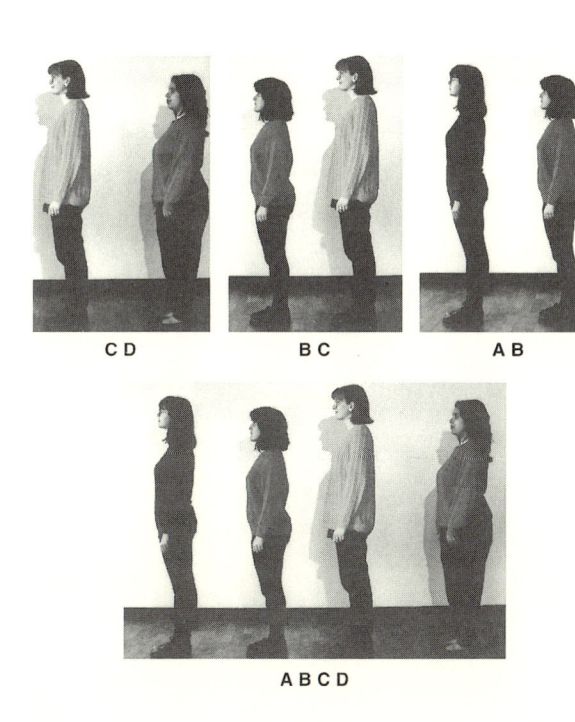

図7.7 ディン (1995) による，バスの順番待ち課題で使われた，前提となる写真集合の例。正しく並べ直した順序が下に示されている。Used with permission.

不変性の理解

　ピアジェが研究したもう一つの論理概念は，・保・存・性である。これは，見かけが変わっても量は・保・存・さ・れ・て・い・ることを理解する能力である。この論理的操作は・不・変・性の理解にもとづいている。これは，重要な論理的洞察であり，数の体系の基礎にもなる。不変性は，物理世界の安定性をもたらす。不変性の原理を理解する子どもは，何かを付け加えたり，取り去ったりしない限り，量には変化のないことを理解している（和と差）。また，量の見かけが変化するだけでは，その量に影響しないことも理解している。見かけの変化は・可・逆的だからである。ある次元の変化は他の変化によって・補・償されることに気づいているのである。こうした洞察すべてが，保存の正しい論理的理解に関わっている。

【保存課題】

　ピアジェは，子どもが不変性の原理を理解しているかどうかの指標として，保存課題を編み出した。保存課題では，子どもの不変性の理解を次のようにして査定した。すなわち，最初に同じ量にしてある２つの物のうち，ひとつをその後変化させて，その量を互いに比較させるのである。たとえば，ビーズの列２つを１対１に対応させて並べて見せたり，２つのグラスの中の液体の量が正確に等しくなるようにして，子どもに見せる（図7.8）。次に大人の実験者が，子どもが見ている目の前で，この２つのうちのどちらかの見かけを変える。たとえば，２つのグラスのうち，ひとつの液体を，背が低くて浅いビーカーに移したり，２つあるビーズの列のうち，一方の列のビーズの間隔を広げて，列が長くなったように見せる。ピアジェの実験で問題にしたのは，子どもが知覚上の様子が変わったにもかかわらず，量が不変のままであるということを理解しているかどうかである。この問いへの答えは，明らかに「ノー」である。保存課題を行った7歳未満のほとんどは，浅いビーカーの方が水が少ないとか，間隔を広げて並べたビーズの方がビーズがたくさんあると答えたのである。

　だが，不変性の理解を検証する最も単純な方法は，ひとつの量（コップ一杯の水や一列に並べたコイン）を見せて，次にその見かけを変えることである。たとえば，コップ一杯の水を量を変えずに口が狭くて高いコップに移し替えたり，１列に並んでいるコインを列が長くなるように広げて並べる。そして同じ「保存の問い」を子どもたちに投げかける。たとえば「コインは増えたかな？それとも数は同じかな？」エルキンドとシェーンフェルド（Elkind & Schoenfeld, 1972）は，このようなタイプの課題（これを「同一性の保存」課題と呼ぶ）を使って，子どもの不変性の理解を研究した。彼らはこの同一性の保存課題の成績から，伝統的な保存課題ができるとされていた年齢よりも下の子どもでも，不変性を理解していると論じた。エルキンドとシェーンフェルドの議論はつまり，伝統的な課題は不変性の理解の純粋な検証になっていない，ということである。伝統的な保存課題には，推移律推論が隠れているのである。

　これまで使われてきた保存課題に推移律推論が隠れていることは簡単に示すことができる（表7.2）。これまでの課題では，子どもに同じ量の物を２つ，Q１とQ２を見せる。そして，どちらかひとつの見かけを変えた後（たとえば，Q１をQ１Aに変える），量を比較するよう求める。子どもへの典型的な質問は，

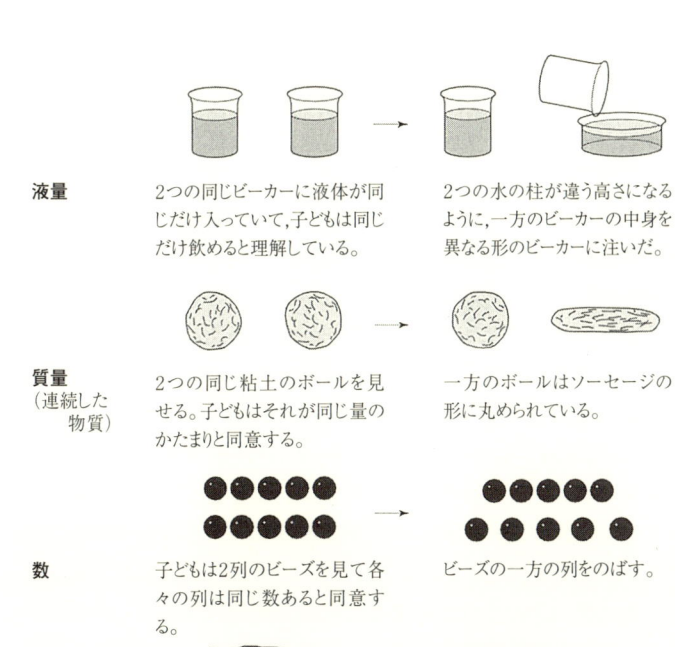

液量	2つの同じビーカーに液体が同じだけ入っていて,子どもは同じだけ飲めると理解している。	2つの水の柱が違う高さになるように,一方のビーカーの中身を異なる形のビーカーに注いだ。	保存を理解できる子どもはそれぞれのビーカーに同じ量の飲み物が入っていると理解している(平均すると液体の保存は,6〜7歳になって理解される。)
質量（連続した物質）	2つの同じ粘土のボールを見せる。子どもはそれが同じ量のかたまりと同意する。	一方のボールはソーセージの形に丸められている。	保存を理解できる子どもは粘土の量はそれぞれ同じであると,理解している(平均6〜7歳)
数	子どもは2列のビーズを見て各々の列は同じ数あると同意する。	ビーズの一方の列をのばす。	保存を理解できる子どもは,それぞれの列のビーズの数が,まだ同じであると理解している(平均6〜7歳)
長さ	同じ長さの2本の枝が示され,子どもはそれらが同じ長さだと同意する。	一方の枝を動かす(あるいは見かけが変わるようにする)。	保存を理解できる子どもは,2つの枝の長さは,同じだと理解している(平均6〜7歳)

図7.8 バージョンが異なる保存課題の例。シェイファー(1985)より。Adapted from *Develop mental Psychology : Chiildhood and Adolescence,* by D.R. Schaffer. Copyright © 1996, 1993, 1989, 1985 Brooks/Cole Publishing Company, Pacific Grove, CA93950, a division of International Thompson Publishing Inc. Adapted by permission of the publisher.

「前よりも量は増えたかな？ 減ったかな？ それとも同じかな？」である。正しく答えるためには，次のように推論しなければならない。

1　量1＝量2（Q1＝Q2）
2　量1は量1Aに変わったが，量は等しい（Q1＝Q1A）
3　量1A＝量2（Q1A=Q2）

子どもはこの3つの段階すべてを経なければ，ピアジェの保存課題で失敗す

表7.2　伝統的な保存課題に隠された推移律推論

段階（A）：	Q1 ＝ Q2
段階（B）：	Q1 ＝ Q1A
（したがって推移律推論によって）	
段階（C）：	Q1A ＝ Q2

Elkind & Schoenfeld, 1972より

るだろう。

　エルキンドとシェーンフェルドは，保存課題で推移律推論が必要だという証明を，同じ環境で大人が量を比較するときの方法から思いついたと述べている。Q1AとQ2だけを見せられたら，大人は2つの量が等しいかそうではないかについて知る術がない。Q1＝Q2とQ1＝Q1Aという出来事を始めに見なかったら，大人でも量が等しいと判断する材料がない。こうして，エルキンドとシェーンフェルド（1972）は，ピアジェの保存課題は，同一性の保存ではなく，・・・等価性（equivalence）の保存を測っているのであると論じた。そして，同一性の保存は，もっと単純な，ひとつの量を使った課題で測定されると，主張した。

　エルキンドとシェーンフェルドは，4歳児と6歳児の，同一性の保存と等価性の保存を実験によって比較した。課題は，コイン課題（数の保存），コップ課題（液量の保存），鉛筆2本の課題（長さの保存。最初に鉛筆の端と端をそろえて並べ，次に一方の鉛筆を動かして端がそろわないようにする），粘土2個の課題（量の保存。粘土は最初は2つともまったく同じ形で，次に片方を長いソーセージのような形状に変える）であった。エルキンドとシェーンフェルドは，どちらの群の子どもも，同一の量の不変性（訳注6）の判断ではほとんど困難がないことを見いだした。だが，4歳児は量の等価性の判断では，6歳児よりも劣っていた。エルキンドらは，2つの保存タイプが，別の心的プロセスを必要とすると結論した。両者ともに不変性の理解を測定しているが，同一性の保存は，不変性理解の比較的純粋な指標である一方，等価性の保存は，それに加えて推移律の理解も必要とするのである。

　5～6歳以下の子どもが等価性の保存に失敗するという知見は，きわめて頑健なものである（最近のレビューとしては，Field, 1987；McEvoy & O'Moore,

---

訳注6　同一性の保存。

1991)。保存課題を使った研究者の多くが，上記の年齢より下の子どもには液量の保存ができないというピアジェの知見と同じ結果を見いだし，この結果に関するピアジェの説（子どもは変化する量のあるひとつの次元にのみ注目して，補償的にはたらく他の次元を無視する）は広く受け入れられている。たとえば，子どもは，幅の狭いコップの中では水面は上昇するという事実に注目して，もともと水が入っていたコップは水面がより低いが，コップの幅が広いことを無視する。同じように子どもは，コインの並び方を変えたときにその長さには注目したが，それぞれのコインの間隔が，並び替える前よりも大きくなっていることを無視するというわけである。

　おもしろいことに，子どもは自然の変化について推論するときにも，同じような保存のユラーを起こす。自然の変化が友達のような見慣れた刺激であっても，エラーを起こすのである。たとえば，クラスの仲間が「サイモン・セッズ」ゲームをしているのを見たとしよう。サイモン役が「広がれ」とか「集まれ」と言うと，その子どもは，グループの輪が広がったときに子どもの数が増えたと判断するだろうし，子どもが集まってグループの輪が縮まったときには子どもの数が少なくなったと判断する。池に複数のおもちゃの舟が2列に並んで浮かんでいるのを見ると，片方の列の舟の間隔が離れて他の列よりも長くなると，子どもは前者の方が後者よりも舟が多くなったと言うのである（Miller, 1982）。

【保存課題における説明の与え方の問題】
　だが，すべての研究者が，等価性の保存が5～6歳未満の子どもの論理能力を超えているという意見に同意しているわけではない。子どもの保存の失敗に関して精力的に研究を行っている研究の流れがいくつかあるが，そのひとつに伝統的なピアジェの保存課題の語用論，つまりことばの問題に着目するものがある。標準的な保存課題では，子どもは2つの量についての質問（「多い？　少ない？　それとも同じ？」）をする大人と対面する。次に大人はモノの見かけを変えて，最後にもう一度同じ質問をする。同じ質問を2度繰り返されるのは，普通は答えを変えるべきだという意味である。これはとくに，相手が年上で，とてもすごいことが起きたかのように出来事を眺めさせられたばかりなら，そう思うのも無理はない！　したがって，語用論の立場からすれば，配列を変えたときの大人の行為から，たった今起きた配列の変化について，実験者が話すつもりなのだと推論するはずである。そこで子どもは，実際に尋ねられた問

いにまさしく答えるのではなく，実験者が尋ねようとしていると，彼らが思っている問いに答えようとするかもしれない。ドナルドソン（Donaldson, 1978），ローズとブランク（Rose & Blank, 1974），そしてシーガル（Siegal, 1991）は，保存課題の語用論のさまざまな側面のために，子どもは誤って非保存反応をしてしまうのだと主張した。

　ドナルドソンの主な関心は，大人の実験者がもつコミュニケーションの意図にある。保存課題での大人の振る舞いを見て，子どもは実際に質問の文字どおりの内容ではなく，大人が尋ねようとしていると子どもが思っている内容にもとづいて，保存の質問に答えようとするのではないか。これを検証するために彼女は，「いたずらテディ」実験を考案した（McGarrigle & Donaldson, 1975）。まず子どもに，実験者と特別なゲームをして遊ぼうと言う。ゲームの始まる前に，実験者はテディベアが入った段ボール箱を子どもに見せる。そして，このテディはとてもいたずら好きで，箱からいつも逃げたがっていて，「おもちゃをめちゃめちゃにして」，「遊びをじゃま」しようとする，と子どもに説明した。次に保存課題の材料を持ち出して見せ（たとえば，1対1対応で2列に並べたコイン），子どもに，「こちらの列の方がコインが多いかな？　それとも少ないかな？　それともどちらも数は同じかな？」と質問した。その後突然，いたずら者のテディが出てきて，コインを乱暴にいじって，片方の列の長さを変えてしまった。実験者はテディを叱りつけると，子どもに再び質問をした，「こちらの列の方がコインが多いかな？　それとも少ないかな？　それともどちらも数は同じかな？」。以上のような，列の偶発的（accidental）な変化を示す条件では，4歳児と5歳児の大半が，保存反応を示した。マガリーグルとドナルドソンは，実験者の非言語的な行動のもつ意図的な構造が，子どもの問いに対する解釈に影響するという主張を，この実験が裏づけていると論じている。

　ライトらは，別のやり方で保存課題に偶然の変化を起こした。彼らはこれを偶然的（incidental）変化と呼んでいる（Light, Buckingham, & Robbins, 1979）。この課題では，2人1組にした6歳児に，実験者がゲームをしようと誘う。このゲームは，板の上に貝殻形のマカロニを並べて，四角形を作るものである。最初にマカロニを使い切った人が勝ちである。ゲームを公平にするために，最初は全員が同じ量のマカロニを持っていなければならない。子どもたちはマカロニを入れる小さなコップをもらい，ゲームが始める前に，それぞれのコップに同じ量のマカロニが入っていると子どもたちが認めるまで，マカロニをコッ

プから入れたり出したりした。すると，ひとつのコップにひびがあることがわかった。安全のために，このコップを持っていた子どものマカロニは，他の大きなコップに移された。次に，実験者は，2つのコップ（大きいコップと小さいコップ）にあるマカロニの量は，まだ同じかどうかを，子どもたちに尋ねた（保存の質問）。この保存課題の不測事態バージョンでは，70％の子どもが保存反応をした。反対に，同じものを使った保存課題の標準バージョンでは，保存反応をしたのは子どもの5％にとどまった。ライトらは，この課題やマガリーグルとドナルドソンの偶発実験のもつ決定的な特徴は，ものの変形がやりとりの主な目的にとって主要な問題ではないということだ，と論じた。

だが，自然の変化に関するミラー（1982）の知見からすれば，保存課題の偶然変化バージョンを経験した子どもは，正しく等価性保存のテストを受けたのかどうかが問われる。ピアジェの主張によれば，幼児が失敗するのはモノの量が変化する際にある次元にだけ注目して，他の補償的にはたらく次元を無視するためである。これは，偶然的な保存課題では検証されない。子どもが実際にはモノの配列の変化を見ていない可能性があるからである（Bryant, 1982を参照）。ライトらもマガリーグルとドナルドソンも，材料の配置の知覚的な面が，保存課題の偶然条件と標準条件で同じになるように注意を払っている。しかし，子どもは偶然条件での材料の配置については，その知覚的な見かけに注意していない可能性がある。なぜならば，それがやりとりの主な目的にとって偶然なものにすぎないからである。子どもが偶然課題で物の配置の知覚的な見かけを無視すれば，変化したモノの量のある次元に注目する傾向によって，誤った見方をする可能性はない。ライトらは，この点を別の視点から考えている。すなわち実際は，実験者の行為は，「この変化は無関係だ」と子どもに伝えている，と彼は指摘した。保存課題の偶然バージョンでは，必要な論理スキルをもっているからではなく，別の理由のために成功したのかもしれず，保存の判断は「誤って正答した」例であるかもしれない。

別の語用論的な問題もある。標準的な保存課題では，同じ質問を2度繰り返す。保存課題のこの教示の仕方それ自体が，子どもの答えを変えさせるのに十分かもしれない。実際，質問を繰り返すのは，与えられたものとは違う答えを求めているときであるのが普通である。教師はこういう言い方をよくする。そして生徒に「あなたは間違っている」と言外にほのめかすのである。同じように，日常会話の中でも何も変わったことがないのに，同じことを2度も聞くこ

とはない。この語用論的問題を検証する方法は，単純に1度だけ保存の質問をすることである。

　ローズとブランク（Rose & Blank, 1974）は，数の保存手続き（コインの列）を使って，このような実験を行った。6歳児の被験者を分けて，判断を2回求める標準的な保存課題をするグループと，同じ課題で1回だけ判断をさせるグループを設けた。そして，この2群の成績を比較した。1回判断バージョンでは，実験者が一方の列の並び方を変えた後で，「多いかな？　少ないかな？　それとも同じかな？」と一度だけ尋ねた。第3のグループ（統制群）の子どもは，コインのもともとの配置を見せず，ただ変化した後の配置についての判断を一度だけ求めた（「固定配置」条件）。固定配置課題を設けたのは，1回判断条件で成績がよかった場合，これが，一度質問をすることそれ自体によるものではなく，保存課題の語用論の文脈の中で，一度質問が行われたことによるということを明らかにするためである。

　ローズとブランクは，2度の判断を求めることが，実際に子どもの保存行動に影響することを示した。この研究に参加した6歳児の場合は，保存課題の1回判断バージョンをした子どもの方が，標準的な2回判断バージョンをした子どもよりも，有意に成績が高かった。固定配置課題をした子どもの成績は，標準的な保存課題をした子どもの成績と同じぐらいであった。ローズとブランクは，1回判断課題の方が成績がよかったことから，彼らの仮説が支持されたと主張した。つまり，（標準的な保存課題で）子どもがコインの列が等しいと言ったばかりなのに2回目の判断を求められれば，子どもは反応を変えろと言われたと解釈するだろう。1度だけ判断を求めることが正の効果をもつことは，サミュエルとブライアント（Samuel & Bryant, 1984）の追試でも確認された。数の保存に加えて，質量の保存，長さの保存，液量の保存でも，同様の知見を得たのである。

　だが，1回判断手続きの方が成績が高かったとはいっても，そこそこの成績であったことを指摘しておくのが公平というものだろう。保存の質問が繰り返されたことは，実験者の意図がありありとしていることに比べれば，実際的な影響は小さいかもしれない。この可能性を検証する方法のひとつは，ミラーが開発した自然変化手続き（これは配置の変化が意図的な側面をもつと見られるのを避けるためにデザインされた）をローズとブランクが開発した1回判断手続きと結びつけて使うことであろう。子どもが保存課題に失敗する鍵となる要

因が保存の質問を繰り返すことにあるのなら，このようなより生態学的妥当性の高い手続きを使って質問を繰り返さないようにすれば，もっと明確な効果が現れるに違いない。

【保存課題への現在の見方】

以上のような保存の成功例を見ると，保存課題における教示の与え方が子どもの保存判断に影響しているように思われるが，2つの量の片方を変化させて，両者を比較するように直接問うときに，6歳未満の子どもが非保存反応をするという事実に変わりはない。これは，大人の実験者が意図的に変化を起こしたのではなく，自然に起こるときでもそうである（Miller, 1982）。

保存課題で認知的変化がどのように生じるのかを研究するために，シーグラー（Siegler, 1995）は「微視発生的」（microgenetic）な方法を使って，5歳児による数の保存の達成を研究した。微視発生的方法とは，認知的変化をしている一人ひとりの子どもを詳細かつていねいに観察することである。シーグラーの保存研究では，この変化を引き起こすために，子どもによって違ったフィードバックを与える保存訓練プログラムを開発した。個人別に組まれた訓練プログラムを受けることで，子どもたちはゆっくりと保存を理解するようになっていった。それに合わせて，実験者は認知変化それ自体を生じさせるプロセスの質的性質と量的な性質を理解するために，訓練期間中観察を行った。

シーグラー（1995）の研究は，標準的な数の保存の実験手続き（ボタンの列を使用）で示された成績に対して，3つのタイプの訓練効果を調べた。この研究を行うにあたり，まず事前テストを行い，ピアジェ派の標準的な数の保存課題に失敗した子どもを選んだ。こうして選ばれた子どもたちに，続く4つの訓練セッションで，さらに保存課題を与えた。訓練では，子どもによってそれぞれフィードバックが違っていた。ある5歳児の反応には，実験者は「正しい」か「間違っている」のどちらかで答え（「フィードバック」訓練群），別の子どもには，その答えを出した推論の理由を説明させてから，子どもの答えが正しいあるいは間違っていると告げた（「説明」訓練群）。別の子どもたちには，その答え方に対して正誤のフィードバックを与えてから，「私がどう考えていると思うかな？」と尋ねた。この最後の訓練タイプでは，子どもたちは，実験者がどう推論しているのかを説明しなけらばならない。この条件は，子どもが，観察した出来事の原因を探求するのを促すはたらきがあると予測された。

シーグラーは，3番目の条件が，最も保存課題の成績に影響を与えることを見いだした。この条件での学習には，性質の異なる2つの理解が関わっていた。ひとつは，長さを比べるだけでは，どの列のモノの数が一番多いかわからないという理解である。2つめは，量の変化からは，それを予測できるという理解である（つまり，ボタンが新たに加えられたり取り去られたりしたのか，それとも，ボタン列の見かけを長くしたり短くしたりして変えられただけなのか）。おもしろいことに，子どもは変化のタイプが重要だと理解しても，低水準の推論を単純には否定しない。それは，同じ問題を実験期間中に何度か提示したときでも同様である。子どもの保存理解は，急にではなくゆっくりと進んでいく。また，実験者がする推論についての説明からヒントを得る能力には，大きな個人差があった。実験者の説明によって大きく成績を向上させた子どもはたいてい，事前テストにおいても，より多様な推論を示していた。

　数の保存を獲得していくとき，子どもは個別の認識状態を順々に通りながら，一時にひとつの仕方で現象を考えているわけではないとシーグラーは結論した。子どもたちは，認知発達の移行期でもその前でも，複数のタイプの推論を知っており，それを使っているのである。シーグラーは，微視発生的見方によれば，ピアジェがいう標準的な発達系列は間違っているだろうと論じた。そして，認知発達をあるレベルの推論から次のレベルへの段階的な移行として概念化するのでなく，発達初期にはある思考法が優勢だが，次第にそれは減じて別の思考法が頻繁に使われるようになり，こうしてその使われ方の頻度が増減するモデル（「波の重なり」モデル）の方が，適切だと指摘した。だが，実際のピアジェの立場は，シーグラーの波モデルにずっと近いのである（第8章を参照）。

類包含性

　ピアジェが具体的操作の中で重視した第3の主要な論理操作は，類（class）包含性である。類包含性という論理的な概念は，ある項目の集合が，和集合であると同時に埋め込み集合の一部でもありえることの理解である。たとえば，6本の花があったとしよう。そのうち4本は赤で，残りの2本は白である。和集合は，6本の花である。埋め込み集合は，白い花と赤い花である。幼児が類包含性の論理的概念がわかっているかどうかを調べるために，ピアジェは類包

含課題を作った。

　ピアジェの課題では，子どもに先の花の例のような和集合を見せる。そして，「赤い花の方が多いかな？　それとも花の方が多いかな？」と尋ねる。6歳未満の子どもは，たいてい赤い花の方が多いと答える。子どもは明らかに部分と全体を同時に考えることができない。ピアジェは，保存課題と同じで，この問題ができない理由のひとつは，可逆性が理解できていないためだと論じた。つまり，幼児は，部分と全体が同じ実体だということがわからないのである。類包含性の論理的な概念を獲得する前は，子どもは部分と全体を別々にしか扱えない，とピアジェは述べた。子どもは花を2つの方法で同時に考えることができない。2列に並べたコインの数を判断するのに，全体の長さと間隔の大きさを同時に考えられないのと同じである。

　「赤い花の方が多いかな？　それとも花の方が多いかな？」と尋ねる質問からなる類包含課題は，具体的操作の実験研究で使われる「標準」類包含手続きである。だが，ピアジェの類包含の質問は，大人から見ても少し奇妙な感じがする。自然な会話では，「赤い花の方が多いか？　それとも花の方が多いか？」と尋ねて，全体と部分を比較したりしない。2つの部分の比較をするのなら，普通は「赤い花と白い花のどちらが多いか？」と尋ねる。部分と全体を比べたいのなら，「赤い花の方が多いか？　それとも束になっている花の方が多いか？」と聞くだろう。「束」というのが，モノの集合を表す自然なことばである。「束」のような集合を表すことばによって，部分と全体の比較が要求されているのだと子どもに知らせるのである。反対に，ピアジェの類包含の質問は，類にあたる「花」ということばを繰り返している。これは聞き手に，部分と全体の比較が必要だという印象を与えない。このことから，ピアジェの類包含手続きで使われたことばは，それ自体が部分と部分の比較について考えるようにさせていると思われる。

　以上の主張は，マークマンとセイバート（Markman & Seibert, 1976）による。彼らは自然言語で集合を表すことばが，一般に単数名詞であることを指摘した。たとえば「一束の花（*a* bunch of flowers）」とか「一山のレンガ（*a* pile of bricks）」という言い方をする。彼らは，類の心理的な統合性よりも，集合の心理的統合性の方が心理面での凝集性で勝ると主張した。集合は，ある程度内的な組織をもち，自然の単位を形成していて，話しことばに現れているからである。マークマンとセイバートは，集合に関する部分と全体の比較が，類に関する部分と

全体の比較よりも，幼児にはやさしいと予測した。この仮説を検証するために，5歳児と6歳児の類包含性の成績を2種類の類包含課題を使うことで比べた。第1のバージョンは，ピアジェの類語を使った標準類包含課題である。これは部分と部分を子どもに比較させる傾向としてはたらくことが予測された。第2のバージョンは，自然言語に見られる集合語を使った類包含課題である。これは，部分と全体の比較を促すと予測される。

　実験の集合バージョンに参加した子どもに，4つの違った集合について質問した。つまり，一房のブドウ，1クラスの子ども，一山の積み木，1家族のカエルである。たとえば，実験者は同じブドウを子どもに見せて，次のように言う。

　　　ここに一房のブドウがあります。緑のブドウと紫のブドウを，束にまとめたものです。緑のブドウを食べた人と，このブドウの束を食べた人のどちらがたくさんブドウを食べたでしょう？

　実験の標準バージョンに参加した子どもには，同じ刺激（たとえば，ブドウ，子どもなど）を与えて，次のように言う。

　　　ここにブドウがあります。緑のブドウもあれば，紫のブドウもあります。緑のブドウを食べた人とブドウを食べた人のどちらがたくさん食べたでしょう？

　この実験の結果，集合語を使った類包含課題の方（正答率70％）が，類語を使った場合よりも（正答率45％），有意に子どもの成績が高かった。マークマンとセイバートは，この結果は，集合の方が全体として概念化されやすく，集合の心理的凝集性が類の凝集性よりも高いことを示していると主張した。

　マークマンとセイバートの研究を，フーソンら（Fuson et al., 1988）が5歳児と6歳児を対象にして追試している。ホッジズとフレンチはもっと年齢の低い子ども（3歳児と4歳児）を対象に研究を行った。フーソンらの研究ではさらに，子どもに自分の回答の根拠を示させている。たとえば，子どもに10個の青の積み木と5個の赤い積み木を比較させて，「たくさんのおもちゃで遊んでいたのは青の積み木を持っていた子かな？　積み木を一山持っていた子か

な?」のような集合語を使った質問に正しく回答したら，実験者は「どうしてそう思うの？」と子どもに尋ねた。約40％の子どもが，埋め込み集合の和構造について，適切な理由を述べることができた。この中には，「ぜんぶの方が多い」や「だって，ぜんぶ一緒の方がひとつよりも多い」や「男の子と女の子は男の子よりも多い」（1クラスの男子と女子の数についての問題の場合）などがあった。

　またフーソンらは，集合語を使った経験が，類語を使った古典的なピアジェ派の類包含課題に転移することを発見した。一山の積み木について質問した後で，子どもに「たくさんのおもちゃで遊んでいたのは，青い積み木を持っていた人かな？　それとも積み木を持っていた人かな？」と質問をすると，この集合語条件の子どもたちの方が，最初に類語で質問を受けた統制群の子どもたちよりも，質問に正しく答える傾向があった。子どもの理由づけから，これが刺激材料を集合語で考え続けたからであることが示唆された（たとえば，「一山の方が，おもちゃが多いよ」）。最後に，5歳児と6歳児が，ピアジェ派の類語課題の質問の中に「全部」ということばを挿入すれば，集合語の課題のときと同様に類語課題のときも成功できることがわかった。たとえば，「たくさんのブドウを食べたのは，ブドウを全部食べた人かな？　それとも緑のブドウを食べた人かな？」と尋ねると，子どもたちは，ブドウを全部食べた人の方が，ブドウをたくさん食べたと正しく答えることができた。集合語と「全部」のような「ひとまとめにする」表現によって，子どもは，別々のモノではなくただひとつのラベルをもつ和集合として表象することができたとフーソンらは論じた。自然言語も，類包含性の問いの曖昧さをなくすのに一役買っていた。この研究から，類包含性の論理的概念が，遅くとも5歳までには現れることが示唆される。

　だが，ディーン，シャボー，ブリッジズ（Dean et al., 1981）は，集合語が類包含課題の成績を促進するのは，ただ集合語が大きな数を意味するからにすぎないと主張した。ディーンらの指摘によれば，子どもが集合名詞を「多い」の類語として解釈するなら，類包含課題の成績が高くなるのは，集合語が単純にモノの大きな数を表すからである。集合語がある一つの和集合としてモノを表象するのを助けるからではない。この仮説を検証するために，ディーンらは5歳児と6歳児に，集合語が全体ではなく部分を表すようにした部分-全体問題をさせた。たとえば，ディーンらは，次のように聞いた。

ここにアヒルがいます。黄色のアヒルと茶色のアヒルです。さて，黄色のアヒルは家族です。でも茶色のアヒルは家族ではありません。黄色のアヒルの家族の方が数が多いかな？　それともアヒルの方が多いかな？

子どもに示された画面では黄色いアヒルよりも茶色の方が多かったので，一般的な類包含エラーは，「アヒルよりも茶色のアヒルの方が多い」と言うことである。だが，茶色のアヒルよりも黄色のアヒルの方が少ないことが見えるのだから，茶色のアヒルよりも黄色のアヒルを選ぶ傾向が見つかれば，それは集合語のもつ「大きな数」という意味が影響したと考えられる。実験の結果は，彼らの仮説をある程度支持した。類包含課題の「類語」バージョン（「アヒルの方が数が多いかな？　それとも黄色のアヒルの方が多いかな？」）で実験をした子どもは，誰も黄色の方が多いとは言わなかった。だが，類包含課題の「集合語」バージョンの参加者の中には，黄色のアヒルの方が多いという子どもが多少とも見られた（25％）。「軍隊」という集合語を使った似たような問題では，この誤反応をする子どもが45％にまで増えた（「ここにアリがいます。赤いアリと茶色のアリがいます。赤いアリは軍隊です。でも茶色のアリは軍隊ではありません。赤いアリの軍隊の方が多いかな？　それともアリの方が多いと思うかな？」）。

だが，ディーンらの知見にもかかわらず，集合語が「大きな数」を意味することが，集合語手続きで子どもが成功する唯一の理由ではありえない。マークマンとセイバートの，集合語を使うことによって子どもが，全体をより凝集的に構造的体制化できるとする解釈を支持する証拠が，ゴスワミ，ポーエンとウィルケニング（Goswami et al., 1996）によって得られている。彼らは構造的体制化が，類包含性推論を促進する可能性に興味をもった。それが家族モデルのような和集合と，埋め込み集合である自然モデルとのアナロジーを使用するのを，子どもに促すからである。ゴスワミらは，家族の構造的体制化は，包含集合の大変身近な例なので（Halford, 1993を参照），「家族」という集合語がとくに幼児の類包含推論に役立つと述べた。大半の幼児は，家族が親と子どもからなることを知っている。したがって家族の和集合は，大人と子どもという，2つの自然な埋め込み集合をもっている。この埋め込み集合は，またそれ自体が

自然言語のラベルをもつ（「親」，「子ども」）。ゴスワミらは，家族構造が推論を促進するのに有効なアナロジーをもたらしうるかを，積み木の山と風船の束を使った，もっと伝統的な類包含課題で研究した。

ゴスワミらの研究に参加した子ども（4～5歳）は，事前テストとして行われた伝統的なピアジェの類包含課題には，全員失敗した（「赤い花の方が多いかな？　それとも花の方が多いかな？」）。次に実験者はおもちゃの家族を子どもたちに見せた。これはたとえばおもちゃのネズミの家族（2匹の大きなネズミは親で，3匹の小さなネズミは子ども）であったり，あるいは，ヨーヨーの家族（2つの大きなヨーヨーは親で，3つの小さなヨーヨーは子ども）であった。子どもに課せられた課題は，おもちゃの動物の山（ふわふわしたおもちゃのクマ，テントウムシ，アヒル，ワニなど）や他のおもちゃの山（おもちゃの車，おもちゃのこま，ボールとヘリコプター）の中から，似た家族（親が2，子どもが3）を作り出すことであった。子どもがネズミとヨーヨーの家族のアナロジーで（親が2，子どもが3），正確に4つの家族を作り上げた後，実験者は4つの類包含課題を与えた。これは，おもちゃのカエル，ヒツジ，積み木，風船に関する問題であった。この類包含課題を，集合語（「グループ」，「群」，「山」，「束」）を使って説明した。統制群の子どもは，同じ類包含課題を集合語で説明を受けたが，家族を作り出す学習をしたアナロジー訓練は受けなかった。ゴスワミらは，「家族を作る」条件の子どもが，カエル，ヒツジ，積み木，風船の類包含課題を，統制条件の子どもよりも多く解くだろうと予測した。これは前者が家族構造のアナロジーを使えるからである。

実験の結果，家族を作る条件の子どもの50％が，新しい類包含課題のうち少なくとも3問を解くことができた。一方，統制条件の子どもで3問以上解くことができたのは20％にとどまった。すべての子どもがピアジェ派の類包含課題に失敗していたことと，統制群の子どもが集合語による説明を受けていたことを思い出してほしい。この促進効果は，本章で紹介したような，家族関係や体制化構造にアクセスすることが，子どもの推論課題の成績を上昇させるという他の知見ともうまく適合する。たとえば，演繹的推論でハリスとヌニェス（1996）やライトら（1989）の研究では，適切な許可シェマによって，子どもは4枚カード問題(訳注2)に正答しやすくなった。

なじみのある関係構造あるいは体制化構造が，論理推論の発達において重要な役割を果たすという考えは，すでにハルフォード（1993）が，認知発達に関

する処理容量によって活力が左右されるような「構造写像」理論で提唱している（第6章を参照）。ハルフォードの構造写像理論によれば，なじみのある心的構造からのアナロジーが，さまざまな論理推論問題，とくにピアジェが具体的操作を必要とするとした問題の解決の基礎になる。次に，ハルフォードの認知発達に関する「新ピアジェ派」理論について，詳細に検討しよう。

ハルフォードの論理発達への構造写像理論

　ハルフォードの論理発達に関する構造写像理論（Halford, 1993）は，ある種の論理的推論（アナロジーによる推論，演繹的推論，条件推論）はかなり早い時期から発達するのに，別の種類の推論（ピアジェの論理的操作など）はなぜ後になって現れるのかを説明するのに役立つ。ハルフォードの理論によれば，類包含性や推移律推論のような論理的能力は，現実世界の関係構造から適切なアナロジー対応づけをすることに依存している。だが，単純なアナロジーによる推論は発達初期に現れるが，処理能力に限界があり，5歳未満の子どもはより複雑な関係対応づけをすることができない。類包含性や推移律推論のような論理能力は，より複雑な関係対応づけを必要とするので，十分な処理能力が発達して，必要な対応づけを行えるようになってから，能力が発達する。発達と共に変化するのは，子どもができるアナロジーの複雑さなのである。

　たとえば，身の周りの世界について，身近にある高さ関係についての心的表象からアナロジーをすることができる。たとえば，「お父さん＞お母さん＞赤ちゃん」のような関係を使って，次のような推移律推論の問題に対応づけをすることができる。「トムはビルより幸せです。ビルはマイクよりも幸せです。誰が一番幸せかな？」正しい解決のためには，トムをお父さんに当てはめ，ビルをお母さんに当てはめ，マイクを赤ちゃんに当てはめることになる。そして，お父さんが一番背が高いのだから，この推移律推論の問題の答えは，「トムが一番幸せだ」でなければならない。こうした関係の対応づけは，複雑である。というのは，それが関係の順序対に依存するからである。正しい対応づけは「お父さん＞お母さん」という関係をトムはビル「よりも幸せです」という関係に対応づけして，「お母さん＞赤ちゃん」という関係をビルはマイク「よりも幸せです」という関係に対応づけすることだからである。空間関係にもとづく同

順序性の心的表象　　空間の位置
　　　　　　　　　　　　上

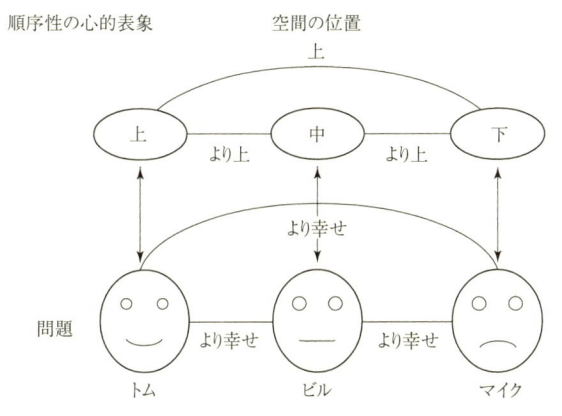

図7.9 空間位置の心的表象から推移律推論へのアナロジーによる写像（Halford, 1993）。

じような対応づけの例を，図7.9に示した（上・中・下）。

　ハルフォードは，関係の順序対にもとづく対応づけが可能になるのは，4歳半から5歳にかけてだと述べている。この年齢より前では，子どものアナロジーはもっと限定されている。それは，この時期のアナロジーが単一の関係にもとづく対応づけによるからである（たとえば，チョコレート：溶けたチョコレート::雪だるま：溶けた雪だるま。Goswami & Brown, 1989を参照）。ハルフォードは，関係の順序対にもとづくアナロジー対応づけが，膨大な心的処理容量を必要とすることや，このような対応づけに必要な処理容量は5歳頃までは現れないと主張した。この処理容量の限界仮説は，ピアジェ課題が，5歳前後まで解けないことを意味している。

　すでに見てきたように，ハルフォードは，処理容量の増大が認知発達の基礎エンジンであると主張する唯一の「新ピアジェ派」の理論家ではない（第6章を参照）。彼はまた，ピアジェの論理操作の出現の基底には処理容量の増大があると論じた唯一の「新ピアジェ派」の理論家でもない。ケース（Case, 1985）もパスカル-レオン（Pascual-Leone, 1987）も，これと近い見解を述べている。ハルフォードはまた，処理容量の増大と幼児が心的に扱える情報の相対的複雑さの増大とを結びつけた唯一の研究者というわけでもない（Pascual-Leone, 1987を参照）。しかし，彼はその理論を論理的推論におけるアナロジーの使用と結びつけたのであり，そこにユニークさがある。

第7章　子ども期の論理的推論

アナロジー研究の論文から得られた証拠の中には，ハルフォードのアプローチが子どもの認知発達を説明するのにきわめて有効なことを示すものがある。すでに，ポーエンの力テーブル課題（第4章）のような，さまざまな論理的推論課題で，アナロジーが自発的に使用されるのを見てきた。子どもが概念を発達させるなかでアナロジーを使うことも見てきた。たとえば，「擬人化」を使ったアナロジーが，生物学の領域の学習を支えている（第3章を参照）。類包含性のようなピアジェタイプの推論課題でも，子どもは現実世界のなじみのある構造関係に関する心的表象を使って，アナロジーできるという証拠がある（Goswami et al., 1996）。しかし，本書を執筆している時点では，このような証拠はまだまだ足りない。ピアジェの論理的操作に関するハルフォードの理論の正否を決めるのに，アナロジーによる推論の発達に関する研究が，少なすぎるのである。だがハルフォードの理論は，アナロジーによる推論のアイディアを認知発達の基礎メカニズムにまで可能性豊かに拡張したという意味で，とてもおもしろいのである。

まとめ

本章の前半で検討した研究は，発達初期の論理推論のモードに関わっている。論理推論の発達初期のモード，すなわちアナロジーによる推論や演繹的推論は，たとえば，概念発達や因果推論の発達の章で見てきたように，認知発達の多くの分野の研究で見られるものである。さらにアナロジーによる推論，三段論法，4枚カード問題での演繹的推論によって，幼児期から成人期への連続性がはっきりと示された。推論を成功させるには，同じ要因が，子どもでも大人でもはたらいているし，実験手続きはいろいろでも，それがなじみのない場合には，子どもでも大人でも，その自発的な遂行のレベルに大差はないのである。これは，第5章で紹介した証拠と一致する。第5章では，同じような効果が記憶にもあることが示された。幼児期から成人期にかけて，ある種の記憶（たとえば潜在記憶）には著しい連続性があり，記憶システムに対してなじみのない刺激や実験手続きを使えば，子どもにも大人にも非常に似かよった影響を与えるのである。これは，おそらく一般的な認知現象なのであろう。推論や記憶の「純粋な」測度をデザインしようとするなら，つまり，それが必要とされる文脈と

は独立に，推論や記憶のプロセスを測定するなら，子どもでも大人でも，一般に成績は下がってしまうのである。論理推論の発達初期のモードに関する研究の重要な面は，なじみのある，つまり「児童中心主義」的な実験課題が，見慣れた文脈で使われていることである。

しかし，ピアジェによって見いだされた，論理推論の発達後期のモードの研究の多くについてはこれは当てはまらない。具体的操作推論の研究は，ピアジェが開発した研究方法に固執する傾向があった。つまり，推論の具体的操作モードの研究の大半が，幼児にはほとんどなじみのない問題文脈に依存している。こうした論理操作に関する「実用的推論スキーマ」や「メンタルモデル」は日常の中に存在するが(その一例は，推移律の具体例としての社会階層であろう)，こういう日常にあるモデルは，最近の研究ではほとんど無視される傾向にある。アナロジーによる推論や演繹的推論とは対照的に，ピアジェが見いだした論理推論の発達後期のモードは，実験室の外では観察しにくい。

だが，論理的推論の具体的操作モードは，ピアジェがいう6～7歳より前に利用可能なことを，かなりの研究が明らかにしている。たとえば，子どもに，色のついた積み木のペアを目の前にしながら，推移律推論を使って色が系列的に並んだ塔を作るよう指示しても，4，5歳の子どもでもこの課題をこなすことができる。保存課題で「いたずらテディ」がコインの列を並べ替えても，4，5歳児なら数の保存を理解できる。子どもが類包含課題のために家族のアナロジーを学習しているなら，4，5歳児でも類包含課題に正答することができる。ピアジェ派にとって重要なのは，こうした成功例が，就学前児が年長児と同じ論理形式を使っているのか，あるいは，具体的操作課題で検証された論理を変えるような別の課題要因によって，うまくいっているかのように見えるだけなのかということである。たとえば，「いたずらテディ」で成功する子どもは，いたずら好きなテディがくずしてしまったコインの列の知覚的な特徴をよく見ていないかもしれない。つまり，コインの列の知覚的な特徴の変化は，保存「ゲーム」の主目的にとって偶然的なものだとみなしているかもしれない。何がピアジェ理論の「本当の検証」を構成するかという問題は，次の第8章で論じよう。

論理的思考の発達についてのピアジェ理論 8

　子ども時代の論理的思考の発達に関するピアジェの理論は，独創的で大きな影響力を与えてきた。彼は，誕生から思春期にわたる子どもの発達についての包括的な理論を初めて提案した発達心理学者であった。また，子どもの認知を理解するうえで核心をなすトピックスの多くは，ピアジェが最初に研究したのである。このことは，乳児の認知，因果推論，カテゴリ化，論理的思考といった，本書に含まれるほとんどのトピックスについて当てはまる。この章では，ピアジェの理論の主要な側面について概観しよう（さらに詳細な議論については，多数の文献がある。いくつかをあげれば，たとえば，Beilin & Pufall, 1992；Butterworth & Harris, 1994；Chapman, 1988；Gallagher & Reid, 1981；Inhelder, de Caprona & Cornu-Wells, 1987）。次に，本書で示した子どもの認知についての最近の証拠から，この理論の重要な側面について評価することにしよう。

理論の概要

認知的変化のメカニズム

　ピアジェは，もともとは生物学者であった。こうした背景から，彼は有機体がその環境に順応するという考えを子どもの思考の研究に適用したのである。ピアジェの基本的な関心は，知識の起源にあった。それは，生物学者が生命の起源に関心をもつのと同じことである。彼は，認知発達が2つのプロセスによ

Jean Piaget, circa 1978. From J.J. Ducret (1990) *Jean Piaget : Biographie et Parcours Intellectual*, published by Editions Dalachaux et Niestlé, Lauanne.

って引き起こされると提案している。調節と同化である。調節とは，世界を見るための認知的シェマ［英語読みではスキーマ］（一般的な概念）を現実に順応させるプロセスのことである。同化とは，今ある認知的シェマから，経験（一般的な概念の個々の実例）を解釈する相補的なプロセスのことである。有機体の目的は，認知的な均衡をもたらすことである。しかし，どのような認知的均衡も完全ではない。したがって，今あるすべての均衡は，より高度な形式の均衡，すなわち，より適切な形式の知へと発展しなければならない。この発展のプロセスが，認知発達をもたらす。ある認知的シェマが世界を理解するのに不適切なものになると，他の認知的シェマに置き換えられるのである。

認知発達の段階

乳児期から思春期に移行する間に，そのときどきの認知的シェマが3回，大

がかりに点検整備されると考えられている。ピアジェは，論理的思考の発達には認知面で，3つの主要な段階があると提案しており，これは，知識や思考システムについての，連続する3つの形式に対応している。これら各々の段階ごとに，子どもは，違ったやり方で考えたり推論したりすると仮定されている。その段階とそれが生じるおおよその年齢は，次のとおりである。

1　感覚‐運動期：0〜2歳
2　具体的操作期：7〜11歳
3　形式的操作期：11〜12歳以降

2歳から7歳の期間は，前操作期，すなわち具体的操作の思考(訳注1)のための準備期である。感覚‐運動的な認知は，行為にもとづいている。つまり，世界との身体的なやりとりに依拠している。この行為にもとづいた知識は，次第に表象にもとづいた知識，あるいは象徴的な知識へと体制化される。そして，前操作的な思考は，行為が象徴的な次元へと内化(訳注2)され始めたことを示すのである。表象あるいは象徴は，思考の第2のシステムである具体的操作の推論の基盤である。そして表象は，長い時間をかけて，論理的群性体(訳注3)や，推移律のような操作にしたがって体制化されていく。体制化が達成されると，具体的操作期(訳注4)に至る。具体的操作の認知では，内化された行為の結果（合

訳注1　ピアジェ理論における「操作」とは，目の前の対象にはたらきかける感覚‐運動的な活動を起源とするが，実際に対象を操作する外的活動を意味しない。そうした外的活動が可逆性（たとえば，1つの粘土の玉を分割して2つの玉にしても，その2つを合わせればもとの玉に戻る）という特徴をもち，同時に活動どうしが関連づけられていき，心の中で行われるようになった状態を指す。前操作期の子どもの内的活動（思考）は，まだばらばらな状態ではたらくにすぎないため，操作に至っていないと考えられる。(具体的操作については後述。)
訳注2　ここでは，外界の対象に対する感覚-運動的な活動が，心の中で行われるようになること。
訳注3　ピアジェは，論理的思考のはたらきの基礎となる内的操作どうしの関連性を，論理・数学的な図式で表現している。これは「論理モデル」と呼ばれる。ピアジェは，具体的操作の思考構造を特徴づける論理モデルとして「群性体」を用いている。群性体は，次の5つの特徴をもつ。(1) 合成性（$A+A'=B$），(2) 可逆性（$B-A'=A$），(3) 結合性（$(A+B)+C=A+(B+C)$），(4) 同一性（$A+(-A)=0$），(5) 恒真性（$A+A=A$，ただし，数の操作の場合は反復性（$1+1=2$））。
訳注4　操作的思考が始まるのは，内的活動が一貫性のある秩序だった体系の中ではたらくようになる6, 7歳ごろからである。その前半が具体的操作期であるが，まだその思考を適用できるのが具体的対象に限られている。

成性と呼ばれる）は可逆的になる(訳注5)。これは心的操作［心の中で行う操作］のはじまりを示している。最後に，形式的操作の認知(訳注6)では，特定の具体的操作が互いに結びつけられる。これは科学的思考のはじまりを示している。

　それぞれの認知的段階に到達するには，子どもの側に認知面での基本的な再構造化が必要になると考えられる。しかしピアジェは，新たな思考方法の獲得が，すべての思考領域で必ずしも同時に起こるわけではないと考えていた（Chapman, 1988 を参照）。彼は，段階の時期はかなり変わりうるものであり，そのような変化はどの段階においても起こるだろうと論じている。たとえば彼は，類包含［集合 A と集合 A' を合わせると集合 B になる（A+A'=B）という関係］や系列化［たとえば，長さの違う数本の棒を長さの順に並べること。棒 B は棒 C よりも長いが棒 A よりは短いという相対関係の理解が前提］という具体的操作は，発達上若干異なる道筋をたどるだろうと述べている。前者は，言語発達に関係しており，後者は，知覚発達に関係している。この見解によれば，個々の具体的操作は，必ずしも発達の同じ時点で現れるわけではないであろう。したがって，ピアジェがそれぞれの認知段階に与えた到達年齢は，おおよそのものにすぎない。

感覚‐運動段階

　認知発達に関するピアジェの理論の基本的な概念は，思考は行為から発達するということである。彼の見解では，「行為の論理」が思考の論理に先立って，またそれに加えて，存在する。感覚‐運動的な行為による関係づけや類（classes）についての実用的な論理は，具体的操作段階で現れる関係づけや類についての表象的な論理の前兆なのである。ピアジェは，赤ん坊は環境とやりとりする手段を数多く備えて生まれると指摘している。赤ん坊の感覚システムが誕生時に

訳注5　たとえば，子どもは，複数の種類の花からなる花束について，「チューリップ（A）とチューリップ以外の種類の花（A'）を足し合わせたらその花束（B）になる」という合成性の原理（A+A'=B）がわかるようになると，「花束からチューリップ以外の花を取り去るとチューリップだけになる（B-A'=A）」という可逆的な操作ができるようになる。

訳注6　形式的操作期の子どもは，具体的対象から離れて，言語的命題だけを用いて仮説演繹的思考ができるようになる。

機能していることは，第1章で見たとおりである。赤ん坊はまた，吸う，握るといった，多くの運動反応をする準備ができている。ピアジェは，次のように論じている。すなわち，赤ん坊は，誕生時にはほとんど何も知らないけれども，こうした反射行動ができる。これは，彼らが世界について何でも知ることができる潜在的な力を備えて生まれることを意味するのである。この基本的な反応のおかげで，乳児は，世界についての知識を獲得し，世界に関する仮説を形成することができる。赤ん坊は，日常世界の中での感覚‐運動的な経験から仮説を引き出し，それに照らし合わせて，知覚的な情報を盛んに解釈したり再解釈したりしているとピアジェは捉えている。

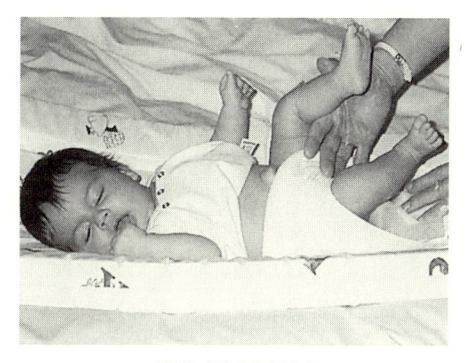

TRIP / H. ROGERS

感覚‐運動的な認知の6段階

　ピアジェは，感覚‐運動段階において発達に関する6つの下位段階を見いだしている。第1段階は，反射行動の修整である。たとえば赤ん坊は，母親の乳首の外形に合うように吸う反射を修整するよう学ぶことができる（調節(訳注7)）。同時に赤ん坊は，吸う反応をさまざまなモノへと同化し(訳注8)，飢えを満たすモノとそうでないモノとを次第に区別できるようになる。第2段階は，第1次循環反応と呼ばれる。循環反応とは，繰り返し行動のことである。赤ん坊は，繰り返す行動を楽しんでいるように見えるが，ピアジェは，この繰り返しが認知的価値をもつと述べた。最初の繰り返し行動は自分自身に関わるものなので，ピアジェは，これを「第1次」と名づけたのである。第1次循環反応の中には，

訳注7　自分が持っているシェマ（この場合は「吸い方」）を現実に合うように修整する。
訳注8　自分が持っているシェマを出会った事物にあてはめる。

感覚的な経験の再現（re-creation）がある。指しゃぶりは，そのよい例である。
　第3段階は，第2次循環反応と呼ばれる。第2の繰り返し行動は，外界に関わる。たとえば赤ん坊は，モノを落とすような外界の興味深い出来事を再現したがる。その場合の循環反応とは，飽きることなく繰り返しモノを落とすことである。それはまた，赤ん坊の養育者にも繰り返し行動を求めるような行動である。養育者は，繰り返しそれを拾い上げなければならない！　第4段階は，循環反応の協応と呼ばれる。この時点で赤ん坊は，目的に到達するために一連の行動を協応(訳注9)することができるようになる。ピアジェは，この目的志向的な行動を「手段‐目的」行動と呼んだ。たとえば赤ん坊は，毛布を引っ張って，毛布の端にある欲しいおもちゃを自分の手の届く範囲に動かすことができる。
　第5段階は，第3次循環反応と呼ばれる。この段階までに，外界にある出来事を再現する能力は，さらに洗練されてくる。第5段階の乳児は，ある行為の結果を確定するためにさまざまに試行錯誤して探索をする。たとえば赤ん坊は，いろいろなやり方で繰り返しモノを落として，モノがたどるさまざまな軌道を調べるかもしれない。今やその興味の焦点は，（第2次循環反応のときのように）落とすという行為の繰り返しではなく，これらの軌道のバリエーションなのである。この行為は，仮説検証的な行動とみなすことができる。ピアジェは，第3次循環反応によって，この行動に関わるモノどうしの空間的，因果的な関係の発見に導かれると論じている。
　感覚‐運動的な認知の最後の段階は，シェマの内化と呼ばれる。この時点で赤ん坊は，行為の結果を予測することができるようになる。したがって，自分で行為をする前に，望ましい目的に到達するのに必要な行為の流れがわかるようになるのである。このような期待は，試行錯誤的な探索を必要とすることなく，行為と結果を心の中で組み合わせることによって生じる。したがってシェマの内化とは，行為と結果の認知的表象をもつことである。これらの表象は，直接の行為から離れ，直接的な知覚から解放される。すなわち，これらは，完全に象徴的なものなのである。ピアジェによれば，感覚‐運動的な認知の第6段階は，概念的思考のはじまりを示している。

訳注9　たとえば，対象の動きを目で追ってその方向に手を伸ばすように，感覚器官や運動器官の連携をとること。

異なる領域における感覚 - 運動的な認知

ピアジェは，空間関係，時間，因果性，モノの永続性の概念のように領域が異なれば，感覚 - 運動によって異なる発達段階が観察されうるということを示した。このうち2つの例だけを検討することにしよう。モノ概念の発達と因果性理解の発達である。

【モノの永続性】

モノの概念すなわち「モノの永続性」の概念の発達とは，モノは視界から隠されても存在し続けるということを理解することである。ピアジェは，赤ん坊の探索行動の発達を研究して，発生しつつあるモノの永続性の概念を測定した。彼は，次のようなことに気づいた。たとえば，おもちゃをクッションの下に隠したときに，彼の子どもは，次第にそれを探すのがうまくなっていき，隠されたモノを見つける能力が段階的に発達していった。ピアジェが自分の子どもで立証した探索の段階は，今までに全世界の国々の研究者が繰り返し追試検証している。探索段階が順序性をもって出現することについて，ピアジェが正しいことは確かである。

モノの永続性に関する最初の2段階は0〜4ヵ月のあいだに生じる。これらの段階にある乳児は，探索行動をまったく示さない。ピアジェは，モノが乳児自身の行為から分化していないと論じている。乳児は，モノが目の前から消えたことを単に見とどけるだけである。つまり，モノが見えなくなるまでにしていた「調節的な運動」(accomodatory movements)［対象を追って頭を動かしたりしながらそれを注視すること］を続けるのである。たとえば，乳児がモノの軌道を目で追っているとすれば，たとえそれが消えてしまっても，それを最後に見た方向を見続けるだろう。

モノの永続性の第3段階では，乳児は，部分的に隠されたモノを探し始める。この行動から，モノは持続する存在であるということを認識し始めたことがわかる。たとえば，お気に入りのおもちゃがクッションの下に部分的に見えるように置いてあれば，乳児は，探してみて，それを取り戻すだろう。しかし，そのおもちゃが完全に視界から隠れていれば，見つけ出そうとはしない。この行

動は，およそ6ヵ月まで続く。

　モノの永続性の第4段階では，乳児は，完全に隠れたモノを探すことができるようになる。たとえば，たとえおもちゃがクッションの下に完全に隠されたとしても，乳児は，探し続けてそれを見つける。しかし，この見つけるという行為は，まだ空間上の位置と結びついていると考えられる。乳児は，うれしそうに繰り返し同じ隠し場所からおもちゃを見つけるが，これが唯一の探し場所なのである。そのおもちゃを乳児の見ている前で別のクッションの下に隠したときでさえ，乳児は最初のクッションの下でおもちゃを探すだろう。この信じられない行動は，「A-not-B」エラーと呼ばれる。第2章で見たように，これは8ヵ月から12ヵ月に生じる。乳児はモノが最初の場所Aと結びついており，そこに見に行きさえすればそれが再現されると信じているのだとピアジェは述べている。

　モノの永続性の第5段階は，A-not-B エラーが消えるのが特徴である。乳児は，モノが新たな隠し場所に移されるのを見ることができれば，隠し場所がどこであっても見つけることができる。AからBに変えられてもできるのである。これは，「目に見える置き換え」に対処できるようになりつつあることを示す。つまり，モノそれ自体と，それが他のモノとのあいだにもっている関係を認識し始めているのである。探索の第5段階は，およそ12〜15ヵ月あたりである。しかし，「目に見えない置き換え」，すなわち，隠す行為を乳児が観察せずにモノが新しい隠し場所に移される条件では，探索は依然として難しい。乳児が目に見えない置き換えを解決し，隠し場所がどこであってもモノを見つけることができるようになって初めて，モノの永続性が完全に達成される（第6段階）と考えられる。モノの永続性の第6段階に到達した乳児は，モノの隠し場所が置き換えられるのを見なくても，モノを見つけ出すまで系統立てて探索する。これは，モノの移動を観察しなかった場合にも物の場所を表象できるということを示している。このようなモノの永続性の完全な理解は，15ヵ月から18ヵ月のあいだに現れ，モノの認知的表象が形成されたことを示している。

【因果性】

　ピアジェの観察によれば，因果性の理解もまた，感覚‐運動的な認知の6段階を通して得られる。最初の2段階である反射行動の修整と第1次循環反応では，乳児は，原因と結果それ自体を理解していない。因果性の発達は，純粋に

実用的なレベルで生じる。したがって，指しゃぶりのような行動は，原因と結果についての何らかの理解（「自分の指をしゃぶれば，気持ちがよくなるだろう」）を示すように見えるかもしれないが，原因と結果が実際に区別されていることを示唆する根拠はないとピアジェは論じている。指しゃぶりの感覚は，指しゃぶりの行為それ自体と，必ずしも区別されていないのである。

原因がその結果とは異なることがわかり始めるのは，第3段階（第2次循環反応）の期間であると考えられている。たとえば，落とすという行為を再現するために繰り返しモノを落とす乳児は，モノが原因となる行為と違うことに，何らかのレベルでは気づいているに違いない。しかし，このことは，乳児が落とす行為とその結果との因果関係に気づいていることを意味するわけではない。ピアジェは，発達のこの時点では，乳児は，因果関係に気づいてはいないと主張している。乳児は，因果的な状況に関係する時間的な系列（行為が結果に先行するという順序）を曖昧には理解している。しかし，落とす行為によって，モノが観察されたような軌道をたどるように仕向ける方法は理解していない。

ピアジェは，第4段階（循環反応の協応）でさえ，乳児は因果関係を本当には理解していないと論じている。そのかわり彼は，第4段階の乳児は，モノは自分で動けると信じているのであり，それと同時に，モノの振る舞いが乳児自身の行為に依拠していると信じているというのである。ピアジェは，乳児のモノに対する感覚-運動的な行動から，こうした信念があることを推測している。おそらく，その最良の例は，A-not-Bエラーである。この誤りに関するピアジェの説明を思い出してほしい。モノを場所Aで探そうとすることのみを理由に，乳児は欲しいモノが場所Aで再現されると信じているのだとしている。同時にピアジェはこうもいう。乳児は，モノを場所Aと関連づけている。また，見つけるという行為の感覚-運動的な記憶は場所Aと結びついている。この記憶は，モノを場所Bに隠した行為系列についての記憶に優先する傾向がある。モノの位置についての運動的な記憶のために，乳児は場所Aを誤って探索するのである。

ピアジェによれば，第5段階で初めて，乳児は，モノが自分自身の行為とは独立に振る舞えることを認識する。しかし，この時点（12〜15ヵ月）でさえ，乳児は依然として，モノはある程度自律的に振る舞うと信じている。乳児は，自分の行為がモノの置き換えの唯一の原因であると認識できるのだが，モノ自体の側のある種の自発的な行為も，置き換えの妥当な原因だと信じている。こ

こでも，こうした知見は，乳児の感覚 - 運動的な行動から推測されている。ピアジェの探索課題で，モノの置き換えを観察していない乳児は，モノを探さなかった（目に見えない置き換え）。一方同じ乳児が，目に見えるモノの置き換えではうまく対処することができたのである。このことは，一連の因果関係をもつ行為を再構築する能力の発達を示唆している。

　因果性の表象的な理解は，第6段階で初めて発達すると考えられている。この段階の乳児は，およそ18ヵ月である。この時点で，原因 - 結果のシェマが内化され，行為とその結果の認知的表象が可能になる。先述のように，ピアジェは，第6段階で発達する表象が完全に象徴的なものであり，即時的な行為や直接的な知覚から独立していると論じている。したがって乳児は，観察された結果の原因や，観察された原因から可能な結果を理解できるということがわかる。ピアジェは，因果性とは，「森羅万象の体制化である。それは，主体とモノの関係，モノどうしの関係などを統合した関係によってもたらされる。それらの関係は，最初は行為によって形成され，そして次には表象によって形成される」と説明している（Piaget, 1971をChapman, 1988, p. 357より引用）。したがって，因果関係についての知識は，赤ん坊が物理的世界のモノに向けて行う行為や，それらの行為を観察した結果から現れると考えられている。

近年の研究から見たピアジェの感覚 - 運動段階説の評価

【ピアジェ説を支持する証拠】
　感覚 - 運動的な認知というピアジェの考えは，多くの意味で魅力的である。赤ん坊は，自分に可能な手段を用いて世界を学び始めなければならない。その最初の手段が感覚と運動である。ピアジェは，感覚 - 運動的な反応が乳児にとって最初の情報源であり，感覚 - 運動的な行動が知識獲得で重要な役割を果たすと考えた。実際，第1章と第2章で論じた証拠のほとんどは，この見解を支持している。しかしピアジェの提案は，こうした見解をはるかに超えている。ピアジェは表象的な思考の論理のみでなく「行為の論理」も想定していた。その上，行為の論理が表象的な思考の論理に先行すると考えていた。つまり，感覚 - 運動的な反応が思考の基盤になると考えていたのである。ピアジェの理論では，感覚 - 運動的な行動が思考になる。これから見ていくように，本書でこ

れまでに論じた証拠にもとづいて，この見解を支持することは容易ではない。

　しかし，感覚‐運動的な行動が思考に変わるというピアジェの説明とうまく合致する研究もある。ピアジェの見解では，感覚‐運動的な行動は内化されることで表象になるのだが，この内化はアナロジーから生じるという。ピアジェが思い描いていたアナロジーは，「運動アナロジー」である。彼は，自分の子どもが，物理的世界で観察したある空間関係を身体を使って模倣することに気づいた。たとえば，彼の子どもは，マッチ箱の開け閉めを模倣するのに，自分の手や口を開けたり閉めたりした。ピアジェによれば，乳児は，マッチ箱のメカニズムを理解しようとして，開け閉めの筋感覚的なイメージを再生産する運動アナロジーを用いているのである。つまり心の中のイメージは，内化が進んだ結果として，筋感覚的な模倣から発達すると説明されている。

　アナロジーは，感覚‐運動シェマを新しいモノに一般化するときも重要な役割を果たすと考えられている。実際ピアジェは，ひとたび物理についての新しい概念が理解されるとアナロジーを使用する転移が速まると論じている。「引っ張る」シェマの獲得（「モノを持ってくるための手段」としてひも状のモノを用いる能力）について，ピアジェは，次のようにコメントしている（Piaget, 1952, p. 297をBrown, 1990より引用）。「新しいシェマが獲得されると，そのシェマは，最初から似た状況に適用されることに留意したい。ひもに対する行動パターンは，難なく時計の鎖に適用されるのである。したがって，それぞれの行動パターンを獲得するときには，なじみのある手段を新たな状況へと適用しているのである。」第2章で論じたように，近年の実験もピアジェの見解を支持しており，10ヵ月児が単純な関係対応づけをすることができ（Chen et al., 1995を参照），13ヵ月児がその対応づけを容易に新しいモノに転移することが示されている。

　最後に，純粋に理論的なレベルで，表象的な思考の論理のみでなく「行為の論理」も想定し，行為の論理が表象的な思考の論理に先行するというピアジェの見解が，「素朴」物理学あるいは「直観的」物理学の発達研究者が最近提案している見解と非常に似ていることを指摘できる。物理学的な概念が，最初に「直観的な」行為レベルで理解され，後になって初めて反省的あるいは表象的なレベルになる，という見解は，表象的な理解が感覚‐運動的な知識から発達するというピアジェの見解と非常によく似ている。たとえば，アンダーソンとウィルケニング（第4章を参照）は，直観物理学がモノや出来事の知覚に根ざ

していると論じている（Anderson & Wilkening, 1991を参照）。周囲の世界についての子どもの知覚は，物理システムの構造や作用を模倣するために心の中に形成されるモデル（メンタルモデル）の基盤となり，これらのメンタルモデルが，今度は物理世界についての推論に用いられるのである。第4章で論じたいくつかの実験的な証拠は，行為が表象的あるいは反省的な理解とは独立した知識の源泉となることを示している。近年の素朴物理学の概念と，ピアジェの感覚‐運動的な認知概念のあいだの類似性は明白である。

【ピアジェ説と矛盾する証拠】

しかし，他の重要な諸点においては，ピアジェの感覚‐運動概念の見解に対する反対意見が増えている。おそらく，ピアジェの理論で最も批判の多い点は，認知的表象が感覚‐運動的な認知の最終段階（第6段階）まで現れないという見方である。もしもこれが事実ならば，赤ん坊は，何らかの意味ある認知活動ができるようになるまで長いこと待たなければならないことになる。学習，記憶，推論，問題解決能力は，非常に制限されたものになるだろう。しかし，第1章と第2章で論じた証拠が示すように，学習，記憶，推論，問題解決は，いずれも6ヵ月児でも観察することができる。同様に，これらの章で論じた乳児の記憶，乳児のプロトタイプ，乳児のカテゴリ化の諸研究は，ピアジェが想定したよりもずっと早くから表象能力が存在することを示している。そのため，心の中で象徴を表象する能力がおよそ18ヵ月で初めて現れるという見解は，誤りであろう。ピアジェがモノ，行為，その結果の認知的表象（すなわち，モノの永続性の完全な理解とシェマの内化）を評価するために取り上げた行動は，表象の測度としては慎重すぎたようである。

実際，第2章で論じた新生児の模倣に関する証拠（Meltzoff & Moore, 1983）のように，これまでに論じた研究によれば，認知的表象を形成する能力は生得的なものかもしれない。また，この能力が生得的なものでないにしても，この模倣データは，模倣能力がかなり早期に現れることを示している。メルツォフは，ジェスチャーの模倣には表象能力が必要であると論じた（ただし，Anisfeld, 1991を参照のこと）。ピアジェの見解によれば，模倣は，表象に先行するのであってその逆ではなく，その結果，内化された模倣として心の中にイメージが生まれるのである。さらに彼は，舌出しのような運動行為を模倣する能力は，段階4（およそ9ヵ月）で初めて現れると論じている。メルツォフは，生後1

-3日の乳児にこの能力を見いだしている。つまりピアジェは，模倣が認知的表象のはじまりにおいて重要な役割を果たすと信じているが，メルツォフは，その反対の説を唱えている。すなわち，認知的表象が模倣のはじまりを可能にするというのである。

　少なくとも第2章で論じた諸研究を考慮するなら，因果的理解の発達についてのピアジェの見解も，悲観的すぎるように見える。本書で繰り返し見てきたように，人間の乳児は生得的に，因果関係について学習したり因果的に説明できるようになるような傾向をもって生まれるらしい。この生得的な傾向は，子どもの認知発達を説明する際に強力な役割を果たすと思われる。4ヵ月児でさえ，出来事を開始する（たとえば，Leslie & Keeble, 1987）といった基本的な因果関係を理解している。ベイヤールジョンの実験の多くは，これくらいの年齢の乳児が原因から結果を予測することができることを示している。たとえば乳児は，回転するついたてがその軌道上にある箱にぶつかることを予測する。それは，衝突それ自体が見えないところで生じる場合でも同様である。乳児は，壁の中央の部分が（ウサギの）腰の高さまで下げられたのを見ると，背の高いウサギは高い壁の後ろを通るときに姿が見えるはずだと予測する。乳児は，支えが見えず空中に浮いた箱は落ちると予測する。したがって，行為とその結果に関する認知的表象にもとづいて因果性を表象的に理解することは，18ヵ月よりもっと早くできるらしい。

　最後になるが，モノの永続性の発達に関するピアジェの主張は疑わしい。およそ18ヵ月まではモノの永続性の完全な理解が見られないという彼の仮定は，慎重すぎるようだ。またピアジェは，感覚-運動的な行動に焦点を合わせることで誤ってしまったようである。乳児は，およそ4ヵ月まではモノに向けてしっかりと手を伸ばすことができないので，探索行動の研究によってモノ概念の理解が発生しているのを測定することはできない。同様に，ガイドつきリーチングのような運動による行動の発達は，ある程度前頭皮質の発達に依拠している。今では乳児の場合，前頭皮質がまだ未成熟であることが知られている。したがって，いつどのようにして赤ん坊が探索するのかについて，観察することで概念的理解を推測するというピアジェの実験手法は，困難に満ちている。

　実際，第2章で論じたベイヤールジョンら（Baillargeon et al., 1985）が考案した「跳ね橋」の馴化実験は，モノの永続性の理解が3ヵ月の赤ん坊でも見られることを示した。ベイヤールジョン（1986）の「走行車」実験において見ら

れた脱馴化効果の証拠も同じく，この結論を支持している。ダイアモンド（Diamond, 1991）によるヒト以外の霊長類における前頭皮質の未熟さの分析も，A-not-Bエラーを別の仕方で説明するものである。すなわち，モノの存在の基礎にある変数についての認知が混乱しているのではなく，抑制の失敗が起こっているとするのである。リーザーら（Rieser et al., 1982）とマッケンジーとビゲロー（McKenzie & Bigelow, 1986）によって用いられた「ハイハイの繰り返し」手続きによるデータも，A-not-Bエラーの根底には優勢な行為を抑制できないという傾向があるというダイアモンドの見解を支持している。

したがって，モノの永続性の理解についてのピアジェの推論は，誤ったデータにもとづいているし，因果的な理解についての彼の推論も，同様の問題を抱えている。ピアジェは，第4段階の乳児が，モノは自分で動き，モノの振る舞いは乳児自身の行為に依拠していると信じていることの証拠として，A-not-Bエラーを用いた。もしA-not-Bエラーが神経の未成熟によって説明できるなら，9ヵ月児は因果的な理解に限界があるというピアジェの考えも割り引いて考えなければならない。

前操作段階と具体的操作段階

感覚-運動的な認知の第6段階以降の認知的変化を立証するために，ピアジェは具体物の性質やモノどうしの関係について，子どもの象徴理解を検討している。たとえば第7章で見たように，花などのモノの類と，その部分-全体関係についての子どもの理解を検討したり，長さや高さが異なるモノどうしの推移律について子どもの理解を検討したり，加算，減算，同値についての子どもの理解をコインの列や液体の入ったコップのような刺激を用いて検討している。彼の予測は，感覚-運動的な思考のシェマや概念が，心の領域で新たに発達するということであった。

モノの類やモノどうしの関係について表わした一連の論理的な概念は，「具体的操作」と呼ばれる。ここでもまた，これらの操作は行為を内化することによって発達すると考えられている。たとえば，具体物に対する加算と減算のような操作の内化によって，整数がもつ形式的な性質について象徴的な表象が作られる。$2+2=4$が同時に$4-2=2$を意味するというようなことである。

この操作の「可逆性」の認識は，具体的操作の認知上，重要な特性である。ピアジェ（Piajet, 1952, p. 252）は，論理的関係と数学的関係の理解が相互依存的であると論じている。「明確に定義されたさまざまな方法で諸操作を変換して（たとえば，それらを逆転して），これらの操作を同時に互いに関連づけることができるときにだけ，子どもはある操作を理解することができる。……諸操作は，常に可逆的な構造を表象しているのであり，そのような構造は，システム全体に依拠しているのである……」言い換えれば，思考を機能させる装置は，概念や判断がバラバラにあるのではなく，系列化や分類などの，特定の行為によって形成される全体にわたるシステムなのである。

前操作的な思考

ピアジェは，研究の結果，具体物の性質や関係についての完全に象徴的な理解は，2歳から7歳までのあいだに徐々に発達すると述べている。この期間に，モノやモノどうしの関係について子どもが行う問題解決（たとえば，類包含の問題，保存の問題）は，「前操作的な」思考を示す。前操作的な思考の主な特徴は，自己中心的であることだが，これは，子どもが自己の観点から，象徴的な世界を知覚したり解釈したりするという意味である。また，もうひとつの特徴は，中心化を示すことであるが，これは，子どもが状況やモノのある面に固着し，他の面を無視する傾向があるという意味である。あとひとつの特徴は，可逆性の欠如であるが，これは，子どもが象徴や表象を不可逆的な方法で用いてしまい，一連の出来事や推論段階を心の中で逆転させることができないという意味である。したがって，前操作期の子どもは前論理的であり，主観的，自己中心的に世界を捉えるのだとみなされる。

具体的操作の思考

具体的操作獲得の特徴は，自己中心性が次第に薄れること，「脱中心化」する能力すなわち状況の多様な面を同時に考慮する能力の出現，「可逆性」すなわちモノに対するある操作が同時にその逆を意味することを理解する能力の出

現である。モノを象徴的に理解する論理的な洞察が成長し，分類，系列化，保存のような具体的操作の「構造」の発達をもたらすと考えられる。ピアジェは，具体的操作の体制化にもとづいた思考システムを，数学の群性体の観点からある程度記述することができると論じている。これらの数学の群性体は，類包含（A+A'=B），推移律（A>B, B>C ならば A>C）のような具体的操作を記述できる。ピアジェによれば，子どもが発達させる論理的構造の心理学的現実性とこれらの構造の可逆性を記述するために，数学的な論理を用いることができる。しかし，前操作的な思考と具体的操作の思考に関するその後の研究のほとんどは，ピアジェが数学の群性体に焦点を合わせたことを無視してきた。そのかわりに，保存，推移律，類包含のような論理的概念がピアジェが想定したよりも早期に存在するかどうかに焦点が合わせられてきたのである。

具体的操作に関する近年の研究の評価

第7章で見たように，多くの研究者は，子どもが保存や推移律のような論理的概念を，ピアジェの理論で予測されたよりも実際にはもっと早くから用いることができることを立証してきた。たとえば，4歳児は，マガリーグルとドナルドソン（McGarrigle & Donaldson, 1975）が考案した「いたずらテディ」実験で数をうまく保存することができるし，4歳児は，ピアーズとブライアント（Pears & Bryant, 1990）が考案したタワー作り課題で推移律の推論問題を解くことができるし，5歳児は，類包含の質問をするときに類語（class）ではなく集合語（collection）を用いるなら，類包含の問題を解くことができるのである（Markman & Seibert, 1976）。これらの研究や他の多くの研究から，次のように考えられるようになってきている。すなわち，就学前の子どもは，ピアジェの課題で年長児と同様の論理形式を用いることができるが，子どもがもつ論理を調べるのに無関係なことが課題で要請されるために，この能力の立証が妨げられているというのである。しかし多くの研究者は，こうした立証がピアジェの立場の真の検証にはなっていないかもしれないと指摘している。重要な点は，これらの研究で用いられた修正版の実験が，ピアジェの標準的な課題のもつ本来の論理的要請を損なっていないかどうかである。

ピアジェ自身は，具体的操作段階の定義は，可逆性が連続的ではなく同時的

かどうかという事実から見てすべきであって，子どもが実験者の質問にうまく答えることができるという事実から見て定義すべきではないと述べている。前操作期の子どもは，連続的な可逆性の能力をもつ(訳注11)と考えられる。たとえば，あるモノを類‐タイプの関係にしたがって一つに集める（たとえば，さまざまな色の花を一つに集める）という行為を想像し，次にその違いにしたがってそれらを分別する（たとえば，さまざまな花を色によって分類する）というようなことである。しかし，具体的操作期の子どもだけが，それらの花が[「花」という] 同じ全体に属すると同時に [「赤い花」「青い花」といった] 一連の下位群にも属すると考えることができるのである。

スミス (Smith, 1982) は，近年の実験にもとづく研究がピアジェの説明のこの見方を無視してきたと論じている。ピアジェによれば，A=B－A' ならば A'=B－A という可逆性の必然性を子どもが理解したときに，初めてその子どもは類包含のような具体的操作の構造(訳注12)をもっているとみなすべきなのである。たとえば，B が花という全体的な類であり，A が赤い花という下位の類であるなら，他の色の花は，花という類から差し引かれた赤でないすべての花であり，赤以外の色のすべての花は，花という類から赤い花という下位の類をひいたものである。近年の実験にもとづく研究のほとんどは，子どもが類関係の正しさを理解しているかどうかを検討するだけである（たとえば，6本の赤い花と4本の白い花からなる花束には白い花よりも赤い花の方が多くあるということ）。それらは，この必然的な推論 (collary)，すなわち，どちらの色の花も花という類の成員だが，白い花は赤い花という類の成員ではないということを検討していないのである。

推移律について同様の議論をチャプマン (Chapman, 1988) がしている。彼は，ピアジェの推移律課題では比較すべきモノが常に段階的に提示され，同時

訳注11　この段階の子どもは，複数の次元（たとえば，「果物」という次元と，「リンゴ」「ミカン」といった果物の下位カテゴリの次元）を同時に考慮することは困難である。しかし，一度に単一の次元のみを対象とした心的活動を行い，それを次元ごとに順に繰り返すことはできる。こうした一連の心的活動の全体を通してみれば，複数の次元の間に見られる可逆性の原理に従っているといえる，という趣旨と思われる。

訳注12　論理的思考のはたらきの基礎となる内的操作のまとまりを「論理構造」と言う。ピアジェ理論の発達段階は，この論理構造に対応している。ピアジェは，論理構造は段階をひとつずつ経ながら均衡化の方向へと発達していくと考えた。萌芽的な論理構造である感覚‐運動的なシェマから，具体的操作期には，群性体の論理モデルで説明できるようなより均衡のとれた論理構造が作られる。

に知覚を用いて比較することを防いでいると指摘している。たとえば，ピアジェは，まずはじめに，棒Aは棒Bよりも長いことを子どもに示し（A＞B），次に棒Bは棒Cよりも長いことを示した（B＞C）。次に，子どもは，AとCの関係を推論するように求められた。これら2本の棒は同時には提示されない。最近の実験では，子どもは比較すべきモノをしばしば全部同時に提示される（これは，第7章で論じた推移律の研究のほとんどに当てはまる）。チャプマンは，推移律の推論のこれら2つのバージョンでは論理構造が異なると論じている。ピアジェのバージョンでは，正しい推論（心の中の論理）を引き出すために，前提となる関係を操作して合成する必要がある。推移律課題の最近のバージョンでは，モノどうしのあいだの目に見える空間内の関係にもとづいて，関数的に推論することが必要なだけである。これは，次のことを意味する。すなわち，目に見える関係の関数から正答を推論することが可能なのであって，個々の前提とされる関係を考慮しなくてもできるのである。この関数的な推論でも推移律が必要だが，ピアジェの心の中の推論という意味における推移律ではない。

　したがって，全体的に見て，具体的操作の課題(訳注13)を用いた，近年の実験にもとづく研究によって，就学前の子どもがピアジェの課題で年長の子どもと同じ論理形式を用いることができるという結論を導き出すのは，正しくないようである。なぜならば，具体的操作の構造がもつ可逆性の必然性は，年少児に与えられた実験課題では通常は検証されることがないからである。一方，これらの実験は，前操作期の子どもが類関係，推移律の関係，同値の関係の正しさを認識できるということを立証しており，これは重要であるといえる。これは，正しさを認識するために必要な論理的概念が実際にはピアジェが予測したよりも早い年齢で存在するということを示している。年少の子どもに欠けているものは，これらの関係の可逆性についての完全な理解である。ピアジェは，子どもがこれらの論理的概念を真に理解しているとみなすためには完全な可逆性が必要であると考えていた。しかし，近年の発達心理学者は，7歳に満たない子どもがその正しさを認識しているということから，このような形式の論理的思考能力を十分にもっているとみなすことができると考えるだろう。

訳注13　具体的操作が可能か検討する課題。

形式的操作による思考

　ピアジェによれば，具体的操作期以降の認知発達は，具体的操作による結果を取り上げ，それらの論理的関係についての仮説を形成する能力の出現に依拠している。この「形式的操作」による推論は，おおよそ11，12歳で可能になる。ピアジェは，このレベルの推論を「操作に対する操作」あるいは「二次的」推論として記述している。「二次的操作というこの概念はまた，形式的思考の一般的な特徴を表してもいる。すなわち，それは，経験的な現実（具体的操作）に直接依存した変換の枠組みを超えており，そうした枠組みを仮説演繹的な操作，すなわち理論上ありうる操作のシステムの下に置くものである。」(Inhelder & Piaget, 1958, p. 254) ピアジェは，形式的操作による推論の特徴を，命題的論理のような形式的なシステムをモノの分類とその関係についての初歩的な操作に対して適用する能力の観点から捉えている。

　ピアジェは，この命題的論理の基礎について，（第7章で論じた p ならば q という条件規則のような）p, q, pではない，qではないのあいだで可能な16対の関係すべてを記述する組み合わせシステムの観点から説明している。彼はまた，これらの関係に対して操作することのできる（逆換性の関係あるいは相補性の関係を見つけるというような），変換の下位システムについても説明している。この後者の分析は，INRC群（Iは関係の同一操作（identity）[もとになる操作]，Nは否定（negation）あるいは逆換操作（inverse）[もとの操作を否定する操作]，Rは相補操作（reciprocity）[もとの操作と補い合う操作]，Cは相関操作（correlation）[相補操作を否定する操作]）と呼ばれている。これらの対の組み合わせ関係とINRCの操作の存在は，形式的操作による思考の特徴と考えられている。しかし，具体的操作による思考についてと同じように，その後の研究のほとんどは，ピアジェが数学の群性体に焦点を合わせたことを無視し，そのかわりにピアジェが形式的操作の存在を立証するために用いた課題での年少児の遂行に焦点を合わせてきた。

形式的操作の課題

　形式的操作による思考は，科学的な思考である。これに関してピアジェは，形式的操作への到達によって子どもは複数の対立仮説やそれらが演繹的に意味することを表象できるようになると信じていた。実際，形式的操作の構造(訳注14)の存在を検証するために，ピアジェは多くの科学的な課題を使ってきた。たとえば，ある材質の物体が水に浮くか沈むかを決定する法則の発見，天秤ばかりが釣り合う際の重さと距離のあいだの法則の発見，振り子の振動を支配する法則の発見などである。これらの法則はすべて，組み合わせあるいは INRC 群の要素である。たとえば，天秤ばかりの振る舞いを支配する法則は，重さと距離のあいだの反比例関係である（天秤の一方の竿の重さと距離を同時に増やしたときには，他方の竿の重さを減らしても距離を増やせば釣り合う(訳注15)）。この比例の発見は，形式的操作にもとづく推論の重要な特性であると考えられている。

　ピアジェの実験で用いる手法は，子どもが科学的な課題で独立変数（たとえば，振り子課題における糸の長さや錘の重さ）を操作することができるものであった。したがって，この手法によって，子どもがそれらの変数の振る舞いを支配する正しい法則を見つけることができるかどうかを明らかにできる。たいていの子どもは，およそ11歳までは，どうしても適切な法則を発見することができない。たとえば振り子課題で，子どもは，振り子の周期がその糸の長さの

訳注14　形式的操作期の子どもは，言語的命題だけを用いて仮説演繹的思考ができるようになる。ピアジェは，この段階の抽象的，形式的な論理構造をINRC群の論理モデルで説明している。たとえば，この段階の子どもは，ある現象についての仮説「pならばqだ（$p \supset q$）」が正しいことを証明するために，この仮説の否定であり逆関係の事実「pであり，かつqでない（$p \cap \bar{q}$）」が存在しないことを検証することができる。またそのとき，「qならばpだ（$q \supset p$）」という可能性があれば，先と同様に，「pでなく，かつqである（$\bar{p} \cap q$）」という事実が存在しないことを検証することができるのである。

訳注15　釣り合っている天秤があり，その左右の竿のどちらにも，重さの等しい錘が同数ずつ，支点から同じ距離につり下げられているとする（たとえば，それぞれ錘が2個，支点からの距離が1）。ここで，左側の竿について，錘を1個加え，支点からの距離も1増やしてみる（つまり，錘が3個，支点からの距離が2）。この天秤が釣り合うように右側の竿に手を加えるためには，（反直感的だが）右側の竿の錘を1個減らし，支点からの距離を5増やすというやり方がある（つまり，錘が1個，支点からの距離が6）。

関数であることを発見するために，さまざまな長さの糸やさまざまな重さの錘を用いる必要がある．子どもは通常，錘の重さが振り子の振動を決定する重要な要因であるに違いないと信じて，その課題を始める．そして，重さだけが振り子の周期に影響を与えているわけではないと結論づけるためには，さまざまな重さで実験をする間，糸の長さを一定に保つ必要がある．11～12歳以前の子どもは，糸の長さのような他の変数を一定に保つ必要性を通常は理解していない．したがって，ピアジェの組み合わせシステムにしたがって推論することに失敗するのである（このシステムの使用は次のように表現することができる．もしpが「振動の周期の増加」で，qが「糸の長さの減少」であるならば，qはpの必要条件であり，逆もまた同様である）．ピアジェは，その2つの変数を正しく操作する子どもは，この組み合わせに気づいていることを示すだけでなく，その群における他の可能なすべての組み合わせへの気づきも示していると論じている．というのは，他の組み合わせは，当面の問題とは無関係であるとして退けられたからである．

　ピアジェは，形式的操作の推論における重要な要因として比例の発見を強調した．そのことからまた，アナロジーによる推論をその形式的操作課題(訳注16)の中に含めるようになった．彼の論理は単純である．モノどうしのあいだの可能な関係について完全に理解することは具体的操作のスキルであるから，これらの関係どうしのあいだの関係を形成することは，形式的操作のスキルに違いないというのである．アナロジー推論は，高次の推論である．「高次の」というのは，アナロジーを妥当なものにするために，そのアナロジーにおける単純な関係（「低次の関係」）をより高いレベルの関係によって結びつけなければならないからである．アナロジーはまた，比例的な推論を含んでもいる．というのは，「イタリアにとってのローマは，フランスにとってのパリと同じである」（ローマ：イタリア :: パリ：フランス）のようなアナロジーは，3：4＝15：20のような命題表現と論理的に同値だからである．

　ピアジェ，モンタンジェロとビルター（Piaget, Montangero, & Billeter, 1977）は，アナロジーの発達を測定するために，絵を対にさせる実験課題を考案している．子どもは，まぜこぜにされた1セットの絵を与えられ，そこから適切な

訳注16　形式的操作が可能か検討する課題．

対を作るように求められる。この対の形成は，類 - タイプの関係について子どもの理解を測定するものである（具体的操作の推論を求めると仮定された）。これに続いて，子どもは，その対になった絵を併せて4枚の絵で1組となるセットを作るように求められるが，この2番目の対の形成は，高次の推論あるいはアナロジー推論について，子どもの理解を測定するものである（形式的操作の推論を求めると仮定された）。たとえば，（その他の絵の中に）イヌ，羽毛，車，掃除機，イヌの毛，鳥，船の絵を与えたとすると，子どもは，まずはじめに，鳥と羽毛，イヌとイヌの毛を対にすると想定される。次に，鳥：羽毛::イヌ：イヌの毛という4枚セットを形成すると想定される。

　ピアジェらは，およそ11〜12歳になるまで，子どもがこの種のアナロジーを形成することが確実にはできなかったと報告している。5〜6歳の子ども（前操作期）は，絵画を対にするためにまったく独特な関係を用いていた。たとえば，掃除機を羽毛と一緒にするのは「羽に掃除機をかけるから」，船と一緒にするのは「船に似ているから」という具合であった。7歳児以上（具体的操作期）は，はじめの対（鳥：羽毛など）をうまく作ることができたし，試行錯誤することでアナロジーを形成することさえできた。しかし，アナロジーによる対の論理的な必然性を理解しておらず，実験者がアナロジーを壊すような対立的な示唆を与えると，それを容易に受け入れた(たとえば，目：テレビ::耳：ラジオというアナロジーで，ラジオの絵をプラグの絵に置き換えられることに同意する)。ピアジェらは，対立的な示唆によって意見を変えてしまうのは，子どもがアナロジーに含まれる関係を連続的に理解していて，高次の関係にもとづいて理解していないからだと論じている。何らかの具体的なフィードバックなしにアナロジーを形成したり，実験者が提示する対立的な示唆に抗う能力は，形式的操作期の子どもにのみ現れたのである。

形式的操作に関する近年の研究の評価

　形式的操作課題での子どもの遂行に関する証拠を第4章と第7章で見てきた。第4章では，9歳児がウィルケニングとアンダーソン（Wilkening & Anderson, 1991）が考案した天秤ばかり課題で，重さと距離を結びつける乗法的統合ルールを用いることができることを見た。吠えるイヌと逃げる動物課題を使って異

なる次元についての情報を結びつける能力を検証すると（距離を判断するために時間と速さの統合を求める），5歳児でさえ，乗法的規則を用いる能力を示した（Wilkening, 1982）。ウィルケニングは，この結果はピアジェの考えと完全に矛盾していると述べている。ピアジェは，時間はスピードと距離についての情報から引き出さなければならず，また，時間を引き出すための操作は形式的操作の推論を必要とすると考えたのである。また，第7章では，アナロジー推論に関する一連の実験について論じたが，それらはアナロジーによる推論能力が2歳児に存在することを示唆していた。3歳児は，ピアジェら（Piaget et al., 1977）が用いた種類の絵画アナロジーを完成することができたし，4歳児は多肢選択のアナロジー課題で誤りに導くような対立的な示唆を拒否することができた（Goswami & Brown, 1989, 1990）。したがって，多数の形式的操作能力が，ピアジェの理論が示唆するよりもかなり早期に存在するようである。

これに対して，複数の対立仮説や仮説が演繹的に意味することを表象する能力の発達についての研究は，思春期以前には仮説検証が困難であるというピアジェの考えを支持している。たとえば，クーン（たとえば，Kuhn, 1989）の研究は，およそ11, 12歳になるまで，子どもは，どのようにして仮説が因果的な証拠によって支持されたり否定されたりするのかをよく理解していないことを示している。年少児は，筋道を系統立てて仮説を検証することに失敗しがちで，混交した変数を統制し忘れる。また，自分の仮説を反証できる証拠を求めようとせず，データの一部しか説明しない原因を受け入れてしまう。ソーディアンら（Sodian et al., 1991——兄弟が大きいネズミと小さいネズミのどちらを自分の家で飼っているかというもの）やラフマンら（Ruffman et al., 1993——緑の食べ物と赤い食べ物のどちらが歯に悪いかというもの）が使った単純な実験では，次のようなことが示されている。すなわち，6歳児でさえ仮説検証の目的を理解しており，その仮説を確実なものとするためのテストとそうでないテストを区別することができ，どのようにして単純な共変的（covariation）情報が仮説の基礎を形成するのかということを理解しているのである。それにもかかわらず，複数の因果的な変数を含むさらに複雑な問題を解くことができるのは，年長児だけである（Kuhn et, al., 1988）。したがって，科学的な推論に関する近年の研究は，年長児のみが複数の対立仮説や仮説が演繹的に意味することを表象できるというピアジェの見解を支持している。

形式的操作能力の中には，思春期まで見られないものがある一方，3歳児に

見られるものもあるという結果をどのように解釈することができるだろうか。ひとつは，ランザー（Lunzer, 1965）のとる立場である。彼は，形式的操作についてのピアジェの実験は，2つの異なるグループに分けることができると論じている。第1のグループは，変数を実験的に操作することによって仮説を証明するよう子どもに求めるという状況からなる。つまり，それぞれの変数を変えていく一方，他の変数は一定に保って結果に注目するという操作である。この種の実験の一例は，振り子の動きについての問題である（クーンの実験も，このカテゴリに分類されるだろう）。第2のグループは，関係（通常は反比例の関係）を発見することや，物理的システムの相補性を理解することを子どもに求める実験である。そのような実験の例には，天秤ばかり課題やアナロジーによる推論が含まれる。

　ランザーの論によれば，これら2種類の実験問題のあいだにある心理学的な関係は決して明確ではない。ピアジェは，仮説検証的な実験を，（対の組み合わせ関係やINRC操作の観点から）命題的論理の直接的な適用であると解釈し，また比例や相補性の問題を，同じ命題的論理の観点から解釈して，これらの論理的な関係を立証しようとした。しかし，ランザーは，心理学的な観点からは，この結びつきを正当化するものは何もないと述べた。とくに，相補性に含まれる物理的関係（たとえば，天秤ばかりにおける重さと距離）や，アナロジーに含まれる比例関係を命題的論理の観点から表現する必要はないという。実際，彼は，具体的操作期の子どもは比例や相補性を含んだ問題を解くことができるはずであると述べたが，それは事実であるように思われる。

まとめ

　この章で簡単に概観したことからも明らかになったように，論理的思考の発達に関するピアジェの理論は，「何が発達するのか」そして「なぜ発達するのか」という伝統的な発達心理学の問いに，ある程度明確な答えを与えている。「何が発達するのか」を発見するための彼の実験手法（たとえば，A‐not‐Bの探索課題，具体物の操作を含んだ課題，天秤ばかり課題）は，巧妙であり，現在行われている研究でも依然として用いられている。発達の「なぜ」に対する彼の答えの中には，最新の理論化において，たとえば，素朴物理学の領域に

おいて，依然として影響力をもっているものもある。たとえば，感覚‐運動的な行動が認知発達の基盤であるということ，模倣とアナロジーが認知発達において重要な役割を果たしているということ，行為レベルでの理解は表象レベルあるいは反省レベルでの理解に先行しているということなどである。また，彼の答えの中には，たとえば，数学の群性体への焦点づけや，調節と同化のメカニズムへの焦点づけのように，現在の研究者がほとんど捨ててしまったものもある。それにもかかわらず，ピアジェの考えと現代の発達心理学におけるこれらの動向のあいだにかなりの一貫性があることは，注目すべきである。

　ピアジェの理論はまた，現在の理論家が子どもの認知における変化を説明するために発展させてきた説明システムともよく合致する。ピアジェの理論は，領域一般の理論でもあり，領域固有の理論でもある。ピアジェが段階的なモデルを用いるアプローチをとったため，彼の理論は明らかに領域一般的だと広く信じられているが，ピアジェ自身は，個々の段階にあたる年齢はかなり変わりうるものであり，変化は段階間だけでなく段階内でも起こるだろうと述べている。ピアジェが子どもの認知における知識の重要性について特定の用語で語らなかったことは事実である。しかし，チャプマン（Chapman, 1988）が明らかにしたように，ピアジェは，すべての領域に即座に当てはまるような一般的な段階があると信じてはいなかった。チャプマンは，ピアジェ（1960, pp. 14-15）から次の一節を引用している。

　　一般的な段階はない。ちょうど，身体の成長と同じで……骨格の年齢，歯の年齢などのあいだに密接な関係がないのと同様，さまざまな神経学的，心的，社会的領域で，発達のプロセスは混じり合っているのであって，それらは明らかに相互に関連し合っているが，その程度はさまざまであり，それがしたがう時間的リズムも多様なのである。これらのプロセスがそれぞれのレベルで，唯一の構造的全体を構成しなければならない理由は何もない。

　私たちは，次のように結論づけなければならない。論理的思考の発達に関するピアジェの理論は，依然として子どもの認知に関する現在の研究に与えるところが大きいが，ピアジェが比較的無視してきたもの，すなわち，概念についての知識の発達，記憶の発達，学習の発達と学習の転移（以上，ほんの 2，3

例だが），そして，ピアジェの時代には不可能だった認知神経科学における最近の発展は，子どもの認知に関する主題がピアジェの研究の実験にもとづいた内容をはるかに超えて広がってきたことを意味している。子どもの認知に関する研究は，今や大人の認知に関する研究ともっと緊密な連携をとっている。「何が発達するのか」そして「なぜ発達するのか」というおなじみの問いは，今や生涯にわたる認知の発達に当てはまるのである。

9 子どもの認知の「何が発達するのか」、そして「なぜそのように発達するのか」

　本書の序章で述べたように、子どもの認知の研究は伝統的に2つの主要な発達的問題、何が発達するのかという問題となぜそのように発達するのかという問題に焦点がある。これまでの議論から、「何が発達するのか」という問題にはかなり総合的に答えることができるし、「なぜ」という問題についても、少なくとも部分的な回答を示すことができる。

何が発達するのか？

　これまで、「何が発達するのか」に関して、身のまわりの世界のモノゴトについての子どもの知識や、モノゴトの関係の基本である因果や説明の構造についての知識が、生まれてすぐから猛烈な勢いで増加するということを見てきた。通常、正式な学校教育の始まる5歳までに発達する、知識の深遠さにはまことにめざましいものがある。乳幼児は、自分のまわりの世界を観察し、関わり合うことで多くの知識を獲得する。一方、子どもが日常世界を自分自身に説明しようとすることも、同じくらい重要なことである。その結果、知識は経験に照らして頻繁に再構築され修正される。この修正と再構築のプロセスを促進するのは、出来事の時間的枠組みや因果の枠組みを表象するための抽象的な知識構造（シェマとスクリプト）の発達や、入力される情報の貯蔵や組織化を促進する枠組みの発達である。第5章で述べたように、記憶の発達と他の認知プロセスの発達は密接に関連している。

　知識は、異なる「領域」、もしくは異なる範囲の知識を支えている表象に分けることができる。たとえば、物理的なモノゴトについての知識の領域や生物

TRIP / H. ROGERS

についての知識の領域，心的状態についての知識の領域などである。本書では，心的状態についての知識の領域については取り扱っていないが，第1章，第2章では，乳児が生後1年で物理的領域についての詳細で原理的な知識を獲得することが示された。第3章では，3歳までに（生物-無生物の区別から導かれる）カテゴリや種についても詳細で原理的な知識を獲得することが示された。物理的知識と後発の生物についての知識も，もちろん発達し続ける。第4章では，仮説と結果を関連づけたり，さまざまな因果の要因を統合したりする能力が発達するにつれて，幼い子どもが物理的領域について，さらに学習できるようになることが示された。第3章の終わりでは，カテゴリや種についての知識が獲得されればされるほど，生物の領域で概念の変化が起こることが示された。

　知識の発達の重要性は，「何が発達するのか」のもうひとつの重要な解釈を生じさせる。すなわち，子どもの認知能力，スキル，方略は，単独で研究することはできない，ということを意味する。第7章で述べたように，日常生活とはあまり関連のない課題によって「純粋な推論」や「純粋な記憶能力」を測定しようとする試みには，致命的な欠点がある。それらの認知スキルが通常必要とされるなじみのある状況以外で測定されると，子どもの認知能力は非常に過小評価されてしまう傾向があるのである。子どもの認知における多くの明白な変化は，実際には知識の変化である。子どもは，それらの知識を，特定のスキルを使用するための基礎として用いることができる。たとえば，なじみのある前提を用いて三段論法の推論をテストすると，たとえその前提が事実に反するものであっても（たとえば，ネコが吠える，第7章を参照），4歳児はそれらの前提を基に論理的結論を導くことができる。また，大人でも同様に文脈の影響を受ける。ほとんどの大人は，郵便局の文脈での選択課題では論理的に推論するが，抽象的な文脈では非論理的に推論する（第7章を参照）。

論理的思考の個々の原理を定義し，さらに精巧な実験によって時間の経過にともなう発達を追跡しても，「何が発達するのか」を測定しているとはいえないのは，このような文脈の効果があるからである。認知スキルそれ自体の発達よりも，むしろ知識の発達を測定しているのかもしれない。アナロジーによる推論の発達がよい例である。初期の研究では，アナロジーによる推論は青年期初期まで行われないとされていたが，この結論は誤解を招くようなデータにもとづくものであった。その原因は，実験課題として幼い子どもにはなじみのないアナロジー関係を用いたことにあった。アナロジーによる推論のスキルが青年期初期に発達すると考えられていたのは，課題で用いたアナロジー関係についての知識が青年期初期に発達するからにすぎなかったのである。しかし，第1の時点で測定された認知スキルの性質が，第2の時点で測定された認知スキルの性質とまったく異なるであろうことに注目することが重要である。近年，このことがアナロジーによる推論でも明らかになっている（Strauss, in press）。第2章では，乳児が，ある文脈ではアナロジーによって推論することができる可能性が示された。ストラウスは，乳児が行うアナロジーの性質は，年長の子どもが行うアナロジーの性質とはまったく異なるであろうと主張し，乳児が行うアナロジーの性質は本質的に知覚的であり，一方幼児は概念的知識を用いてアナロジーを行うとしている。このような問題は，「何が発達するのか」の問題に答えるために重要である。

なぜ発達は観察されるような道筋をたどるのか？

　なぜ発達は観察されるような道筋をたどるのかという問題を考えるためには，「何が発達するのか」についてのすべての情報をまとめることのできる，説明の枠組みについて考えなければならない。そして，この枠組みは「何が発達するのか」に関する既存の結果に加えて，新しい発見についても説明しなければならない。つまり，なぜ発達は観察されるような道筋をたどるのかという問題に対する適切な回答は，認知スキルや知識の範囲に関する既存の観察を説明し，認知スキルや知識のタイプの発達について予測することのできる，子どもの認知についての理論を構成する。
　序章では，発達心理学での理論づけに大きな影響をもつ説明のシステムが，

少なくとも3つあることを示した。認知発達の領域一般説と領域固有説，先天説と後天説，質的変化と量的変化の説明の3つである。本書で考えられてきた「何が発達するのか」についての結果に照らし合わせて，これらの説明システムの説明力について考えることができる。

子どもの認知についての領域一般説と領域固有説

　子どもの認知の変化についての領域一般説は，主要な論理の発達がすべての認知領域に適用されるという考えを基にしている。このような認知発達に関する説明は，発達の研究論文に伝統的に見られたものである。たとえば，ピアジェの理論の基本は，本質的に領域一般である（第8章を参照）。そして，新ピアジェ派の認知発達に関する情報処理容量の限界に関する理論も，考え方は同じである（第6章を参照）。これらの理論はいずれも完全に領域一般説であるというわけではない。しかし，近年の子どもの認知についての領域固有説は，これらの伝統的な理論と対立する理論とみなされている。

　認知発達の領域固有説では，多くの認知能力は特定のタイプの情報を処理するように限定されているとする。これらの解釈が生まれた背景には，限定されていなければ，これほどまでに幼い年齢の子どもが豊富な知識をもつことができるはずがないという考えがある（たとえば，Hirschfeld & S. A. Gelman, 1994）。これに関連する考えとして，学習の制約があげられる。これは，子どもは多くの入力の中から，ある特定の入力に注目することができ，領域固有の知識が発達するというものである（たとえば，R. Gelman, 1990）。このような説明においては，いくつもの異なる方法で「領域」が定義されている。いくつかの理論では，領域を認知の大きなまとまり（「チャンク」）であると考える。たとえば，すでに論じた，物理的世界や生物の世界のようなものである。また，チェスや恐竜についての専門知識のような，より限定された知識領域についての理論もある。領域固有説では，認知の発達は，特定の内的メカニズム（おそらくは素朴「理論」）次第であると想定する。そして，このメカニズムによって，厳密で限定された方法で経験から学習することができると考える。領域が異なれば，作用する（または可能な）内的メカニズムも異なるということになる。

　本書で概観した結果は，領域一般説と領域固有説のどちらの説も，子どもの

認知の分野で説明力をもつことを示している。領域固有説が力を発揮するよい例としては概念の発達があり，第3章で詳しく論じた。この領域における最新の研究では，子どもが生物と無生物について学習する内容の一部分は，素朴「理論」によって決定されることが示されている。それらの理論は，自己が引き起こす運動なのか他によって引き起こされる運動なのかということ，重要な内的特徴の類似性，遺伝，といった中核となる原理にもとづいている。子どもは，「運動の原因」といった中核となる原理にしたがって，ハリモグラのようななじみのない動物の場合でも，足が見えないように描かれている絵を見せられたとしても「小さな足」があると想定し，彫像はたとえ足があっても自ら動くことはできないと考える。これらの理論や中核となる原理は生得的なもので，明らかに発達のかなり初期に見られると主張する研究者もいる。たとえば，乳児でさえ運動の原因といった特徴に注目するし，5ヵ月児はわずか10から12の光点の動きをもとにして非生物の運動と生物の運動を区別することができる。

しかし，非常に多くの研究で実際には，領域一般の処理の結果であるということもできる。ここでいう領域一般の処理とは日常世界に見られる因果について，説明を求める生得的な傾向である。そして，概念構造を理解するのに必要な，説明のための構成概念を発達させることは，乳幼児に異なる運動の原因についての情報を与える入力に注目させるという「制約」の作用の一部である。こういった従来の説明とは異なる領域一般説による説明は，ポーエンの「変化の原因と結果」，もしくは概念発達のCECモデルにうまく示されている。このモデルでポーエンは，乳児は生まれたその日から自分のまわりの環境における変化の原因に注目するように傾向づけられていると論じている。それらの変化は，動物と動物でないものについての重要な情報を含んでいると同時に，ある平面がモノを支えることができるかどうかということや，特定の雑音が食事が近いことを意味するかなどといった，全く異なる問題についての情報も含んでいる。ポーエンによれば，変化の特徴が対象の動きと関係している時に，幼い子どもがその状況における変化の原因と結果を理解しているような活動を示すのであれば，彼らが動物と動物でないものを区別できるということの十分な説明となる（第3章を参照）。

子どもの認知についての先天説と後天説

　子どもの認知の,「何が発達するのか」についての情報をまとめるための2つめの方法は, 子どものもつ認知スキルが先天的なものか, それとも後天的なものかを確認しようとするものである。もしもあるスキルが先天的なものであれば, そのスキルは「遺伝子の中」にあると想定される。もしもそのスキルが発達過程で獲得されるものであれば, スキルの発達のためには経験が必要であると考えられ, この発達に必要な特定の経験が研究の対象となる。序章で述べたように, どのスキルの発達においても常に遺伝と環境が相互に作用し合っているので, 一方の説明だけでは発達の特徴を十分に描くことはできない。重要なのは, 先天的プロセスと後天的プロセスが発達の中で融合していることをふまえると, あるスキルを先天的なものとして描くことは発達の説明にはならないということを認識することである。生物学の「素朴理論」は先天的なものであると主張したり, 乳児は因果関係について学習し因果についての説明を獲得しようとする傾向を生まれつきもっていると主張するからといって, 発達学者にとって, これ以上は何も明らかにすべきことはない, ということは意味しない。

　この点は, タルキヴィッツ（Turkewitz, 1995）が明確に指摘している。彼は, たとえば, 因果関係について学習し, 因果についての説明を獲得しようとする傾向が初期に見られることは, なぜ発達が観察されるような道筋をたどるのかという問題についての答えではなく, 研究のための出発点であると指摘する。実際に, このように何らかの傾向が初期に見られるということは, 発達的分析を複雑にし, 発達のより早い時点でのスキルや処理の原因について検討することを必要とする。第6章で示されたように, 発達認知神経科学は, そのような研究の方法についていくつかの考え方を提供し始めている。たとえば, 認知発達心理学の見地に, 脳の発達における分子的, 発生学的, 神経学的見地を加えている。しかし, 本書でもしばしば触れたとはいえ, 情報処理において因果に注目する傾向がどのように生じるのかを検討する方法を提唱するのは, 本書を書いている時点ではまだ時期尚早である。

　どのように「生得的」スキルが発達するのかということについて多くを述べるのは時期尚早であるが, 乳児の運動, 感覚, 知覚, 認知のそれぞれの機能の特徴と限界が, どのように大人の認知機能へと発達するのかという, タルキヴ

ィッツによって示された理論的問題に答えることは，尚早ではない。タルキヴィッツはさらに研究する価値があると思われる乳児の3つの特徴を正確に指摘している。それは，乳児の目新しいものを好む傾向と，馴化と脱馴化のプロセスである。これに加えて，乳児の環境における変化に注目することを好む傾向，抑制と模倣のプロセス，環境の中の相関する情報の処理能力，因果関係について学習し因果についての説明を獲得しようとする傾向もあげることができる。

　これまでの章で論じた結果は，これらの特徴の中に，後の認知機能で役割を果たしているものがあることを立証している。たとえば，相関する情報を処理する能力は，最初は知覚的プロトタイプの発達を導くと思われる。そして最終的には，概念的プロトタイプの発達を導き，乳幼児が世界を大人と同じカテゴリや種にまとめあげるのを容易にする。またそれによって，意味記憶の発達も容易になる。さらに，相関の処理能力は因果関係を学習する能力の一因にもなっている。なぜなら，(第4章で論じたように情報が因果の原理にしたがっている場合は) 相関する情報は原因帰属の基礎となるからである。したがって，原理にもとづいて相関する情報を利用することは，科学的に推論する能力や，有効な仮説検証を行う能力のもととなっている (第4章，第8章を参照)。

　上に述べた残りの特徴は，これまでの章ではあまり詳しくは検討していない (この章の後半で検討する因果関係の学習と因果についての説明の獲得の傾向を除いて)。しかし，これらの残りの特徴が後の認知機能に果たす役割について多少は述べることができる。目新しいものを好む傾向 (視覚的再認記憶によって測定できる) や馴化および脱馴化のプロセスは，すべて後の知能と関連している。「馴化の早い」乳児や目新しいものを好む傾向が強い乳児は，「馴化の遅い」乳児や目新しいものを好む傾向が弱い乳児よりも，児童期や青年期での認知尺度でより高い得点を示す (第1章を参照)。これは，おそらくこれらの尺度が，認知機能の一般的な効率性に貢献する基本的情報処理の側面，つまり刺激の符号化の深さや速さのような側面を測定しているからであろう。模倣の能力は，いろいろなレベルで後の認知機能にとって重要である。模倣は，学習やおそらく表象において重要な役割を果たし，心的状態についての因果関係を理解する一因となり，そしてアナロジーによる推論の初期の形としても機能すると思われる。抑制プロセスが，後の認知機能にどのように寄与するかについては，まだ十分にはわかっていない。しかし，最新の研究では，自身の認知活動を計画したり，モニターしたりする実行のプロセスの発達に，また選択的注

意の発達と効率に，抑制が重要であるに違いないことが示されている。

最後に，発達の先天説と後天説のそれぞれにどのくらいの説明力があるかを考えつつ，両者が「相互作用する」とする見方について検討してみよう。豊かな環境における特定の経験が，特定の認知能力に影響することを示す証拠があるのかどうかについて考えてみよう。著しく貧しい環境で育った子どもについての研究（たとえば，Clarke & Clarke, 1976）によって，豊かな環境の中で普通に経験を積んでいくことは一般的な認知発達にとって重要であることが知られているが，本書では子どもの認知と環境のあいだに，より特別な関連があるという結果についても検討した。次に示すのは，記憶の発達についての研究から得られた2つの例である。

第5章では，母親の対話スタイルがエピソード記憶の発達に影響することが示された。子どもはみな，エピソード記憶を発達させる。エピソード記憶とは，一般的または抽象的な知識構造のまわりに構成される個人的経験の記憶である。これらの知識構造は，因果的，時間的に首尾一貫した方法で情報を貯蔵する枠組みを提供する。しかし，「精緻に語って聞かせる」母親の子どもは，「精緻に語らない」母親の子どもよりも，よりよいエピソード記憶をもつ傾向がある。乏しい物語構造しか与えず，話題があちこち行ったり来たりする母親よりも，共有している出来事について子どもから与えられた情報を脚色し，膨らませ，評価する母親は，エピソード記憶の発達によりよい環境を提供する。

記憶の発達における豊かな経験がもつ効果のもうひとつの例は，目撃記憶である。目撃記憶についての研究では，子どもの証言は大人の証言よりも信頼性が低いことが示されている。実際には起こっていない出来事について誤った記憶を生じさせるような質問に，子どもは影響されやすいからである。しかし，現在では影響されやすさの程度と知識の豊かさのあいだに何らかの関連があることがわかっている。たとえば医者に行くというような，ある出来事について豊かな知識をもっている子どもは，同じ出来事に関する経験が乏しい子どもに比べて，誤解を生じさせるような質問に影響されにくい。したがってここでも，ある特定の知識を豊富にもっていることが，特定の認知結果をもたらしている。

しかし，豊かな環境が認知能力の違いを説明するということではない。どちらの例でも遺伝的寄与を環境的寄与から切り離すことはできない。たとえば，精緻に語る母親は自分自身の強化されたエピソード記憶の特徴から生じる対話スタイルをもっている。そして母親のエピソード記憶の特徴は，遺伝子の支配

下にあり，母親から子どもへと伝えられると考えることができる。同様に，誘導的な質問の影響を受けにくい子どもは，生まれながらにして出来事を経験する際により豊かな記憶を発達させるとも考えられる。このような主張では，「相互作用主義者」的見方はなされていないが，互いにまったく無関係な純粋な環境的要因と純粋な遺伝的要因などありえない。発達の問題としては，特定の認知スキルの発達に，豊かな環境がどのような役割を果たしているかを扱うべきであろう。

発達的変化を質的に説明するか，量的に説明するか

「何が発達するのか」についての情報をまとめるのに有用な3つめの説明の枠組みは，質的な認知変化と量的な認知変化に分けて説明することである。質的変化はそれまでとはまったく異なる新しい思考の様式を含み，量的変化は新しい認知方略や能力の漸次的な獲得を含む。しかし，子どもの認知の領域固有説と領域一般説（または先天説と後天説）を，互いにはっきりと切り離しては考えられないように，発達の質的説明と量的説明も，実際には切り離すことはできない。

このことは，第5章で述べた幼児期健忘の例がよく示している。かつて幼児期健忘は，初期の記憶が質的に後の記憶と異なることを示すものであると考えられていた。記憶システムの構造の変化は3歳ごろに起こると仮定され，初期の記憶は身体的活動や純粋な感覚によって符号化され，後の記憶は言語的に符号化されると考えられていた。近年では，幼児期健忘はエピソード記憶における量的発達の自然な結果にすぎないと論じられている。非常に幼い子どもは，出来事の記憶を貯蔵するための枠組みをまだもっていない。そして，そのような枠組みを発達させるためには，子どもは複数の出来事の類似点に注目しなければならない。幼い子どもは，経験したそれぞれの出来事ではなく，それらの類似性に注目してしまうので，後の再生のための検索手がかりを得ることができず，結果的に初期の経験をまったく忘れてしまうことになる。

観察された認知変化を質的に説明することと，量的に説明することの区別の難しさは，知識の発達の影響を受ける認知スキルの発達を考えてみてもわかる。この章のはじめに述べたように，（アナロジーによる推論などの）論理能力は，

しばしば発達にともなって質的変化を示すと考えられている。しかしそれらの変化は，ある種の知識の獲得に左右されることがわかったのである。つまり，本質的には量的変化である。第1の時点で測定された認知スキルと第2の時点で測定された同様の能力が，同じ認知スキルであるかどうかということは，認知スキルの発達について考える際に重要な問題である。たとえば，乳児期のカテゴリ化の能力は，知覚的スキルであり，モノの特性の相関の処理をもとにしている。幼児期のカテゴリ化のスキルも，モノの知覚的分析を含むが，さらにカテゴリの構成員についての素朴理論や，カテゴリの特徴的特性もしくは定義的特性についての知識にもとづいている。重要なのは，このことをもって乳児期のカテゴリ化は幼児期のカテゴリ化と質的に異なると解釈するべきかどうかという点である。データをどのように解釈するかによって，カテゴリ化のような能力の発達を，質的な観点から説明するか，それとも量的な観点から説明するかが決まることになる。

　最後に，発達の理論自体が，本質的に質的でもあり量的でもあると考えることができる。本書では，発達の理論についてはあまり深くは検討していない。しかし，3つの理論――ピアジェの論理発達の段階理論，ハルフォードの論理発達の能力限界理論，カーミロフ‐スミスの子どもの認知の表象書き換え理論――についてはある程度論じたので，例証として使える。

　これらの3つの理論は，ある点ではどれも発達的変化についての質的理論であると考えられる。ピアジェの理論では，発達していくなかで子どもの認知には3つの大きな変革が起こり，3つの異なる段階に分けられる。子どもは段階ごとに異なる方法で思考し推論すると仮定されている。ハルフォードの理論では，子どもは発達するにしたがって徐々に複雑なアナロジーの対応づけができるようになり，それぞれの対応づけは処理容量の増加に左右される。初期の段階では利用可能な処理容量が少なすぎて，このような対応づけを行うことができないと仮定されている。カーミロフ‐スミスの理論では，子どもは異なる3つの形式で情報を表象し，それらの形式は発達にしたがって徐々に明示的なものになってくると仮定されている。最も低いレベルの表象では，知識は手続き的で意識化しにくく，最も高いレベルの表象では子どもは自身の概念的プロセスを洞察する。

　しかし，見方を変えれば，同じ3つの理論を発達的変化についての量的理論として説明することもできる。ピアジェの理論では，変化のメカニズムは調節

と同化のプロセス，つまり少しずつ変化していくというレベルで作用するプロセスである。調節は，自身の認知シェマをまわりの世界を説明するために適応させるプロセスであり，同化は，今もっている認知シェマにもとづいて経験を解釈する相補的なプロセスである。全体的なレベルでも，ピアジェの理論は量的な側面をもっている。ピアジェは，それぞれの認知段階に特有な新たな思考方法が獲得されても，すべての領域の思考に同時に適用されるわけではないことを認識していた。もしも知識の変化が，ある時点，ある領域で特定の思考が適用されるかどうかを決定するのであれば，ピアジェの理論は量的な側面をもつ。たとえば第8章で述べたように，ピアジェは類包含の具体的操作は言語発達と関連しており，連続性の具体的操作は知覚の発達と関連していると示唆している。これら2つの領域で知識を十分に獲得することが，これら2つの具体的操作の獲得を決定する要因であるのかもしれない。

同様に，カーミロフ - スミスも，その表象書き換え理論について知識の観点からの指摘を行っている。カーミロフ - スミスの表象の3つのレベルは，領域一般であると仮定されている。しかし，ある時点の特定の領域固有の知識を支えている表象の明示性のレベルにもとづいて，局所的な変化が起こる。つまり，どの領域を支えている表象も，発達するにしたがって徐々に明示的になるという点では同じだが，表象に変化が生じる時期は，領域によって異なる。ハルフォードも自身の理論の中で，知識の発達にある役割を与えている。ハルフォードは，それぞれのアナロジーの対応づけの関係の複雑さは，知識の変化の影響を受けるであろうと述べている。より複雑な関係の対応づけを可能にする処理容量は，年齢とともに発達する。しかし，さまざまな関連を一緒に「チャンク」する（ひとつのまとまった意味単位として記憶する）能力は，特定の対応づけの関係の複雑さを低減させる。発達の初期でも，利用可能な処理容量を用いて，対応づけを行うことができる子どもがいるのは，この能力のおかげである。チャンキングの可能性は，ハルフォードの理論も単なる質的なものではないことを意味している。このように，発達理論の多くは，質的変化と量的変化の両方の観点から考えることができる。

因果に注目する傾向

　本書の多くの部分で，因果に注目する傾向が子どもの認知にどのように寄与しているかに関心を払ってきた。因果関係を学習する傾向や，因果についての説明を獲得しようとする傾向は，発達心理学における主要な問題,「何が発達するのか」,「なぜそのように発達するのか」という2つの問題の両方に関わっていると考えられる。因果に注目する傾向を想定することで，本書で考察してきたすべての認知の領域で,「何が発達するのか」についての情報をまとめることが容易になる。そして，部分的ではあるが理論的な枠組みを提供することが可能になる。さらに，時間にともなう子どもの認知変化について，どの辺りを探索すればよいのかを決定するのも容易になり，どのような行動を次に観察すべきかを決定するのも容易になる。

　子どもの認知の「何が発達するのか」について，これまでの章で述べた結果から以下のことが示されている。すなわち，因果に注目する傾向が，子どもが記憶を構成するための適切な枠組みを発達させるのを容易にし，物理世界を理解する鍵である「遮蔽」「包含」「支持」「衝突」のような関連を見つけるのも容易にする。また，因果に注目する傾向によって，生物の世界を理解し，因果の原理にしたがって論理的に推論するための鍵である「自己が引き起こす運動」と「他によって引き起こされる運動」のような関係に子どもが注目しやすくなる。さらに，動作主の理解の発達や意図的状態の適用にも重要である（第2章を参照）。とくに乳児の研究では，革新的な実験研究の方法によって，因果に注目する傾向によって可能になる認知的豊かさが，部分的にではあるが明らかになってきている。とはいえ，子どもが因果関係についての質問を執拗に繰り返すことそれ自体が，発達しつつある子どもにとって因果に関する情報が重要であることを示している。

　子どもの認知の「なぜ」という問いに関していうなら，因果に注目する傾向は，なぜ発達は観察されるような道筋をたどるのかについて，非常にわかりやすい説明を示してくれる。なぜ子どもは日常生活に関する非常に多くの情報を，あっという間に吸収するのか？　その理由は単純である。子どもはどのように世界が動いているのかを理解したいのである。そのためには，子どもが獲得す

る知識は因果的に首尾一貫していなければならない。第4章で述べたように，出来事がどのように引き起こされるのかを理解すれば，その出来事そのものを理解することができる。そして，世の中のどんな出来事も他の出来事と関連して理解され，因果に注目する傾向によって，一貫性をもたらす深い因果の原理にもとづいて組織化された知識の構造が生み出されるであろう。さらに，第4章では，因果推論によって，子どもは原因となる出来事を予測することができ，さらにはコントロールすることさえできることが示された。認知とは，環境を操作したりコントロールしたりして，われわれの要求や欲求にしたがわせるために，環境についての情報を獲得することを可能にするプロセスであると定義できる（第1章を参照）。したがって，「因果に注目する傾向」を想定することによって，子どもの認知の「なぜ」について十分に説明することができるであろう。

　しかし，別の理論レベルからすると，「因果に注目する傾向」を想定することによって可能になる「説明」は，むしろ不十分である。因果に焦点を合わせる傾向はどこから発生するのか，という発達的問題に答えるのは難しい。本書では，因果関係について学習し，因果についての説明を獲得する傾向は，「生得的」であるとしてきた。しかし，この説明は発達の説明としては不十分である。なぜなら，人間の乳児はなぜそのような傾向をもって生まれるのか，そしてその傾向はDNAの中でどのようにして生み出され，伝達されるのか，という疑問は残ったままであるからだ。比較認知的研究では，因果に注目する傾向は人間だけに限られたものではないかもしれないという指摘がなされている。因果の原理を用いて推論する能力を必ずしももっていないにもかかわらず，ラットが因果についての知識をもっているとする研究者もいる（たとえば，Dickinson & Shanks, 1995）。自然淘汰の点からすると，初期の人類にとっては，因果推論に優れていることが生存に有利だったので，因果の情報を求める傾向

が人間の認知において普遍的なものとなったと考えることができる。しかし，この「説明」も，手に入るデータを単に再解釈したものにすぎない。

　しかしながら，因果に注目する傾向が子どもの認知において重要であることには疑問の余地はない。締めくくりは，ホワイト（White, 1993, p.1）からの引用が最もふさわしいであろう。

　　……われわれが目覚めているあいだは常に，何かが起こっている。われわれは，出来事や行動，それらの性質や原因，世界の規則正しい動きの中でのそれらの位置を，常に知覚し，判断し，説明し，構築している。心理学にとってこれ以上に重要なことがあるとはとうてい思えない。

訳者あとがき

　本書は，ウーシャ・ゴスワミ（Usha Goswami）による*Cognition in Children* (Psychology Press, 1998) の全訳である。2001年に本書のドイツ語版（So Denken Kinder. Bern: Verlag.）が出版されており，現時点では中国語版も出版準備中であるという。

　ウーシャ・ゴスワミ教授は現在，ケンブリッジ大学教育学教授兼セントジョンズカレッジ特別研究員である。専門は認知発達心理学であり，認知発達におけるアナロジー推論の役割についての研究を数多く手がけてきている。特に，読み書きの発達におけるアナロジーの役割についての著書や研究論文が多い。

　本書は，人間の認知の基本領域である，すなわち知覚，学習，記憶，注意，知識表象，推論，問題解決，概念発達，論理的思考，などを取り上げ，主に乳児期，幼児期の発達を明快に描いたものである。認知の各領域の発達についての重要な文献が，最新のものまで幅広く取り込まれ，わかりやすく整理されている。さらに，個々の研究の方法も比較的詳しく紹介されており，その面白さを味わうことができる。原著を読んでわれわれは，頭の中にばらばらに存在していた知識がじつに明確に整理された思いがした。そして，乳幼児期の認知発達についての教科書として含めるべき事柄を網羅していると感じた。子どもの認知発達について，日本語で読める教科書的な書籍が現時点では非常に少ないということもあり，ぜひとも翻訳して，大学の演習や講義のテキストとして使用したいという気持ちに駆られたのである。

　本書は認知発達の大変良い教科書であるが，だからといって認知の諸側面の発達についての研究成果を個別に切り離して論じているものではまったくない。認知の「何が発達するのか」「なぜそのように発達するのか」という，認知発

達研究における古くからの問いを中心に据え，ピアジェ以降の新しい研究成果が展望されている。これらの問いに対する本書の見解は，序章と第9章に詳しくまとめられているが，最大のポイントは次のようなアイディアを取り入れている点である。すなわち，人間は生まれながらにして「因果に注目する傾向（causal bias）」を備えており，この傾向が認知発達の最も基本的なプロセスだとするアイディアである。ことばをうまく話せるようになる時期になると，この傾向ははっきりと見えてくる。さまざまな現象の引き起こされる原因について，幼児がうるさいくらい頻繁に質問を行うことはよく知られていることである（たとえば，どうして空は青いのか，どうして象の鼻は長いのかなど）。

　本書の各章では，因果に注目する傾向は，発達のはじまりから，身の回りのモノゴトを解釈し，表象し，記憶するために重要な役割を果たすことが示されている。たとえば第1章では，乳児でも因果関係にある出来事を記憶することができるが，因果関係にない出来事は忘れてしまうことが示されている。第2章では，乳児は，物理的な出来事の因果関係を説明しようとすること（たとえば，箱がテーブルから落ちたのは，カップがテーブルから大きくはみ出たからと考えること），普通は「起こりえない」物理的な出来事がいかにして引き起こされるかを推論しようとすること（たとえば，箱が宙に浮いているように見えても，誰かが見えないように手で支えているのではないかと考えること），他者の意図が出来事を引き起こすこと，などをある程度理解していることなどが示されている。第3章では，因果に注目するという傾向が概念学習を導くことが示されている。カテゴリ内の特性がなぜあるまとまりを示すのか，その説明となる因果関係を探索することによって，乳幼児は概念についての非常に多くの情報を得ることができる。たとえば，乳幼児は，自己が引き起こす運動なのか，他の何かによって引き起こされる運動なのかにもとづいて，つまりあるモノの運動が何によって引き起こされているかの説明となる因果関係にもとづいて，世界をカテゴリや種に分ける。第4章では，子どもの因果推論は，非常に幼いころから正当な因果原理（先行原理，共変原理，時間的近接性原理，類似性原理）に従ったものであること，幼児期に物理的な因果についての知識をかなりの程度発達させていることが示されている。第5章では，概念のような意味記憶だけではなく，エピソード記憶の構成においても，出来事の因果的な関係が，記憶の構成や再生を助ける重要な体制化の原理となることに触れている。

以上のように，本書では「因果に注目する傾向」を認知発達の基本的なプロセスととらえ，その観点から認知のさまざまな側面の発達を説明しようと試みている点が大きな特色となっている。
　「因果に注目する傾向」を認知発達の基本的なプロセスとする考え方は，認知発達研究の最前線の研究テーマの中で重要視されている。中でも素朴理論研究とのかかわりは大きい。最近の認知発達研究では，幼児でもいくつかの重要な領域について「理論」と呼べるような知識のまとまりを構成していると考える研究者が多い。このような知識のまとまりは，科学の素人が学校で教わらなくても持っている「理論」という意味で，「素朴理論」と呼ばれる。それでは「理論」とは何なのだろうか。例えば鳥についての知識を考えてみる。われわれは「羽がある」「くちばしがある」「羽には羽毛がある」「空を飛ぶ」などの個別知識をばらばらに持っているわけではなく，空を飛ぶのは羽があるからであり，そのためには軽い羽毛でなければならないし，などというように，事実や事実間の関連性を説明する原理を含んだ知識のまとまりを持っている。このように，ある事象がなぜどのようにして生じるのかについての因果説明原理を含み，首尾一貫した知識のまとまりを，認知心理学では「理論」と呼び，スクリプトやスキーマ，メンタルモデルなど，他の知識のまとまりと区別している。一般に，就学前までに，物理，心理，生物についての，それぞれ独立した素朴理論が発達することが多くの研究者の合意となっている。
　こうした素朴理論の特徴を踏まえると，素朴理論の発達過程を考える上では，いかにして領域ごとの因果理解が迅速に発達するのかを解明することが重要な課題となる。そして子どもは「因果に注目する傾向」を強く持つというアイディアを導入すると，こういった迅速な因果理解の発達がうまく説明できる。このようなアイディアは，近年の知識獲得研究の代表的なレビューであるWellman & Gelman（1998）でも明確に示されている。彼らによると，幼児はどのような出来事も何らかの原因によって引き起こされると仮定する傾向が強い（因果決定主義）という。こうした因果決定主義のおかげで，子どもはモノゴトの因果を探索するように動機づけられており，より洗練された方法で身の回りの世界を理解するようになるというのである。彼らにいわせれば，因果は，モノ（素朴物理学），生物（素朴生物学），心理（素朴心理学）の3領域での知識獲得に影響を及ぼす，発達上の原型（developmental primitives）なのである。

以上のように本書は，上質な教科書であるとともに，認知発達研究の最前線を構成するアイディアも取り込んだものになっている。発達心理学，認知発達ないしは認知に関心をもっている学生，研究者，さらには認知発達の知見を教育に応用することを目指している教育関係者にとっては良い入門書となるだろう。本書を読めば最近の認知発達の各分野の研究動向がよくわかり，研究テーマを決めるための指針を得ることができる。また各分野に精通するために，どのような文献を読むべきなのかの手がかりを得ることもできる。もちろん，すでに専門的な研究を行っている学生や研究者にも十分に対応できるほどの専門性も備えており，その内容は多くの研究への示唆に富んでいる。

さらに，子育てに携わっておられる一般の方々，保育士，幼稚園教諭の方々にもぜひ読んでいただきたい。これらの方々にとっては，本書の内容は，大変興味を引かれるものではないかと思う。というのも，本書では具体的な実験状況が詳しく記述されており，身の回りの子どもたちが似たような状況の中でどのように振舞うかを想像してみることができるからである。なかには実際にお子さんを対象に追試してみることができるものも含まれているので，ぜひ試してみていただきたい（たとえば，ピアジェによるモノの永続性の実験や，メルツォフたちによる舌出し模倣の実験など）。このようなことも，子育てや保育の楽しみの一つに入れていただけると大変うれしく思う。また，養育者，保育者の中には，小さい子どもの認知を実際よりも未熟なものとお考えの方も比較的多くいらっしゃるのではないかと思う。本書から新鮮な驚きを感じ，今までに触れたことのない子ども観を知っていただけるのではないかと期待している。

本書の読み方については，最初に序章を読まれることをお勧めする。この章では，「何が発達するのか」「なぜそのように発達するのか」という問いに対する著者の考えや，各章との関連がわかりやすく簡潔に述べられている。その後は，順番に読み進めていくのが順当ではあるが，関心のある章から読むということでも，十分に理解可能であると思う。また各章末にまとめがあるが，驚くほどうまく各章の概要が整理されているので，さほど関心のない章はまとめを読んで把握するという読み方をしても良いかもしれない。

本書を訳すにあたっては，発達心理学の入門者にも読みやすいものとなるような翻訳をこころがけた。たとえば，発達心理学の中ですでに定訳となっては

いるが，入門者にとってはわかりにくい用語については平易なことばに改め，訳注をつけた。

　末筆ながら，新曜社第一編集部の吉田昌代さんからは，進行を促し，励ましていただいただけでなく，われわれの訳文に丁寧に目を通してくださり，訳文の統一をはじめ，ともするとあいまいで硬い表現になりがちなわれわれの訳文を読みやすくする上で数々の助言をいただいた。塩浦暲氏には，草稿の早い段階で目を通していただき，翻訳上の助言をいただいた。お二人に心から感謝するしだいである。

2003年5月5日　訳者一同

引用文献

Wellman, H. M., & Gelman, S. A. (1998). Knowledge acquisition in foundational domains. In D. Kuhn & R. S. Siegler (Eds.), *Handbook of child psychology vol.2 : Cognition , perception and language*. New York : John Wiley & Sons, Inc.

参考文献

Anderson, J.R. (1980). *Cognitive psychology and its implications*. San Francisco : W.H. Freeman.（ジョン・ロバート・アンダーソン『認知心理学概論』富田達彦ほか訳，誠信書房，1982）

Anderson, N.H. (1983). Intuitive physics : Understanding and learning of physical relations. In J. Tighe & B.E. Shepp (Eds.), *Perception, cognition and development* (pp.231-265). Hillsdale, NJ : Lawrence Erlbaum Associates Inc.

Anderson, N.H. (1991). Contributions to information integration theory : Vol. III. Developmental. Hillsdale, NJ : Lawrence Erlbaum Associates Inc.

Anderson, N.H., & Wilkening, E. (1991). Adaptive thinking in intuitive physics. In N.H. Anderson (Ed.), *Contributions to information integration theory : Vol III. Developmental* (pp.1-42). Hillsdale, NJ : Lawrence Erlbaum Associates Inc.

Anisfeld, M. (1991). Neonatal imitation. *Developmental Review, 11*, 60-97.

Atkinson, J., & Braddick, O. (1989). Development of basic visual functions. In A.M. Slater & G. Bremner (Eds.), *Infant development*, (pp.7-41). Hove, UK : Lawrence Erlbaum Associates Ltd.

Atran, S. (1994). Core foundations vs. scientific theories. In L.A. Hirschfeld & S.A. Gelman (Eds.), *Mapping the mind*, (pp.316-340). New York : Cambridge.

Baddeley, A,D., & Hitch, G. (1974). Working memory. In G.H. Bower (Ed.), *The psychology of learning and motivation, Vol.8* (pp.47-90). London : Academic Press.

Baillargeon, R. (1986). Representing the existence and location of hidden objects : Object permanence in 6-and 8-month-old infants. *Cognition, 23*, 21-41.

Baillargeon, R. (1987a). Object permanence in 3.5-and 4.5-month-old infants. *Developmental Psychology, 23*, 655-664.

Baillargeon, R. (1987b). Young infants' reasoning about the physical and spatial properties of a hidden object. *Cognitive Development, 2*, 179-200.

Baillargeon, R. (1994). Physical reasoning in young infants : Seeking explanations for impossible events. *British Journal of Developmental Psychology, 12*, 9-33.

Baillargeon, R. (1995). A model of physical reasoning in infancy. In C. Rovee-Collier & L. Lipsitt (Eds.), *Advances in infancy research, Vol.9* (pp.305-371). Norwood, NJ : Ablex.

Baillargeon, R., & DeVos, J. (1991). Object permanence in young infants : Further evidence. *Child Development, 62*, 1227-1246.

Baillargeon, R., & DeVos, J. (1994). *Qualitative and quantitative reasoning about unveiling events in 12.5- and 13.5-month-old infants*. Unpublished manuscript, University of Illinois.

Baillargeon, R., DeVos, J., & Graber, M. (1989). Location memory in 8-month-old infants in a non-search AB task : Further evidence. *Cognitive Development, 4*, 345-367.

Baillargeon, R., & Gelman, R. (1980). *Young children's understanding of simple causal sequences : Predictions and explanations*. Paper presented to the meeting of the American Psychological Society, Montreal.

Baillargeon, R., & Graber, M. (1987). Where is the rabbit? 5.5-month-old infants' representation of the height of a hidden object. *Cognitive Development, 2*, 375-392.

Baillargeon, R., & Graber, M. (1988). Evidence of location memory in 8-month-old infants in a non-search AB task. *Developmental Psychology, 24*, 502-511.

Baillargeon, R., Graber, M., De Vos, J., & Black, J. (1990). Why do young infants fail to search for hidden objects? *Cognition, 36*, 255-284.

Baillargeon, R., Needham, A., & De Vos, J. (1992). The development of young infants' intuitions about support. *Early Development & Parenting, 1*, 69-78.

Baillargeon, R., Spelke, E.S., & Wasserman, S. (1985). Object permanence in 5-month-old infants. *Cognition, 20*, 191-208.

Bartlett, F.C. (1932). *Remembering*. Cambridge : Cambridge University Press.(フレデリック・チャールズ・バートレット『想起の心理学――実験的社会的心理学における一研究』宇津木保・辻正三訳,誠信書房, 1983)

Bauer, P.J., Dow, G.A., & Hertsgaard, L.A. (1995). Effects of prototypicality on categorisation in1-to 2-year-olds : Getting down to basic. *Cognitive Development, 10*, 43-68.

Bauer, P.J., & Mandler, J.M. (1989a). Taxonomies and triads : Conceptual organisation in one- to two-year-olds, *Cognitive Psychology, 21*, 156-184.

Bauer, P.J., & Mandler, J.M. (1989b). One thing follows another : Effects of temporal structure on1-to 2-year-olds' recall of events. *Developmental Psychology, 25*, 197-206.

Bauer, P.J., Schwade, J.A., Wewerka, S.S., & Delaney, K. (submitted). Planning ahead : Goal-directed problem solving by 2-year-olds. *Developmental Psychology, vol. 35 (5)*, 1321-1337.

Bauer, P.J, & Shore, C.M. (1987). Making a memorable event : Effects of familiarity and organisation on young children's recall of action sequences. *Cognitive Development, 2*, 327-338.

Beilin, H., & Pufall, P.B. (1992). *Piaget's theory : Prospects and possibilities*. Hillsdale, NJ : Lawrence Erlbaum Associates Inc.

Bertenthal, B.I., Proffitt, D.R., Spetner, N.B., & Thomas, M.A. (1985). The development of infant sensitivity to biomechanical motions. *Child Development, 56*, 531-543.

Bjorklund, D.F., & Bjorklund, B.R. (1985). Organisation vs. item effects of an elaborated knowledge base on children's memory. *Developmental Psychology, 21*, 1120-1131.

Bjorklund, D.F., & Bjorklund, B.R. (1992). *Looking at children : An introduction to child development*. Pacific Grove, CA : Brooks / Cole Publishing Co.

Blue, N. (1995, September). *What causes causality? The development of causal reasoning in young children*. Poster presented at the British Psychology Society Developmental Section

Conference, Glasgow.
Bornstein, M.H., & Sigman, M.D. (1986). Continuity in mental development from infancy. *Child Development, 57*, 251-274.
Bremner, J.G. (1988). *Infancy*. Oxford : Basil Blackwell.(J・G・ブレムナー『乳児の発達』渡部雅之訳, ミネルヴァ書房, 1999)
Breslow, L. (1981). Re-evaluation of the literature on the development of transitive inferences. *Psychological Bulletin, 89*, 325-351.
Brown, A.L. (1990). Domain-specific principles affect learning and transfer in children. *Cognitive Science, 14*, 107-133.
Brown, A.L., Bransford, J.D., Ferrara, R. A., & Campione, J.C. (1983). Learning, remembering and understanding. In J.H. Flavell & E.M. Markman (Eds.), *Handbook of child psychology, Vol.3*. New York, Wiley.
Brown, A.L., & DeLoache, J.S. (1978). Skills, plans and self-regulation. In R. S. Siegler (Ed.), *Children's thinking : what develops?* Hillsdale, NJ : Lawrence Erlbaum Associates Inc. (ロバート・S・シーグラー『子どもの思考』無藤隆・日笠摩子訳, 誠信書房, 1992)
Brown, A.L., & Kane, M.J. (1988). Preschool children can learn to transfer : Learning to learn and learning by example. *Cognitive Psychology, 20*, 493-523.
Brown, A.L., Kane, M.J., & Echols, C.H. (1986). Young children's mental models determine analogical transfer across problems with a common goal structure. *Cognitive Development, 1*, 103-121.
Brown, A.L., Kane, M.J., & Long, C. (1989). Analogical transfer in young children : Analogies as tools for communication and exposition. *Applied Cognitive Psychology, 3*, 275-293.
Brown, A.L., & Scott, M.S. (1971). Recognition memory for pictures in preschool children. *Journal of Experimental Child Psychology,11*, 401-412.
Bryant, P.E. (1982). *Piaget : Issues and experiments*. Leicester, UK : The British Psychological Society.
Bryant, P.E., & Trabasso, T. (1971). Transitive inferences and memory in young children. *Nature, 232*,456-458.
Bullock Drummey, A., & Newcombe, N. (1995). Remembering vs. knowing the past : Children's implicit and explicit memory for pictures. *Journal of Experimental Child Psychology, 59*, 549-565.
Bullock, M., & Gelman, R. (1979). Preschool children's assumptions about cause and effect : Temporal ordering. *Child Development, 50*, 89-96.
Bullock, M., Gelman, R., & Baillargeon, R. (1982). The development of causal reasoning. In W.J. Friedman (Ed.), *The developmental psychology of time* (pp.209-254). New York : Academic Press.
Bushnell, I.W.R., McCutcheon, E., Sinclair, J., & Tweedie, M.E. (1984). Infants' delayed recognition memory for colour and form. *British Journal of Developmental Psychology, 2*, 11-17.
Butterworth, G. (1977). Object disappearance and error in Piaget's stage 4 task. *Journal of Experimental Child Psychology, 23*, 391-401.
Butterworth, G., & Harris, M. (1994). *Principles of developmental psychology*. Hove, UK: Lawrence

Erlbaum Associates Ltd.（ジョージ・バターワース，マーガレット・ハリス『発達心理学の基本を学ぶ――人間発達の生物学的・文化的基盤』小山正・神土陽子・松下淑共訳，ミネルヴァ書房，1997）

Callanan, M., & Oakes, L.M. (1992). Preschoolers' questions and parents' explanations : Causal thinking in everyday activity. *Cognitive Development, 7*, 213-233.

Carey, S. (1985). *Conceptual change in childhood*. Cambridge, MA : MIT Press.（スーザン・ケアリー『子どもは小さな科学者か――J.ピアジェ理論の再考』小島康次・小林好和訳，ミネルヴァ書房，1994）

Carey, S., & Gelman, R. (1991). *The epigenesis of mind : Essays on biology and cognition*. Hillsdale, NJ : Lawrence Erlbaum Associates Inc.

Carey, S., & Spelke, E. (1994). Domain-specific knowledge and conceptual change. In L.A. Hirschfeld & S.A. Gelman (Eds.), *Mapping the mind* (pp.169-200). New York : Cambridge.

Carroll, M., Byrne, B., & Kirsner, K. (1985). Autobiographical memory and perceptual learning : A developmental study using picture recognition, naming latency and perceptual identification. *Memory & Cognition, 13*, 273-279.

Case, R. (1985). *Intellectual development : Birth to adulthood*. New York : Academic Press.

Case, R. (1992). Neo-Piagetian theories of child development. In R.J. Sternberg & C.J. Berg (Eds.), *Intellectual development* (pp.161-196). Cambridge, UK : Cambridge University Press.

Cassell, W.S., Roebers, C.E.M., & Bjorklund, D.F. (1996). Developmental patterns of eyewitness responses to repeated and increasingly suggestive questions. *Journal of Experimental Child Psychology, 61*, 116-133.

Ceci, S.J., & Bruck, M. (1993). The suggestibility of the child witness : A historical review and synthesis. *Psychological Bulletin, 113*, 403-439.

Ceci, S.J., & Liker, J. (1986). A day at the races : A study of IQ, expertise and cognitive complexity. *Journal of Experimental Psychology : General, 115*, 255-266.

Chapman, M, (1988). *Constructive evolution* : Origins and development of Piaget's thought. Cambridge : Cambridge University Press.

Chen, C., & Stevenson, H.W. (1988). Cross-linguistic differences in digit span of preschool children. *Journal of Experimental Child Psychology, 46*, 150-158.

Chen, Z., Campbell, T,, & Polley, R. (1995, March). *From beyond to within their grasp : The rudiments of analogical problem solving in 10-and 13-month-old infants*. Poster presented at the Biennial Meeting of the Society for Research in Child Development, Indianapolis.

Chen, Z., Sanchez, R.P, & Campbell, T. (1997). From beyond to within their grasp : Analogical problem solving in 10- and13-month-olds. *Developmental Psychology, 33*, 790-801.

Cheng, P.W., & Holyoak, K.J. (1985). Pragmatic reasoning schemas. *Cognitive Psychology, 17*, 391-416.

Chi, M.T.H. (1978). Knowledge structure and memory development. In R.S. Siegler (Ed.), *Children's thinking : What develops?* (pp.73-96). Hillsdale, NJ : Lawrence Erlbaum Associates Inc.（ロバート・S・シーグラー『子

どもの思考』無藤隆・日笠摩子訳, 誠信書房, 1992)
Chi, M.T.H., Hutchinson, J., & Robin, A. (1989). How inferences about novel domain-related concepts can be constrained by structured knowledge. *Merrill-Palmer Quarterly, 35*, 27-62.
Clarke, A.M., & Clarke, A.D.B. (1976). *Early experience : Myth and evidence.* London : Open Books.
Clarkson, M.G., Clifton, R.K., & Morrongiello, B.A. (1985). The effects of sound duration on newborn's head orientation. *Journal of Experimental Child Psychology, 39*, 20-36.
Clubb, P.A., Nida, R.E., Merritt, K., & Ornstein, P.A. (1993). Visiting the doctor : Children's knowledge and memory. *Cognitive Development, 8*, 361-372.
Cohen, L.B. (1988). An information processing approach to infant development. In L. Weiskrantz (Ed.), *Thought without language* (pp.211-228). Oxford : Oxford University Press.
Cohen, L.B., & Caputo, N.F. (1978). *Instructing infants to respond to perceptual categories.* Paper presented at the Midwestern Psychological Association Convention, Chicago, IL.
Conrad, R. (1971). The chronology of the development of covert speech in children. *Developmental Psychology, 5*, 398-405.
Cooper, R.G. (1984). Early number development : Discovering number space with addition and subtraction. In C. Sophian (Ed.), *The origins of cognitive skills* (pp.157-192). Hillsdale, NJ : Lawrence Erlbaum Associates Inc.
Cornell, E.H. (1979). Infants' recognition memory, forgetting and savings. *Journal of Experimental Child Psychology, 28*, 359-374.
Cutting, A.L. (1996). *Young children's understanding of representation : A problem solving approach to the appearance-reality distinction.* Unpublished PhD dissertation, University of Cambridge, UK.
Cutting, A.L., Charlesworth, G.M., & Goswami, U.C. (1991, September). *Three-year-olds can distinguish appearance from reality : Evidence from a problem-solving task.* Poster presented at the British Psychology Society Developmental Section meeting, Cambridge.
Cutting, J.E., Proffitt, D.R., & Kozlowski, L.T. (1978). A biomechanical invariant for gait perception. *Journal of Experimental Psychology : Human Perception & Performance, 4*, 357-372.
Das Gupta, P., & Bryant, P.E. (1989). Young children's causal inferences. *Child Development, 60*, 1138-1146.
Dean, A.L., Chabaud, S., & Bridges, E. (1981). Classes, collections and distinctive features : Alternative strategies for solving inclusion problems. *Cognitive Psychology, 13*, 84-112.
DeCaspar, A.J., & Fifer, W.P. (1980). Of human bonding : Newborns prefer their mother's voices. *Science, 208*, 1174-1176.
DeCaspar, A.J., & Spence, M.J. (1986). Prenatal maternal speech influences newborns' perception of speech sounds. *Infant Behaviour & Development, 9*, 133-150.
DeLoache, J.S. (1987). Rapid change in the symbolic functioning of very young children. *Science, 238*, 1556-1557.

DeLoache, J.S. (1989). Young children's understanding of the correspondence between a scale model and a larger space. *Cognitive Development, 4*, 121-139.

DeLoache, J.S. (1991). Symbolic functioning in very young children : Understanding of pictures and models. *Child Development, 62*, 736-752.

DeLoache, J.S., Cassidy, D.J., & Brown, A.L. (1985). Precursors of mnemonic strategies in very young children's memory. *Child Development, 56*, 125-137.

DeLoache, J.S., Miller, K., & Rosengren, K. (1996). *Shrinking a room reveals obstacles to early symbolic reasoning.* Unpublished manuscript, University of Illinois.

DeLoache, J.S. (2001). Early symbol understanding and use. To appear in D. Medin (Ed.) *The psychology of learning and motivation*, Vol.32. New York : Academic Press.

Dempster, F.N. (1991). Inhibitory processes : A neglected dimension of intelligence. *Intelligence, 15*, 157-173.

DeVries, J.I.P., Visser, G.H.A., & Prechtl, H.F.R. (1984). Fetal mobility in the first half of pregnancy. In H.F.R. Prechtl (Ed.), *Continuity of Neurat Functions from Prenatal to Postnatal Life*, pp.46-64. Oxford : Blackwell Scientific Publications.

Diamond, A. (1985). The development of the ability to use recall to guide action, as indicated by infants' performance on A-not-B. *Child Development, 56*, 868-883,

Diamond, A. (1988). Differences between adult and infant cognition : Is the crucial variable presence or absence of language? In L. Weiskrantz (Ed.), *Thought without language* (pp.337-370). Oxford : Clarendon Press.

Diamond, A. (1991). Neuro-psychological insights into the meaning of object concept development. In S. Carey & R. Gelman (Eds,), *The epigenesis of mind : Essays on biology & cognition* (pp.67-110). Hillsdale, NJ : Lawrence Erlbaum Associates Inc.

Dias, M.G., & Harris, P.L. (1988). The effect of make-believe play on deductive reasoning. *British Journal of Developmental Psychology, 6*, 207-221.

Dias, M.G., & Harris, P.L. (1990). The influence of the imagination on reasoning by young children. *British Journal of Developmental Psychology, 8*, 305-318.

Dickinson, A., & Shanks, D. (1995). Instrumental action and causal representation. In D. Sperber, D. Premack & A.J. Premack (Eds.), *Causal cognition : A multidisciplinary debate* (pp.1-25). Oxford : Oxford University Press.

DiLalla, L.F., Plomin, R., Fagan, J.F., Thompson, L.A., Phillips, K., Haith, M.M., Cyphers, L.H., & Fulker, D.W. (1990). Infant predictors of preschool and adult IQ : A study of infant twins and their parents. *Developmental Psychology, 25*, 759-769.

Ding, S. (1995). *Developing structural representations : Their role in analogical reasoning.* Unpublished PhD dissertation, University of Nottingham.

Dodd, B. (1979). Lipreading in infancy : Attention to speech in and out of synchrony. *Cognitive Psychology, 11*, 478-484.

Donaldson, M. (1978). *Children's minds.* Glasgow : William Collins.

Dufresne, A., & Kobasigawa, A. (1989).

Children's spontaneous allocation of study time : Differential and sufficient aspects. *Journal of Experimental Child Psychology, 47*, 274-296.

Eimas, P.D., & Quinn, P.C. (1994). Studies on the formation of perceptually-based basic-level categories in young infants. *Child Development, 65*, 903-917.

Ellis, H.D., Ellis, D.M., & Hosie, J.A. (1993). Priming effects in children's face recognition. *British Journal of Psychology, 84*, 101-110.

Ellis, N.C., & Hennelly, R.A. (1980). A bilingual word-length effect : Implications for intelligence testing and the relative ease of mental calculation in Welsh and English. *British Journal of Psychology, 71*, 43-51.

Fagan, J.F. III (1984). The relationship of novelty preferences during infancy to later intelligence and later recognitions memory. *Intelligence, 8*, 339-346.

Fagan, J.F. III (1992). Intelligence : A theoretical viewpoint. *Current Directions in Psychological Science, 1*, 82-86.

Farrar, M.J., & Goodman, G.S. (1990). Developmental differences in the relation between script and episodic memory : Do they exist? In R. Fivush & J. Hudson (Eds.), *Knowing and remembering in young children* (pp.30-64). New York : Cambridge University Press.

Fantz, R.L. (1961). The origin of form perception. *Scientific American, 204*, 66-72.

Field, D. (1987). A review of preschool conservation training : An analysis of analyses. *Developmental Review, 7*, 210-251.

Fischer, K.W. (1980). A theory of cognitive development : The control and construction of hierarchies of skills. *Psychological Review, 87*, 477-531.

Fivush, R., & Hammond, N.R. (1990). Autobiographical memory across the preschool years : Toward reconceptualising childhood amnesia. In R. Fivush & J. Hudson (Eds.), *Knowing and remembering in young children* (pp.223-248). New York : Cambridge University Press.

Flavell, J.H., Beach, D.R., & Chinsky, J.H. (1966). Spontaneous verbal rehearsal in a memory task as a function of age. *Child Development, 37*, 283-299.

Flavell, J.H., Flavell, E.R., & Green, F.I. (1983), Development of appearance-reality distinction. *Cognitive Psychology, 15*, 95-120.

Flavell, J.H., & Wellman, H.M. (1977). Metamemory. In R. Kail & J. Hagen (Eds.), *Perspectives on the development of memory and cognition*. Hillsdale, NJ : Lawrence Erlbaum Associates Inc.

Forrest-Pressley, D.L., MacKinnon, G.E., & Waller, T.G. (1985). *Cognition, metacognion and human performance* (Vol.1). New York : Academic Press.

Freeman, K.E. (1996). *Analogical reasoning in 2-year-olds* : A comparison of formal and problem-solving paradigms. Unpublished PhD thesis, University of Minnesota.

Freud, S. (1938). The psychopathology of everyday life. In A.A. Brill (Ed.), The writings of Sigmund Freud (pp.317-385). New York : Modern Library.

Frye, D., Zelazo, P.D., & Palfai, T. (1995). Theory of mind and rule-based reasoning. *Cognitive Development, 10*, 483-527.

Fuson, K.C., Lyons, B.G., Pergament, G. G., Hall, J.W., & Youngshim, K. (1988). Effects of collection terms on class inclusion and on number tasks. *Cognitive Psychology, 20*, 96-120.

Gallagher, J.M., & Reid, D.K. (1981). *The learning theory of Piaget and Inhelder*. Monterey, CA : Brooks / Cole.

Garcia, J., & Koelling, R.A. (1966). The relation of cue to consequence in avoidance learning. *Psychonomic Science, 4*, 123-124.

Gelman, R. (1990). First principles organise attention to and learning about relevant data : Number and the animate-inanimate distinction as examples. *Cognitive Science, 14*, 79-106.

Gelman, R., Bullock, M., & Meck, E. (1980). Preschooler's understanding of simple object transformations. *Child Development, 51*, 691-699.

Gelman, S.A., & Coley, J.D. (1990). The importance of knowing a dodo is a bird : Categories and inferences in 2-year-old children. *Developmental Psychology, 26*, 796-804.

Gelman, S.A., Coley, J.D., & Gottfried, G.M. (1994). Essentialist beliefs in children : The acquisition of concepts and theories. In L.A. Hirschfeld & S.A. Gelman (Eds.), *Mapping the mind : Domain specificity in cognition and culture* (pp.341-365). Cambridge : Cambridge University Press.

Gelman, S.A., & Gottfried, G.M. (1993). *Causal explanations of animate and inanimate motion*. Unpublished manuscript.

Gelman, S.A., & Kremer, K.E. (1991). Understanding natural cause : Children's explanations of how objects and their properties originate. *Child Development, 62*, 396-414.

Gelman, S.A., & Markman, E.M. (1986). Categories and induction in young children. *Cognition, 23*, 183-209.

Gelman, S.A., & Markman, E.M. (1987). Young children's inductions from natural kinds : The role of categories and appearances. *Child Development, 58*, 1532-1541.

Gelman, S.A., & O'Reilly, A.W. (1988). Children's inductive inferences within superordinate categories : The role of language and category structure. *Child Development, 59*, 876-887.

Gelman, S.A., & Wellman, H.M. (1991). Insides and essences : Early understandings of the non-obvious. *Cognition, 38*, 213-244.

Gentner, D. (1989). The mechanisms of analogical learning. In S. Vosniadou & A. Ortony (Eds.), *Similarity and analogical reasoning* (pp.199-241). Cambridge : Cambridge University Press.

Gergely, G., Nadasdy, Z., Csibra, G., & Biro, S. (1995). Taking the intentional stance at 12 months of age. *Cognition, 56*, 165-193.

Gick, M.L., & Holyoak, K.J. (1980). Analogical problem solving. *Cognitive Psychology, 12*, 306-355.

Gillan, D.J., Premack, D., & Woodruff, G. (1981). Reasoning in the Chimpanzee I : Analogical reasoning. *Journal of Experimental Psychology : Animal Behaviour Processes, 7*, 1-17.

Gilmore, R.O., & Johnson, M.H. (1995). Working memory in infancy : Six-month-olds' performance on two versions of the oculomotor delayed response task. *Journal of Experimental Child Psychology, 59*, 397-418.

Goodman, G.S., & Aman, C. (1990).

Children's use of anatomically detailed dolls to recount an event. *Child Development, 61*, 1859-1871.

Goodman, G.S., Rudy, L., Bottoms, B.L., & Aman, C. (1990). Children's concerns and memory : Issues of ecological validity in the study of children's eyewitness testimony. In R. Fivush & J. Hudson (Eds.), *Knowing and remembering in young children* (pp.331-346). New York : Cambridge University Press.

Goswami, U. (1991). Analogical reasoning : What develops? A review of research and theory. *Child Development, 62*, 1-22.

Goswami, U. (1992) *Analogical reasoning in children*. [Part of series Developmental essays in psychology]. London : Lawrence Erlbaum Associates Ltd.

Goswami, U. (1996). Analogical reasoning and cognitive development. *Advances in Child Development and Behaviour, 26*, 91-138. San Diego, CA : Academic Press.

Goswami, U. & Brown, A. (1989) Melting chocolate and melting snowmen : Analogical reasoning and causal relations. *Cognition, 35*, 69-95.

Goswami, U. & Brown, A.L. (1990). Higher-order structure and relational reasoning : Contrasting analogical and thematic relations. *Cognition, 36*, 207-226.

Goswami, U., Pauen, S., & Wilkening, F. (1996). *The effects of a "family" analogy in class inclusion tasks*. Manuscript in preparation, Department of Experimental Psychology, University of Cambridge.

Haake, R.J., & Somerville, S.C. (1985). The development of logical search skills in infancy. *Developmental Psychology, 21*, 176-186.

Haith, M.M., Hazan, C., & Goodman, G. S. (1988). Expectation and anticipation of dynamic visual events by 3.5-month-old babies. *Child Development, 59*, 467-479.

Halford, G.S. (1984). Can young children integrate premises in transitivity and serial order tasks? *Cognitive Psychology, 16*, 65-93.

Halford, G.S. (1987). A structure-mapping approach to cognitive development. *International Journal of Psychology, 22*, 609-642.

Halford, G.S. (1993). *Children's understanding : The development of mental models*. Hillsdale, NJ : Lawrence Erlbaum Associates Inc.

Harris, P.L., & Nunez, M. (1996). Understanding of permission rules by preschool children. *Child Development, 67*, 1572-1591.

Hayes, L.A,, & Watson, J.S. (1981). Neonatal imitation : Fact or artifact? *Developmental Psychology, 17*, 655-660.

Henry, L.A., & Millar, S. (1993). Why does memory span improve with age? A review of the evidence for two current hypotheses. *European Journal of Cognitive Psychology, 5*, 241-287.

Hepper, P.G. (1988). Foetal "soap" addiction. *The Lancet* (11 June), 1347-1348.

Hepper, P.G. (1992). Fetal psychology : An embryonic science, In J.G. Nijhuis (Ed.), *Fetal behaviour : Developmental and perinatal aspects* (pp.129-156). Oxford : Oxford University Press.

Hirschfeld, L.A., & Gelman, S.A. (1994). Toward a topography of mind : An introduction to domain specificity. In L.A. Hirschfeld & S.A. Gelman (Eds.),

Mapping the mind : Domain specificity in cognition and culture (pp.3-35). Cambridge : Cambridge University Press.

Hitch, G.J, Halliday, S., Dodd, A., & Littler, J.E. (1989). Development of rehearsal in short-term memory : Differences between pictorial and spoken stimuli. *British Journal of Developmental Psychology, 7*, 347-362.

Hitch, G.J., Halliday, S., Schaafstal, A.M., & Schraagen, J.M. (1988). Visual working memory in young children. *Memory & Cognition, 16*, 120-132.

Hodges, R.M., & French, L.A. (1988). The effect of class and collection labels on cardinality, class-inclusion and number conservation tasks. *Child Development, 59*, 1387-1396.

Holyoak, K.J., Junn, E.N., & Billman, D. O. (1984). Development of analogical problem-solving skill. *Child Development, 55*, 2042-2055.

Holyoak, K.J., & Thagard, P. (1995). *Mental leaps*. Cambridge, MA : MIT Press.(キース・J・ホリオーク，ポール・サガード『アナロジーの力——認知科学の新しい探求』鈴木宏昭・河原哲雄監訳，新曜社，1998)

Hood, B.M. (1995). Gravity rules for 2- to 4-year-olds? *Cognitive Development, 10*, 577-598.

Hood, L., & Bloom, L. (1979). What, when, and how about why : A longitudinal study of the early expressions of causality. *Monographs of the Society for Research in Child Development, 44* (6, serial no. 181).

Howe, M.L., & Courage, M.L. (1993). On resolving the enigma of infantile autism. *Psychological Bulletin, 113*, 305-326.

Hudson, J.A. (1990). The emergence of autobiographical memory in mother-child conversation. In R. Fivush & J. Hudson (Eds.), *Knowing and remembering in young children*. New York : Cambridge University Press.

Hulme, C., Thomson, N., Muir, C., & Lawrence, A. (1984). Speech rate and the development of short-term memory span. *Journal of Experimental Child Psychology, 38*, 241-253.

Hulme, C., & Tordoff, V. (1989). Working memory development : The effects of speech rate, word length, and acoustic similarity on serial recall. *Journal of Experimental Child Psychology, 47*, 72-87.

Inagaki, K., & Hatano, G. (1987). Young children's spontaneous personification as analogy. *Child Development, 58*, 1013-1020.

Inagaki, K., & Hatano, G. (1993). Young children's understanding of the mind-body distinction. *Child Development, 64*, 1534-1549.

Inagaki, K., & Sugiyama, K. (1988). Attributing human characteristics : Developmental changes in over-and under-attribution. *Cognitive Development, 3*, 55-70.

Inhelder, B., de Caprona, D., & Cornu-Wells, A. (1987). *Piaget today*. Hillsdale, NJ : Lawrence Erlbaum Associates Inc.

Inhelder, B., & Piaget, J. (1958). *The growth of logical thinking from childhood to adolescence*. New York : Basic Books.

Johansson, G. (1973). Visual perception of biological motion and a model for its analysis. *Perception & Psychophysics, 14*, 201-211.

Johnson, M. (1997). *Developmental cognitive neuroscience*. Oxford : Blackwell.

Johnson-Laird, P.N., Legrenzi, P., & Sonino-Legrenzi, M. (1972). Reasoning and a sense of reality. *British Journal of Psychology, 63*, 395-400.

Johnson-Laird, P.N. & Wason, P.C. (1977). A theoretical analysis of insight into a reasoning task. In P.N. Johnson-Laird & P.C. Wason (Eds.), *Thinking : Readings in cognitive science*. Cambridge : Cambridge University Press.

Jones, S.S., & Smith, L.B. (1993). The place of perception in children's concepts. *Cognitive Development, 8*, 113-139.

Justice, E.M. (1985). Categorisation as a preferred memory strategy : Developmental changes during elementary school. *Developmental Psychology, 6*, 1105-1110.

Kaiser, M.K., McCloskey, M., & Profitt, D.R. (1986). Development of intuitive theories of motion : Curvilinear motion in the absence of external forces. *Developmental Psychology, 22*, 67-71.

Kaiser, M.K., Profitt, D.R. & McCloskey, M. (1985). The development of beliefs about falling objects. *Perception & Psychophysics, 38*, 533-539.

Karmiloff-Smith, A. (1992). *Beyond modularity : A developmental perspective on cognitive science*. Cambridge, MA : MIT Press / Bradford Books. (カミロフ‐スミス『人間発達の認知科学――精神のモジュール性を超えて』小島康次・小林好和監訳, ミネルヴァ書房, 1997)

Karmiloff-Smith, A. (1994). Precis of "Beyond modularity : A developmental perspective on cognitive science". *Behavioural and Brain Sciences, 17*, 693-745.

Keane, M.K. (1988). *Analogical problem solving*. Chichester, UK : Ellis Horwood.

Keil, F.C. (1987). Conceptual development and category structure. In U. Neisser, (Ed.) *Concepts and conceptual development : Ecological and intellectual factors in categorisation* (pp.175-200). Cambridge : Cambridge University Press.

Keil, F.C. (1989). *Concepts, kinds and cognitive development*. Cambridge, MA : MIT Press.

Keil, F.C. (1991). The emergence of theoretical beliefs as constraints on concepts. In S. Carey & R. Gelman (Eds.), *The epigenesis of mind : Essays on biology & cognition* (pp.237-256). Hillsdale, NJ : Lawrence Erlbaum Associates Inc.

Keil, F.C. (1994). The birth and nurturance of concepts of domains : The origins of concepts of living things. In L.A. Hirschfeld & S.A. Gelman (Eds.), *Mapping the mind* (pp.234-254). New York : Cambridge.

Keil, F.C., & Batterman, N. (1984). A characteristic-to-defining shift in the development of word meaning. *Journal of Verbal Learning & Verbal Behaviour, 23*, 221-236.

Klahr, D., Fay, A.L., & Dunbar, K. (1993). Heuristics for scientific experimentation : A developmental study. *Cognitive Psychology, 25*, 111-146.

Krist, H., Fieberg, E.L., & Wilkening, F. (1993). Intuitive physics in action and judgement : The development of knowledge about projectile motion. *Journal of Experimental Psychology : Learning, Memory & Cognition, 19*, 952-966.

Kuhn, D. (1989). Children and adults as intuitive scientists. *Psychological Review, 96*, 674-689.

Kuhn, D., Amsel, E., & O'Loughlin, M. (1988). *The development of scientific thinking skills*. San Diego : Academic Press.

Kuhn, D., Garcia-Mila, M., Zohar, A., & Andersen, C. (1995). Strategies of knowledge acquisition. *Monographs of the Society for Research in Child Development, 60*, No.4.

Kunzinger, E.L., & Witryol, S.L. (1984). The effects of differential incentives on second-grade rehearsal and free recall. *Journal of Genetic Psychology, 144*, 19-30.

Kurtz, B.E., & Weinert, F.E. (1989). Metamemory, memory performance and causal attributions in gifted and average children. *Journal of Experimental Child Psychology, 48*, 45-61.

Lakoff, G. (1986). *Women, Fire and Dangerous Things : What categories tell us about the nature of thought*. Chicago : University of Chicago Press. (ジョージ・レイコフ『認知意味論──言語から見た人間の心』池上嘉彦・河上誓作ほか訳, 紀伊國屋書店, 1993)

Lakoff, G. (1987). Cognitive models and prototype theory. In U. Neisser (Ed.). *Concepts and conceptual development : Ecological and intellectual factors in categorisation* (pp.63-100). Cambridge : Cambridge University Press.

Lamsfuss, S. (1995, March). *Regularity of movement and the animate-inanimate distinction*. Poster presented at the Biennial Meeting of the Society for Research in Child Development, Indianapolis, IN.

Lane, D.M., & Pearson, D.A. (1982). The development of selective attention. *Merrill-Palmer Quarterly, 28*, 317-337.

Leavers, H.J., & Harris, P.L. (1997). Persisting effects of instruction on young children's syllogistic reasoning. Unpublished manuscript, University of Oxford, U.K.

Leslie, A.M. (1994). ToMM, ToBY and Agency. : Core architecture and domain specificity. In L.A. Hirschfeld & S.A. Gelman (Eds.), *Mapping the mind* (pp.119-148). New York : Cambridge.

Leslie, A.M., & Keeble, S. (1987). Do six-month-old infants perceive causality? *Cognition, 25*, 265-288.

Light, P., Blaye, A., Gilly, M., & Girotto, V. (1989). Pragmatic schemas and logical reasoning in 6- to 8-year-old children. *Cognitive Development, 4*, 49-64.

Light, P., Buckingham, N., & Robbins, A.H. (1979). The conservation task as an interactional setting. *British Journal of Educational Psychology, 49*, 304-310.

Loftus, E.F. (1979). *Eyewitness testimony*. Cambridge : Harvard University Press. (ロフタス『目撃者の証言』西本武彦訳, 誠信書房, 1987)

Lunzer, E.A. (1965). Problems of formal reasoning in test situations. In P.H. Mussen (Ed.), European Research in Child Development. *Monographs of the Society for Research in Child Development, 30*, No.2, pp.19-46.

Massey, C.M., & Gelman, R. (1988). Preschooler's ability to decide whether a photographed object can move itself. *Developmental Psychology, 24*, 307-317.

Mandler, J.M. (1988). How to build a baby : On the development of an accessible representational system. *Cognitive Development, 3*, 113-136.

Mandler, J.M. (1990). Recall and its verbal expression. In R. Fivush & J. Hudson (Eds.), *Knowing and Remembering in Young Children*, pp.317-330. New York : Cambridge University Press.

Mandler, J.M. (1992). How to build a baby II : Conceptual primitives. *Psychological Review, 99*, 587-604.

Mandler, J.M., & Bauer, P.J. (1988). The cradle of categorisation : Is the basic level basic? *Cognitive Development, 3*, 247-264.

Mandler, J.M., Bauer, P.J., & McDonough, L. (1991). Separating the sheep from the goats : Differentiating global categories. *Cognitive Psychology, 23*, 263-298.

Mandler, J.M., & McDonough, L. (1993). Concept formation in infancy. *Cognitive Development, 8*, 291-318.

Mandler, J.M., & McDonough, L. (1995). Long-term recall of event sequences in infancy. *Journal of Experimental Child Psychology, 59*, 457-474.

Markman, E.M., & Seibert, K.J. (1976). Classes and collections : Internal organisation and resulting holistic properties. *Cognitive Psychology, 8*, 561-577.

Marzolf, D.P., & DeLoache, J.S. (1994). Transfer in young children's understanding of Spatial Representations. *Child Development, 65*, 1-15.

McCall, R.B., & Carriger, M.S. (1993). A meta-analysis of infant habituation and recognition memory performance as predictors of later I.Q. *Child Development, 64*, 57-79.

McEvoy, J., & O'Moore, A.M. (1991). Number conservation : A fair assessment of numerical understanding? *Irish Journal of Psychology, 12*, 325-337.

McGarrigle, J., & Donaldson, M. (1975). Conservation accidents. *Cognition, 3*, 341-350.

McKee, R.D., & Squire, L.R. (1993). On the development of declarative memory. *Journal of Experimental Psychology : Learning, Memory & Cognition, 19*, 397-404.

McKenzie, B.E., & Bigelow, E. (1986). Detour behaviour in young human infants. *British Journal of Developmental Psychology, 4*, 139-148.

McKenzie, B.E., Day, R.H., & Ihsen, E. (1984). Localisation of events in space : Young infants are not always egocentric. *British Journal of Developmental Psychology, 2*, 1-10.

McKenzie, B., & Over, R. (1983). Young infants fail to imitate facial and manual gestures. *Infant Behaviour & Development, 6*, 85-95.

Medin, D.L. (1989). Concepts and conceptual structure. *American Psychologist, 44*, 1469-1481.

Medin, D.L., & Schaffer, M.M. (1978). Context theory of classification learning. *Psychological Review, 85*, 207-238.

Mehler, J., & Bertoncini, J. (1979). Infant's perception of speech and other acoustic stimuli. In J. Morton & J. Marshall (Eds.), *Psycholinguistic Series II*. London : Elek Books.

Meltzoff, A.N. (1985). Immediate and deferred imitation in 14- and 24-month-old infants. *Child Development, 56*, 62-72.

Meltzoff, A.N. (1988a). Infant imitation after a 1-week delay : Long-term memory for novel acts and multiple stimuli. *Developmental Psychology, 24*, 470-476.

Meltzoff, A.N. (1988b). Infant imitation and memory : Nine-month-olds in immediate and deferred tests. *Child Development, 59,* 217-225.

Meltzoff, A.N. (1988c). Imitation of televised models by infants. *Child Development, 59,* 1221-1229.

Meltzoff, A.N. (1995). Understanding the intentions of others : Re-enactment of intended acts by 18-month-old children. *Developmental Psychology, 31,* 838-850.

Meltzoff, A.N., & Borton, R.W. (1979). Intermodal matching by human neonates. *Nature, 282,* 403-404.

Meltzoff, A.N. & Moore, M.K. (1977). Imitation of facial and manual gestures by human neonates. *Science, 198,* 75-78.

Meltzoff, A.N., & Moore, M.K. (1983). Newborn infants imitate adult facial gestures. *Child Development, 54,* 702-709.

Mendelson, R., & Shultz, T.R. (1975). Covariation and temporal contiguity as principles of causal inference in young children. *Journal of Experimental Child Psychology, 22,* 408-412.

Mervis, C.B. (1987). Child-basic object categories and early lexical development. In U. Neisser (Ed.). *Concepts and conceptual development : Ecological and intellectual factors in categorisation* (pp.201-233). Cambridge : Cambridge University Press.

Mervis, C.B., & Pani, J.R. (1980). Acquisition of basic object categories. *Cognitive Psychology, 12,* 496-522.

Michotte, A. (1963). *The Perception of causality.* Andover, UK : Methuen.

Miller, P.H. (1989). *Theories of developmental psychology* (2nd Edition). New York : Freeman.

Miller, S.A. (1982). On the generalisability of conservation : A comparison of different kinds of transformation. *British Journal of Psychology, 73,* 221-230.

Milner, B. (1963). Effects of brain lesions on card sorting. *Archives of Neurology, 9,* 90-100.

Moore, D., Benenson, J., Reznick, S.J., Peterson, M., & Kagan, J. (1987). Effect of auditory numerical information infants' looking behaviour : Contradictory evidence. *Developmental Psychology, 23,* 665-670.

Murphy, G.L. (1982). Cue validity and levels of categorisation. *Psychological Bulletin, 91,* 174-177.

Myers, N.A., Clifton, R.K., & Clarkson, M.G. (1987). When they were very young : Almost-threes remember two years ago. *Infant Behaviour & Development, 10,* 128-132.

Naito, M. (1990). Repetition priming in children and adults : Age-related dissociation between implicit and explicit memory. *Journal of Experimental Child Psychology, 50,* 462-484.

Naus, M.J., Ornstein, P.A., & Aviano, S. (1977). Developmental changes in memory : The effects of processing time and rehearsal instructions. *Journal of Experimental Child Psychology, 23,* 237-251.

Neisser, U. (1987). *Concepts and conceptual development : Ecological and intellectual factors in categorisation.* Cambridge : Cambridge University Press.

Nelson, K. (1986). *Event knowledge : Structure and function in development.* Hillsdale, NJ : Lawrence Erlbaum

Associates Inc.
Nelson, K. (1988). The ontogeny of memory for real events. In U. Neisser & E. Winograd (Eds.), *Remembering reconsidered : Ecological and traditional approaches to the study of memory* (pp.244-276). New York : Cambridge University Press.
Nelson, K. (1993). The psychological and social origins of autobiographical memory. *Psychological Science, 4*, 7-14.
Newcombe, N. & Fox, N.A. (1994). Infantile amnesia : Through a glass darkly. *Child Development, 65*, 31-40.
O'Connor, N., & Hermelin, B. (1973). Spatial or temporal organisation of short-term memory. *Quarterly Journal of Experimental Psychology, 25*, 335-343.
Ornstein, P.A., Gordon, B.N., & Larus, D. M. (1992). Children's memory for a personally-experienced event : Implications for testimony. *Applied Developmental Psychology, 6*, 49-60.
O'Sullivan, J.T. (1993). Preschoolers' beliefs about effort, incentives and recall. *Journal of Experimental Child Psychology, 55*, 396-414.
Pascual-Leone, J. (1970). A mathematical model for the transition rule in Piaget's developmental stages. *Acta Psychologica, 32*, 301-345.
Pascual-Leone, J. (1987). Organismic processes for neo-Piagetian theories : A dialectical causal account of cognitive development. *International Journal of Psychology, 22*, 531-570.
Pauen, S. (1996a). Wie klassifizieren Kinder Lebeweesen und Artefakte? Zur Rolle des Aussehens und der Funktion von Komponenten. *Zeitschrift für Entwicklungspsychologie und Pädagogische Psychologie, 28*, 280-32.
Pauen, S. (1996b). The development of ontological categories : Stable dimensions and changing concepts. Unpublished manuscript, University of Tuebingen, Germany.
Pauen, S. (1996c). Children's reasoning about the interaction of forces. *Child Development, 67*, 2728-2742.
Pauen, S. (1996d). Children's reasoning about the interaction of forces. *Child Development, Vol. 67 (6)*, 2728-2742.
Pauen, S., & Wilkening, F. (1996). Children's analogical reasoning about natural phenomena. *Journal of Experimental Child Psychology, Vol. 67 (1)*, 90-113. Unpublished manuscript, University of Tuebingen, Germany.
Pears, R., & Bryant, P. (1990). Transitive inferences by young children about spatial position. *British Journal of Psychology, 81*, 497-510.
Pennington, B.F. (1994). The working memory function of the prefrontal cortices : Implications for developmental and individual differences in cognition, In M.M. Haith, J. Benson, R. Roberts, & B.F. Pennington (Eds.), *The development of future oriented processes* (pp.243-289). Chicago : University of Chicago Press.
Perris, E.E., Myers, N.A., & Clifton, R.K. (1990). Long-term memory for a single infancy experience. *Child Development, 61*, 1796-1807.
Piaget, J. (1952). *The Child's conception number*. London : Routledge & Kegan Paul.
Piaget, J. (1960). The general problems of the psychobiological development of the child. In J.M. Tanner & B. Inhelder (Eds.), *Discussions on child development* (Vol.4, pp.3-27).

London : Tavistock.
Piaget, J., & Inhelder, B.A. (1956). *The child's conception of space*. London : Routledge & Kegan Paul.
Piaget, J., Montangero, J., & Billeter, J. (1977). Les correlats. In J. Piaget (Ed.), *L'Abstraction réfléchissante. Paris : Presses Universitaires de France.*
Quinn, P.C. (1994). The categorisation of above and below spatial relations by young infants. *Child Development, 65*, 58-69.
Reese, E., Haden, C.A., & Fivush, R. (1993). Mother-child conversations about the past : Relationships of style and memory over time. *Cognitive Development, 8*, 403-430.
Rieser, J.J., Doxey, P.A., McCarrell, N.J., & Brooks, P.H. (1982). Wayfinding and toddlers' use of information from an aerial view of a maze. *Developmental Psychology, 18*, 714-720.
Roodenrys, S., Hulme, C., & Brown, G. (1993). The development of short-term memory, span : Separable effects of speech rate and long-term memory. *Journal of Experimental Child Psychology, 56*, 431-442.
Rosch, E. (1978). Principles of categorisation. In E. Rosch & B.B. Lloyd (Eds.), *Cognition and categorisation*. Hillsdale, NJ : Lawrence Erlbaum Associates Inc.
Rosch, E., & Mervis, C.B. (1975). Family resemblances : Studies in the internal structure of categories. *Cognitive Psychology, 7*, 573-605.
Rosch, E., Mervis, C.B., Gray, W.D., Johnson, M.D., & Boyes-Braem, P. (1976). Basic objects in natural categories. *Cognitive Psychology, 8*, 382-439.

Rose, S., & Blank, N. (1974). The potency of context in children's cognition : An illustration through conservation. *Child Development, 45*, 499-502.
Rose, S.A., & Feldman, J.F. (1995). Prediction of I.Q. and specific cognitive abilities at 11years from infancy measures. *Developmental Psychology, 31*, 685-696.
Rosengren, K.S., Gelman, S.A., Kalish, C. W., & McCormick, M. (1991). As time goes by : Children's early understanding of growth in animals. *Child Development, 62*, 1302-1320.
Rovee-Collier, C.K. (1993). The capacity for long-term memory in infancy. *Current Directions in Psychological Science, 2*, 130-135.
Rovee-Collier, C., & Hayne, H. (1987). Reactivation of infant memory : Implications for cognitive development. *Advances in Child Development and Behaviour, 20*, 185-238.
Rovee-Collier, C., Schechter, A., Shyi, G. C.W., & Shields, P. (1992). Perceptual identification of contextual attributes and infant memory retrieval. *Developmental Psychology, 28*, 307-318.
Rovee-Collier, C.K., Sullivan, M. W., Enright, M., Lucas, D., & Fagen, J.W. (1980). Reactivation of infant memory. *Science, 208*, 1159-1161
Rudy, L., & Goodman, G.S. (1991). Effects of participation on children's reports : Implications for children's testimony. *Developmental Psychology, 27*, 527-538.
Ruffman, T., Perner, J., Olson, D., & Doherty, M, (1993). Reflecting on scientific thinking : Children's understanding of the hypothesis-

evidence relation. *Child Development, 64*, 1617-1636.

Rumelhart, D.E., & Abramson, A.A. (1983). A model for analogical reasoning. *Cognitive Psychology, 5*, 1-28.

Russell, J. (1996). *Agency : Its role in mental development*. Hove, UK : Psychology Press.

Russo, R., Nichelli, P., Gibertoni, M., & Cornia, C. (1995). Developmental trends in implicit and explicit memory : A picture completion study. *Journal of Experimental Child Psychology, 59*, 566-578.

Samuel, J. & Bryant, P.E. (1984). Asking only one question in the conservation experiment. *Journal of Child Psychology and Psychiatry, 25*, 315-318.

Schachter, D.L., & Moscovitch, M. (1984). Infants, amnesics and dissociable memory systems. In M. Moscovitch (Ed.), *Infant memory : Its relation to normal and pathological memory in humans and other animals* (pp.173-216). New York : Plenum Press.

Schaffer, D.R. (1985). *Developmental psychology : Theory, research and applications*. Belmont, CA : Wadsworth Inc.

Schneider, W. (1985). Developmental trends in the metamemory-memory behaviour relationship : An integrative review. In D.L. Forrest-Pressley, G.E. MacKinnon & T.G. Waller (Eds.), *Cognition, metacognition and human performance* (Vol.1, pp.57-109), Orlando, FL : Academic Press.

Schneider, W. (1986). The role of conceptual knowledge and metamemory in the development of organisational processes in memory. *Journal of Experimental Child Psychology, 42*, 218-236.

Schneider, W., & Bjorklund, D.F. (1998). Memory. To appear in K. Kuhn & R. Siegler, (Eds.), *Handbook of child psychology, 5th Ed., Vol.2, Cognition, perception and language*.

Schneider, W., Boes, K., & Rieder, H. (1993). Performance prediction in adolescent top tennis players. In J. Beckmann, H. Strang & E. Hahn (Eds.), *Aufmerksamkeit und Energetisierung*. Goettingen : Hogrefe.

Schneider, W., Gruber, H., Gold, A., & Opwis, K. (1993). Chess expertise and memory for chess positions in children and adults. *Journal of Experimental Child Psychology, 56*, 328-349.

Schneider, W., Korkel, J., & Weinert, F.E. (1989). Domain-specific knowledge and memory performance : A comparison of high- and low-aptitude children. *Journal of Educational Psychology, 81*, 306-312.

Schneider, W., & Pressley, M. (1989). *Memory development between 2 and 20*. New York : Springer.

Schneider, W., & Sodian, B. (1988). Metamemory-memory behaviour relationships in young children : Evidence from a memory-for-location task. *Journal of Experimental Child Psychology, 45*, 209-233.

Sedlak, A.J., & Kurtz, S.T. (1981). A review of children's use of causal inference principles. *Child Development, 52*, 759-784.

Shanks, D.R. & St. John, M.F. (1994). Characteristics of dissociable human learning systems. *Behavioural and Brain Sciences, 17*, 367-447.

Shultz, T.R. (1982). Rules of causal attribution. *Monographs of the Society* for Research in Child Development, 47 (1, Serial No.194).

Shultz, T.R., Fisher, G.W., Pratt, C.C., & Rulf, S. (1986). Selection of causal rules. Child Development, 57, 143-152.

Shultz, T.R., & Kestenbaum, N.R. (1985). Causal reasoning in children. Annals of Child Development, 2, 195-249.

Shultz, T.R., & Mendelson, R. (1975). The use of covariation as a principle of causal analysis. Child Development, 46, 394-399.

Shultz, T.R., Pardo, S., & Altmann, E. (1982). Young children's use of transitive inference in causal chains. British Journal of Psychology, 73, 235-241.

Shultz, T.R., & Ravinsky, F.B. (1977). Similarity as a principle of causal inference. Child Development, 48, 1552-1558.

Siegal, M. (1991). Knowing children : Experiments in conversation and cognition. Hillsdale, NJ : Lawrence Erlbaum Associates Inc. (M・シーガル『子どもは誤解されている──「発達」の神話に隠された能力』鈴木敦子ほか訳, 新曜社, 1993)

Siegler, R.S. (1978). Children's thinking : What develops? Hillsdale, NJ : Lawrence Erlbaum Associates Inc. (ロバート・S・シーグラー『子どもの思考』無藤隆・日笠摩子訳, 誠信書房, 1992)

Siegler, R.S. (1995). How does change occur : A microgenetic study of number conservation. Cognitive Psychology, 28, 225-273.

Siegler, R.S., & Liebert, R.M. (1974). Effects of contiguity, regularity and age on children's causal inferences. Developmental Psychology, 10, 574-579.

Sigman, M., Cohen, S.E., Beckwith, L., Asarnow, R., & Parmelee, A.H. (1991). Continuity in cognitive abilities from infancy to 12 years of age. Cognitive Development, 6, 47-57.

Sigman, M., Cohen, S.E., Beckwith, L., & Parmelee, A.H. (1986). Infant attention in relation to intellectual abilities in childhood. Developmental Psychology, 22, 788-792.

Simon, T. J., Hespos, S. J., & Rochat, P. (1995). Do infants understand simple arithmetic? A replication of Wynn (1992). Cognitive Development,10, 253-269.

Simons, D. J., & Keil, F.C. (1995). An abstract to concrete shift in the development of biological thought : The insides story. Cognition, 56, 129-163.

Slater, A.M. (1989). Visual memory and perception in early infancy. In A.M. Slater & G. Bremner (Eds.), Infant development (pp.43-71). Hove, UK : Lawrence Erlbaum Associates Ltd.

Slater, A.M., Morison, V., & Rose, D. (1983). Perception of shape by the newborn baby. British Journal of Developmental Psychology, 1, 135-142.

Smiley, S., & Brown, A.L. (1979). Conceptual preferences for thematic or taxonomic relations : A nonmonotonic age trend from preschool to old age. Journal of Experimental Child Psychology, 28, 249-257.

Smith, L. (1982). Class inclusion and conclusions about Piagets theory. British Journal of Psychology, 73, 267-276.

Sodian, B., Zaitchek, D., & Carey, S. (1991). Young children's differentiation of hypothetical beliefs from evidence. *Child Development, 62*, 753-766.

Somerville, S.C., & Capuani-Shumaker, A. (1984). Logical searches of young children in hiding and finding tasks. *British Journal of Developmental Psychology, 2*, 315-328.

Somerville, S.C., Wellman, H.M., & Cultice, J.C. (1983). Young children's deliberate reminding. *Journal of Genetic Psychology, 143*, 87-96.

Sophian, C., & Somerville, S.C. (1988). Early developments in logical reasoning : Considering alternative possibilities. *Cognitive Development, 3*, 183-222.

Spelke, E.S. (1976). Infants' intermodal perception of events. *Cognitive Psychology, 8*, 553-560.

Spelke, E.S. (1991). Physical knowledge in infancy : Reflections on Piaget's theory. In S. Carey & R. Gelman (Eds.), *The epigenesis of mind : Essays on biology and cognition* (pp.133-169). Hillsdale, NJ : Lawrence Erlbaum Associates Inc.

Spelke, E.S., Phillips, A., & Woodward, A. L. (1995). Infants' knowledge of object motion and human action. In D. Sperber, D. Premack, & A. Premack (Eds.), *Causal cognition : A multidisciplinary debate* (pp.44-78). Oxford : Oxford University Press.

Starkey, P., & Cooper, R.G. (1980). Perception of number by human infants. *Science, 210*, 1033-1035.

Starkey, P., Spelke, E.S., & Gelman, R. (1983). Detection of intermodal numerical correspondences by human infants. *Science, 222*, 179-181.

Stechler, G., & Latz, E. (1966). Some observations on attention and arousal in the human infant. *Journal of the American Academy of Child Psychology, 5*, 517-525.

Strauss, S. (in press). Review of Goswami, U. : Analogical reasoning in children. *Pragmatics & Cognition*.

Tipper, S.P., Bourque, T.A., Anderson, S. H., & Brehaut, J.C. (1989). Mechanisms of attention : A developmental study : *Journal of Experimental Child Psychology, 48*, 353-378.

Tomasello, M. (1990). Cultural transmission in the tool use and communicatory signalling of chimpanzees? In S. Parker & K. Gibson (Eds.), *Language and intelligence in monkeys and apes : Comparative developmental perspectives* (pp.274-311). Cambridge : Cambridge University Press.

Turkewitz, G. (1995). The what and why of infancy and cognitive development. *Cognitive Development, 10*, 459-465.

Vaughan, Jr. W., & Greene, S.L. (1984). Pigeon visual memory capacity. *Journal of Experimental Psychotherapy : Animal Behaviour Processes, 10*, 265-271.

Viennot, L. (1979). Spontaneous reasoning in elementary dynamics. *European Journal of Science Education, 1*, 205-221.

Vintner, A. (1986). The role of movement in eliciting early imitations. *Child Development, 57*, 66-71.

Visalberghi, E., & Fragaszy, D. (1990). Do monkeys ape? In S. Parker & K. Gibson (Eds.), *Language and intelligence in monkeys and apes : Comparative developmental perspectives* (pp.247-273). Cambridge : Cambridge University Press.

Waldmann, M.R., Holyoak, K.J., &

Fratianne, A. (1995). Causal models and the acquisition of category structure. *Journal of Experimental Psychology : General, 124*, 181-206.

Wason, P.C. (1966). Reasoning. In B. Foss (Ed.), *New horizons in psychology*. Harmondsworth, UK : Penguin Books.

Wason, P.C., & Johnson-Laird, P.N. (1972). *Psychology of reasoning : Structure and content*. Cambridge, MA : Harvard University Press.

Waxman, S.R. (1990). Linguistic biases and the establishment of conceptual hierarchies : Evidence from preschool children. *Cognitive Development, 5*, 123-150.

Wellman, H.M. (1978), Knowledge of the interaction of memory variables : A developmental study of metamemory. *Developmental Psychology, 14*, 24-29.

Wellman, H.M., & Gelman, S.A. (1998). Knowledge acquisition in foundational domains. In D. Kuhn & R. Siegler (Eds.), *Cognition, perception and language. Volume 2 of the Handbook of Child Psychology* (5th edition). [Editor in Chief : William Damon.] New York : Wiley.

Wellman, H.M., Ritter, K., & Flavell, J. (1975). Deliberate memory development in the delayed reactions of very young children. *Developmental Psychology, 11*, 780-787.

Wellman, H.M., Somerville, S.C., & Haake, R.J. (1979), Development of search procedures in real-life spatial environments. *Developmental Psychology, 15*, 530-542.

White, P.A. (1993). *The understanding of causation and the production of action : From infancy to adulthood*. Hove, UK : Lawrence Erlbaum Associates Ltd.

Whiten, A., & Ham, R. (1992). On the nature and evolution of imitation in the animal kingdom : Reappraisal of a century of research. In P.B. Slater, J. S. Rosenblatt, C. Beer, & M. Milinski (Eds.), *Advances in the study of behaviour* (pp.239-283). San Diego, CA : Academic Press.

Wilkening, F. (1981). Integrating velocity, time and distance information : A developmental study. *Cognitive Psychology, 13*, 231-247,

Wilkening, F. (1982). Children's knowledge about time, distance and velocity interrelations. In W.J. Friedman (Ed.), *The developmental psychology of time* (pp.87-112). New York : Academic Press.

Wilkening, F., & Anderson, N.H. (1991). Representation and diagnosis of knowledge structures in developmental psychology. In N.H. Anderson (Ed.), *Contributions to information integration theory : vol.III. Developmental* (pp.43-80). Hillsdale, NJ : Lawrence Erlbaum Associates Inc.

Winston, P.H. (1980, December). Learning and reasoning by analogy. In *Communications of the ACM, 23* (12).

Wynn, K. (1992). Addition and subtraction by human infants. *Nature, 358*, 749-750.

Xu, F., & Carey, S. (1996). Infants' metaphysics : The case of numerical identity. *Cognitive Psychology, 30*, 111-153.

Younger, B.A. (1985). The segregation of items into categories by 10-month-old infants. *Child Development, 56*, 1574-1583.

Younger, B.A. (1990). Infants' detection of correlations among feature categories. *Child Development, 61*, 614-620.

Younger, B.A., & Cohen, L.B. (1983). Infant perception of correlations among attributes. *Child Development, 54*, 858-867.

Yussen, S.R., & Levy, V.M. (1975). Developmental changes in predicting one's own span of short-term memory. *Journal of Experimental Child Psychology, 19*, 502-508.

Zelazo, P.D., Frye, D., & Rapus, T. (1996). An age-related dissociation between knowing rules and using them. *Cognitive Development, 11*, 37-63.

人名索引①

▶あ

アヴィアノ Aviano, S. 242
アンダーソン Anderson, J.R. 72, 76, 81, 87
アンダーソン Anderson, N.H. 38, 176-7, 184, 186, 188, 315-6, 326
アンダーソン Anderson, S.H. 236

イーセン Ihsen, E. 51
稲垣佳世子 Inagaki, K. 122, 126, 140

ウィトリヨル Witryol, S.L. 242
ウィルケニング Wilkening, F. 139, 176-7, 180-4, 186-8, 192, 298, 315-6, 327
ウィン Wynn, K. 59-62
ウィンストン Winston, P.H. 85, 264
ヴィントナー Vintner, A. 32
ウェイソン Wason, P.C. 274-5
ウェルマン Wellman, H.M. 115-6, 123, 140-1, 146, 164-6, 240-1, 246-7
ウォルドマン Waldmann, M.R. 188, 190
ウッドワード Woodward, A.L. 67-8

エイマス Eimas, P.D. 46, 97, 132
エリス Ellis, D.M. 208
エリス Ellis, H.D. 208
エリス Ellis, N.C. 229
エルキンド Elkind, D. 286-8

オクスナー Ochsner 218
オーサリバン O'Sullivan, J.T. 243
オッコナー O'Connor, N. 228
オルソン Olson, D. 172
オレイリィ O'Reilly, A.W. 118
オーンスタイン Ornstein, P.A. 221-2, 242

▶か

カイル Keil, F.C. 116-8, 124-6, 130-1, 137, 140
カースナー Kirsner, K. 205
カッティング Cutting, A.L. 111, 189-90
カッティング Cutting, J.E. 111, 189-90
カーミロフ-スミス Karmiloff-Smith, A. 4,
256-9, 340-1
カルティス Cultice, J.C. 241

ギバートニ Gibertoni, M. 206
キーブル Keeble, S. 64, 317
キャシディ Cassidy, D.J. 240
キャッセル Cassell, W.S. 218-9, 220
キャプアニ-シューメーカー Capuani-Shumaker, A. 166-8
キャプト Caputo, N.F. 42-3
キャリガー Carriger, M.S. 38, 235
キャロル Carroll, M. 205
キャンベル Campbell, T. 85
ギルモア Gilmore, R.O. 25-7

クイン Quinn, P.C. 46, 97, 132
グッドマン Goodman, G.S. 24, 214-5, 218-22
クーパー Cooper, R.G. 58-9
クラークソン Clarkson, M.G. 19, 24
グラバー Graber, M. 48-51, 76, 79
クラブ Clubb, P.A. 222-3
クリスト Krist, H. 187
クリフトン Clifton, R.K. 18-9, 23-4
クルツ Kurtz, S.T. 158, 192, 249-50
クレーマー Kremer, K.E. 127
クーン Kuhn, D. 139, 169-70, 172, 327-8
クンジンガー Kunzinger, E.L. 242-3

ケアリー Carey, S. 56-8, 63, 87, 137, 139-40, 169, 254, 270
ケイリッシュ Kalish, C.W. 120
ケクレ Kekule 264
ケース Case, R. 255, 301
ケステンバウム Kestenbaum, N.R. 145
ゲルゲイ Gergely, G. 70-2
ゲルマン Gelman, R. 63, 112-3, 115-6, 137, 141, 147-50, 154-5, 157, 160, 163-4, 334
ゲルマン Gelman, S.A. 105-8, 114-6, 118, 120, 123, 127-8, 137, 140-1, 146, 334

コーエン Cohen, L.B. 42-5, 58, 97
コーエン Cohen, S.E. 35
ゴスワミ Goswami, U. 85, 87, 139, 164, 189,

265-7, 270, 298-9, 301-2, 327
ゴードン Gordon, B.N. 221
コーニア Cornia, C. 206
コーネル Cornell, E.H. 16-7, 23, 36
コバシガワ Kobasigawa, A. 248
コーリー Coley, J.D. 105-7, 114
コンラッド Conrad, R. 225-6, 227, 230

▶ さ ─────────────

サイモン Simon, T.J. 60-2
サイモンズ Simons, D.J. 116-7
サガード Thagard, P. 264-5
サマヴィル Somerville, S.C. 165-8, 241
サミュエル Samuel, J. 292
ザラゴーザ Zaragoza 218

シェーンフェルド Schoenfeld, E. 286-8
シェイファー Schaffer, D.R. 287
シーガル Siegal, M. 290
シグマン Sigman, M.D. 35-6, 87
シーグラー Siegler, R.S. 156-7, 174-7, 294
シブラ Csibra, G. 70
ジャスティス Justice, E.M. 247-8
シャフスタル Schaafstal, A.M. 226
シャボー Chabaud, S. 297
シャンクス Shanks, D.R. 209, 343
シュナイダー Schneider, W. 228, 243-6, 249, 252-4
シュラーガン Schraagan, J.M. 226
シュルツ Shultz, T.R. 145, 155-62, 164, 186, 192
ジュン Junn, E.N. 269
ショアー Shore, C.M. 188, 210-11
ジョルジュ・ド・ミストラル Georges de Mestral 265
ジョーンズ Jones, S.S. 103, 108
ジョンソン Johnson, M.H. 24-7, 93, 259
ジョンソン-レアード Johnson-Laird, P.N. 274-5
ジリー Gilly, M. 275
ジロット Girotto, V. 275
シンクレア Sinclair, J. 16

スー Xu, F. 56-8, 63
杉山 Sugiyama, K. 122, 140
スクワイア Squire, L.R. 197
スコット Scott, M.S. 203-4
スターキー Starkey, P. 58, 63
ストラウス Strauss, S. 333
スペットナー Spetner, N.B. 111

スペルキ Spelke, E.S. 31, 52, 63, 67-9, 76, 137, 139, 184, 270
スペンス Spence, M.J. 15-6
スマイリー Smiley, S. 128-9
スミス Smith, L.B. 103, 108, 321
スレイター Slater, A.M. 28, 30, 42

セイバート Seibert, K.J. 295-6, 298, 320
セシ Ceci, S.J. 220, 254
セドラック Sedlak, A.J. 158, 192
ゼラゾ Zelazo, P.D. 192, 234
セント・ジョン St. John, M.F. 209

ソーディアン Sodian, B. 169, 171, 245, 327

▶ た ─────────────

ダイアモンド Diamond, A. 89, 91, 232, 318
ダウ Dow, G.A. 134
ダス・グプタ Das Gupta, P. 150-3, 192
タルキヴィッツ Turkewitz, G. 7, 336-7

チー Chi, M.T.H. 251-3
チェン Chen, C. 229
チェン Chen, Z. 85-6, 268, 315
チェン Cheng, P.W. 274-5
チャプマン Chapman, M. 305, 308, 314, 321-2, 329
チャールズウォース Charlesworth, G.M. 189
チンスキー Chinsky, J.H. 241

デイ Day, R.H. 51
ディアス Dias, M.G. 271-3
ディラーラ DiLalla, L.F. 37
ディーン Dean, A.L. 297
ディン Ding, S. 284-5
デキャスパー DeCaspar, A.J. 14-6, 203
デュフレーン Dufresne, A. 248-9
デローチ DeLoache, J.S. 200-2, 240-1, 251
デンプスター Dempster, F.N. 38, 235-6

トウィーディー Tweedie, M.E. 16
ドゥヴォス DeVos, J. 51, 55, 65, 76, 78, 80
ドキシー Doxey, P.A. 90
ドッド Dodd, A. 230
ドッド Dodd, B. 32
ドナルドソン Donaldson, M. 290-1, 320
ドハーティ Doherty, M. 172
トーマス Thomas, M.A. 111
トラバッソ Trabasso, T. 279-83

▶な

ナイサー Neisser, U. 96, 196
ナイトウ Naito, M. 205-6, 209
ナダスディ Nadasdy, Z. 70

ニシェリ Nichelli, P. 206
ニーダ Nida, R.E. 222
ニーダム Needham, A. 65, 80
ニューカム Newcombe, N. 207-9

ヌニェス Nunez, M. 276-8, 299

ネルソン Nelson, K. 199, 213-4, 220

ノーズ Naus, M.J. 242

▶は

バイロ Biro, S. 70
バウアー Bauer, P.J. 98-102, 129, 134-5, 188, 210-2
ハーケ Haake, R.J. 165, 168
パスカル-レオン Pascual-Leone, J. 254-5, 301
波多野誼余夫 Hatano, G. 122, 126, 140
ハーツガード Hertsgaard, L.A. 134
バッターマン Batterman, N. 130-1
ハッチンソン Hutchinson, J. 252
バッドレー Baddeley, A.D. 223-4, 231
バーテンサール Bertenthal, B.I. 111-2
バートレット Bartlett, F.C. 195
バーナー Perner, J. 172
パニ Pani, J.R. 96, 133
ハーメリン Hermelin, B. 228
パーメリィ Parmelee, A.H. 35
ハモンド Hammond, N.R. 198-9, 214-5
ハリス Harris, M. 305
ハリス Harris, P.L. 271-3, 276-8, 299,
ハリデイ Halliday, S. 226, 230
パルファイ Palfai, T. 192, 233
ハルフォード Halford, G.S. 87, 255-6, 261, 271, 281-4, 298-301, 302, 340-1
バーン Byrne, B. 205

ピアジェ Piaget, J. 8-10, 87, 169, 224, 233, 263, 278-9, 285-9, 291, 294-5, 300-3, 305-29, 340-1
ピアーズ Pears, R. 282, 284, 320
ビゲロー Bigelow, E. 91, 318
ビーチ Beach, D.R. 241

ヒッチ Hitch, G.J. 223-4, 226-7, 230-1
ヒューム Hulme, C. 229-31
ビュロック・ドラミー Bullock Drummey, A. 207
ビュロック Bullock, M. 147, 154-5, 157, 160, 163-4
ビョークランド Bjorklund, B.R. 197, 218, 245, 249
ビョークランド Bjorklund, D.F. 197, 228, 245
ビルター Billeter, J. 325
ビルマン Billman, D.O. 269

ファイベルグ Fieberg, E.L. 187
ファイファー Fifer, W.P. 14, 203
ファラー Farrar, M.J. 214-5, 221
ファンツ Fantz, R.L. 25, 27-8
フィヴァッシュ Fivush, R. 198-9, 214-6
フィッシャー Fischer, K.W. 255
フィリップス Phillips, A. 67-8
フェーガン Fagan, J.F. 36-7, 203
フェルドマン Feldman, J.F. 37-8
フォックス Fox, N.A. 208-9
フーソン Fuson, K.C. 296-7
ブッシュネル Bushnell, I.W.R. 16
フッド Hood, B.M. 185-6
フッド Hood, L. 5
フライ Frye, D. 192, 233-5
ブライアント Bryant, P.E. 150-3, 192, 279-84, 291-2, 320
ブラウン Brown, A.L. 85, 128-9, 139, 164, 203-4, 240, 246, 251, 266-70, 301, 315, 327
ブラウン Brown, G. 231
ブラック Bruck, M. 76, 220
フラーティアン Fratianne, A. 188
フラベル Flavell, E.R. 192, 240-2
フラベル Flavell, J.H. 192, 246
ブランク Blank, N. 290-2
ブリッジズ Bridges, E. 297
フリーマン Freeman, K.E. 268
ブルー Blue, N. 152-3, 188
ブルックス Brooks, P.H. 90
ブレイ Blaye, A. 275
プレスリー Pressley, M. 243, 249
ブレムナー Bremner, J.G. 88, 90
フレンチ French, L.A. 296
フロイト Freud, S. 197
プロフィット Proffit, D.R. 111, 184

ヘイデン Haden, C.A. 216
ベイヤールジョン Baillargeon, R. 48-50,

52-6, 65-7, 76-81, 92, 163-4, 184, 317
ベッキス Beckwith, L.　35
ペニントン Pennington, B.F.　232
ペリス Perris, E.E.　18-9
ヘンリー Henry, L.A.　230-1

ポーエン Pauen, S.　119, 138-9, 177, 179-81, 212, 298, 302, 335
ホジー Hosie, J.A.　208
ボーズ Boes, K.　254
ホッジス Hodges, R.M.　296
ポリー Polley, R.　85
ホリオーク Holyoak, K.J.　188, 264-5, 269, 274-5
ボルトン Borton, R.W.　31
ホワイト White, P.A.　344
ボーンスタイン Bornstein, M.H.　35

▶ま

マイヤーズ Myers, N.A.　18-9
マカレル McCarrell, N.J.　90
マガリーグル McGarrigle, J.　290-1, 320
マクドナウ McDonough, L.　22, 101-2, 188
マークマン Markman, E.M.　105, 107, 295-6, 298, 320
マコーミック McCormick, M.　120
マーゾルフ Marzolf, D.P.　202
マッカチェオン McCutcheon, E.　16
マッキィ McKee, R.D.　197
マッケンジー McKenzie, B.E.　32, 51, 91, 318
マッコール McCall, R.B.　38, 235
マッシー Massey, C.M.　112-3
マービス Mervis, C.B.　96, 103-5, 132-4, 105
マンドラー Mandler, J.M.　22-3, 73-5, 82, 93, 98-103, 129, 134, 188, 212

ミショット Michotte, A.　64
ミラー Millar, S.　230-1
ミラー Miller, K.　201
ミラー Miller, S.A.　289, 291-3

ムーア Moore, D.　63
ムーア Moore, M.K.　32, 316

メック Meck, E.　115, 147, 164
メディン Medin, D.L.　132, 136
メリット Merritt, K.　222
メルツォフ Meltzoff, A.N.　22, 31-3, 69-70, 83-4, 316-7
メンデルソン Mendelson, R.　156-8, 160

モリソン Morison, V.　29-30, 42
モンタンジェロ Montangero, J.　325

▶や

ヤンガー Younger, B.A.　44-6, 58, 97, 132

ユッセン Yussen, S.R.　239

ヨハンソン Johansson, G.　111

▶ら

ライト Light, P.　275-7, 290-1, 299
ラヴィンスキー Ravinsky, F.B.　159-60
ラッセル Russell, J.　184, 233
ラッソ Russo, R.　206-7
ラフマン Ruffman, T.　172, 327
ラムスファス Lamsfuss, S.　112
ランザー Lunzer, E.A.　328

リーヴァーズ Leevers, H.J.　272-3
リーザー Rieser, J.J.　90, 318
リース Reese, E.　216
リーダー Rieder, H.　254
リッター Ritter, K.　240
リトラー Littler, J.E.　230
リーバート Liebert, R.M.　156-7

レイコフ Lakoff, G.　132, 135
レイラス Larus, D.M.　221
レヴィ Levy, V.M.　239
レズリー Leslie A.M.　64-5, 67, 73-5, 92, 146, 317

ローズ Rose, D.　29
ローズ Rose, S.　37-8, 290-2
ローゼングレン Rosengren, K.S.　120-1, 201
ロッシュ Rosch, E.　42-4, 96-7, 99-101, 108, 132
ロバース Roebers, C.E.M.　218
ロビー・コリアー Rovee-Collier, C.K.　19-23, 203
ロビン Robin, A.　252

▶わ

ワイナート Weinert, F.E.　249-50, 254
ワックスマン Waxman, S.R.　109-10
ワッサーマン Wasserman, S.　52

人名索引②

(文献としてのみ本文中に登場)

Abramson, A.A. 76
Altmann, E. 161
Aman, C. 218-20
Amsel, E. 169
Andersen, C. 171
Anisfeld, M. 316
Atkinson, J. 13
Atran, S. 140

Beilin, H. 305
Bertoncini, J. 24
Bloom, L. 5
Bottoms, B.L. 218
Bourque, T.A. 236
Braddick, O. 13
Bransford, J.D. 246
Brehaut, J.C. 236
Breslow, L. 281
Buckingham, N. 290
Butterworth, G. 89,305

Callanan, M. 5,6
Campione, J.C. 246
Clarke, A.D.B. 338
Clarke, A.M. 338
Cornu-Wells, A. 305
Courage, M.L. 197-8

de Caprona, D. 305
De Vries, J.I.P. 3
Delaney, K. 189
Dickinson, A. 343
Dunbar, K. 169

Echols, C.H. 269

Fay, A.L. 169
Ferrara, R.A. 246
Field, D. 288
Fisher, G.W. 160
Forrest-Pressley, D.L. 250
Fragaszy, D. 82

Gallagher, J.M. 305
Garcia, J. 138
Garcia-Mila, M. 171
Gentner, D. 265
Gick, M.L. 269
Gillan, D.J. 85
Gold, A. 252
Gottfried, G.M. 114
Greene, S.L. 203
Gruber, H. 252

Haith, M.M. 24-5
Ham, R. 81
Hayes, L.A. 32
Hayne, H. 20
Hazan, C. 24
Hennelley, R.A. 229
Hepper, P.G. 3
Hespos, S.J. 60
Hirschfeld, L.A. 334
Howe, M.L. 197-8
Hudson, J.A. 216

Inhelder, B. 305,323

Kaiser, M.K. 184-5
Kane, M.J. 269
Keane, M.K. 85
Klahr, D. 169
Koelling, R.A. 138
Korkel, J. 253
Kozlowski, L.T. 111

Lane, D.M. 236
Latz, E. 24
Lawrence, A. 229
Legrenzi, P. 274
Liker, J. 254
Loftus, E. 217
Long, C. 269

376

MacKinnon, G.E. 250
McCloskey, M. 184
McEvoy, J. 288
Mehler, J. 24
Milner, B. 89
Morrongiello, B.A. 24
Moscovitch, M. 195-6
Muir, C. 229
Murphy, G.L. 99

Oakes, L.M. 5,6
O'Loughlin, M. 169
O'Moore, A.M. 288
Opwis, K. 252
Over, R. 32

Pardo, S. 161
Pearson, D.A. 236
Prechtl, H.F.R. 3
Premack, D. 85
Pratt, C.C. 160
Pufall, P.B. 305

Rapus, T. 235
Reid, D.K. 305
Robbins, A.H. 290
Rochat, P. 60
Roodenrys, S. 231
Rudy, L. 218-9
Rulf, S. 160
Rumelhart, D.E. 76

Schacter, D.L. 195-6
Schechter, A. 21
Schwade, J.A. 189
Schaffer, M.M. 132
Shields, P. 21
Shyi, G.C.W. 21
Sonino-Legrenzi, M. 274
Sophian, C. 168
Stechler, G. 24
Stevenson, H.W. 229

Thomson, N. 229
Tipper, S.P. 236
Tomasello, M. 82
Tordoff, V. 229

Vaughan, W. 203
Viennot, L. 185
Visalberghi, E. 82
Visser, G.H.A. 3

Waller, T.G. 250
Watson, J.S. 32
Wewerka, S.S. 189
Whiten, A. 81
Woodruff, G. 85

Zaitchek, D. 169
Zohar, A. 171

事項索引

▶あ行

INRC群　323-4, 328
IQ　35-8, 229, 254
アナロジー（類推）　9, 85-7, 122, 141, 180-1, 191, 202, 257, 263ff, 298-302, 315, 325-7, 329, 333
　　――関係　333
　　――的な表象　73
　　――転移　269
　　――による学習　81, 84ff, 92, 264
　　――による推論　9-10, 36, 85-7, 263, 264ff, 300, 302-3, 325, 326-8, 333, 337, 339
　　――による対応づけ　139-40, 300-1, 340-1
　　擬人化――　140, 181, 265, 302
　　項――　266-7
　　人間との――　122-3, 139
　　問題――課題（研究）　267-9
暗示　218, 220, 237
暗黙的・手続き的知識　187
暗黙の表象　256-8

意識
　　――化されない（できない）記憶　37, 209
　　――化できる記憶　195, 198, 203
　　――的なアクセス　257
　　――的な想起　18
　　――をともなわない記憶　204, 209
イースターウサギ問題　269
いたずらテディ実験　290, 320
遺伝　123
　　――か環境か　7-8
　　――的決定論　137
意図　70, 72
　　因果的な――　69
　　他者の――　82
　　無意図的記憶　205
違反　48
　　支持関係の――　80
意味
　　――的なカテゴリ　244, 249
　　――的な知識　72, 92, 129

　　――的な連想関係　245-6
　　――を表す表象　75
　　――記憶　128-9, 195-6, 212, 230, 236-7, 337
イメージスキーマ　73-5
因果　4, 64, 150, 161ff, 188, 192, 311ff, 337
　　――的な作用因　147
　　――的随伴性　19, 21, 38, 153, 161, 192
　　――的な意図　69
　　――的な説明　136-7, 336-7, 342-3
　　――的な出来事　22, 63-4
　　――的変化　147-8, 150
　　――に関する知識　13, 75
　　――に注目する傾向（こと）　5-6, 146, 190, 336, 342-4
　　――メカニズム　127
　　――を学習する傾向　342-3
因果関係　4-5, 22, 47-8, 63-5, 67, 70, 72-3, 80, 86, 92, 124, 136-8, 141, 211ff, 253, 267-8, 310, 313-4, 317, 336-7, 342,
因果原理　146, 153ff, 168-9, 191, 337, 342-3
因果情報の統合　173, 186, 191-2
因果推論　7, 10, 66, 139, 145ff, 188, 192, 195, 302, 305, 342
因果律　64, 67, 70
隠蔽・発見課題　166-8

ウィスコンシンカード分類テスト　232
迂回ハイハイ課題　91
ウサギのフレッド実験法（課題）　160, 163-4
埋め込まれたルール　192

ARD（見かけと本当の違い）　189
永続性　→「モノの永続性」へ
液量の保存　288, 292
A-not-Bエラー（課題）　9, 87-91, 232, 312-3, 318, 328
エピソード記憶　196, 210ff, 220, 223, 236-7, 338
演繹
　　――推論　4, 6, 250, 263, 271ff, 299-300, 302-3
　　――論理　7, 271ff
　　仮説――的　308, 323, 324

378

音楽 75
音源推定課題（実験） 18-9
音声的混同 225, 228
音声的符号 224, 228, 230
音声的類似性効果 228
音声表象 231
音声ループ 223-5, 227ff, 231

▶か行───────

下位カテゴリ 95ff, 109, 119, 321
下位レベル 102, 109-10, 143
絵画（断片）完成課題 206-7
絵画（混同）記憶課題 226-8
絵画再認課題 205
絵画命名課題 206
外見の類似性 265（→「見かけ」も参照）
階層構造 95, 110
階層レベル 95, 108, 135, 141
概念（モノ概念） 72, 140, 311, 316
　　──カテゴリ 47, 97, 132-4, 257
　　──構造 136
　　──の階層レベル 108
　　──の原始体 74
　　──の（的）発達 10, 30, 47, 67, 75,
　　　　95ff, 130, 132, 139, 195, 231, 253,
　　　　302, 329, 335
　　──表象 130
　　──変化 140, 142, 254, 270, 332
　　誤── 184, 191
　　素朴── 188
　　知覚から──への移行 130
概念的 97
　　──区別 102, 108, 110
　　──思考 310
　　──知識 75, 128-130, 265, 333
　　──な階層 110
　　──表象 44, 130
　　──プロトタイプ 337
概念化 96
顔の記憶 208
科学的思考（推論） 8, 146, 168ff, 263, 308,
　　324, 327, 337
科学的方法 169
可逆性 148, 150, 295, 285, 308, 319-22
隠されたモノ研究 78
学習 3, 5, 10, 13, 14ff, 34ff, 38-9, 41, 51, 75,
　　81ff, 91, 95, 130, 190, 196, 202, 209, 216, 223,
　　230, 270, 316, 329, 337, 342-3
　　──の制約 137, 334

　　──の転移 329
アナロジーによる── 81, 84ff, 92, 264
社会的── 81
潜在── 83, 206, 209
知覚── 205, 236
データ駆動── 256
洞察── 81
模倣による── 81-2, 92
連合── 81
加算ルール 192
数 62-3, 75
　　──の保存 288, 292-4, 303
数量関係 47, 63
仮説
　　──演繹的 308, 323-4
　　──検証 6-8, 169, 171, 310, 327-8, 337
　　──と証拠の関係 146, 171, 191
　　──の評価 169
　　処理容量の限界── 301
家族構造 298
家族的類似性 133
語りのスタイル 216
カップの中のクマ（課題） 76ff
カテゴリ 5, 41, 43, 46, 72-3, 95, 97, 100, 110,
　　132-3, 135-6, 249, 332, 337, 340
　　──関係 128-9, 244
　　──形成 134
　　──知識 96, 100, 128ff, 135
　　──の階層レベル 135, 141
　　──の成員性（構成員） 116, 340
　　──表象 42, 97, 130
　　──への所属関係 104, 106-8, 133, 136,
　　　　142
　　意味的な── 244, 249
　　下位── 95ff, 109, 119, 321
　　概念── 47, 97, 132-4, 257
　　基礎── 95ff, 103, 142
　　視覚── 72
　　自然── 44
　　上位── 95ff, 109, 252
　　人工物── 133
　　知覚的── 97, 132-3
　　文脈的── 98
カテゴリ化 29ff, 37, 39, 41-2, 48, 95-9, 102, 10
　　4, 118-9, 130, 132-5, 142-3, 247-8, 305, 316,
　　340
カード分類 235
カーミロフ-スミスの理論 258-9
感覚-運動
　　──期（段階） 8-9, 307ff, 314
　　──シェマ 315, 321

事項索引　379

――的　308, 309ff, 312-8, 329
環境　5, 13
　　遺伝か――か　7-8
関係構造　270, 299-300
関係推論　86, 263, 265-6
関係対応づけ　140, 202, 253-5, 265-7, 269-70, 282, 300, 315, 341
関係的類似性　9, 265, 269-70
関係比較　79
関係表象　270
関係の同一操作　323

記憶　3, 5, 6, 10, 13, 14ff, 34ff, 38-9, 41, 50-2, 78, 81, 95, 198, 202, 214, 218, 222-3, 242-3, 247, 251, 254, 302, 313, 316, 338, 342
　　――の構造　76
　　――の再組織化　254
　　――の組織化　254
　　――の貯蔵要素　256
　　――の発達　67, 75, 195ff, 227, 239, 250ff, 254, 259-61, 329, 331, 338
　　――の補助　281, 283-4
　　誤った――　218, 338
　　意識化されない（できない／ともなわない）――　37, 204, 209
　　意識化できる――　195, 198, 203
　　意味――　128-9, 195-6, 212, 231, 236-7, 337
　　エピソード――→「エピソード記憶」へ
　　絵画――課題　226-8
　　顔の――　208
　　顕在――→「顕在記憶」へ
　　再生――　203, 217
　　再認――→「再認記憶」へ
　　作業――→「作業記憶」へ
　　宣言的――　23
　　潜在――→「潜在記憶」へ
　　短期――→「短期記憶」へ
　　長期――→「長期記憶」へ
　　出来事の――→「出来事の記憶」へ
　　手続き的――　23, 196
　　無意図的――　205
　　メタ――→「メタ記憶」へ
　　目撃――→「目撃記憶」へ
　　物語の――　15
記憶システム　195-6, 198-9, 202ff, 218, 236-7, 255, 302, 339
記憶スパン　225-6, 228-30, 237
記憶負荷　282
記憶符号　223-4, 227, 230
記憶プロセス　196

記憶方略　227-8, 239ff
記憶容量　239, 255
擬人化アナロジー　140, 181, 265, 302
基礎カテゴリ　95ff, 103, 142
規則性　47, 112
基礎レベル　96-103, 109-10, 134-5
　　――のカテゴリ化　96-7, 134, 142
帰納推論　108
逆換性　323
既有知識　171
吸啜　14-5, 203
協応　310
共起関係　97, 136-7, 141
凝集性　75
共変
　　――関係　169-70
　　――原理　153, 156-7, 172, 191
　　――情報　137, 157, 172, 327
　　――パターン　172
共変動　44, 47, 96, 136-7, 146, 156-8, 160
許可スキーマ（シェマ）　274ff, 299
許可ルール　276-8
曲線チューブ課題　185
均衡（認知的な）　9, 306

空間運動　73-4
空間関係　47-9, 50, 52, 63, 73-4, 79, 282, 284, 300, 310-1, 315
空間構造　73
空間順序問題　284
空間的近接性　154-5
空間的スパン課題　228
具体から抽象への移行　130
具体的操作　9, 263, 278-9, 294-5, 300, 303, 307-8, 318-20, 321-3, 325-6, 341
　　――期　8-9, 307, 321, 323, 326, 328
群性体　307, 320-3, 329

形式的操作　263, 308, 323-8,
　　――期　8-9, 307, 326
　　――的　10
系列化　308, 320
系列課題　283
原因　70, 75, 126ff, 161
　　――-結果関係　67
　　――先行　146
　　――特性の統合　175
　　変化の――と結果モデル　→「CECモデル」
言語　106, 108, 110, 141, 199, 223, 230
　　――獲得　73-4, 109

380

――的符号（コード）化　199, 228, 242
――入力　231
――発達　198, 231, 308, 341
前――的表象　74
ことばによる判断　117
顕在記憶　23, 37, 205-9
検索手がかり　38
減法ルール　183

項アナロジー　266-7
行為
　――（行動）にもとづいた知識　187, 307
　――の論理　308, 314-5
　感覚 - 運動的な――（行動）　308, 313-5, 317, 329
　ルーティーン的な――　76
　――レベルの理解　329
構音速度　229
構造　118
構造的体制化　298
構造的特性（特徴）　106, 125
構造的類似性　100, 104, 143
構造写像理論　301
後天説　7, 334, 336ff, 339
光点歩行者　111
行動　187-8, 191
行動の習得　256
行動ルーティーン　93
声の記憶　14
誤概念　184, 191
心　72, 75
心の理論　4, 75, 146, 192, 233,
固執　90-1, 93, 232, 234
　――エラー　89, 91
　――行動　88-91
個人差　34ff, 141, 260
語長効果　228
ことば　→「言語」へ
コネクショニストモデル　259
語用論　289, 291-2

▶さ行

再活性化法　21
再構造化　8, 308
再生　81-2, 204, 206-7, 214-5, 225, 228-30, 236, 339
　――記憶　203, 217
　即時――　212
再組織化　130
再認　81-2, 203, 205-7, 209

――記憶　16-8, 36-8, 196, 203ff, 235-6
サイモン・セッズ　219
サウンドトラック　32
捜し物課題　165
作業記憶　27, 196, 223ff, 227-9, 230, 236-7, 255, 261
作業空間　223, 231, 254
錯覚　64
作用因　65, 67ff, 148-52
産出の欠如　242, 244, 246, 259
三段論法　271-3, 302, 332

CECモデル（変化の原因と結果モデル）　138ff, 335
ジェスチャーの模倣　316
シェマ　314-6, 318, 321, 331
　――の内化　310, 316
　許可――　299
　認知的――　8, 306, 341
視覚カテゴリ　72
視覚的
　――記憶方略　226
　――再認記憶　34, 36ff, 198, 203, 337
　――作業記憶　228
　――馴化　71
　――選好法　27, 30
　――注意　25-6, 37
　――な好み　27ff
　――な予期　25
　――（記憶）符号　224, 227
視覚能力　24
時間　311
　――的近接　146, 153, 157-8, 160, 191
　――的順序　210
　――的先行性　155
視 - 空間スケッチパッド　223-5, 224ff, 231
視 - 空間的（記憶）符号　228, 230
思考
　――の論理　308, 314-5
　仮説演繹的――　308, 324
　概念的――　310
　科学的――　8, 146, 169, 308, 324
自己
　――制御　248-9
　――中心的　51, 319
　――モニタリング　248
支持（関係）　65-7, 80, 92, 342
事実に反する前提（問題）　271-2
自然　47, 118ff, 126ff
　――カテゴリ　44
　――種　46, 100, 116-7, 122, 124-5, 127,

事項索引　381

　　　　　137, 139, 142
事前知識　251, 260
実行処理空間　255
質的（な認知）変化　334, 339-41
実用（論）的推論スキーマ　274, 303
質量の保存　292
児童中心主義　303
社会的学習　81
遮蔽　52, 56, 59, 63, 68, 111-2, 342
種　5
集合語　296-9, 320
自由再生法　215
修正版児童用ウェクスラー式知能検査（WISC-R）　35, 37
重力エラー　186
縮尺模型（研究）　200-1
熟達　253-4, 260
熟達者　251-4, 260
主題的な関係　128-30
手段‐目的行動　310
馴化（馴れ）　27ff, 34-6, 38-9, 42-6, 48-50, 52-3, 55-6, 58-9, 64, 66, 68, 71, 79-81, 102, 203, 235-6, 317, 337
　　——法　27-8, 42, 48
　　　視覚的——　71
　　脱——　→「脱馴化」へ
循環反応　309-10, 312-3
順序対　300
上位カテゴリ　95ff, 109, 252
上位レベル　98-100, 102-3, 109-10, 129, 134, 143
条件推論　300
条件づけられた反応　19, 23
証拠　169
象徴　199-200, 202, 307, 316, 318-9
象徴的　199-200, 202, 307, 310, 314, 318-9
衝突　63-4, 72, 317, 342
情報処理　34, 37, 74, 203, 224, 250, 255, 334, 336
乗法ルール　182, 192, 326
処理　205-6
　　——資源　223
　　——速度　38
　　——能力　47
　　——要素　255
　　——容量　231, 254-5, 259, 261, 300-1, 340-1
処理空間　254-5
素人　251-2, 254
人工物　47, 100, 116-7, 118ff, 120-121, 123-4, 127, 133, 139, 142

人工物カテゴリ　133
心的
　　——活動　321
　　——状態についての知識　332
　　——操作　308
　　——表象　300, 302
　　——プロセス　76, 79, 81, 87, 92, 288
信念　70, 72, 96, 110, 142
新ピアジェ主義（派）　224, 254-6, 259, 261, 300-1, 334
新皮質領野　198
シンボル　199-200
心理学的本質主義　136-8, 142
推移律　9-10, 161, 263, 279ff, 300-3, 307, 318, 320-2
遂行エラー　220
随伴性　19-21, 26, 38, 153, 161, 192
推論　3-6, 10, 13, 41, 58, 69, 76ff, 85, 91-2, 127, 190, 223, 272, 299, 302, 316, 321-2, 340, 342
　　アナロジーによる——　→「アナロジー」へ
　　因果——　→「因果推論」へ
　　後向きの——　188-90
　　演繹——　→「演繹推論」へ
　　科学的——　→「科学的推論」へ
　　可逆的な——　148
　　関係——　86, 263, 265-6
　　帰納——　108
　　自然種と人工物についての——　139
　　実用的——スキーマ　274, 303
　　条件——　300
　　心理的な出来事についての因果——　192
　　推移律——　263, 279ff, 300-1, 320, 322
　　生物についての——　181
　　遷移——　303
　　反事実的——　273
　　比例的な——　325
　　物理的——　67, 139, 159, 181, 184, 192
　　包含——　170, 298
　　前向きの——　188-90
　　連想的——　150
　　論理的——　→「論理的推論」へ
推論能力　279, 282-3, 327
数量関係　47, 63
スキーマ　72-3, 92, 210, 306
　　イメージ——　→「イメージスキーマ」へ
　　許可——　274ff
　　実用的推論——　274, 303
　　出来事の——　72, 75

382

スクリプト　72, 199, 210, 212ff, 221-2, 237, 331
スタンフォード - ビネー式知能検査　37
制御部エラー（失敗）　232-5, 243
生態学的妥当性　196, 220, 240, 259, 263, 293
生得的な制約　138
生得的な知識　137
生物
　　──学的な知識　122
　　──と非生物の違い　120, 142
　　──についての推論　181
　　──についての知識　7, 75, 110, 125, 331-2
　　──についての理論　124-5
　　──・無生物の区別　75, 110, 116, 332, 335
制約　137-8, 267, 334-5
遷移推論　303
宣言的記憶　23, 38,
先行原理　153, 157, 191
先行知識　195, 222
選好注視法（選好法）　29, 46
　　視覚的──　27, 30
潜在学習　83, 206, 209
潜在記憶　23, 37, 196, 204-6, 208-9, 236, 302
潜在的な想起　18
前操作段階（前操作期）　307, 318ff, 321-2
全体から分析への移行　130
選択的注意　236, 337
先天説　7, 334, 336ff, 339
前頭前野　88
前頭皮質　5, 87-9, 93, 231-5, 237, 317-8

相関操作　323, 337
想起　17-8, 21, 81, 195, 214, 241, 243, 245-6, 260
走行車実験　317
操作　300-3, 307, 322-3, 325, 327
　　──空間　255
相補性　323, 328
属性　106, 108, 123, 141
素朴概念　188
素朴物理学　146, 183-4, 188, 191, 315-6, 328
素朴理論　136, 142, 334-6, 340
存在論的な区別　138

▶た行

対応　85, 264-5, 269
対応づけ　31, 39, 85, 139-41, 202, 224, 270
　　アナロジーによる──　139, 300-1, 340-1
　　関係──　→「関係対応づけ」へ
胎児　3
体制化　196, 210, 212-3, 216, 236
　　──（記憶材料の関連づけ）　239, 244-6, 252, 259, 260
対話スタイル　338
他者中心的　51
他者の意図　82
多重符号化　258
脱馴化　28-9, 43-4, 48, 58, 65, 72, 80, 318, 337
達成動機　254
脱中心化　319
玉突き現象　64
タワー作り課題　320
単一力ルール　178-81
段階　294, 308, 329
段階理論（ピアジェ）　8, 259, 341
短期記憶　224, 226, 231, 237, 242-3
短期貯蔵　226, 237, 255
探索エラー　87-8, 90
探索行動　168
（単語）断片完成課題　205ff

チェス課題　253
遅延再生　211
遅延リーチング課題　89-90
知覚　5, 13, 22ff, 34ff, 38, 41, 46-8, 67, 73, 75, 86, 95-6, 108, 130, 315, 321
　　──速度　38
　　──特性　41, 43, 47, 54, 58, 73-4, 95-6, 113
　　──にもとづく知識　42, 92, 100, 108
　　──能力　39
　　──発達　308, 341
知覚学習　205, 236
知覚的　72, 97, 102, 132-3, 130, 141, 291, 303, 333
知覚的プロトタイプ　43, 92, 337
知覚的類似性　86, 96, 99-100, 102, 104, 108, 119, 134, 143
知識　5, 8, 10, 47, 52, 72, 86, 92, 115, 117, 139, 182, 222-3, 250, 254, 257, 260, 272, 331, 340-1, 343
　　──の移行　263
　　──の獲得　253-4, 270, 309, 314, 340
　　──の凝集性　252
　　──の構造　195, 198, 210, 236-7, 261, 270, 274, 331, 338, 342
　　──の再構造化（再構成, 再構築）　261, 270, 331

事項索引　　383

——の転移　85, 265
　　——の発達　332, 339, 341
　　——の変化　332
　　——の豊富化　270
　　——表象　41, 47, 91-2, 95, 252, 256, 260
　　——ベース　254, 256, 260
　　——への意識的なアクセス　257
　暗黙的・手続き的——　187
　意味的な——　72, 92, 129
　因果に関する——　13, 75
　エピソード的な——　222-3, 236, 339
　概念的——　75, 128-130, 265, 329, 333
　カテゴリ——　96, 100, 118, 128ff, 130, 135
　既有——　171
　行為にもとづいた(行動レベルの)——187, 307
　心についての——　75, 332
　事前——　251, 260
　生得的な——　137
　生物についての(生物学的な)——　7, 75, 110, 122, 125, 331-2
　先行——　195, 222
　知覚されない——　108
　知覚にもとづく——　42, 92, 100, 108
　表象にもとづいた——　307
　明示的・宣言的——　187
　メタ——　249-50, 257
　領域固有の——　250, 256, 334
知能　34ff, 254
知能検査　35-7
チャンク　334, 341
注意　13, 23ff, 34ff, 38-9, 41, 95, 255, 261
　　——欠陥障害（ADD）　34, 235
　視覚的——　25-6, 37
　選択的——　236, 337
中央演算空間　254
中央制御部　223-4, 231, 237
注視　46, 247-8
中心化　319
宙に浮かぶ箱　80
チューブ課題　185-6
聴覚刺激　24
聴覚能力　24
長期記憶　223, 230, 237, 254
長期貯蔵システム　237
調節　8, 306, 309, 329, 340
直観　118
　　——的物理知識　187
　　——物理学　183ff, 315

対連合　248
定義的特性　130-1, 136, 142
出来事
　　——記憶　18-9, 197, 210-2, 214-6, 220, 241, 339
　　——についての表象　211
　　——のスキーマ　72, 75
　因果的な——　22, 63-4
テスト段階　20
手続き的記憶　23, 38, 196
転移　85-6, 186, 201, 265, 268-9, 276, 297, 315, 329
典型性　97, 103, 134
典型的な成員（事例）　105-6, 132-4
天秤ばかり課題　174-5, 177, 180-1, 186, 326, 328

同一性（モノの）　56, 62, 121, 124-5, 286
同化　8, 306, 309, 329, 341
等価性の保存　288-9, 291
動機　242, 254
統合　175, 182, 332, 327
　　——ルール　176-7, 179-80, 181-3, 191
　　因果情報の——　173, 186, 191-2
統語構造　75
動作主　69-70, 73, 92, 342
同値の関係　322
動物と動物でないものの区別　110-21, 335
特性　42-3
　構造的——　106
　知覚——　41, 43, 47, 54, 58, 73-4, 95-6, 113
　定義的——　130-1, 136, 142, 340
　特徴的——　130-2, 136, 142, 340
特徴
　　——から定義への移行　130-1
　　——的特性　130-2, 136, 142, 340
　構造的——　125
トレーラーハウス実験　219, 222

▶な行

内化（シェマの）　310, 315-6
長さの保存　288, 292
中身と見かけ　115, 118
波の重なりモデル　294

にせ証拠課題　172
ニュースキャスター実験　51
認知　13, 63

（発達）──神経科学　93, 259, 330, 336
──変化　4, 5, 250, 293, 305, 318, 334, 339-41
メタ──　→「メタ認知」へ
認知的
──均衡　8, 306
──混同　232
──混乱　87-8, 91
──シェマ　8, 306, 341
認知発達　5, 270, 294, 299, 301-2, 305-6, 308, 317, 323, 329, 334

布の下のイヌ　78

脳　3

▶は行

媒介原因　161
媒介による伝達　161, 164, 186
発達段階　311
発達認知神経科学（発達に関する認知神経心理学）　93, 259, 336
発話速度　229-31
跳ね橋　52, 54-5, 317
ハルフォードの理論　261
反射行動　309, 312
反省的思考　187, 191, 256
反復タッチング　98, 102, 134

ピアジェ派　263, 279, 293, 297, 299, 303
ピアジェ理論　279, 303, 305ff, 334, 340
微視発生的方法　293, 294
びっくり箱実験　154-5, 160
否定　323
PPVT（P式絵画語彙検査）　36
皮膚電位反応　208
表象　4, 26, 29, 33, 41-4, 46, 54-6, 58, 66-7, 73-5, 77, 86, 129-30, 202, 231, 256-7, 297, 307, 314-5, 319, 324, 331, 337, 340
──の書き換え（理論）　256-7, 258-9, 340-1
──にもとづいた知識　307
──の明示性のレベル　256, 341
レベルの理解　329
──能力　33, 39, 48, 202, 316, 327
アナロジー的な──　73
暗黙の──　256-8
意味を表す──　72, 75, 367
因果関係の──　→「因果関係」へ
音声──　231

概念的──　44, 130
数の──　63
カテゴリの──　42, 97, 128ff, 130, 135
関係の──　270
前言語的──　74
再帰的な──　258
再──　256, 258
心的──　300, 302
知識──　→「知識表象」へ
出来事についての──　211
乳幼児の──　73
明示的──　256-7
表層的類似性　265
比例　328
──的な推論　325

符号化　23, 34, 36, 38, 44, 47, 51-2, 72, 92, 97, 130, 198-9, 205, 224-5, 228, 251, 260, 337, 339
──能力　37
言語的──　199
再──　74
多重──　258
物理学
素朴──　146, 183-4, 188, 191, 315-6, 328
直観──　183ff, 315
物理（的）世界　4, 7, 72, 75-6
不変性の理解　285ff
プライミング効果　208
プランニング　87-8, 231-2
ふり　272
振り子課題　324
プロトタイプ　29, 39, 41-7, 92, 96-7, 132-4, 136, 316, 337
分類　119, 320
──学的　128
──課題　109
──行動　97-8, 102, 319
ウィスコンシンカード──テスト　232

辺縁系‐間脳構造　198
ベンゼンの分子構造理論　264
弁別　38

包含　73-4, 92, 170, 342
──エラー　170-1, 191
──推論　170, 298
類──　→「類包含」へ
放物運動　184
棒問題　282-4

事項索引　385

吠えるイヌ課題　182
補償　285, 289, 291
保持要素　255
保存　233, 285, 286ff, 291-5, 303, 319-20
本質　124, 136

▶ま行────────

真下落下ルール　184-5
魔人問題　269-70
魔法の縮む部屋研究　201
見かけ
　　ARD（──と本当の違い）　189, 192
　　中身と──　115, 118
　　──の類似性　115
身振り　199
見本合わせ課題　100, 128-9

無意図的記憶　205
無生物
　　生物・──の区別　75, 110, 116, 332, 335

名詞　109
明示的
　　──・宣言的知識　187
　　──表象　256-7
命題　72-4, 323, 328
命名　230, 247-8
メタ記憶　246ff, 250, 260
メタ知識　250, 257
メタ認知　239ff, 248-50, 257
メタ分析　35
メンタルモデル　184, 188, 303, 316

目撃
　　──記憶　217ff, 220-2, 236, 338
　　──再生　222
　　──証言　218, 220
目標　70
　　──構造　269-70
模型の研究（課題）　200-1
モジュール　75, 146, 196
モダリティ　30-1, 39, 63
モニタリング　87-8, 93, 231-2
物語の記憶　15
モノ　16, 72, 75, 78, 102, 311
　　──の永続性　9-10, 52, 54-5, 311ff, 316
　　　　-18
模倣　32-3, 39, 70, 81-4, 92-3, 315-7, 329, 337
　　──による学習　81-2, 92

延滞──　22, 82-3
問題アナロジー課題（研究）　267-9
問題解決　3, 5, 10, 13, 41, 76ff, 85, 91-2, 95,
　　164, 190, 263, 270, 300, 316, 319

▶や行────────

やりとりのスタイル　216

優勢傾向　89, 91
誘導的な質問　217-223, 236, 339
指差し　199

幼児期健忘　23, 195, 197-9, 236, 339
予期　24-5
抑制　38, 89-91, 93, 232, 234-6, 318, 337-8
予測　38, 51, 63, 65, 71, 112, 116-7, 138, 142
4枚カード問題　274ff, 299, 302

▶ら行────────

リハーサル　223-30, 239, 241-4, 247-8, 254,
　　259-60
領域　4, 84, 250-1, 260, 329, 331, 334
　　──間の対応づけ　139, 141, 270
領域一般　4, 5, 7-8, 192, 250, 256, 329,
　　334-5, 339, 341,
量的（な認知）変化　334, 339-41
量の保存　288, 292
理論　75, 96, 97, 124-5, 136, 169, 171

類　308, 322, 325
類似性
　　──原理　153, 159
　　外見（みかけ）の──　115, 265（→「見
　　　　かけ」も参照）
　　家族的──　133
　　関係的──　9, 265, 269-70
　　構造的──　100, 104, 143
　　知覚的──　86, 96, 99-100, 102, 104, 108,
　　　　119, 135, 143
　　表層的──　265
類包含　294ff, 300, 302-3, 308, 319-21, 341
　　──エラー　298
ルーティーン　76, 87, 198, 212, 214, 222

連合学習　81
連想
　　──性　245
　　──的推論　150
　　──的な関係　128, 244-6

聾児　228
論理　164
　　——構造　321
　　——性の発達　67
　　——操作　300-3
　　——的群性体　307
　　——的思考　3, 4, 6, 9-10, 146, 192,
　　　　305ff, 322, 333
　　——的推論　9, 146, 224, 263ff, 300, 302
　　——能力　279, 289, 300, 339
　　——発達　300, 340
　　因果にもとづいた——　165
　　演繹——　7, 271ff

行為の——　308, 314-5
思考の——　308, 314-5
命題的——　323, 328

著者紹介

ウーシャ・ゴスワミ（Usha Goswami）
1960年英国ロンドン生まれ。1987年オックスフォード大学セントジョンズカレッジにて博士号（心理学）取得。オックスフォード大学セントジョンズカレッジおよびマートンカレッジ心理学講師，ケンブリッジ大学実験心理学講師兼セントジョンズカレッジ特別研究員，ロンドン大学チャイルドヘルス研究所認知発達心理学教授を経て，2003年からケンブリッジ大学教育学教授兼セントジョンズカレッジ特別研究員。専門は認知発達心理学。*Journal of Applied Psycholinguistics*の編集にも携わる。主な著書に*Analogical reasoning in children* (Lawrence Erlbaum, 1992), *Blackwells handbook of childhood cognitive development* (Blackwells, 2002)がある。

訳者紹介

岩男卓実（いわお　たくみ）　　　　　　　　　　第3章，第6章担当
東京大学大学院教育学研究科博士課程修了。博士（教育学）。現在，明治学院大学心理学部准教授。専門領域は，認知心理学，教育心理学。主な著書に，『類似から見た心』（共立出版，2001，共著），『推論——推論のプロセスとその支援』（金子書房，児童心理学の進歩 2002年版，分担執筆），訳書にK.J.ホリオーク・P.サガード『アナロジーの力』（新曜社，1998，分担訳）などがある。

上淵　寿（うえぶち　ひさし）　　　　　　　　　第2章，第7章担当
東京大学大学院教育学研究科博士後期課程単位取得中退。現在，東京学芸大学総合教育科学系准教授。専門領域は，教育心理学，発達心理学。主な著書に，『パーソナリティ形成の心理学』（福村出版，1996，分担執筆），『達成動機の理論と展開』（金子書房，1995，分担執筆），訳書にM.ルイス『恥の心理学』（ミネルヴァ書房，1997，分担訳）等がある。

古池若葉（こいけ　わかば）　　　　　　　　　　第5章，第8章担当
東京大学大学院教育学研究科博士後期課程満期退学。学校心理士，臨床心理士。現在，京都女子大学発達教育学部准教授。専門領域は，発達心理学。主な著書に『教育心理学——〈エクササイズ〉で学ぶ発達と学習』（建帛社，2002，共著）がある。

富山尚子（とみやま　なおこ）　　　　　　　　　序章，第9章担当
お茶の水女子大学人間文化研究科博士課程修了。博士（人文科学）。現在，東京成徳大学子ども学部准教授。専門領域は，認知心理学，発達心理学。主な著書に，『認知と感情の関連性——気分の効果と調整過程』（風間書房，2003）がある。

中島伸子（なかしま　のぶこ）　　　　　　　　　第1章，第4章担当
お茶の水女子大学人間文化研究科博士課程満期退学。博士（人文科学）。現在，新潟大学教育学部准教授。専門領域は発達心理学，認知発達。主な著書に『科学的概念の獲得と教育』（風間書房，2000），訳書にK.J.ホリオーク・P.サガード『アナロジーの力』（新曜社，1998，分担訳）がある。

子どもの認知発達

初版第1刷発行	2003年7月5日 ©
初版第3刷発行	2010年6月15日

著 者　ウーシャ・ゴスワミ
訳 者　岩男卓実／上淵　寿／古池若葉／
　　　　富山尚子／中島伸子
発行者　塩浦　暲
発行所　株式会社 新曜社
　　　　〒101-0051　東京都千代田区神田神保町2-10
　　　　電話(03)3264-4973（代）・Fax(03)3239-2958
　　　　e-mail　info@shin-yo-sha.co.jp
　　　　URL　http://www.shin-yo-sha.co.jp/

印刷　マチダ印刷　　　　　　　　Printed in Japan
製本　イマヰ製本所
　　　ISBN978-4-7885-0861-3　C1011

■新曜社の本

子どもの知性と大人の誤解
子どもが本当に知っていること
M.シーガル
外山紀子訳
四六判上製344頁
本体 3300円

幼児の認知はこれまで主張されてきた姿とは違い、もっとずっと豊かであり、また一律に発達するものでもない。認知発達心理学のホットなテーマを明快に説き、大人の先入見を解きほぐす。

認知心理学事典
M.W.アイゼンク編
野島久雄・重野純・半田智久訳
Ａ５判上製548頁
本体 7200円

認知心理学の全体像をカバーする，中項目主義による事典。個々の概念・用語の意味を，研究の大きな流れと枠組みに位置づけて理解できるように解説している。英和・和英両索引も充実。

人間この信じやすきもの
迷信・誤信はどうして生まれるか
T.ギロビッチ
守一雄・守秀子訳
四六判上製368頁
本体 2900円

人間は誤りやすく信じやすい。前後関係と因果関係を取り違えたり、ランダムデータに規則性を読み取ってしまったり、願望から事実をゆがめて解釈したり。日常生活の数々の実例をもとにその由縁を整理する。

女の能力，男の能力
性差について科学者が答える
D.キムラ
野島久雄・三宅真季子・鈴木眞理子訳
四六判上製312頁
本体 2900円

女は地図が読めない？　男は話が聞けない？　どこまで信じるべきか。長年、性差研究をリードしてきた女性心理学者が，言えること，言えないことを確かなデータをあげてわかりやすく解説する。

空間感覚の心理学
左が好き？　右が好き？
加藤孝義
四六判上製232頁
本体 2200円

正面から豪速球が襲ってきた。右か左か，どちらによける？　右脳左脳の働きの差、身体がもつ左右の機能差，空間地理の認識や高速移動の問題まで、人間の空間的な認知と行動の偏りについて、興味深いエピソードを通して親しみやすく説く。

キーワードコレクション　発達心理学[改訂版]
子安増生・二宮克美編
Ａ５判並製248頁
本体 2400円

発達心理学の全体像をわかりやすく解説し好評を得た旧版を全面的に改訂。理論と方法、生涯発達の重要項目を精選された50のキーワードで解説，近年の発達心理学の新しい展開がよく理解できるよう工夫されている。

子どもの養育に心理学がいえること
発達と家族環境
H.R.シャファー
無藤隆・佐藤恵理子訳
Ａ５判並製312頁
本体 2800円

子どもの養育について心理学が確実にいえることは何か，その根拠は？　せまい経験的判断や憶測によって誤った決定を下すことのないように，科学的研究により確立された信頼すべき見方と答えを説く。

表示価格は税を含みません。